QUARTA EDIÇÃO 2025

NEHEMIAS DOMINGOS DE MELO

LIÇÕES DE PROCESSO CIVIL

PROCESSO DE EXECUÇÃO E PROCEDIMENTOS ESPECIAIS

1ª. edição 2017, Editora Rumo Legal
2ª. edição 2018, Editora Rumo Legal
3ª. edição 2022, Editora Foco.
4ª. edição 2025, Editora Foco.

Dados Internacionais de Catalogação na Publicação (CIP) de acordo com ISBD

M528l   Melo, Nehemias Domingos de
         Lições de processo civil: Processo de execução e procedimentos especiais / Nehemias Domingos de Melo - 4. ed. - Indaiatuba : Editora Foco, 2025.

         328 p. ; 17cm x 24cm. – (Lições de processo civil ; v.2)

         Inclui bibliografia e índice.
         ISBN: 978-65-6120-265-7

         1. Direito. 2. Direito civil. 3. Processo de execução. I. Título. II. Série.

2025-123   CDD 347   CDU 347

Elaborado por Vagner Rodolfo da Silva - CRB-8/9410
Índices para Catálogo Sistemático:
         1. Direito civil 347
         2. Direito civil 347

QUARTA EDIÇÃO

2

NEHEMIAS DOMINGOS DE MELO

LIÇÕES DE PROCESSO CIVIL

PROCESSO DE **EXECUÇÃO** E PROCEDIMENTOS ESPECIAIS

2025 © Editora Foco
Autor: Nehemias Domingos de Melo
Diretor Acadêmico: Leonardo Pereira
Editor: Roberta Densa
Coordenadora Editorial: Paula Morishita
Revisora Sênior: Georgia Renata Dias
Revisora Júnior: Adriana Souza Lima
Capa Criação: Leonardo Hermano
Diagramação: Ladislau Lima e Aparecida Lima
Impressão miolo e capa: META BRASIL

DIREITOS AUTORAIS: É proibida a reprodução parcial ou total desta publicação, por qualquer forma ou meio, sem a prévia autorização da Editora FOCO, com exceção do teor das questões de concursos públicos que, por serem atos oficiais, não são protegidas como Direitos Autorais, na forma do Artigo 8º, IV, da Lei 9.610/1998. Referida vedação se estende às características gráficas da obra e sua editoração. A punição para a violação dos Direitos Autorais é crime previsto no Artigo 184 do Código Penal e as sanções civis às violações dos Direitos Autorais estão previstas nos Artigos 101 a 110 da Lei 9.610/1998. Os comentários das questões são de responsabilidade dos autores.

NOTAS DA EDITORA:

Atualizações e erratas: A presente obra é vendida como está, atualizada até a data do seu fechamento, informação que consta na página II do livro. Havendo a publicação de legislação de suma relevância, a editora, de forma discricionária, se empenhará em disponibilizar atualização futura.

Erratas: A Editora se compromete a disponibilizar no site www.editorafoco.com.br, na seção Atualizações, eventuais erratas por razões de erros técnicos ou de conteúdo. Solicitamos, outrossim, que o leitor faça a gentileza de colaborar com a perfeição da obra, comunicando eventual erro encontrado por meio de mensagem para contato@editorafoco.com.br. O acesso será disponibilizado durante a vigência da edição da obra.

Impresso no Brasil (1.2025) – Data de Fechamento (1.2025)

2025
Todos os direitos reservados à
Editora Foco Jurídico Ltda.
Rua Antonio Brunetti, 593 – Jd. Morada do Sol
CEP 13348-533 – Indaiatuba – SP
E-mail: contato@editorafoco.com.br
www.editorafoco.com.br

DEDICATÓRIA

A presente obra é fruto da experiência de vários anos em salas de aulas da graduação em direito na Universidade Paulista (UNIP) e também, por algum tempo, na Faculdade de Direito do Centro Universitário das Faculdades Metropolitanas Unidas (FMU).

Os textos foram coligidos a partir do estudo que realizei para a elaboração do livro Código de Processo Civil – Anotado e Comentado (4ª. ed. 2025 – Editora Foco)

Ademais, você encontrará em algumas lições deste volume, textos nos quais contei com a inestimável colaboração de amigos(as) que ajudaram a construir os respectivos textos, aos quais rendo, de maneira singela, as minhas homenagens.

Denise Heuseler
Evandro Annibal
Gisele Leite e,
Marcia Cardoso Simões

Também à Ana Ligia,
pelo apoio, incentivo e carinho de sempre.

OBRAS DO AUTOR

I – LIVROS

1. Lições de processo civil – Teoria geral do processo e procedimento comum, 4ª. ed. Indaiatuba: Foco, 2025, v. 1.
2. Lições de processo civil – Dos processos nos tribunais e dos recursos, 4ª. ed. Indaiatuba: Foco, 2025, v. 3.
3. Lições de direito civil – Teoria Geral: das pessoas, dos bens e dos negócios jurídicos, 6ª. ed. Indaiatuba: Foco, 2025, v. 1.
4. Lições de direito civil – Obrigações e responsabilidade civil, 6ª. ed. Indaiatuba: Foco, 2025, v. 2.
5. Lições de direito civil – Dos contratos e dos atos unilaterais, 6ª ed. Indaiatuba: Foco, 2025, v. 3.
6. Lições de direito civil – Direito das Coisas, 6ª. ed. Indaiatuba: Foco, 2025, v. 4.
7. Lições de direito civil – Família e Sucessões, 6ª ed. Indaiatuba: Foco, 2025, v. 5.
8. Código de Processo Civil – Anotado e Comentado, 4ª ed. Indaiatuba: Foco, 2025.
9. Dano moral trabalhista – Teoria e Prática, 6ª. ed. Salvador: Juspodivm, 2024.
10. Da defesa do consumidor em juízo por danos causados por acidente de consumo, 2ª. ed. Leme: Mizuno, 2024.
11. Responsabilidade civil por erro médico: doutrina e jurisprudência. 5ª. ed. Leme: Mizuno, 2024.
12. Dano moral nas relações de consumo. 3ª. ed. Salvador: Juspodivm, 2023.
13. Da culpa e do risco como fundamentos da responsabilidade civil, 3ª. ed. Leme: Mizuno, 2023.
14. Dano moral – problemática: do cabimento à fixação do quantum, 3ª. ed. Leme; Mizuno, 2023.
15. Manual de prática jurídica civil para graduação e exame da OAB. 5ª. ed. Indaiatuba: Foco, 2022.
16. Como advogar no cível com o Novo CPC – Manual de prática jurídica, 4ª. ed. Araçariguama: Rumo Legal, 2018 (esgotado).
17. Novo CPC Comparado – 2015 X 1973. Araçariguama: Rumo Legal, 2016 (esgotado).

II – CAPÍTULOS DE LIVROS EM OBRAS COLETIVAS

O direito de morrer com dignidade. In: GODINHO, Adriano Marteleto; LEITE, Salomão Jorge e DADATO, Luciana (coord.). Tratado brasileiro sobre o direito fundamental à morte digna. São Paulo: Almedina, 2017.

Dano moral pela inclusão indevida na Serasa (indústria do dano moral ou falha na prestação dos serviços?). In: STOCO, Rui (Org.). Dano moral nas relações de consumo. São Paulo: Revistas dos Tribunais, 2015.

Uma reflexão sobre a forma de indicação dos membros do Supremo Tribunal Federal brasileiro. In: ARAGÃO, Paulo; ROMANO, Letícia Danielle; TAYAH, José Marco (Coord.). Reflexiones sobre derecho latinoamericano. Buenos Aires: Editorial Latino Americano, 2015, v. 20.

O princípio da dignidade humana como fonte jurídico-positiva para os direitos fundamentais. In: BALESTERO, Gabriela Soares; BEGALLI, Ana Silvia Marcatto (Coord.). Estudos de direito latino americano. Brasília: Kiron, 2014, v. 2.

Fundamentos da reparação por dano moral trabalhista no Brasil e uma nova teoria para sua quantificação. In: ARAGÃO, Paulo; ROMANO, Letícia Danielle; TAYAH, José Marco (Coord.). Reflexiones sobre derecho latinoamericano. Buenos Aires: Editorial Latino Americano, 2014, v. 13.

Comentários aos artigos 103 e 104 do CDC e à Lei Estadual dos Combustíveis. In: MACHADO, Costa; FRONTINI, Paulo Salvador (Coord.). Código de Defesa do Consumidor interpretado. São Paulo: Manole, 2013.

La familia ensamblada: una analisis a la luz del derecho argentino y brasileño. In: BALESTERO, Gabriela Soares; BEGALLI, Ana Silvia Marcatto (Coord.). Estudos de direito latino americano. São Paulo: Lexia, 2013.

Da dificuldade de prova nas ações derivadas de erro médico. In: AZEVEDO, Álvaro Villaça; LIGIEIRA, Wilson Ricardo (Coord.). Direitos do paciente. São Paulo: Saraiva, 2012.

O princípio da dignidade humana como fonte jurídico-positiva para os direitos fundamentais. In: ARAGÃO, Paulo; ROMANO, Letícia Danielle; TAYAH, José Marco (Coord.). Reflexiones sobre derecho latinoamericano. Rio de Janeiro: Livre Expressão, 2012, v. 8.

Reflexões sobre a inversão do ônus da prova. In: MORATO, Antonio Carlos; NERI, Paulo de Tarso (Org.). 20 anos do Código de Defesa do Consumidor: estudos em homenagem ao professor José Geraldo Brito Filomeno. São Paulo: Atlas, 2010.

III – ARTIGOS PUBLICADOS (ALGUNS TÍTULOS)

Da Gratuidade da Justiça no Novo CPC e o Papel do Judiciário. Revista Síntese de Direito Civil e Processual Civil. São Paulo: Síntese, nº 97, set./out. 2015. Publicado também na Revista Lex Magister, Edição nº 2.484, outubro 2015.

Análise crítica da forma de indicação dos membros do Supremo Tribunal Federal. Revista Jus Navigandi, Teresina, ano 20, n. 4341, 21 maio 2015. Disponível em: <http://jus.com.br/artigos/39290>

Fundamentos da reparação por dano moral trabalhista e uma nova teoria para sua quantificação. Revista Brasileira de Direitos Humanos. Lex-Magister, U. S. abr./jun. 2013.

A família ensamblada: uma análise à luz do direito argentino e brasileiro. Revista Síntese de Direito de Família, v. 78, jun./jul. 2013. Publicado também na Revista Jurídica Lex, v. 72, mar./abr. 2013.

Ulysses Guimarães: uma vida dedicada à construção da democracia brasileira. Publicado no site da Revista Lex-Magister em 19-12-2012. Disponível em: <http:// www.editoramagister.com/doutrina_24064820>.

Dano moral: por uma teoria renovada para quantificação do valor indenizatório (teoria da exemplaridade). Revista Magister de Direito Empresarial, Concorrencial e do Consumidor, v. 44, abr./mai. 2012. Publicado também na Revista Síntese de Direito Civil e Processual Civil. São Paulo: Síntese, nº 79, set./out. 2012.

Responsabilidade civil nas relações de consumo. Revista Magister de Direito Empresarial, Concorrencial e do Consumidor. Porto Alegre: Magister, nº 34, ago./set. 2010. Publicado também na Revista Síntese de Direito Civil e Processual Civil, nº 68, nov./ dez. 2010 e na Revista Lex do Direito Brasileiro, nº 46, jul./ago. 2010.

Nova execução por títulos judiciais: liquidação e cumprimento de sentença (Lei no 11.232/05). Revista Magister de Direito Processual Civil, Porto Alegre: Magister, nº 24, maio/jun. 2008. Publicado também na Revista Síntese de Direito Civil e Processual Civil, nº 58, mar./abr. 2009.

Erro médico e dano moral: como o médico poderá se prevenir? Revista Magister de Direito Empresarial, Concorrencial e do Consumidor. Porto Alegre: Magister, nº 18, dez./jan. 2008.

Excludentes de responsabilidade em face do Código de Defesa do Consumidor. Revista Magister de Direito Empresarial, Concorrencial e do Consumidor. Porto Alegre: Magister, nº 23, out./nov. 2008.

O princípio da dignidade humana e a interpretação dos direitos humanos. São Paulo: Repertório de Jurisprudência IOB nº 07/2009.

Responsabilidade dos bancos pelos emitentes de cheques sem fundos. Juris Plenum, Caxias do Sul: Plenum, nº 88, maio 2006. CD-ROM.

Dano moral pela inclusão indevida na Serasa (indústria do dano moral ou falha na prestação dos serviços?). Revista de Direito Bancário e do Mercado de Capitais, nº 28. São Paulo: Revista dos Tribunais, abr./jun. 2005. Publicado também na Revista do Factoring, São Paulo: Klarear, nº 13, jul./ago./set. 2005 e na Revista Magister de Direito Empresarial, Concorrencial e do Consumidor. Porto Alegre: Magister, nº 12 dez./jan. 2007.

Da ilegalidade da cobrança da assinatura mensal dos telefones. Juris Plenum. Especial sobre tarifa básica de telefonia. Caxias do Sul: Plenum, nº 82. maio 2005. CD-ROM.

Abandono moral: fundamentos da responsabilidade civil. Revista Síntese de Direito Civil e Processual Civil, nº 34. São Paulo: Síntese/IOB, mar./abr. 2005. Incluído também no Repertório de Jurisprudência IOB nº 07/2005 e republicado na Revista IOB de Direito de Família, nº 46, fev./mar. 2008.

Por uma nova teoria da reparação por danos morais. Revista do Instituto dos Advogados de São Paulo, nº 15. São Paulo: Revista dos Tribunais, jan./jun. 2005. Publicado também na Revista Síntese de Direito Civil e Processual Civil, nº 33, jan./ fev. 2005.

Responsabilidade civil por abuso de direito. Juris Síntese, São Paulo: Síntese/IOB, nº 51, jan./fev. 2005. CD-ROM.

União estável: conceito, alimentos e dissolução. Revista Jurídica Consulex, nº 196, Brasília: Consulex, mar. 2005. Publicado também na Revista IOB de Direito de família nº 51, dez./jan. 2009.

Dano moral coletivo nas relações de consumo. Juris Síntese, Porto Alegre: Síntese, nº 49, set./out. 2004. CD-ROM.

Da justiça gratuita como instrumento da democratização do acesso ao judiciário. Juris Síntese, Porto Alegre, nº 48, Síntese, jul./ago. 2004. CD-ROM.

Do conceito ampliado de consumidor. Revista Síntese de Direito Civil e Processual Civil. São Paulo: Síntese/IOB, nº 30, jul./ago. 2004.

ABREVIATURAS

AC – Apelação Cível
ACP – Ação Civil Pública
ADCT – Ato das Disposições Constitucionais Transitórias
ADIn – Ação Direta de Inconstitucionalidade
Art. – artigo
BGB – Burgerliches Gesetzbuch (Código Civil alemão)
CBA – Código Brasileiro de Aeronáutica
CC – Código Civil (Lei nº 10.406/02)
CCom – Código Comercial (Lei nº 556/1850)
CDC – Código de Defesa do Consumidor (Lei nº 8.078/90)
CF – Constituição Federal
CLT – Consolidação das Leis do Trabalho (Dec-Lei nº 5.452/43)
CP – Código Penal (Dec-Lei nº 2.848/40)
CPC – Código de Processo Civil (Lei nº 13.105/15)
CPP – Código de Processo Penal (Dec-Lei nº 3.689/41)
CTB – Código de Trânsito Brasileiro (Lei nº 9.503/97)
CTN – Código Tributário Nacional (Lei nº 5.172/66)
D – decreto
Dec-Lei – Decreto-Lei
Des. – Desembargador
DJU – Diário Oficial da Justiça da União
DOE – Diário Oficial do Estado (abreviatura + sigla do Estado)
DOU – Diário Oficial da União
EC – Emenda Constitucional
ECA – Estatuto da Criança e do Adolescente (Lei nº 8.069/90)
EOAB – Estatuto da Ordem dos Advogados do Brasil (Lei nº 8.906/94)
IPTU – Imposto sobre a propriedade predial e territorial urbana
IPVA – Imposto sobre a propriedade de veículos automotores
IR – Imposto sobre a renda e proventos de qualquer natureza
IRPJ – Imposto de renda de pessoa jurídica
ISS – Imposto sobre serviços
ITBI – Imposto sobre Transmissão de Bens Imóveis
j. – julgado em (seguido de data)
JEC – Juizado Especial Cível (Lei nº 9.099/95)
JEF – Juizado Especial Federal (Lei nº 10.259/01)
LACP – Lei da Ação Civil Pública (Lei nº 7.347/85)
LA – Lei de alimentos (Lei nº 5.478/68)

LAF – Lei das Alienações Fiduciárias (Dec-Lei nº 911/69)
LAJ – Lei de Assistência Judiciária (Lei nº 1.060/50)
LAP – Lei da Ação Popular (Lei nº 4.717/65)
LArb – Lei da Arbitragem (Lei nº 9.307/96)
LC – Lei Complementar
LCh – Lei do cheque (Lei nº 7.357/85)
LD – Lei de duplicatas (Lei nº 5.474/68)
LDA – Lei de Direitos Autorais (Lei nº 9.610/98)
LDC – Lei de Defesa da Concorrência (Lei nº 8.158/91)
LDi – Lei do Divórcio (Lei nº 6.515/77)
LDP – Lei da Defensoria Pública (LC nº 80/94)
LEF – Lei de Execução Fiscal (Lei nº 6.830/80)
LEP – Lei de Economia Popular (Lei nº 1.521/51)
LI – Lei do inquilinato (Lei nº 8.245/91)
LICC – Lei de Introdução ao Código Civil (Dec-Lei nº 4.657/42)
LINDB – Lei de Introdução às Normas do Direito Brasileiro
LMI – Lei do mandado de injunção (Lei nº 13.300/16).
LMS – Lei do mandado de segurança (Lei nº 1.533/51)
LPI – Lei de propriedade industrial (Lei nº 9.279/96)
LRC – Lei do representante comercial autônomo (Lei nº 4.886/65)
LRF – Lei de recuperação e falência (Lei nº 11.101/05)
LRP – Lei de registros públicos (Lei nº 6.015/73)
LSA – Lei da sociedade anônima (Lei nº 6.404/76)
LU – Lei Uniforme de Genebra (D nº 57.663/66)
Min. – Ministro
MP – Ministério Público
MS – Mandado de Segurança
ONU – Organização das Nações Unidas
Rec. – Recurso
rel. – Relator ou Relatora
REsp – Recurso Especial
ss. – seguintes
STF – Supremo Tribunal Federal
STJ – Superior Tribunal de Justiça
Súm – Súmula
TJ – Tribunal de Justiça
TRF – Tribunal Regional Federal
TRT – Tribunal Regional do Trabalho
TST – Tribunal Superior do Trabalho
v.u. – votação unânime

PREFÁCIO

Escrever um prefácio constitui honrosa incumbência; agradeço ao autor pelo convite, esperando que a confiança resulte em um texto esclarecedor para as pessoas interessadas em conhecer a obra.

A disciplina "Processo Civil" costuma ser considerada desafiadora para estudantes de Direito – especialmente quando eles não têm experiências concretas sobre práticas procedimentais, algo comum sobretudo no início dos estudos jurídicos.

De todo modo, é preciso se desincumbir de tal missão; afinal, havendo resistência quanto a certa posição de vantagem, será crucial atuar em juízo de forma técnica para que o direito material seja concretizado a partir do adequado exercício da garantia constitucional de acesso à Justiça.

O presente livro colabora para tal intento ao apresentar, de forma objetiva, o que há de mais importante sobre liquidação, cumprimento de sentença, execução e procedimentos especiais.

Em que contexto tais temáticas se inserem? Há décadas vem-se buscando assegurar efetividade para que o "processo civil de resultados" torne-se cada vez mais uma realidade para quem precisa buscar a tutela do Poder Judiciário. Conhecer os pontos fundamentais sobre os assuntos destacados no livro é essencial para o alcance de tal intento – além de contribuir para que estudantes respondam bem às avaliações propostas por professores(as) de tais disciplinas no curso de graduação.

Vale ressaltar que escrever de modo objetivo não é simples como pode parecer: na realidade, é mais fácil escrever sem se comprometer com os recortes necessários para que os assuntos sejam apresentados de forma sucinta e direta. Pelos esforços em prol da concisão o autor merece, portanto, ser cumprimentado.

Renovando meus agradecimentos pela oportunidade de ser uma das primeiras leitoras da obra, parabenizo o autor por chegar à 4ª edição em sua nova casa editorial, esperando que cada leitor(a) aproveite ao máximo a oportunidade de aprender sobre os caminhos do Processo Civil.

São Paulo, 25 de junho de 2024.

Fernanda Tartuce

Doutora e Mestre em Processo Civil pela USP. Professora em programas de pós-graduação. Advogada, mediadora e autora de publicações jurídicas.

SUMÁRIO

DEDICATÓRIA... V

OBRAS DO AUTOR VII
    I – Livros.. VII
    II – Capítulos de livros em obras coletivas... VII
    III – Artigos publicados (alguns títulos).. VIII

ABREVIATURAS.. XI

PREFÁCIO... XIII

Parte I
DA LIQUIDAÇÃO E DO CUMPRIMENTO DE SENTENÇA

LIÇÃO 1 – LIQUIDAÇÃO DE SENTENÇA... 3
    1. Notas introdutórias.. 3
    2. Legitimidade para iniciar a liquidação... 4
    3. Liquidação provisória e definitiva 4
    4. Liquidação total ou parcial 5
    5. Espécies de liquidação 5
    6. Liquidação por simples cálculos.. 7
    7. Honorários advocatícios 7
    8. Recurso cabível na liquidação 8

LIÇÃO 2 – CUMPRIMENTO DE SENTENÇA.. 9
    1. Noções preliminares 9
    2. São títulos executivos judiciais.. 11
    3. Competência do juízo... 12
    4. Características do cumprimento de sentença 13
    5. Intimação do devedor 14

6. Procuração 14
7. Do cumprimento de sentença por quantia certa 14
   7.1 Cumprimento provisório e definitivo 15
   7.2 Da caução no cumprimento provisório de sentença 16
   7.3 Cumprimento de sentença com parte líquida e ilíquida 18
   7.4 Demonstrativo de crédito como requisito da petição 18
   7.5 Cumprimento de sentença por iniciativa do réu 20
   7.6 Multa e honorários advocatícios 20
   7.7 Desconsideração da personalidade jurídica 21
   7.8 A decisão judicial pode ser protestada 23
   7.9 Impugnação ao cumprimento da sentença 23
      7.9.1 Matérias que podem ser suscitadas na impugnação 25
      7.9.2 Alegação de impedimento ou suspeição 27
      7.9.3 Prazo em dobro para litisconsorte 27
      7.9.4 Efeito em que será recebido à impugnação 27
8. Do cumprimento de sentença que reconheça a exigibilidade de obrigação de prestar alimentos 29
   8.1 Decisão poderá ser levada a protesto 30
   8.2 Prisão civil do devedor 30
   8.3 Execução como sendo por quantia certa 31
   8.4 Alimentos provisórios, provisionais e definitivos 31
   8.5 Foro competente 32
   8.6 Execução contra funcionário público, militar, diretor ou gerente de empresa ou empregado sujeito à legislação do trabalho 33
   8.7 Crime de abandono material 33
   8.8 Constituição de capital para garantir a prestação mensal 34
   8.9 Revisão da prestação alimentar 35
9. Do cumprimento de sentença que reconheça a exigibilidade de obrigação de pagar quantia certa pela fazenda pública 35
   9.1 Demonstrativo de crédito 36
   9.2 Pluralidade de credores 36
   9.3 Impugnação ao cumprimento de sentença 36

9.4	Do impedimento e suspeição	38
9.5	Expedição do precatório ou RPV	38
9.6	Considerações finais	38
10. Do cumprimento de sentença nas obrigações de fazer ou não fazer		39
11. Do cumprimento de sentença nas obrigações para entrega de coisa		40
12. Do recurso cabível contras as decisões nesta fase processual		41
13. Exceção de pré-executividade		41
Quadro resumo		42

Parte II
DO PROCESSO DE EXECUÇÃO

LIÇÃO 3 – NOÇÕES GERAIS SOBRE O PROCESSO DE EXECUÇÃO		45
1. Notas introdutórias		45
1.1	Aplicação do processo de execução	46
1.2	Poderes do juiz na execução	46
1.3	Atos atentatórios à dignidade da justiça	47
1.4	Desistência do exequente	48
1.5	Responsabilização do exequente	48
1.6	Cobrança das multas	49
2. Das partes no processo de execução		49
2.1	Legitimidade ativa	50
2.2	Legitimidade passiva	50
2.3	Cumulação de execuções	51
2.4	Litisconsórcio no processo de execuções	51
3. Da competência		52
4. Das medidas acessórias para garantir a efetividade do processo de execução		52
5. Dos requisitos necessários para realizar qualquer execução		53
5.1	Certeza, liquidez e exigibilidade do título	54
5.2	Um título executivo extrajudicial	54
5.3	O credor pode optar pelas vias ordinárias	57
6. Da responsabilidade patrimonial do executado		57
6.1	Responsabilidade patrimonial direta	57

6.2	Responsabilidade patrimonial secundária	58
6.3	Responsabilidade no caso de contrato de superfície	59
6.4	Da fraude à execução	60
6.5	Exercício do direito de retenção	61
6.6	O fiador e o benefício de ordem	61
6.7	Os sócios e o benefício de ordem	62
6.8	Responsabilidade dos herdeiros	62
7.	Das diversas espécies de execução	63
7.1	Da ordem de preferência nas penhoras	63
7.2	Efeito da citação válida	64
7.3	Princípio da menor onerosidade para o executado	64
8.	Dos requisitos da petição inicial	64
8.1	Emenda ou aditamento da petição inicial	66
8.2	Citação nas obrigações alternativas	66
8.3	Citação do executado	67
9.	Nulidade da execução	67
10.	Obrigatoriedade de intimação do credor com garantia real	68
11.	Execução pelo modo menos gravoso	69

LIÇÃO 4 – DA EXECUÇÃO PARA A ENTREGA DE COISA 71

1.	Obrigação para a entrega de coisa certa	71
1.1	Mandado de citação	71
1.2	Multa pelo inadimplemento	72
1.3	Alienação da coisa quando já litigiosa	72
1.4	Perdas e danos	73
1.5	Existência de benfeitorias	73
2.	Obrigação para entrega de coisa incerta	74
2.1	Impugnação da escolha	74
2.2	Concentração	75

LIÇÃO 5 – DA EXECUÇÃO DAS OBRIGAÇÕES DE FAZER OU NÃO FAZER 77

1.	Execução das obrigações de fazer	77
1.1	Diferenças entre a obrigação de dar e de fazer	77

	1.2	Obrigação de fazer fungível e infungível	78
	1.3	Sub-rogação	78
	1.4	Astreintes	79
	1.5	Petição inicial nas obrigações de fazer	80
	1.6	Execução por terceiro	80
	1.7	Obrigação personalíssima	81
2.	Execução da obrigação de não fazer		82
	2.1	Procedimento na execução de obrigação de não fazer	82
	2.2	O momento do inadimplemento	82
	2.3	Execução por terceiro	82
	2.4	Impossibilidade de desfazimento	83

LIÇÃO 6 – DA EXECUÇÃO POR QUANTIA CERTA 85

1.	Notas preliminares	85
2.	Petição inicial	86
3.	Expropriação	87
4.	Da citação e do arresto	87
5.	Certidão da execução com fins restritivos	89
6.	Meios atípicos de execução	90
7.	Objetivos da penhora	91
	7.1 Bens impenhoráveis	92
	7.2 Do bem de família legal	95
	7.3 Ordem preferencial de penhora	97
	7.4 Penhora sobre bens de valor irrisório	98
8.	Da documentação da penhora, de seu registro e do depósito	98
	8.1 Documentação da penhora	98
	8.2 Penhora e depósito	99
	8.3 Deposito dos bens penhorados	99
	8.4 Intimação do executado	100
	8.5 Penhora de bem indivisível	101
	8.6 Averbação da penhora	101
9.	Do lugar de realização da penhora	101

10.	Das modificações da penhora	102
10.1	Pedido de substituição feito pelo executado	102
10.2	Pedido de substituição por qualquer das partes	103
10.3	Novo termo de penhora	104
10.4	Redução ou ampliação da penhora	104
10.5	Segunda penhora	105
11.	Da penhora de dinheiro e outras variadas modalidades	105
11.1	Penhora de dinheiro em depósito ou em aplicação em instituições financeiras	105
11.2	Da penhora de créditos	107
11.3	Da penhora das quotas ou das ações de sociedade personificadas	109
11.4	Da penhora de empresas, de outros estabelecimentos e de semoventes	110
11.5	Da penhora de percentual de faturamento de empresa	111
11.6	Da penhora de frutos e rendimentos de coisa móvel ou imóvel	112
12.	Da avaliação	113
12.1	Avaliação feita por oficial de justiça	113
12.2	Não haverá necessidade de avaliação	114
13.	Da expropriação de bens	115
13.1	Da adjudicação	115
13.2	Da alienação e do leilão	116
13.3	Preço vil	120
13.4	Pagamento do bem arrematado	121
13.5	Pagamento parcelado	122
13.6	Aspectos finais sobre o leilão	122
13.7	Pagamento do lanço	122
13.7.1	Suspensão do leilão	123
13.7.2	Auto de arrematação	123
13.7.3	Leilão de bem hipotecado	124
13.7.4	Finalização dos procedimentos do leilão	124
14.	Da satisfação do crédito	125
15.	Observação final	126

LIÇÃO 7 – DA EXECUÇÃO CONTRA A FAZENDA PÚBLICA 127
1. Generalidades 127
2. Da petição inicial 127
3. Citação da executada 128
4. Dos embargos do devedor 128
5. Multa de 10% (dez por cento) 128
6. Dos precatórios 129
7. Requisição de Pequeno Valor (RPV) 130
8. Preferência para o idoso e pessoa portadora de doença 130

LIÇÃO 8 – DA EXECUÇÃO DE ALIMENTOS 133
1. Dos alimentos 133
2. Esclarecimentos quanto à origem do título 134
3. Foro competente 134
4. As formas de execução 134
    4.1 Execução com pedido de prisão 135
    4.2 Execução com anotação em folha de pagamento 136
    4.3 Execução por quantia certa 136
5. Intimação do executado 137
6. Defesa do executado 137
7. Alimentos indenizatórios não gera prisão civil 138

LIÇÃO 9 – DOS EMBARGOS À EXECUÇÃO 139
1. Considerações iniciais 139
2. Os embargos à execução 140
3. Da defesa do executado 140
4. Matérias que podem ser alegadas nos embargos 141
    4.1 Matérias mencionadas expressamente no CPC 142
    4.2 Excesso de execução 143
    4.3 Penhora ou avaliação incorreta 143
    4.4 Retenção por benfeitorias 143
    4.5 Impedimento e suspeição 143
5. Rejeição liminar dos embargos 143

6. Efeito suspensivo nos embargos 144
7. O juiz no processo de execução 144
8. Parcelamento do débito exequendo 145
9. Exceção de pré-executividade ou objeção de pré-executividade 146

LIÇÃO 10 – DA SUSPENSÃO E DA EXTINÇÃO DO PROCESSO DE EXECUÇÃO 149
1. Notas introdutórias 149
2. Da suspensão do processo 149
   2.1 Hipóteses de suspensão da execução 150
   2.2 Arquivamento dos autos 151
   2.3 Prescrição intercorrente 152
3. Extinção do processo de execução 152
   3.1 Indeferimento da petição inicial 153
   3.2 Cumprimento da obrigação pelo devedor 153
   3.3 O executado obter a extinção total da dívida 153
   3.4 Renúncia do exequente ao crédito 153
   3.5 Prescrição intercorrente 153
   3.6 Recurso cabível contra a extinção do processo 154
4. Execução extrajudicial 154

Parte III
DOS PROCEDIMENTOS ESPECIAIS DE JURISDIÇÃO CONTENCIOSA

NOTAS INTRODUTÓRIAS 157

LIÇÃO 11 – DA AÇÃO DE CONSIGNAÇÃO EM PAGAMENTO 159
1. A consignação em pagamento 159
2. Cabimento da ação de consignação 160
3. Consignação extrajudicial 161
4. Processamento da ação de consignação judicial 162
5. Juízo competente 162
6. Legitimidade ativa e passiva 162
7. Requisitos da petição inicial 163
8. Consignação envolvendo prestações sucessivas 164

9.		Da contestação	164
10.		Sentença final	165

LIÇÃO 12 – DA AÇÃO DE EXIGIR CONTAS 167

1.	Notas introdutórias	167
2.	As pessoas obrigadas a prestar contas	168
3.	A forma pela qual se deve prestar as contas	168
4.	Requisitos da petição inicial	169
5.	Legitimidade e foro competente	169
6.	As atitudes do réu	169
7.	Ação de duplo estágio	170
8.	Efeitos da sentença	171
9.	Recurso contra a sentença	171

LIÇÃO 13 – DAS AÇÕES POSSESSÓRIAS 173

1.	A defesa da posse		173
	1.1	Legítima defesa da posse e o desforço imediato	174
	1.2	Reação imediata	174
	1.3	Proporcionalidade da reação	175
	1.4	Esbulho	175
	1.5	Turbação	176
	1.6	Ameaça contra a posse	176
2.	Das ações possessórias		177
	2.1	Manutenção de posse	177
	2.2	Reintegração de posse	177
	2.3	Possessória em face de invasão coletiva	178
	2.4	Interditos proibitório	178
3.	Da liminar nas ações possessórias		179
	3.1	Liminar contra pessoa jurídica de direito público	180
	3.2	Recurso contra a concessão ou denegação da liminar	180
4.	Procedimento nos casos de litígio coletivo		180
5.	A fungibilidade das ações possessórias		181
6.	Resposta do réu		182

7. Efeitos que decorrem da posse 182
    7.1 Se duas ou mais pessoas se dizem possuidoras 182
    7.2 Possuidor de boa-fé 183
    7.3 Possuidor de má-fé 184
8. Cumulação de pedidos nas possessórias 185
9. Não cabe a exceção de domínio nas possessórias 186

LIÇÃO 14 – DA AÇÃO DE DIVISÃO E DA DEMARCAÇÃO DE TERRAS PARTICULARES 187

1. Aspectos gerais 187
    1.1 Legitimidade ativa 188
    1.2 Fundamentos jurídicos 188
    1.3 Competência de foro 189
    1.4 Cumulação de pedidos 189
    1.5 Demarcação e divisão extrajudicial 190
    1.6 Outorga uxória ou marital 190
    1.7 Dispensa da perícia 191
2. Da ação de demarcação 191
    2.1 A petição inicial 191
    2.2 Litisconsórcio ativo unitário 191
    2.3 Citação dos réus e dos procedimentos seguintes 192
    2.4 Nomeação de perito e apresentação do laudo 192
    2.5 A sentença de procedência do pedido e seus efeitos 193
    2.6 A sentença homologatória 194
3. Da ação de divisão 194
    3.1 A petição inicial 194
    3.2 Citação dos demais condôminos 195
    3.3 Nomeação de perito 195
    3.4 Problemas com os confrontantes 196
    3.5 Do trabalho pericial 196
    3.6 Conclusão do trabalho de divisão 197
    3.7 Sentença homologatória 198

LIÇÃO 15 – DA AÇÃO DE DISSOLUÇÃO PARCIAL DE SOCIEDADE 199
1. Notas introdutórias 199
2. Requisitos da petição inicial 200
3. Legitimidade ativa 200
4. Citação dos sócios e da sociedade empresária 201
5. Da resposta dos réus 201
6. Apuração de haveres 202
7. A data da resolução da sociedade 202
8. Pagamento ao sócio retirante 203

LIÇÃO 16 – DO INVENTÁRIO, DA PARTILHA E DO ARROLAMENTO 205
1. O inventário 205
2. A partilha 205
3. Espécies de inventário 206
    3.1 Inventário judicial 206
    3.2 Inventário extrajudicial 209
    3.3 Juízo competente 209
    3.4 Obrigatoriedade de consulta sobre a existência de testamento 210
4. Abertura do inventário judicial e administração da herança 211
5. Legitimidade para requerer a abertura do inventário 211
6. Ordem de nomeação do inventariante 212
7. Incumbência do inventariante 214
8. Das primeiras declarações 216
9. Da remoção do inventariante 218
10. Das citações e das impugnações 219
11. Matéria de alta indagação 220
12. Da avaliação e do cálculo do imposto 221
13. Das colações 223
14. Pagamento das dívidas 225
15. Da partilha 227
    15.1 Anulação da partilha amigável 228
    15.2 Ação rescisória para anular partilha 228

15.3 Algumas regras a serem observadas na partilha 229
16. Alvará judicial 229
17. Inventário negativo 230
18. Sonegados 230
19. Sobrepartilha 232
20. Cumulação de inventários 232

LIÇÃO 17 – DOS EMBARGOS DE TERCEIRO 235
1. Aspectos gerais 235
2. Defesa da meação do conjuge e bem de família 236
3. Pressupostos necessários 237
4. Legitimidade ativa 237
5. Legitimidade passiva 238
6. Requisitos da petição inicial 238
7. Distribuição por dependência 239
8. Concessão de liminar 239
9. Da contestação 239
10. Da sentença 240

LIÇÃO 18 – DAS AÇÕES DE FAMÍLIA 241
1. Notas introdutórias 241
2. Dos alimentos 244
3. Do reconhecimento e dissolução da união estável 245
4. Do divórcio 246
5. Investigação de paternidade 247
6. Investigação de paternidade *post-mortem* 248

LIÇÃO 19 – DA AÇÃO MONITÓRIA 249
1. Da ação monitória 249
2. Do cabimento deste tipo de ação 250
3. Requisitos da petição inicial 250
4. Atitudes do réu 251
5. Embargos monitórios 252
6. Resposta do autor aos embargos 253

7. Sentença dos embargos	253
8. Litigante de má-fé	253
9. Ação monitória e a fazenda pública	254
10. Importância da ação monitória	254
11. Notas conclusivas	255

LIÇÃO 20 – DAS OUTRAS AÇÕES DE JURISDIÇÃO CONTENCIOSA ... 257

1. Da oposição	257
1.1 Juízo competente	257
1.2 Citação dos réus	258
1.3 Contestação	258
1.4 Processamento da ação de oposição	258
2. Da habilitação	258
2.1 Os legitimados para requerer a habilitação	259
2.2 Processamento da habilitação	259
2.3 Da sentença	259
3. Da homologação do penhor legal	260
3.1 Procedimento	260
3.2 A defesa do réu	261
3.3 Homologação judicial	261
4. Da regulação de avaria grossa	262
4.1 Nomeação do regulador	262
4.2 Procedimentos do regulador	262
4.3 Recusa do consignatário em prestar caução	263
4.4 Conclusões do processo	263
5. Da restauração de autos	263
5.1 Da competência e legitimidade	264
5.2 Da petição inicial	264
5.3 Processamento	265
5.4 Da sentença	266

Parte IV
DOS PROCEDIMENTOS ESPECIAIS DE JURISDIÇÃO VOLUNTÁRIA

LIÇÃO 21 – DOS PROCEDIMENTOS ESPECIAIS DE JURISDIÇÃO VOLUNTÁRIA 269
  1. Aspectos gerais 269
      1.1 Legitimados 270
      1.2 Das citações 270
      1.3 Da sentença 270
      1.4 Aplicação do procedimento de jurisdição voluntária 271
  2. Da notificação e da interpelação 272
  3. Da alienação judicial 273
  4. Do divórcio e da separação consensuais, da extinção consensual de união estável e da alteração do regime de bens do matrimônio 273
      4.1 Do divórcio 274
      4.2 Do reconhecimento e dissolução da união estável 275
      4.3 Alteração do regime de bens 276
  5. Do testamento e do codicilo 277
      5.1 Testamento cerrado 277
      5.2 Testamento público 278
      5.3 Testamento particular 279
      5.4 Procedimento judicial de validação do testamento 280
  6. Da herança jacente 280
      6.1 A arrecadação dos bens 281
      6.2 Publicação do edital 281
      6.3 Habilitação dos herdeiros 282
      6.4 Alienação dos bens da herança 282
      6.5 Encerramento do processo 283
  7. Dos bens dos ausentes 283
      7.1 Ampla publicidade da ausência 284
      7.2 Sucessão provisórias 284
      7.3 Volta do ausente 284
  8. Das coisas vagas 285

9. Da interdição 286

   9.1   Legitimados para promover a interdição 286

   9.2   Procedimento da interdição 287

   9.3   Levantamento da curatela 288

   9.4   Da figura do curador 289

   9.5   Disposições comuns à tutela e à curatela 289

10. Da organização e da fiscalização das fundações 290

11. Da ratificação dos protestos marítimos e dos processos testemunháveis formados a bordo 291

   11.1 Da petição inicial 291

   11.2 Da Audiência e da sentença 292

BIBLIOGRAFIA RECOMENDADA 293

Parte I
Da liquidação e do cumprimento de sentença

Parte I

Lição 1
LIQUIDAÇÃO DE SENTENÇA

> **Sumário:** 1. Notas introdutórias – 2. Legitimidade para iniciar a liquidação – 3. Liquidação provisória e definitiva – 4. Liquidação total ou parcial – 5. Espécies de liquidação – 6. Liquidação por simples cálculos – 7. Honorários advocatícios – 8. Recurso cabível na liquidação.

1. NOTAS INTRODUTÓRIAS

As sentenças (ou mesmo os acórdãos), como regra, deverão ser líquidas, contudo, algumas vezes a sentença reconhece o direito pleiteado pela parte, mas não estabelece a quantidade do que é devido pelo réu, quando então, estaremos diante de uma sentença condenatória ilíquida (CPC, art. 491, I e II).[1]

A liquidação de sentença é um simples incidente processual que será processada perante o próprio juízo onde tramitou o processo de conhecimento. Quer dizer, não é um processo autônomo, mas apenas mais uma fase do processo de conhecimento, necessária para a determinação do quanto devido (*quantum debeatur*) pelo réu, nos casos em que a sentença condenatória for ilíquida.

Nesse caso, antes de dar início ao cumprimento de sentença (execução) será necessário ao interessado promover a liquidação de sentença que será processada em apartado, por simples petição, chamada incidente complementar da sentença, distribuída pelo interessado por dependência ao juiz que atuou no processo de conhecimento (CPC, art. 509, *caput*).[2]

---

1. CPC, Art. 491. Na ação relativa à obrigação de pagar quantia, ainda que formulado pedido genérico, a decisão definirá desde logo a extensão da obrigação, o índice de correção monetária, a taxa de juros, o termo inicial de ambos e a periodicidade da capitalização dos juros, se for o caso, salvo quando:
   I – não for possível determinar, de modo definitivo, o montante devido;
   II – a apuração do valor devido depender da produção de prova de realização demorada ou excessivamente dispendiosa, assim reconhecida na sentença.
   § 1º Nos casos previstos neste artigo, seguir-se-á a apuração do valor devido por liquidação.
   § 2º O disposto no caput também se aplica quando o acórdão alterar a sentença.
2. CPC, Art. 509. Quando a sentença condenar ao pagamento de quantia ilíquida, proceder-se-á à sua liquidação, a requerimento do credor ou do devedor:

A liquidação de sentença é a continuação do processo de conhecimento e, geralmente, tem finalidade meramente declaratória. Esta fase termina com uma decisão interlocutória, de sorte a afirmar que qualquer contrariedade com a decisão, o recurso cabível é o agravo de instrumento.

Nesta fase não se pode inovar, pois é vedado discutir de novo a lide ou modificar a sentença que a julgou. Apenas os denominados pedidos implícitos, tais como juros legais, correção monetária e honorários advocatícios, podem ser incluídos na liquidação, ainda que não contemplados na sentença.

> **Atenção**: advirta-se ainda que a liquidação de sentença só é cabível para títulos executivos judiciais.

Devemos ainda acrescentar que se justifica a necessidade dessa fase processual porque qualquer título executivo, seja ele judicial ou extrajudicial, além de ser certo e exigível, deverá ser líquido.

2. LEGITIMIDADE PARA INICIAR A LIQUIDAÇÃO

Tem legitimidade para promover a liquidação de sentença tanto o autor quanto o réu, embora mais comumente seja promovida pelo autor da ação (ver CPC, art. 509, *caput*, parte final).

Requerida a liquidação, o juiz, em respeito ao princípio do contraditório, deverá intimar a parte contrária para se manifestar.

3. LIQUIDAÇÃO PROVISÓRIA E DEFINITIVA

A liquidação de sentença pode ser provisória ou definitiva. Vejamos as características de cada uma delas:

a) **Provisória**:
   Chamaremos de provisória quando a parte promover o início da liquidação de sentença na pendência de recurso (CPC, art. 512).[3] Quer dizer, possibi-

---

I – por arbitramento, quando determinado pela sentença, convencionado pelas partes ou exigido pela natureza do objeto da liquidação;

II – pelo procedimento comum, quando houver necessidade de alegar e provar fato novo.

§ 1º Quando na sentença houver uma parte líquida e outra ilíquida, ao credor é lícito promover simultaneamente a execução daquela e, em autos apartados, a liquidação desta.

§ 2º Quando a apuração do valor depender apenas de cálculo aritmético, o credor poderá promover, desde logo, o cumprimento da sentença.

§ 3º O Conselho Nacional de Justiça desenvolverá e colocará à disposição dos interessados programa de atualização financeira.

§ 4º Na liquidação é vedado discutir de novo a lide ou modificar a sentença que a julgou.

3. CPC, Art. 512. A liquidação poderá ser realizada na pendência de recurso, processando-se em autos apartados no juízo de origem, cumprindo ao liquidante instruir o pedido com cópias das peças processuais pertinentes.

lita a lei que o vencedor possa promover provisoriamente a liquidação da sentença, enquanto o processo se encontrar pendente de recurso. Com isso o credor pode adiantar essa fase do processo enquanto aguarda o julgamento do recurso. A vantagem é que o credor pode antecipar as providências para tornar o título líquido de tal sorte que, improcedente o recurso, poderá promover a fase do cumprimento da sentença. Nesse caso, será processada em autos apartados, instruído com as peças indispensáveis ao conhecimento da matéria.

b) **Definitiva:**

A liquidação será definitiva quando for iniciada após a sentença condenatória ter transitado em julgado, isto é, daquela sentença condenatória não cabe mais nenhum recurso.

4. LIQUIDAÇÃO TOTAL OU PARCIAL

Pode ocorrer de a sentença ser líquida com relação a um dos pedidos e ilíquida com relação a outro. Nesse caso, o código de Processo Civil autoriza que a parte possa promover simultaneamente a execução daquela e, em autos apartados, a liquidação desta (ver CPC, art. 509, § 2º).

Quer dizer, o credor pode iniciar o cumprimento de sentença daquela parte que é líquida e, paralelamente, promover o incidente no qual se vai procurar liquidar a parte da sentença que não tem liquidez.

Exemplo: Vamos supor que uma pessoa tenha sofrido um acidente e tenha sofrido danos pessoais, cujo desfecho tenha implicado na amputação de um membro inferior e o processo de cicatrização ainda esteja em fase de desenvolvimento. Neste tipo de ação se pode pedir indenização por dano moral e dano material. Ocorre que na propositura da ação não se sabia com exatidão qual o tipo de prótese seria a ideal, nem o seu valor. Assim, o juiz poderá condenar o causador do dano a indenizar uma soma em dinheiro necessária à aquisição de uma perna mecânica, cujo valor, em função do modelo que melhor se adapte, será apurado em liquidação de sentença. Poderá também condenar o réu por danos morais em valor determinado. Nesse caso, inicia-se o cumprimento de sentença com relação aos danos morais e, ao mesmo tempo, liquidação de sentença para apurar o valor da prótese.

5. ESPÉCIES DE LIQUIDAÇÃO

A rigor, liquidação pode ser processada por duas maneiras diferentes, quais sejam: por arbitramento e pelo procedimento comum (ver CPC, art. 509, I e II), senão vejamos:

a) **Por arbitramento:**

Essa é a liquidação que poderá ser feita por perito que irá avaliar o valor da condenação. Será cabível nos casos em que a própria sentença assim tenha determinado ou quando as partes convencionarem essa forma de acertamento da sentença, ou ainda, quando a natureza do objeto da liquidação assim o exigir. Nesse tipo de liquidação o juiz intimará as partes para a apresentação de pareceres ou documentos necessários à elucidação dos fatos, fixando prazo para isso, e, caso não possa decidir de plano, nomeará perito, observando-se, no que couber, o procedimento da realização da prova pericial (CPC, art. 510).[4]

Exemplos: podemos citar como exemplo desse tipo de liquidação a estimativa de desvalorização de um veículo acidentado; os lucros cessantes por inatividade de uma pessoa; ou ainda, perda parcial da capacidade laborativa em função de acidente, dentre outras hipóteses.

b) **Pelo procedimento comum:**

Às vezes se faz necessário alegar ou provar um fato novo para poder achegar-se ao valor final a ser executado. Fato novo a ser provado é aquele que não se poderia saber ou quantificar no momento da propositura da ação e perdurou até a prolação da sentença. Nesse caso, é quase como se fosse um novo processo. Nesse procedimento, o credor requer a liquidação, indicando os fatos que deverão ser provados. Recebida a petição o juiz mandará intimar o devedor, na pessoa de seu advogado ou sociedade de advogados constituída nos autos, para, querendo, apresentar contestação no prazo de 15 (quinze) dias, observando-se daí para frente o procedimento comum (CPC, art. 511).[5]

Exemplo: vamos imaginar que um sitiante teve a sua lavoura perdida porque os animais do vizinho invadiram a sua propriedade. Julgada procedente a ação indenizatória, para apurar o valor da condenação, terá que ser apreciada a extensão de terra invadida, a produtividade da lavoura, a produção prevista para aquela estação, cotação atual do produto no mercado, dentre outros fatores.

Atenção: na liquidação não se pode pretender rediscutir as questões que foram objeto da sentença que se pretende liquidar, até porque esse não seria o meio apropriado para modificar sentença.

---

4. CPC, Art. 510. Na liquidação por arbitramento, o juiz intimará as partes para a apresentação de pareceres ou documentos elucidativos, no prazo que fixar, e, caso não possa decidir de plano, nomeará perito, observando-se, no que couber, o procedimento da prova pericial.
5. CPC, Art. 511. Na liquidação pelo procedimento comum, o juiz determinará a intimação do requerido, na pessoa de seu advogado ou da sociedade de advogados a que estiver vinculado, para, querendo, apresentar contestação no prazo de 15 (quinze) dias, observando-se, a seguir, no que couber, o disposto no Livro I da Parte Especial deste Código.

6. LIQUIDAÇÃO POR SIMPLES CÁLCULOS

É possível identificar outra "espécie de liquidação" que podemos chamar de **"simples cálculos aritmético"**, prevista no art. 509, parágrafo segundo, quando for possível ao credor, desde logo, calcular o valor devido.

Nesse tipo de liquidação, não há maiores formalidades tendo em vista que a parte apresentará junto com a petição na qual requer o cumprimento da sentença (execução), a planilha de cálculos (também chamada de memória de cálculo) com os valores que entende serem devidos, tudo devidamente atualizado, acrescido de juros, custas, despesas processuais e honorários advocatícios.

Recebida a petição de cumprimento da sentença o juiz, verificando que não é o caso de excesso na planilha, mandará intimar o devedor, na pessoa de seu advogado constituído nos autos, para efetuar o pagamento e, se esse não concordar com os valores, poderá apresentar impugnação, por excesso de execução devendo, nesse caso, indicar qual valor seria correto.

Veja-se que a planilha não deixa de ser uma forma de liquidação de sentença, porém não é um incidente, mas sim parte do próprio cumprimento de sentença, cujo contraditório se dá a *posteriori*.

> **Importante:** quando há divergências entre o valor apontado pelo credor e o valor que o devedor entende devido, o juiz mandará os autos ao contador do juízo para que seja apresentado os cálculos do valor que a serventia entenda correto, cujo prazo será de 30 (trinta) dias se outro o juiz não fixar (CPC, art. 524, § 2º).[6] A doutrina chama isso de **"liquidação por cálculo do contador"**.

7. HONORÁRIOS ADVOCATÍCIOS

Não há previsão de cabimento de honorários advocatícios nesta fase processual já que significa apenas uma etapa preliminar do cumprimento de sentença em cujo procedimento, aí sim, cabe a fixação de honorários (ver CPC, art. 85, § 1º).

Justifica-se tal posicionamento tendo em vista tratar-se unicamente de um procedimento cuja finalidade é tornar líquida a sentença, não havendo vencido nem vencedor.

> **Atenção:** Cabe registrar que existem defensores do cabimento de honorários advocatícios pelo menos na liquidação pelo procedimento comum, tendo em vista que neste caso haverá praticamente um novo processo com

---

6. CPC, Art. 524. O requerimento previsto no art. 523 será instruído com demonstrativo discriminado e atualizado do crédito, devendo a petição conter:
(omissis)...
§ 2º Para a verificação dos cálculos, o juiz poderá valer-se de contabilista do juízo, que terá o prazo máximo de 30 (trinta) dias para efetuá-la, exceto se outro lhe for determinado.

a possibilidade de contestação, apresentação de quesitos, discussão sobre o laudo e até mesmo o manejo de recurso contra a decisão homologatória.

8. RECURSO CABÍVEL NA LIQUIDAÇÃO

A decisão que homologar a liquidação de sentença, é uma decisão que pode ser conceituada como de natureza declaratória que não põe fim ao processo, mas apenas encerra uma fase, logo o recurso cabível é agravo de instrumento (ver CPC, art. 1.015, parágrafo único).

Quer dizer, a liquidação de sentença é a continuação do processo de conhecimento e, geralmente, tem finalidade meramente declaratória. Esta fase termina com uma decisão interlocutória, de sorte a afirmar que qualquer contrariedade com a decisão, o recurso cabível, repita-se, é o agravo de instrumento.

Contudo, cabe advertir que se a decisão judicial que resolve incidente de liquidação extinguir o próprio processo, por óbvio que, nesse caso, a impugnação da decisão deve se dar por meio do recurso de apelação (porém isso é a exceção da exceção).

Evidente que se a decisão contiver alguma omissão, obscuridade, contradição ou houver algum erro material, sempre caberá o recurso de Embargos de Declaração (ver CPC, art. 1.022).

Apenas para rememorar, a liquidação é tão somente um incidente processual, cujo encerramento se dá através de decisão interlocutória, proferida pelo juiz da causa, logo decisão agravável.

Importante também registrar que apesar de ser uma decisão interlocutória, é uma decisão de mérito e como tal também pode transitar em julgado, a não ser que a parte a ela se oponha através do agravo de instrumento que, nesse caso, tem regras próprias para julgamento (ver CPC, art. 1.015, II c/c art. 942, § 3º, II).

Lição 2
CUMPRIMENTO DE SENTENÇA[1]

Sumário: 1. Noções preliminares – 2. São títulos executivos judiciais – 3. Competência do juízo – 4. Características do cumprimento de sentença – 5. Intimação do devedor – 6. Procuração – 7. Do cumprimento de sentença por quantia certa; 7.1 Cumprimento provisório e definitivo; 7.2 Da caução no cumprimento provisório de sentença; 7.3 Cumprimento de sentença com parte líquida e ilíquida; 7.4 Demonstrativo de crédito como requisito da petição; 7.5 Cumprimento de sentença por iniciativa do réu; 7.6 Multa e honorários advocatícios; 7.7 Desconsideração da personalidade jurídica; 7.8 A decisão judicial pode ser protestada; 7.9 Impugnação ao cumprimento da sentença; 7.9.1 Matérias que podem ser suscitadas na impugnação; 7.9.2 Alegação de impedimento ou suspeição; 7.9.3 Prazo em dobro para litisconsorte; 7.9.4 Efeito em que será recebido à impugnação – 8. Do cumprimento de sentença que reconheça a exigibilidade de obrigação de prestar alimentos; 8.1 Decisão poderá ser levada a protesto; 8.2 Prisão civil do devedor; 8.3 Execução como sendo por quantia certa; 8.4 Alimentos provisórios, provisionais e definitivos; 8.5 Foro competente; 8.6 Execução contra funcionário público, militar, diretor ou gerente de empresa ou empregado sujeito à legislação do trabalho; 8.7 Crime de abandono material; 8.8 Constituição de capital para garantir a prestação mensal; 8.9 Revisão da prestação alimentar – 9. Do cumprimento de sentença que reconheça a exigibilidade de obrigação de pagar quantia certa pela fazenda pública; 9.1 Demonstrativo de crédito; 9.2 Pluralidade de credores; 9.3 Impugnação ao cumprimento de sentença; 9.4 Do impedimento e suspeição; 9.5 Expedição do precatório ou RPV; 9.6 Considerações finais – 10. Do cumprimento de sentença nas obrigações de fazer ou não fazer – 11. Do cumprimento de sentença nas obrigações para entrega de coisa – 12. Do recurso cabível contra as decisões nesta fase processual – 13. Exceção de pré-executividade – quadro resumo

1. NOÇÕES PRELIMINARES

A certeza do direito declarado na sentença (ou no acórdão) não garante por si só a satisfação do autor porque em muitas circunstâncias o réu não cumpre espontaneamente a obrigação resultante da condenação. Daí o autor deverá promover a execução que, pela atual sistemática do Código de Processo Civil, chama-se "do cumprimento da sentença".

---

1. Esta lição tem anotações da Profa. Gisele Leite In: MELO, Nehemias Domingos de. *Código de Processo Civil* – Anotado e Comentado, 4ª. ed. Indaiatuba: Foco, 2025, p. 461/516.

O cumprimento de sentença é apenas mais uma etapa do processo que será processada perante o mesmo juízo onde se processou a ação, por simples petição, sem necessidade de se estabelecer uma nova relação processual.

Não há necessidade de nova citação do réu, tendo em vista que o mesmo será intimado na pessoa do advogado que o representa no processo de conhecimento para cumprir com a decisão em questão. Quando não tiver procurador constituído nos autos ou for representado pela Defensoria Pública, o réu será intimado por carta com aviso de recebimento.

O cumprimento de sentença se aplica a todas as decisões proferidas no processo de conhecimento que tenha transitado em julgado, tanto nas obrigações de pagar quantia certa quanto nas obrigações de fazer, não fazer e de entrega de coisas, inclusive as decisões homologatórias de autocomposição judicial ou extrajudicial, conforme veremos a seguir (ver CPC, art. 515).

Quando se tratar do cumprimento da sentença que reconhece o dever de pagar quantia certa, provisório ou definitivo, far-se-á a requerimento do exequente (CPC, art. 513, § 1º).[2] Contudo, veremos a seguir que também pode ser iniciada pelo executado espontaneamente, inclusive antes de ser intimado para o ato (ver CPC, art. 526).

Apenas para rememorar, no CPC/73 esse procedimento era uma ação que você distribuía por dependência da ação principal. Havia, inclusive, a necessidade de nova citação do réu (agora executado).

Importante destacar que se aplicam ao cumprimento de sentença as regras que regulam o processo de execução (ver CPC, art. 771 e ss.).

---

2. CPC, Art. 513. O cumprimento da sentença será feito segundo as regras deste Título, observando-se, no que couber e conforme a natureza da obrigação, o disposto no Livro II da Parte Especial deste Código.
§ 1º O cumprimento da sentença que reconhece o dever de pagar quantia, provisório ou definitivo, far-se-á a requerimento do exequente.
§ 2º O devedor será intimado para cumprir a sentença:
I – pelo Diário da Justiça, na pessoa de seu advogado constituído nos autos;
II – por carta com aviso de recebimento, quando representado pela Defensoria Pública ou quando não tiver procurador constituído nos autos, ressalvada a hipótese do inciso IV;
III – por meio eletrônico, quando, no caso do § 1º do art. 246, não tiver procurador constituído nos autos;
IV – por edital, quando, citado na forma do art. 256, tiver sido revel na fase de conhecimento.
§ 3º Na hipótese do § 2º, incisos II e III, considera-se realizada a intimação quando o devedor houver mudado de endereço sem prévia comunicação ao juízo, observado o disposto no parágrafo único do art. 274.
§ 4º Se o requerimento a que alude o § 1º for formulado após 1 (um) ano do trânsito em julgado da sentença, a intimação será feita na pessoa do devedor, por meio de carta com aviso de recebimento encaminhada ao endereço constante dos autos, observado o disposto no parágrafo único do art. 274 e no § 3º deste artigo.
§ 5º O cumprimento da sentença não poderá ser promovido em face do fiador, do coobrigado ou do corresponsável que não tiver participado da fase de conhecimento.

2. SÃO TÍTULOS EXECUTIVOS JUDICIAIS

São títulos executivos judiciais, cujas regras do cumprimento de sentença se aplicam, as seguintes decisões (CPC, art. 515):[3]

a) **Decisões de mérito:**

As decisões de mérito proferidas no processo civil que reconheçam a exigibilidade de obrigação de pagar quantia, de fazer, de não fazer ou de entregar coisa, tanto em primeiro grau (sentença) quanto em segundo grau (acórdão), são títulos executivos judiciais por excelência.

b) **Decisão judicial homologatória:**

As decisões judiciais de qualquer instância que homologue o acordo realizado entre as partes, seja aquela realizada no próprio processo (judicial) seja aquela realizada entre os particulares (extrajudicial), também fazem parte do rol dos títulos executivos judiciais.

Atenção: sendo a autocomposição judicial, poderá envolver outras pessoas estranhas ao processo, como também poderá recair sobre questão que não estava sendo objeto de discussão no processo.

c) **Formal de partilha:**

O formal de partilha expedido nos autos de inventário também é título executivo judicial, porém somente em relação ao inventariante, aos herdeiros e aos sucessores a título singular ou universal.

---

3. CPC, Art. 515. São títulos executivos judiciais, cujo cumprimento dar-se-á de acordo com os artigos previstos neste Título:
I – as decisões proferidas no processo civil que reconheçam a exigibilidade de obrigação de pagar quantia, de fazer, de não fazer ou de entregar coisa;
II – a decisão homologatória de autocomposição judicial;
III – a decisão homologatória de autocomposição extrajudicial de qualquer natureza;
IV – o formal e a certidão de partilha, exclusivamente em relação ao inventariante, aos herdeiros e aos sucessores a título singular ou universal;
V – o crédito de auxiliar da justiça, quando as custas, emolumentos ou honorários tiverem sido aprovados por decisão judicial;
VI – a sentença penal condenatória transitada em julgado;
VII – a sentença arbitral;
VIII – a sentença estrangeira homologada pelo Superior Tribunal de Justiça;
IX – a decisão interlocutória estrangeira, após a concessão do exequatur à carta rogatória pelo Superior Tribunal de Justiça;
X – (Vetado).
§ 1º Nos casos dos incisos VI a IX, o devedor será citado no juízo cível para o cumprimento da sentença ou para a liquidação no prazo de 15 (quinze) dias.
§ 2º A autocomposição judicial pode envolver sujeito estranho ao processo e versar sobre relação jurídica que não tenha sido deduzida em juízo.

d) **Crédito dos auxiliares da justiça:**

Também se enquadra como título judicial o crédito de auxiliar da justiça, quando as custas, emolumentos ou honorários tiverem sido aprovados por decisão judicial.

e) **Sentença penal:**

A sentença penal condenatória transitada em julgado, que tenha reconhecido o dever do réu em indenizar a vítima, também é título executivo judicial que deverá ser cobrado por meio de cumprimento de sentença, a ser proposta no juízo cível competente.

f) **Sentença arbitral:**

Também a sentença arbitral se encaixa aqui, devendo a sua execução ser processada como cumprimento de sentença no juízo cível competente.

g) **Decisão estrangeira:**

Tanto a sentença estrangeira homologada pelo Superior Tribunal de Justiça, quanto a decisão interlocutória estrangeira, após a concessão do *exequatur* à carta rogatória pelo Superior Tribunal de Justiça, são também títulos executivos judiciais, podendo o seu cumprimento se realizar no juízo cível competente.

3. COMPETÊNCIA DO JUÍZO

A competência para o cumprimento de sentença, como regra, é fundada no critério funcional, qual seja, o juiz que atuou na fase de conhecimento, será o competente para executar o cumprimento da sentença, seja o do primeiro ou de segundo grau (CPC, art. 516, I e II).[4]

Assim, se o processo é daqueles cuja competência é originária dos Tribunais, o cumprimento se fará perante este mesmo Tribunal. Se a ação foi proposta em juízo de primeiro grau, este será o competente para realizar no cumprimento da sentença.

Exceção: há uma exceção à regra geral quando se tratar de sentença penal condenatória, sentença arbitral, sentença estrangeira ou de acórdão

---

4. CPC, Art. 516. O cumprimento da sentença efetuar-se-á perante:

I – os tribunais, nas causas de sua competência originária;

II – o juízo que decidiu a causa no primeiro grau de jurisdição;

III – o juízo cível competente, quando se tratar de sentença penal condenatória, de sentença arbitral, de sentença estrangeira ou de acórdão proferido pelo Tribunal Marítimo.

Parágrafo único. Nas hipóteses dos incisos II e III, o exequente poderá optar pelo juízo do atual domicílio do executado, pelo juízo do local onde se encontrem os bens sujeitos à execução ou pelo juízo do local onde deva ser executada a obrigação de fazer ou de não fazer, casos em que a remessa dos autos do processo será solicitada ao juízo de origem.

proferido pelo Tribunal Marítimo, quando então, tendo em vista a competência material envolvida, será processada no juízo cível competente para conhecer da matéria, segundo as regras normais da competência (ver CPC, art. 516, III).

Importante: além da regra geral e por razões de conveniência da parte, autoriza o Código de Processo Civil que o exequente possa optar pelo juízo do atual domicílio do executado, pelo juízo do local onde se encontrem os bens sujeitos à execução ou pelo juízo do local onde deva ser executada a obrigação de fazer ou de não fazer, casos em que a remessa dos autos do processo será solicitada ao juízo de origem (ver CPC, art. 516, parágrafo único).

4. CARACTERÍSTICAS DO CUMPRIMENTO DE SENTENÇA

No cumprimento de sentença podemos identificar as seguintes características que são importantes:

a) **Relação jurídica sujeita a condição ou termo:**

Quando o juiz decidir relação jurídica sujeita a condição ou termo, o cumprimento da sentença dependerá de demonstração de que se realizou a condição ou de que ocorreu o termo (CPC, art. 514).[5]

b) **Terceiro não pode ser atingido:**

O cumprimento da sentença não poderá ser promovido em face do fiador, do coobrigado ou do corresponsável que não tiver participado da fase de conhecimento (ver CPC, art. 513, § 5º). A previsão legislativa é muito lógica tendo em vista que a coisa julgada faz lei entre as partes, não podendo prejudicar terceiros (ver CPC, art. 506).

c) **Questionamento da validade do cumprimento de sentença:**

Todas as questões relativas à validade do procedimento de cumprimento da sentença e dos atos executivos subsequentes poderão ser arguidas pelo executado nos próprios autos e nestes serão decididas pelo juiz (ver CPC, art. 518).

d) **Tutelas provisórias:**

Aplicam-se as disposições relativas ao cumprimento da sentença, provisório ou definitivo, e à liquidação, no que couber, às decisões que concederem tutela provisória (ver CPC, art. 519).

---

5. CPC, Art. 514. Quando o juiz decidir relação jurídica sujeita a condição ou termo, o cumprimento da sentença dependerá de demonstração de que se realizou a condição ou de que ocorreu o termo.

5. INTIMAÇÃO DO DEVEDOR

Importante deixar claro que não haverá nova citação do réu nesta fase do processo, pois o mesmo já estará nos autos bastando simples intimação para que cumpra com o determinado na sentença (ver CPC, art. 513, § 2º, I a IV).

A forma mais comum e mais importante de ocorrer a intimação do devedor para o cumprimento de sentença é na pessoa do seu advogado regularmente constituído nos autos, por simples publicação no Diário Oficial.

Contudo há outras formas de intimação prevista no código como no caso de o devedor não possuir advogado constituído ou estiver representado pela Defensoria Pública, caso em que a intimação se fará por carta (via Correios) com aviso de recebimento. Outra hipótese é realizar a intimação por meio eletrônico, especialmente em se tratando de empresas públicas e privadas, exceto microempresas e das empresas de pequeno porte (ver CPC, art. 246, V). Há ainda a hipótese de intimação por carta, mesmo o devedor tendo advogado nos autos, caso o início do cumprimento de sentença ocorra um ano após o trânsito em julgado da decisão exequenda (ver CPC, art. 513, § 4º).

Por último, pode-se promover a intimação do devedor por edital quando o executado tiver sido revel na fase de conhecimento.

> **Importante:** as partes devem manter seus respectivos endereços atualizados no processo porque qualquer intimação enviada para o endereço constante dos autos será considerada válida mesmo que a parte tenha se mudado.

6. PROCURAÇÃO

Talvez seja pouco relevante, mas justifica-se alertar que o advogado não necessitará de outorga de novo instrumento de mandato (nova procuração) para que dê andamento à fase de cumprimento de sentença, haja vista que, salvo disposição expressa em sentido contrário constante do próprio instrumento, a procuração outorgada na fase de conhecimento é eficaz para todas as fases do processo, inclusive para o cumprimento de sentença (ver CPC, art. 105, § 4º).

7. DO CUMPRIMENTO DE SENTENÇA POR QUANTIA CERTA

O cumprimento de sentença por quantia certa é o mais comum nos nossos tribunais. Existe também o cumprimento de sentença por obrigação de fazer ou não fazer, bem como para entrega de coisas. Além dessas, há também o cumprimento de sentença que reconheça a exigibilidade da obrigação de prestar alimentos e também a obrigação de pagar quantia certa pela Fazenda Pública.

No caso de condenação em quantia certa, ou já fixada em liquidação, e no caso de decisão sobre parcela incontroversa, o cumprimento definitivo da sentença far-se-á a requerimento do exequente, sendo o executado intimado para pagar o débito, no prazo de 15 (quinze) dias, acrescido de custas, se houver (CPC, art. 523).[6]

Se o réu não realizar o pagamento neste prazo (chamado de "pagamento voluntário"), irá incidir sobre o montante da condenação multa de 10% e honorários advocatícios também de 10%.

7.1 Cumprimento provisório e definitivo

O cumprimento de sentença que reconheça a exigibilidade de obrigação de pagar quantia certa, poderá ser provisório ou definitivo, senão vejamos:

a) **Provisório:**

Será provisório quando apresentado nos autos cuja sentença tenha sido impugnada por recurso desprovido de efeito suspensivo (recebido no efeito devolutivo). O cumprimento provisório da sentença será requerido por petição dirigida ao juízo competente e não sendo eletrônicos os autos, a petição será acompanhada de cópias da decisão exequenda, certidão de interposição do recurso não dotado de efeito suspensivo, procurações outorgadas pelas partes, decisão de habilitação (se for o caso) e facultativamente por outras peças processuais consideradas necessárias para demonstrar a existência do crédito, cuja autenticidade poderá ser certificada pelo próprio advogado, sob sua responsabilidade pessoal, devendo o advogado rubricar todas as folhas dos documentos juntados e abrir um tópico na petição fazendo a declaração, sob as penas da lei, que os documentos são autênticos (CPC, art. 520)[7]

---

6. CPC, Art. 523. No caso de condenação em quantia certa, ou já fixada em liquidação, e no caso de decisão sobre parcela incontroversa, o cumprimento definitivo da sentença far-se-á a requerimento do exequente, sendo o executado intimado para pagar o débito, no prazo de 15 (quinze) dias, acrescido de custas, se houver.

§ 1º Não ocorrendo pagamento voluntário no prazo do caput, o débito será acrescido de multa de dez por cento e, também, de honorários de advogado de dez por cento.

§ 2º Efetuado o pagamento parcial no prazo previsto no caput, a multa e os honorários previstos no § 1º incidirão sobre o restante.

§ 3º Não efetuado tempestivamente o pagamento voluntário, será expedido, desde logo, mandado de penhora e avaliação, seguindo-se os atos de expropriação.

7. CPC, Art. 520. O cumprimento provisório da sentença impugnada por recurso desprovido de efeito suspensivo será realizado da mesma forma que o cumprimento definitivo, sujeitando-se ao seguinte regime:

I – corre por iniciativa e responsabilidade do exequente, que se obriga, se a sentença for reformada, a reparar os danos que o executado haja sofrido;

II – fica sem efeito, sobrevindo decisão que modifique ou anule a sentença objeto da execução, restituindo-se as partes ao estado anterior e liquidando-se eventuais prejuízos nos mesmos autos;

III – se a sentença objeto de cumprimento provisório for modificada ou anulada apenas em parte, somente nesta ficará sem efeito a execução;

Atenção: No caso de cumprimento provisório de sentença o exequente poderá ser responsabilizado pelas perdas e danos que o executado possa ter sofrido por causa dessa iniciativa, no caso de haver reforma da sentença. É evidente que se houver decisão do tribunal modificando ou anulando a sentença objeto da execução, as partes serão restituídas à situação anterior, liquidando-se eventuais prejuízos nos mesmos autos.

Importante: para requerer o cumprimento da decisão no caso de execução provisória, o exequente (credor) deverá instruir sua petição com os documentos mencionados no artigo em comento, que são: a decisão exequenda; a certidão de interposição de recurso não dotado de efeito suspensivo; procurações outorgadas pelas partes; decisão de habilitação, se for o caso; e ainda facultativamente, outras peças processuais consideradas como necessárias e aptas a demonstrar a existência do crédito (ver CPC, art. 522).

b) **Definitivo:**

Será definitivo o cumprimento de sentença quando apresentado em processo no qual já se operou o trânsito em julgado da decisão final. Isto é, houve uma decisão da qual não foi interposto recurso; ou, foi interposto recurso, mas esgotaram-se as instâncias e agora não cabe mais recurso. Nesse caso, o credor peticionará ao juízo da causa requerendo seja o executado intimado a pagar. Vale advertir que é necessário que a decisão que se vai executar seja líquida.

7.2 Da caução no cumprimento provisório de sentença

Se na fase de cumprimento provisório de sentença ocorrer a apreensão de bens do executado, o levantamento de depósito em dinheiro e a prática de atos que importem transferência de posse ou alienação de propriedade ou de outro direito real, ou dos quais possa resultar grave dano ao executado, dependem de caução suficiente e idônea, arbitrada de plano pelo juiz e prestada nos próprios autos.

IV – o levantamento de depósito em dinheiro e a prática de atos que importem transferência de posse ou alienação de propriedade ou de outro direito real, ou dos quais possa resultar grave dano ao executado, dependem de caução suficiente e idônea, arbitrada de plano pelo juiz e prestada nos próprios autos.

§ 1º No cumprimento provisório da sentença, o executado poderá apresentar impugnação, se quiser, nos termos do art. 525.

§ 2º A multa e os honorários a que se refere o § 1º do art. 523 são devidos no cumprimento provisório de sentença condenatória ao pagamento de quantia certa.

§ 3º Se o executado comparecer tempestivamente e depositar o valor, com a finalidade de isentar-se da multa, o ato não será havido como incompatível com o recurso por ele interposto.

§ 4º A restituição ao estado anterior a que se refere o inciso II não implica o desfazimento da transferência de posse ou da alienação de propriedade ou de outro direito real eventualmente já realizada, ressalvado, sempre, o direito à reparação dos prejuízos causados ao executado.

§ 5º Ao cumprimento provisório de sentença que reconheça obrigação de fazer, de não fazer ou de dar coisa aplica-se, no que couber, o disposto neste Capítulo.

Não se condiciona o início da execução provisória à prestação de caução. Esta é exigível para o levantamento de depósito em dinheiro ou para realização de atos que sejam capazes de causar ao executado grave dano. Na verdade, é uma garantia do devedor para a eventualidade de reversão do processo.

Contudo, em face de determinadas situações, o legislador fez algumas exceções (CPC, art. 521),[8] todas com a devida motivação, senão vejamos:

a) **Prestação Alimentar:**

A primeira exceção de dispensa de garantia é referente aos créditos alimentares, inclusive os derivados de ato ilícito, quando também deve ser demonstrada cabalmente a necessidade do credor. Evidentemente por se tratar de obrigação alimentar, o credor poderá estar passando por enorme necessidade, até pela questão fisiológica. Não se pode ficar indiferente à realidade social brasileira, onde grande parte da população está à beira da miséria absoluta e, por certo, não possui condições para prestar a caução idônea para efetivar expropriação em sede de execução provisória.

b) **O credor demonstrar situação de necessidade:**

Naturalmente a atuação do Judiciário deve pautar-se pelo princípio da proporcionalidade e aquilatar a plausibilidade do direito arguido, dispensando a caução quando for necessário. Daí, a previsão da situação de necessidade.

c) **Pender agravo em RE ou REsp:**

Se a decisão exequenda depender de agravo de instrumento para liberar recurso especial ou recurso extraordinário, poder-se-á também efetivar meios expropriativos sem necessidade de prestar caução. Isso se justifica em face da grande dificuldade de tal recurso obter provimento, no ordenamento jurídico contemporâneo. Com isso o legislador valorizou o princípio da efetividade da decisão processual e abriu a possibilidade *ope legis* de haver a expropriação sem a prestação de caução.

d) **Decisão em consonância com os precedentes jurisprudenciais:**

Na linha de reforçar os precedentes jurisprudenciais, o legislador fez prever a dispensa de garantia quando a sentença que se executa provisoriamente estiver em consonância com verbete sumulado do STF ou

---

8. CPC, Art. 521. A caução prevista no inciso IV do art. 520 poderá ser dispensada nos casos em que:
   I – o crédito for de natureza alimentar, independentemente de sua origem;
   II – o credor demonstrar situação de necessidade;
   III – pender o agravo do art. 1.042; (Redação dada pela Lei nº 13.256, de 2016)
   IV – a sentença a ser provisoriamente cumprida estiver em consonância com súmula da jurisprudência do Supremo Tribunal Federal ou do Superior Tribunal de Justiça ou em conformidade com acórdão proferido no julgamento de casos repetitivos.
   Parágrafo único. A exigência de caução será mantida quando da dispensa possa resultar manifesto risco de grave dano de difícil ou incerta reparação.

STJ ou em conformidade com acórdão proferido no julgamento de casos repetitivos.

Atenção: mesmo nesses casos excepcionados a caução poderá ser mantida se da dispensa puder resultar manifesto risco de grave dano, de difícil ou incerta reparação.

7.3 Cumprimento de sentença com parte líquida e ilíquida

Conforme já vimos na lição anterior, quando a sentença contém uma parte líquida e outra ilíquida, o credor poderá promover a liquidação dessa e, paralelamente a execução daquela (ver CPC, art. 509, § 1º).

Basta imaginar que uma ação proposta visando ressarcimento de danos decorrentes de acidente em que o autor tenha realizado despesas hospitalares, tenha perdido dias de trabalhos e, além disso, ainda vá necessitar de tratamento para recuperação da lesão mediante sessões de fisioterápicas ou psicológicas cujo valor não foi (e nem poderia ser) determinado na inicial. O juiz acolhe totalmente a ação e condena o réu ao pagamento dos valores certos e determinados na inicial e remete para liquidação de sentença a parte que se refere aos custos para recuperação do autor, o que se fará mediante liquidação de sentença, através de uma perícia médica.

Nesse caso, o autor promoverá nos autos principais o cumprimento da sentença referente à parte liquida da condenação e, em autos apartados, a liquidação da parte ilíquida que será montado pelo interessado com cópias das peças indispensáveis à determinação dos valores.

De toda sorte, esse procedimento dúplice é uma faculdade outorgada ao credor que o utilizará se quiser. Caso contrário, poderá promover por primeiro a liquidação da parte ilíquida e, só depois dela encerrada, promover a execução integral de toda a sentença.

7.4 Demonstrativo de crédito como requisito da petição

Seja a execução provisória ou definitiva, o demonstrativo de crédito é documento indispensável no cumprimento de sentença que reconhece a exigibilidade de obrigação de pagar quantia certa e deve estar contida na própria petição que dá início ao cumprimento de sentença (quando se tratar de cálculo simples) ou mediante a apresentação de demonstrativo discriminado e atualizado do crédito (memória de cálculo/planilha) em documento anexo à petição.

O demonstrativo de crédito nada mais é do que o cálculo aritmético do valor devido pelo réu para lhe oportunizar saber o quanto deve. A planilha deve conter o valor principal pedido na inicial, com a correção monetária e os juros incidentes conforme fixados na sentença, além dos honorários advocatícios e as demais verbas de sucumbência.

O demonstrativo discriminado e atualizado de crédito deverá conter (ver CPC, art. 524),[9] obrigatoriamente, os seguintes elementos:

a) Todos os dados identificadores do exequente e do executado, podendo eventualmente requerer ao juiz o complemento das informações faltantes (ver art. 319, § 1º).

b) O índice de correção monetária adotado na planilha de cálculos.

c) Os juros aplicados e as respectivas taxas.

d) O termo inicial e o termo final da incidência dos juros e da correção monetária utilizado na planilha de cálculos.

e) A periodicidade da capitalização dos juros, se for o caso.

f) A especificação dos eventuais descontos obrigatórios realizados e,

g) A indicação dos bens passíveis de penhora, sempre que possível.

Importante: Embora se possa apresentar o demonstrativo de crédito no corpo da própria petição, é aconselhável fazer sempre em apartado, anexando como última folha de seu petitório. É interessante manter o arquivo digital guardado no computador para facilitar as futuras atualizações dos débitos.

---

9. CPC, Art. 524. O requerimento previsto no art. 523 será instruído com demonstrativo discriminado e atualizado do crédito, devendo a petição conter:

I – o nome completo, o número de inscrição no Cadastro de Pessoas Físicas ou no Cadastro Nacional da Pessoa Jurídica do exequente e do executado, observado o disposto no art. 319, §§ 1º a 3º;

II – o índice de correção monetária adotado;

III – os juros aplicados e as respectivas taxas;

IV – o termo inicial e o termo final dos juros e da correção monetária utilizados;

V – a periodicidade da capitalização dos juros, se for o caso;

VI – especificação dos eventuais descontos obrigatórios realizados;

VII – indicação dos bens passíveis de penhora, sempre que possível.

§ 1º Quando o valor apontado no demonstrativo aparentemente exceder os limites da condenação, a execução será iniciada pelo valor pretendido, mas a penhora terá por base a importância que o juiz entender adequada.

§ 2º Para a verificação dos cálculos, o juiz poderá valer-se de contabilista do juízo, que terá o prazo máximo de 30 (trinta) dias para efetuá-la, exceto se outro lhe for determinado.

§ 3º Quando a elaboração do demonstrativo depender de dados em poder de terceiros ou do executado, o juiz poderá requisitá-los, sob cominação do crime de desobediência.

§ 4º Quando a complementação do demonstrativo depender de dados adicionais em poder do executado, o juiz poderá, a requerimento do exequente, requisitá-los, fixando prazo de até 30 (trinta) dias para o cumprimento da diligência.

§ 5º Se os dados adicionais a que se refere o § 4º não forem apresentados pelo executado, sem justificativa, no prazo designado, reputar-se-ão corretos os cálculos apresentados pelo exequente apenas com base nos dados de que dispõe.

Atenção: se os dados necessários para a elaboração da planilha de cálculos estiverem nas mãos do executado ou mesmo de terceiro, o juiz, a requerimento da parte, poderá requisitá-los, fixando prazo para a diligência que, se não for cumprida, poderá ser tipificada como crime de desobediência.

7.5 Cumprimento de sentença por iniciativa do réu

Tendo ocorrido o trânsito em julgado da decisão que reconhece a obrigação de pagar quantia certa, a obrigação sendo líquida torna-se exigível desde logo. Nesse caso, o réu pode tomar a iniciativa de, antecipando-se ao credor, comparecer a juízo e depositar o valor que entende devido, instruindo sua petição com o comprovante do depósito e a memória discriminada de cálculo (CPC, art. 526).[10]

Corresponde a uma inversão do procedimento, tendo em vista que a pessoa do devedor é quem vai apresentar os cálculos do que entende devido; enquanto ao autor caberá o papel de impugnar, se for o caso, o cálculo apresentado. Nesse caso, o credor deverá manifestar-se no prazo de 5 (cinco) dias, podendo impugnar a quantia apresentada e levantar o depósito realizado como parcela incontroversa. De outro lado, se o autor concordar com o valor depositado, basta quedar-se silente que o juiz declarará satisfeita a obrigação e extinguirá o processo.

Havendo impugnação, se o juiz entender que o depósito foi insuficiente, sobre a diferença irá incidir multa de 10% (dez por cento) e honorários advocatícios, também fixados em 10% (dez por cento), prosseguindo-se com a execução pelo restante com penhora e os demais atos subsequentes.

7.6 Multa e honorários advocatícios

Tendo o autor requerido o cumprimento de sentença, o réu será intimado para realizar o pagamento voluntariamente no prazo de 15 (quinze) dias.

Não realizado pagamento voluntário no prazo assinalado, incide, automaticamente, multa de 10% (dez por cento) e, também, honorários de advogado de 10% (dez por cento) que serão acrescidos ao valor exequendo. A aplicação da multa é ato que independe de requerimento do credor de sorte que será determinada de ofício pelo juiz (ver CPC, art. 523, § 1º).

---

10. CPC, Art. 526. É lícito ao réu, antes de ser intimado para o cumprimento da sentença, comparecer em juízo e oferecer em pagamento o valor que entender devido, apresentando memória discriminada do cálculo.

§ 1º O autor será ouvido no prazo de 5 (cinco) dias, podendo impugnar o valor depositado, sem prejuízo do levantamento do depósito a título de parcela incontroversa.

§ 2º Concluindo o juiz pela insuficiência do depósito, sobre a diferença incidirão multa de dez por cento e honorários advocatícios, também fixados em dez por cento, seguindo-se a execução com penhora e atos subsequentes.

§ 3º Se o autor não se opuser, o juiz declarará satisfeita a obrigação e extinguirá o processo.

Se o juiz não aplicar esse preceito, cabe à parte peticionar, requerendo os atos expropriatórios e juntando nova planilha de cálculos, agora com os valores atualizados e já acrescidos das duas multas de 10% (dez por cento).

Se o devedor realizar o pagamento parcial dentro do prazo fixado pelo juiz, a multa e os honorários acima referidos serão ainda de 10% (dez por cento), porém somente incidirão sobre o saldo restante.

> **Importante:** Nesse caso o acréscimo da multa e dos honorários funcionará como uma forma de estimular o devedor a cumprir imediatamente sua obrigação, pois sabe de antemão de que não o fazendo, será obrigado a pagar mais, através dos atos expropriativos subsequentes.

7.7 Desconsideração da personalidade jurídica

Na fase de cumprimento de sentença por quantia certa contra pessoa jurídica, quanto restar infrutífera a busca de bens para satisfação da execução, será sempre possível manejar o incidente de desconsideração da personalidade jurídica com a finalidade de atingir os bens particulares dos sócios que a compõe (ver CPC, art. 134, *caput*).

Vale lembrar que o Código de Processo Civil também prevê a hipótese da **desconsideração inversa** da personalidade jurídica. Significa dizer que se for constatado que o sócio de determinada empresa não tem bens suficientes para adimplir a obrigação resultante da sentença, o autor poderá manejar este instituto com a finalidade de atingir os bens da empresa da qual o devedor é sócio.

Cumpre assinalar que pela nova redação do art. 50 do Código Civil (redação que foi dada pela Lei nº 13.874 de 20 de setembro de 2019), o legislador procurou individualizar a responsabilização dos sócios, estabelecendo no *caput* que a desconsideração deva atingir apenas os bens particulares de administradores ou de sócios da pessoa jurídica "beneficiados direta ou indiretamente pelo abuso".[11]

---

11. CC, Art. 50. Em caso de abuso da personalidade jurídica, caracterizado pelo desvio de finalidade ou pela confusão patrimonial, pode o juiz, a requerimento da parte, ou do Ministério Público quando lhe couber intervir no processo, desconsiderá-la para que os efeitos de certas e determinadas relações de obrigações sejam estendidos aos bens particulares de administradores ou de sócios da pessoa jurídica beneficiados direta ou indiretamente pelo abuso. (Redação dada pela Lei nº 13.874, de 2019)

§ 1º Para os fins do disposto neste artigo, desvio de finalidade é a utilização da pessoa jurídica com o propósito de lesar credores e para a prática de atos ilícitos de qualquer natureza. (Incluído pela Lei nº 13.874, de 2019)

§ 2º Entende-se por confusão patrimonial a ausência de separação de fato entre os patrimônios, caracterizada por: (Incluído pela Lei nº 13.874, de 2019)

I – cumprimento repetitivo pela sociedade de obrigações do sócio ou do administrador ou vice-versa; (Incluído pela Lei nº 13.874, de 2019)

II – transferência de ativos ou de passivos sem efetivas contraprestações, exceto os de valor proporcionalmente insignificante; e (Incluído pela Lei nº 13.874, de 2019)

III – outros atos de descumprimento da autonomia patrimonial. (Incluído pela Lei nº 13.874, de 2019)

A alteração é importante porque pela redação original que constava no Código Civil os efeitos da desconsideração poderiam atingir todos os sócios ou administradores da sociedade indistintamente. Pelo novo texto somente os sócios e administradores que tenham se beneficiado, direta ou indiretamente, é que deverão ser responsabilizados.

Ademais incluiu cinco novos parágrafos que antes não existiam no referido art. 50 do Código Civil, nos quais o legislador procurou definir o que seja "desvio de finalidade" e "confusão patrimonial", assim como também fez prever a "desconsideração inversa".

É muito importante que a Lei nº 13.874 tenha incluindo expressa previsão quanto a "desconsideração inversa" da personalidade jurídica por que nesse caso, quem age fraudulentamente não é a empresa, mas o seu sócio ou outra empresa integrante do grupo.

Com a desconsideração inversa torna-se possível atingir os bens da sociedade empresária para quitação de débitos inadimplidos por seu sócio, administrador ou de outras empresas. Essa tese doutrinária já vinha sendo acolhida pela jurisprudência dos nossos tribunais, mas agora ganha força de lei, e isso é muito importante.

Por essa teoria, o juiz pode determinar, em casos de fraude ou má-fé, que seja desconsiderado o princípio de que as pessoas jurídicas têm personalidade distinta da dos seus membros, de tal sorte a atingir os bens de seus sócios ou das empresas, para satisfação das dívidas assumidas em nome próprio ou da sociedade.

Curiosidade: este instituto tem origem no direito americano e inglês ainda no século XIX com o intuito de obstar a fraude e o abuso de direito. A desconsideração de personalidade jurídica passou a existir no Brasil após a segunda metade do século passado como construção doutrinária, estando hoje positivada no nosso ordenamento jurídico. O primeiro diploma legal no Brasil que recepcionou este instituto foi o Código de Defesa do Consumidor (Lei nº 8.078/90, art. 28) e depois a Lei nº 9.605/98 (art. 4º), que regula as atividades lesivas ao meio ambiente; e, finalmente, o Código Civil de 2002.

---

§ 3º O disposto no caput e nos §§ 1º e 2º deste artigo também se aplica à extensão das obrigações de sócios ou de administradores à pessoa jurídica. (Incluído pela Lei nº 13.874, de 2019)

§ 4º A mera existência de grupo econômico sem a presença dos requisitos de que trata o caput deste artigo não autoriza a desconsideração da personalidade da pessoa jurídica. (Incluído pela Lei nº 13.874, de 2019)

§ 5º Não constitui desvio de finalidade a mera expansão ou a alteração da finalidade original da atividade econômica específica da pessoa jurídica. (Incluído pela Lei nº 13.874, de 2019)

7.8 A decisão judicial pode ser protestada

Vamos rememorar que no cumprimento da sentença o réu é intimado para pagar o débito no prazo de 15 (quinze) dias. Depois de transcorridos esse prazo sem que tenha havido o pagamento, a decisão judicial transitada em julgado poderá ser levada a protesto perante o Tabelião de Protestos da comarca (CPC, art. 517),[12] sem prejuízo de que a execução possa continuar.

Para efetivar o protesto, incumbe ao exequente apresentar certidão de inteiro teor da decisão. Essa certidão deverá ser requerida ao cartório onde o processo tramita que terá o prazo de 3 (três) dias para atender. A certidão indicará o nome e a qualificação do exequente e do executado, o número do processo, o valor da dívida e a data de decurso do prazo para pagamento voluntário.

Se o executado tiver proposto ação rescisória para impugnar a decisão exequenda, poderá requerer, a suas expensas e sob sua responsabilidade, a anotação da propositura da ação à margem do título protestado.[13]

Tão logo o executado pague comprovadamente o débito, poderá requerer ao juiz que determine o cancelamento do protesto. Deferido o pedido, o cartório do juízo terá o prazo de 3 (três) dias para expedir a ordem de cancelamento, prazo este contado da data de protocolo do requerimento.

> **Importante:** Cumpre esclarecer que protesto é o ato formal e solene pelo qual se prova a inadimplência e o descumprimento de obrigação originada em títulos e outros documentos indicativos de dívida. Com o protesto fica provado a inadimplência em relação àquele título executivo judicial e, assim, terceiros, bem como o mercado em geral, ficarão cientes da situação de inadimplência evitando concessão de crédito com risco de não recebimento.

7.9 Impugnação ao cumprimento da sentença

A defesa do devedor no cumprimento de sentença é mero incidente, chamado de impugnação. Transcorrido aquele prazo de 15 (quinze) dias para pagamento previsto no art. 523, inicia-se, automaticamente, o prazo de 15 (quinze) dias para

---

12. CPC, Art. 517. A decisão judicial transitada em julgado poderá ser levada a protesto, nos termos da lei, depois de transcorrido o prazo para pagamento voluntário previsto no art. 523.
    § 1º Para efetivar o protesto, incumbe ao exequente apresentar certidão de teor da decisão.
    § 2º A certidão de teor da decisão deverá ser fornecida no prazo de 3 (três) dias e indicará o nome e a qualificação do exequente e do executado, o número do processo, o valor da dívida e a data de decurso do prazo para pagamento voluntário.
    § 3º O executado que tiver proposto ação rescisória para impugnar a decisão exequenda pode requerer, a suas expensas e sob sua responsabilidade, a anotação da propositura da ação à margem do título protestado.
    § 4º A requerimento do executado, o protesto será cancelado por determinação do juiz, mediante ofício a ser expedido ao cartório, no prazo de 3 (três) dias, contado da data de protocolo do requerimento, desde que comprovada a satisfação integral da obrigação.
13. Ação rescisória é cabível contra decisão transitada em julgada nos casos estabelecido no art. 966 do CPC.

que o executado, independentemente de penhora ou nova intimação, apresente, nos próprios autos, sua irresignação (CPC, art. 525, *caput*).[14]

---

14. CPC, Art. 525. Transcorrido o prazo previsto no art. 523 sem o pagamento voluntário, inicia-se o prazo de 15 (quinze) dias para que o executado, independentemente de penhora ou nova intimação, apresente, nos próprios autos, sua impugnação.

§ 1º Na impugnação, o executado poderá alegar:
I – falta ou nulidade da citação se, na fase de conhecimento, o processo correu à revelia;
II – ilegitimidade de parte;
III – inexequibilidade do título ou inexigibilidade da obrigação;
IV – penhora incorreta ou avaliação errônea;
V – excesso de execução ou cumulação indevida de execuções;
VI – incompetência absoluta ou relativa do juízo da execução;
VII – qualquer causa modificativa ou extintiva da obrigação, como pagamento, novação, compensação, transação ou prescrição, desde que supervenientes à sentença.

§ 2º A alegação de impedimento ou suspeição observará o disposto nos arts. 146 e 148.

§ 3º Aplica-se à impugnação o disposto no art. 229.

§ 4º Quando o executado alegar que o exequente, em excesso de execução, pleiteia quantia superior à resultante da sentença, cumprir-lhe-á declarar de imediato o valor que entende correto, apresentando demonstrativo discriminado e atualizado de seu cálculo.

§ 5º Na hipótese do § 4º, não apontado o valor correto ou não apresentado o demonstrativo, a impugnação será liminarmente rejeitada, se o excesso de execução for o seu único fundamento, ou, se houver outro, a impugnação será processada, mas o juiz não examinará a alegação de excesso de execução.

§ 6º A apresentação de impugnação não impede a prática dos atos executivos, inclusive os de expropriação, podendo o juiz, a requerimento do executado e desde que garantido o juízo com penhora, caução ou depósito suficientes, atribuir-lhe efeito suspensivo, se seus fundamentos forem relevantes e se o prosseguimento da execução for manifestamente suscetível de causar ao executado grave dano de difícil ou incerta reparação.

§ 7º A concessão de efeito suspensivo a que se refere o § 6º não impedirá a efetivação dos atos de substituição, de reforço ou de redução da penhora e de avaliação dos bens.

§ 8º Quando o efeito suspensivo atribuído à impugnação disser respeito apenas a parte do objeto da execução, esta prosseguirá quanto à parte restante.

§ 9º A concessão de efeito suspensivo à impugnação deduzida por um dos executados não suspenderá a execução contra os que não impugnaram, quando o respectivo fundamento disser respeito exclusivamente ao impugnante.

§ 10. Ainda que atribuído efeito suspensivo à impugnação, é lícito ao exequente requerer o prosseguimento da execução, oferecendo e prestando, nos próprios autos, caução suficiente e idônea a ser arbitrada pelo juiz.

§ 11. As questões relativas a fato superveniente ao término do prazo para apresentação da impugnação, assim como aquelas relativas à validade e à adequação da penhora, da avaliação e dos atos executivos subsequentes, podem ser arguidas por simples petição, tendo o executado, em qualquer dos casos, o prazo de 15 (quinze) dias para formular esta arguição, contado da comprovada ciência do fato ou da intimação do ato.

§ 12. Para efeito do disposto no inciso III do § 1º deste artigo, considera-se também inexigível a obrigação reconhecida em título executivo judicial fundado em lei ou ato normativo considerado inconstitucional pelo Supremo Tribunal Federal, ou fundado em aplicação ou interpretação da lei ou do ato normativo tido pelo Supremo Tribunal Federal como incompatível com a Constituição Federal, em controle de constitucionalidade concentrado ou difuso.

§ 13. No caso do § 12, os efeitos da decisão do Supremo Tribunal Federal poderão ser modulados no tempo, em atenção à segurança jurídica.

§ 14. A decisão do Supremo Tribunal Federal referida no § 12 deve ser anterior ao trânsito em julgado da decisão exequenda.

7.9.1 Matérias que podem ser suscitadas na impugnação

Advirta-se desde logo, que o devedor somente poderá suscitar em sua defesa as matérias especificadas no § 1º do art. 525 do CPC, tendo em vista o rol taxativo em *numerus clausus*, não lhe sendo permitido suscitar hipóteses fora das previstas.

Vale rememorar que estamos diante de uma sentença de acertamento da lide, com eventuais recursos e o esgotamento das discussões acerca do direito posto em apreciação, de sorte que as matérias já atingidas pela coisa julgada não podem ser objeto de reapreciação nessa fase do processo.

Assim, as matérias que podem ser alegadas são as seguintes:

a) **Falta ou nulidade de citação na fase de conhecimento:**

É o caso de o processo ter se desenvolvido à revelia do réu. Nada mais correto, já que este vício é tão grave que torna a sentença inexistente e, portanto, nula independente de ação rescisória. Esse vício qualifica a pretensão do réu à revisão da sentença tendo em vista que, a rigor, a sentença é inexistente em face da mácula que atinge todo o processo. Nesse caso, o juiz deverá declarar nulo o processo, impondo-se a retomada da marcha processual na fase de conhecimento, agora com a participação do réu.

b) **Ilegitimidade de parte:**

Quanto à ilegitimidade das partes é preciso ter cautela ao examinar essa matéria de impugnação do executado. Não é possível abrir novamente a discussão sobre a condição da ação na oportunidade da execução. Ou esta questão já fora expressamente examinada na fase de conhecimento, de ofício ou por alegação específica da parte, ou se tornou indiscutível, em razão da eficácia preclusiva da coisa julgada. Quer dizer, o executado apenas poderá arguir a ilegitimidade das partes a partir da relação de adequação entre o requerimento de execução e a sentença condenatória. Nessa fase executiva somente poderá alegar que quem requereu a execução não poderia fazê-lo, ou quem está sendo executado não responde pela dívida exequenda.

c) **Inexequibilidade do título ou inexigibilidade da obrigação:**

A hipótese de inexigibilidade do título pode ocorrer em face da iliquidez, da incerteza ou até mesmo da inexigibilidade do título. Supondo-se uma sentença ilíquida na qual haja necessidade de prévia liquidação, o credor nesse caso não poderá dar início ao cumprimento da sentença sem que antes tenha promovido o acertamento dos valores, que seriam apurados em

---

§ 15. Se a decisão referida no § 12 for proferida após o trânsito em julgado da decisão exequenda, caberá ação rescisória, cujo prazo será contado do trânsito em julgado da decisão proferida pelo Supremo Tribunal Federal.

liquidação de sentença. Outra hipótese é a de pendência de recurso contra a sentença de mérito e que tenha sido recebido no duplo efeito, o que inviabiliza qualquer ato desencadeante do processo executório, pois estaremos diante de uma condição suspensiva.

Atenção: considera-se também inexigível a obrigação reconhecida em título executivo judicial fundado em lei ou ato normativo considerado inconstitucional pelo Supremo Tribunal Federal, ou fundado em aplicação ou interpretação da lei ou do ato normativo tido pelo Supremo Tribunal Federal como incompatível com a Constituição Federal, em controle de constitucionalidade concentrado ou difuso. Nesse caso, os efeitos da decisão do Supremo Tribunal Federal poderão ser modulados no tempo, em atenção à segurança jurídica.

Importante: evidentemente que a decisão do Supremo Tribunal Federal a que nos referimos acima, deve ser anterior ao trânsito em julgado da decisão exequenda. De outro lado, se a decisão referida for proferida após o trânsito em julgado da decisão exequenda, caberá ação rescisória (ver CPC, art. 966), cujo prazo será contado do trânsito em julgado da decisão proferida pelo Supremo Tribunal Federal.

d) **Penhora incorreta ou avaliação errônea:**

Cuidou também o legislador da penhora incorreta, bem como do erro de avaliação. No primeiro caso, embora a linguagem utilizada não seja a mais adequada, trata-se dos casos em que a penhora recaiu em bens que não poderiam ser penhorados (bem de família, por exemplo), constituindo-se em ilegalidade. De outro lado, poderá ocorrer erro na avaliação, tanto aquela feita por oficial de justiça quanto a realizada por perito do juízo. Em ambos os casos, o réu irá discutir a legalidade da penhora ou a incorreção dos valores atribuídos aos bens, devendo nesse caso, ser aberta instrução para aferição de tudo quanto tenha sido alegado, oportunizando-se à parte contrária refutar tais alegações.

e) **Excesso de execução ou cumulação indevida de execuções:**

Essa é uma situação muito comum no dia-a-dia forense tendo em vista que a planilha de cálculo apresentada pelo credor, sendo documento unilateralmente produzido, pode conter dados equivocados quanto a origem do débito; aplicação de juros ou atualização a partir de datas diferentes da que constou na sentença; e, até mesmo, valores pleiteados e não reconhecidos na sentença de mérito.

Atenção: ao afirmar que o exequente pleiteia quantia superior à resultante da sentença, o executado deverá declinar, de pronto, o valor que entende como correto, sob pena de rejeição liminar da impugnação. Em verdade, mais que meramente alegar, deverá o executado apresentar a respectiva memória de cálculo, realizando argumentação cabal e hábil a demonstrar o erro do *quantum* exequendo.

f) **Incompetência absoluta ou relativa do juízo da execução:**

Advirta-se que a incompetência absoluta pode ser reconhecida de ofício pelo magistrado, dando-se oportunidade para as partes se manifestarem, dentro do chamado contraditório participativo. Já quanto à incompetência relativa esta dependerá sempre de arguição do executado, sob pena de preclusão e prorrogação da competência.

g) **Qualquer causa modificativa ou extintiva da obrigação:**

Nesta hipótese se encaixa as questões ligadas à extinção da própria obrigação reconhecida na sentença. Se o devedor comparece ao processo e informa ao juízo que já satisfez a execução seja por ter quitado a dívida (pagamento), seja por ter renegociado a mesma (novação), seja ainda por ter transacionado o débito (transação), estaremos diante de uma situação que autoriza o juiz a encerrar a fase de cumprimento da sentença.

Atenção: no tocante à prescrição, esta somente poderá ser arguida se superveniente à sentença, isto é, prescrição da pretensão executória, tendo em vista que somente se poderá arguir fatos que tenham sido supervenientes à prolação da sentença de mérito.

7.9.2 Alegação de impedimento ou suspeição

A alegação de impedimento ou suspeição observará o disposto nos arts. 146 e 148 do CPC. Advirta-se, contudo, que os motivos de impedimento ou suspeição podem ser alegados desde que conhecidos após a prolação da sentença que autorizou o início da fase executória.

7.9.3 Prazo em dobro para litisconsorte

Haverá a concessão de prazo em dobro para impugnação no caso de litisconsortes que tiverem diferentes procuradores, de escritórios de advocacia distintos, para todas as suas manifestações em qualquer juízo ou tribunal, independentemente de requerimento.

Advirta-se, contudo, que esse benefício só tem validade para autos físicos, já que sendo eletrônico não se justifica o prazo em dobro (ver CPC, art. 229).

7.9.4 Efeito em que será recebido à impugnação

A regra é de que a impugnação não suspende a execução, podendo o juiz, excepcionalmente e por provocação da parte contrária, atribuir-lhe o efeito suspensivo desde que garantido o juízo com penhora, caução ou depósito suficientes e se ficar provado de que o prosseguimento da execução poderá causar gravame ao executado.

Assim, se o requerente pretender que seja atribuído efeito suspensivo à impugnação, deverá requerer em preliminares da peça apresentada, justificando sua pertinência e demonstrado a possibilidade de dano de difícil ou incerta reparação, de sorte que o magistrado será instado a decidir tal questão tão logo receba o incidente.

Não há como *a priori* especificar quais as possibilidades de ocorrência do dano de difícil ou incerta reparação, o que deverá ser demonstrado pelo interessado em cada caso concreto, tendo em vista que as peculiaridades que podem ocorrer em cada processo. Somente a título exemplificativo, vamos supor que a execução já tenha sido satisfeita pelo devedor e que o mesmo tenha prova irretorquível de tal fato. Nessa circunstância, a execução não pode prosseguir sob pena de causar-lhe sério prejuízo, não só pelo desembolso de quantia que aparentemente não mais deve, quanto pelo fato de que não sabe se poderá receber o indébito.

Mesmo na eventualidade de atribuição do efeito suspensivo à impugnação, isto não obsta que o credor prossiga com a execução só que deverá oferecer caução idônea, a ser arbitrada pelo magistrado, que tanto poderá ser representado por garantia real (bens imóveis mediante hipoteca) quanto por garantia fidejussória (fiador judicial). Nesse caso, o arbitramento da caução deverá ser feita pelo magistrado com base no valor total da execução que deverá incluir, além do valor principal, juros, correção monetária e honorários advocatícios. Tal decisão deverá ser fundamentada, como todas as demais, sob pena de nulidade e, por ser interlocutória, poderá ser questionada através de agravo de instrumento, manejado por qualquer das partes.

Quanto ao processamento, entendemos que tão logo o magistrado receba a impugnação, deverá verificar de sua regularidade e, em caso positivo, oportunizar à parte contrária sua manifestação. Se constatar alguma irregularidade, deverá indeferi-la de pronto. Poderá ser o caso de emenda ou aditamento da impugnação, quando seja possível de correção o vício constante na peça impugnatória. Ademais, caberá ao juiz verificar da necessidade de dilação probatória, determinando-as se necessário e, em caso contrário, decidindo conforme o estado.

Por fim cabe ainda destacar alguns aspectos importantes quanto à impugnação ao cumprimento de sentença, vejamos:

a) **Efeito suspensivo parcial:**

Quando o efeito suspensivo atribuído à impugnação disser respeito apenas à parte do objeto da execução, a execução prosseguirá quanto à parte restante.

b) **Concessão do efeito suspensivo no processo com litisconsorte:**

A concessão de efeito suspensivo à impugnação deduzida por um dos executados não suspenderá a execução contra os que não impugnaram, quando o respectivo fundamento disser respeito exclusivamente ao impugnante.

c) **Fatos supervenientes:**

As questões relativas a fato superveniente ao término do prazo para apresentação da impugnação, assim como aquelas relativas à validade e à adequação da penhora, da avaliação e dos atos executivos subsequentes, podem ser arguidas por simples petição, tendo o executado, em qualquer dos casos, o prazo de 15 (quinze) dias para formular esta arguição, contado da comprovada ciência do fato ou da intimação do ato.

8. DO CUMPRIMENTO DE SENTENÇA QUE RECONHEÇA A EXIGIBILIDADE DE OBRIGAÇÃO DE PRESTAR ALIMENTOS

No cumprimento de sentença que condene ao pagamento de prestação alimentícia ou de decisão interlocutória que fixe alimentos, o devedor (executado) deverá ser convocado para adimplir a obrigação por meio do aperfeiçoamento da intimação pessoal (não da citação), para, no prazo de 3 (três) dias, realizar o pagamento do débito, provar que o fez ou justificar a impossibilidade de efetuá-lo (CPC, art. 528).[15]

---

15. CPC, Art. 528. No cumprimento de sentença que condene ao pagamento de prestação alimentícia ou de decisão interlocutória que fixe alimentos, o juiz, a requerimento do exequente, mandará intimar o executado pessoalmente para, em 3 (três) dias, pagar o débito, provar que o fez ou justificar a impossibilidade de efetuá-lo.
§ 1º Caso o executado, no prazo referido no caput, não efetue o pagamento, não prove que o efetuou ou não apresente justificativa da impossibilidade de efetuá-lo, o juiz mandará protestar o pronunciamento judicial, aplicando-se, no que couber, o disposto no art. 517.
§ 2º Somente a comprovação de fato que gere a impossibilidade absoluta de pagar justificará o inadimplemento.
§ 3º Se o executado não pagar ou se a justificativa apresentada não for aceita, o juiz, além de mandar protestar o pronunciamento judicial na forma do § 1º, decretar-lhe-á a prisão pelo prazo de 1 (um) a 3 (três) meses.
§ 4º A prisão será cumprida em regime fechado, devendo o preso ficar separado dos presos comuns.
§ 5º O cumprimento da pena não exime o executado do pagamento das prestações vencidas e vincendas.
§ 6º Paga a prestação alimentícia, o juiz suspenderá o cumprimento da ordem de prisão.
§ 7º O débito alimentar que autoriza a prisão civil do alimentante é o que compreende até as 3 (três) prestações anteriores ao ajuizamento da execução e as que se vencerem no curso do processo.
§ 8º O exequente pode optar por promover o cumprimento da sentença ou decisão desde logo, nos termos do disposto neste Livro, Título II, Capítulo III, caso em que não será admissível a prisão do executado, e, recaindo a penhora em dinheiro, a concessão de efeito suspensivo à impugnação não obsta a que o exequente levante mensalmente a importância da prestação.
§ 9º Além das opções previstas no art. 516, parágrafo único, o exequente pode promover o cumprimento da sentença ou decisão que condena ao pagamento de prestação alimentícia no juízo de seu domicílio.

Somente a comprovação de fato que gere a impossibilidade absoluta de pagar justificará o inadimplemento.

8.1   Decisão poderá ser levada a protesto

Caso o executado, naquele prazo de 3 (três) dias, não efetue o pagamento, não prove que o efetuou ou não apresente justificativa da impossibilidade de efetuá-lo, o juiz mandará protestar o pronunciamento judicial.

Com o protesto, o nome do devedor será inscrito nos órgãos de proteção ao crédito, o que é também, uma forma de coerção para obrigá-lo a adimplir as prestações alimentares devidas.

8.2   Prisão civil do devedor

Se o executado não pagar ou se a justificativa apresentada não for aceita, o juiz, além de mandar protestar o pronunciamento judicial, decretar-lhe-á a prisão pelo prazo de 1 (um) a 3 (três) meses.

A possibilidade do uso de coerção pessoal, pela restrição da liberdade, como técnica de cumprimento da prestação alimentar, é expressamente autorizada pelo texto constitucional (ver CF, art. 5º, LXVII). Nesse caso, a prisão será cumprida em regime fechado, devendo o preso ficar separado dos presos comuns.

Advirta-se que o cumprimento da pena não exime o executado do pagamento das prestações vencidas e vincendas.

Vindo aos autos comprovante de que a prestação alimentícia foi paga, o juiz suspenderá imediatamente o cumprimento da ordem de prisão.

Cabe ainda destacar que o débito alimentar que autoriza a prisão civil do alimentante é o que compreende até as 3 (três) prestações anteriores ao ajuizamento da execução e as que se vencerem no curso do processo. Justifica-se essa limitação temporal em face da presunção de que, se o credor de alimentos deixa de cobrar o valor que lhe é devido por mais de três meses, a verba alimentar perde a característica da necessariedade, tornando-se incabível a aplicação da prisão civil.

Atenção: o fato de a lei falar nas 3 (três) últimas prestações vencidas para autorizar o credor buscar a cobrança pela via da prisão do devedor não significa que é necessário esperar os 3 (três) meses. Qualquer atraso, mesmo de 1 (um) mês autoriza esse tipo de cobrança.

Importante: esclareça-se que a Lei de Alimentos (Lei nº 5.478/68) é anterior ao CPC/2015. Sendo assim, o prazo da prisão civil que deve prevalecer é aquele fixado no Novo CPC que pode variar entre 1 (um) e 3 (três) meses, e não o prazo constante da Lei de Alimentos que limitava esse período a 60 (sessenta) dias (ver Lei nº 5.478/69, art. 19).

8.3 Execução como sendo por quantia certa

O credor pode optar, desde logo, por promover o cumprimento de sentença nos moldes como previsto para o cumprimento de sentença por quantia certa. Neste caso, não haverá espaço para o pedido de prisão. Movida a execução, se a mesma restar inadimplida, o credor poderá promover os atos expropriativos através de penhora de tantos bens quantos bastem para o pagamento do principal atualizado acrescido dos juros, das custas e dos honorários advocatícios (ver CPC, art. 528, § 8º).

Trata-se de procedimento praticamente idêntico ao usado para a execução da sentença que reconhece a obrigação de pagar quantia, realizando-se através da penhora de bens do devedor e, especialmente, mediante e sua alienação, cujo produto (a soma em dinheiro) será dirigido ao alimentando (CPC, art. 530).[16]

Esse procedimento se aplica também àquelas prestações vencidas a mais de 3 (três) meses, já que com relação a estas não cabe o pedido de prisão civil. Significa dizer que, em determinadas circunstâncias é possível manejar dois cumprimentos de sentença distintos e ao mesmo tempo: um para cobrança das 3 (três) últimas parcelas inadimplidas pelo regime de pedido de prisão; e outro, de execução por quantia certa para as prestações vencidas anteriormente aos 3 (três) meses da data da propositura da ação.

8.4 Alimentos provisórios, provisionais e definitivos

Alimentos **provisórios** são aqueles concedidos nos termos do que dispõe art. 4º da Lei de Alimentos (Lei nº 5.478/68), concedido em caráter liminar, porém nas situações em que há nos autos prova pré-constituída do parentesco, casamento ou união estável. Estes alimentos são temporários, transitórios e modificáveis a qualquer tempo.

Já os alimentos **provisionais** são aqueles outorgados pelo juiz em liminar antecipatória em qualquer ação nas quais seja cabível o pedido de alimentos. São alimentos concedidos desde que o autor preencha alguns requisitos, especialmente, o das medidas de urgência: *fumus boni juris* e o *periculum in mora*. Trata-se, pois de uma tutela antecipatória, a fim de assegurar ao alimentando a sua subsistência durante a tramitação do processo. É o caso, por exemplo, da ação versando sobre alimentos gravídicos na qual se pode pedir como tutela de urgência que sejam fixados alimentos provisionais (mesmo não havendo prova pré-constituída do parentesco).

Por fim, chamamos de **definitivos** os alimentos concedidos por sentença em processo de conhecimento ou fixados em acordo homologado judicialmente. É importante deixar claro que o fato de ser definitivo não significa que são imutáveis, já que os alimentos podem ser revistos em face da alteração da situação das partes

---

16. CPC, Art. 530. Não cumprida a obrigação, observar-se-á o disposto nos arts. 831 e seguintes.

envolvidas. Também não serão perpétuos porque existem situações que permite a exclusão do dever alimentar.

Atenção: Os alimentos provisórios e provisionais serão executados em autos apartados, isto porque a sentença ainda não transitou em julgado. E, atendendo a maior efetividade e celeridade processual, o cumprimento da sentença que condena ao pagamento de alimentos, já transitada em julgado, se dará dentro dos próprios autos (CPC, art. 531).[17]

8.5 Foro competente

A regra é que o cumprimento de sentença se faça nos próprios autos do processo onde foi reconhecida a obrigação alimentar.

Apesar da regra geral, permite o nosso Código de Processo Civil que o credor possa optar por outros juízos, vejamos:

a) **Juízo do domicílio do exequente:**

O exequente pode promover o cumprimento da sentença ou decisão que condena ao pagamento de prestação alimentícia no juízo de seu domicílio. Seria o caso de o alimentando ter mudado de domicílio e não mais residir na comarca onde foi reconhecido inicialmente a obrigação alimentar.

b) **Juízo do atual domicílio do executado:**

Pode, por conveniência, o exequente promover o cumprimento de sentença no foro do domicílio do réu que não poderá alegar nenhuma incompetência de juízo tendo em vista que esta opção do credor resulta em ser mais favorável para o devedor.

c) **Juízo do local onde se encontrem os bens sujeitos à execução:**

Pode também optar o credor por promover o cumprimento de sentença no local onde se encontra os bens do devedor sujeito à execução. Isso facilita a execução por dispensar eventual uso de carta precatória.

Atenção: em todos esses casos, haverá a remessa dos autos do processo que será solicitada ao juízo de origem

---

17. CPC, Art. 531. O disposto neste Capítulo aplica-se aos alimentos definitivos ou provisórios.

§ 1º A execução dos alimentos provisórios, bem como a dos alimentos fixados em sentença ainda não transitada em julgado, se processa em autos apartados.

§ 2º O cumprimento definitivo da obrigação de prestar alimentos será processado nos mesmos autos em que tenha sido proferida a sentença.

8.6 Execução contra funcionário público, militar, diretor ou gerente de empresa ou empregado sujeito à legislação do trabalho

Nesses casos, o exequente poderá requerer ao juiz que seja determinado ao empregador o desconto, em folha de pagamento, da importância da prestação alimentícia (CPC, art. 529).[18]

Ao proferir a decisão, o juiz mandará oficiar à autoridade, à empresa ou ao empregador, determinando, sob pena de crime de desobediência, o desconto a partir da primeira remuneração posterior do executado, a contar do protocolo do ofício.

Ressalte-se que o ofício deve conter o CPF do exequente e do executado, e a indicação da importância a ser descontada mensalmente, tempo e sua duração, e ainda indicar a conta na qual deve ser feito o depósito. Cumpre observar que o terceiro que ficará responsável não tem qualquer discricionariedade para acatá-la ou não, e ainda pode em caso de descumprimento responder por crime de desobediência.

Sem prejuízo do pagamento dos alimentos vincendos, o débito objeto de execução pode também ser descontado dos rendimentos ou rendas do executado, de forma parcelada, contanto que, somado à parcela devida, não ultrapasse 50% (cinquenta por cento) de seus ganhos líquidos.

8.7 Crime de abandono material

Verificada a conduta procrastinatória do executado, o juiz deverá, se for o caso, dar ciência ao Ministério Público dos indícios da prática do crime de abandono material (CPC, art. 532).[19]

Só de curiosidade, trata-se de crime previsto no art. 244 do Código Penal Brasileiro,[20] em seu capítulo III, que disciplina os crimes contra a assistência familiar.

---

18. CPC, Art. 529. Quando o executado for funcionário público, militar, diretor ou gerente de empresa ou empregado sujeito à legislação do trabalho, o exequente poderá requerer o desconto em folha de pagamento da importância da prestação alimentícia.
§ 1º Ao proferir a decisão, o juiz oficiará à autoridade, à empresa ou ao empregador, determinando, sob pena de crime de desobediência, o desconto a partir da primeira remuneração posterior do executado, a contar do protocolo do ofício.
§ 2º O ofício conterá o nome e o número de inscrição no Cadastro de Pessoas Físicas do exequente e do executado, a importância a ser descontada mensalmente, o tempo de sua duração e a conta na qual deve ser feito o depósito.
§ 3º Sem prejuízo do pagamento dos alimentos vincendos, o débito objeto de execução pode ser descontado dos rendimentos ou rendas do executado, de forma parcelada, nos termos do caput deste artigo, contanto que, somado à parcela devida, não ultrapasse cinquenta por cento de seus ganhos líquidos.
19. CPC, Art. 532. Verificada a conduta procrastinatória do executado, o juiz deverá, se for o caso, dar ciência ao Ministério Público dos indícios da prática do crime de abandono material.
20. CP, art. 244. Deixar, sem justa causa, de prover a subsistência do cônjuge, ou de filho menor de 18 (dezoito) anos ou inapto para o trabalho, ou de ascendente inválido ou maior de 60 (sessenta) anos, não lhes proporcionando os recursos necessários ou faltando ao pagamento de pensão alimentícia judicialmente acordada, fixada ou majorada; deixar, sem justa causa, de socorrer descendente ou ascendente, gravemente enfermo:

Essa é mais uma ferramenta posta à disposição do credor de alimentos que visa coagir o devedor a cumprir religiosamente com sua obrigação alimentar, pois se não o fizer, poderá se ver envolvido em um processo criminal com todas as suas consequências funestas.

8.8 Constituição de capital para garantir a prestação mensal

Quando a indenização por ato ilícito incluir prestação de alimentos, caberá ao executado, a requerimento do exequente, constituir capital cuja renda assegure o pagamento do valor mensal da pensão (CPC, art. 533).[21]

O capital aqui referido é aquele que pode ser representado por imóveis ou por direitos reais sobre imóveis suscetíveis de alienação, títulos da dívida pública ou aplicações financeiras em banco oficial. O capital constituído será inalienável e impenhorável enquanto durar a obrigação do executado. Mas, evidentemente tal impenhorabilidade não pode ser oposta contra o próprio credor da pensão alimentícia.

A constituição de capital não é obrigatória e poderá ser substituída pela inclusão do beneficiário da prestação em folha de pagamento da entidade de direito público ou da empresa de direito privado de notória capacidade econômica, ou a requerimento do devedor, por fiança bancária ou garantia real, em valor a ser arbitrado de imediato pelo juiz.

Para garantir a atualização do valor da prestação alimentícia, autoriza o Novo Código de Processo Civil que o juiz possa fixar os alimentos tomando por base o salário-mínimo.

Diz ainda a nova lei que finda a obrigação de prestar alimentos, o juiz mandará liberar o capital, cessar o desconto em folha ou cancelar as garantias prestadas.

Pena – detenção, de 1 (um) a 4 (quatro) anos e multa, de uma a dez vezes o maior salário mínimo vigente no País.

Parágrafo único – Nas mesmas penas incide quem, sendo solvente, frustra ou ilide, de qualquer modo, inclusive por abandono injustificado de emprego ou função, o pagamento de pensão alimentícia judicialmente acordada, fixada ou majorada.

21. CPC, Art. 533. Quando a indenização por ato ilícito incluir prestação de alimentos, caberá ao executado, a requerimento do exequente, constituir capital cuja renda assegure o pagamento do valor mensal da pensão.

§ 1º O capital a que se refere o caput, representado por imóveis ou por direitos reais sobre imóveis suscetíveis de alienação, títulos da dívida pública ou aplicações financeiras em banco oficial, será inalienável e impenhorável enquanto durar a obrigação do executado, além de constituir-se em patrimônio de afetação.

§ 2º O juiz poderá substituir a constituição do capital pela inclusão do exequente em folha de pagamento de pessoa jurídica de notória capacidade econômica ou, a requerimento do executado, por fiança bancária ou garantia real, em valor a ser arbitrado de imediato pelo juiz.

§ 3º Se sobrevier modificação nas condições econômicas, poderá a parte requerer, conforme as circunstâncias, redução ou aumento da prestação.

§ 4º A prestação alimentícia poderá ser fixada tomando por base o salário-mínimo.

§ 5º Finda a obrigação de prestar alimentos, o juiz mandará liberar o capital, cessar o desconto em folha ou cancelar as garantias prestadas.

8.9 Revisão da prestação alimentar

Se sobrevier modificação nas condições econômicas, qualquer das partes poderá requerer, conforme as circunstâncias, redução ou aumento da prestação alimentar.

Essa disposição contida no Código de Processo Civil se harmoniza com o previsto na Lei de Alimentos que expressamente consigna: "A decisão judicial sobre alimentos não transita em julgado e pode a qualquer tempo ser revista, em face da modificação da situação financeira dos interessados" (ver Lei nº 5.478/68, art. 15).

9. DO CUMPRIMENTO DE SENTENÇA QUE RECONHEÇA A EXIGIBILIDADE DE OBRIGAÇÃO DE PAGAR QUANTIA CERTA PELA FAZENDA PÚBLICA

A Fazenda Pública tem seu patrimônio regido por disciplina distinta daquela que trata dos bens particulares, posto que tal patrimônio, em princípio, seja afetado pela finalidade pública, não podendo ser livremente alienado ou onerado (ver CC, art. 100).

Em razão dessa peculiaridade a ideia da responsabilidade patrimonial dos débitos da Fazenda Pública deve assumir outra feição, já que é totalmente inviável a penhora e a alienação judicial indiscriminadas de bens públicos. No texto constitucional, apenas se esquivam do procedimento de precatórios os créditos de pequeno valor (ver CF, art. 100, § 3º) hoje fixados para a Fazenda Pública federal em 60 (sessenta) salários mínimos (ver art. 17, § 1º c/c art. 3º da Lei nº 10.259/01).

Importante salientar que o regime de precatórios se aplica apenas para a condenação de prestação pecuniária devida pela Fazenda Pública, não incluindo, portanto, imposições de fazer, não fazer ou de entrega coisa.

Assim, no cumprimento de sentença que impuser à Fazenda Pública o dever de pagar quantia certa, o exequente apresentará demonstrativo discriminado e atualizado do crédito (CPC, art. 534).[22]

---

22. CPC, Art. 534. No cumprimento de sentença que impuser à Fazenda Pública o dever de pagar quantia certa, o exequente apresentará demonstrativo discriminado e atualizado do crédito contendo:

I – o nome completo e o número de inscrição no Cadastro de Pessoas Físicas ou no Cadastro Nacional da Pessoa Jurídica do exequente;

II – o índice de correção monetária adotado;

III – os juros aplicados e as respectivas taxas;

IV – o termo inicial e o termo final dos juros e da correção monetária utilizados;

V – a periodicidade da capitalização dos juros, se for o caso;

VI – a especificação dos eventuais descontos obrigatórios realizados.

§ 1º Havendo pluralidade de exequentes, cada um deverá apresentar o seu próprio demonstrativo, aplicando-se à hipótese, se for o caso, o disposto nos §§ 1º e 2º do art. 113.

§ 2º A multa prevista no § 1º do art. 523 não se aplica à Fazenda Pública.

9.1 Demonstrativo de crédito

O demonstrativo discriminado e atualizado do crédito deverá conter as seguintes informações:

a) O nome completo e o número de inscrição no Cadastro de Pessoas Físicas ou no Cadastro Nacional da Pessoa Jurídica do exequente;
b) O índice de correção monetária adotado;
c) Os juros aplicados e as respectivas taxas;
d) O termo inicial e o termo final dos juros e da correção monetária utilizados;
e) A periodicidade da capitalização dos juros, se for o caso;
f) A especificação dos eventuais descontos obrigatórios realizados.

9.2 Pluralidade de credores

Havendo pluralidade de exequentes, cada um deverá apresentar o seu próprio demonstrativo, sendo que o juiz, no interesse da melhor solução da causa, poderá limitar o número de litisconsórcio.

9.3 Impugnação ao cumprimento de sentença

A Fazenda Pública será intimada na pessoa de seu representante judicial, por carga, remessa ou meio eletrônico, para, querendo, no prazo de 30 (trinta) dias e nos próprios autos, impugnar a execução (CPC, art. 535),[23] podendo arguir:

---

23. CPC, Art. 535. A Fazenda Pública será intimada na pessoa de seu representante judicial, por carga, remessa ou meio eletrônico, para, querendo, no prazo de 30 (trinta) dias e nos próprios autos, impugnar a execução, podendo arguir:
I – falta ou nulidade da citação se, na fase de conhecimento, o processo correu à revelia;
II – ilegitimidade de parte;
III – inexequibilidade do título ou inexigibilidade da obrigação;
IV – excesso de execução ou cumulação indevida de execuções;
V – incompetência absoluta ou relativa do juízo da execução;
VI – qualquer causa modificativa ou extintiva da obrigação, como pagamento, novação, compensação, transação ou prescrição, desde que supervenientes ao trânsito em julgado da sentença.
§ 1º A alegação de impedimento ou suspeição observará o disposto nos arts. 146 e 148.
§ 2º Quando se alegar que o exequente, em excesso de execução, pleiteia quantia superior à resultante do título, cumprirá à executada declarar de imediato o valor que entende correto, sob pena de não conhecimento da arguição.
§ 3º Não impugnada a execução ou rejeitadas as arguições da executada:
I – expedir-se-á, por intermédio do presidente do tribunal competente, precatório em favor do exequente, observando-se o disposto na Constituição Federal;
II – por ordem do juiz, dirigida à autoridade na pessoa de quem o ente público foi citado para o processo, o pagamento de obrigação de pequeno valor será realizado no prazo de 2 (dois) meses contado da entrega da requisição, mediante depósito na agência de banco oficial mais próxima da residência do exequente.

a) **Falta ou nulidade da citação:**

Se na fase de conhecimento, o processo correu à revelia, a Fazenda Pública pode alegar esse defeito em sua impugnação. Evidentemente trata-se de se garantir o princípio do devido processo legal e ainda o princípio do contraditório, como condição indispensável para a validade de qualquer processo.

b) **Ilegitimidade de parte:**

A legitimidade decorre da incidência da lei sobre os fatos. Se não são verdadeiros os fatos alegados, a lei não incidiu. A legitimidade afirmada com a base em falsa ou equivocada afirmação do autor não é legitimidade. O exame da legitimidade, como das demais condições da ação, deve levar em conta a realidade e, portanto, não apenas as alegações do autor, mas igualmente as provas produzidas.

c) **Inexequibilidade do título ou inexigibilidade da obrigação:**

Dentre as várias hipóteses de inexigibilidade do título, a Fazenda Pública ainda poderá alegar que é também inexigível a obrigação reconhecida em título executivo judicial fundado em lei ou ato normativo considerado inconstitucional pelo Supremo Tribunal Federal, ou fundado em aplicação ou interpretação da lei ou do ato normativo tido pelo Supremo Tribunal Federal como incompatível com a Constituição Federal, em controle de constitucionalidade concentrado ou difuso.

d) **Excesso de execução ou cumulação indevida de execuções:**

Quando se alegar que o exequente, em excesso de execução, pleiteia quantia superior à resultante do título, cumprirá à executada declarar de imediato o valor que entende correto, sob pena de não conhecimento da arguição.

e) **Incompetência absoluta ou relativa do juízo da execução:**

Permite-se também nesta fase que a Fazenda Pública possa alegar a incompetência do juízo, seja ela absoluta ou relativa.

---

§ 4º Tratando-se de impugnação parcial, a parte não questionada pela executada será, desde logo, objeto de cumprimento.

§ 5º Para efeito do disposto no inciso III do caput deste artigo, considera-se também inexigível a obrigação reconhecida em título executivo judicial fundado em lei ou ato normativo considerado inconstitucional pelo Supremo Tribunal Federal, ou fundado em aplicação ou interpretação da lei ou do ato normativo tido pelo Supremo Tribunal Federal como incompatível com a Constituição Federal, em controle de constitucionalidade concentrado ou difuso.

§ 6º No caso do § 5º, os efeitos da decisão do Supremo Tribunal Federal poderão ser modulados no tempo, de modo a favorecer a segurança jurídica.

§ 7º A decisão do Supremo Tribunal Federal referida no § 5º deve ter sido proferida antes do trânsito em julgado da decisão exequenda.

§ 8º Se a decisão referida no § 5º for proferida após o trânsito em julgado da decisão exequenda, caberá ação rescisória, cujo prazo será contado do trânsito em julgado da decisão proferida pelo Supremo Tribunal Federal.

f) **Qualquer causa modificativa ou extintiva da obrigação:**

Por fim estabelece o Código de Processo Civil que a Fazenda Pública poderá alegar em sua defesa qualquer causa extintiva ou modificativa da obrigação, como pagamento, novação, compensação, transação ou prescrição, desde que supervenientes ao trânsito em julgado da sentença.

Atenção: Se a impugnação for parcial, a parte não questionada pela executada, isto é, a parte incontroversa, será, desde logo, objeto de cumprimento definitivo de sentença.

9.4 Do impedimento e suspeição

A eventual alegação de impedimento ou suspeição seguirá as regras próprias desse procedimento conforme consta insculpido nos arts. 146 e 148, do CPC.

9.5 Expedição do precatório ou RPV

Não impugnada a execução ou rejeitadas as arguições da executada o passo seguinte é o reconhecimento da regularidade da execução e, conforme o caso, a expedição de precatório ou requisição de pequeno valor, vejamos:

a) **Precatório:**

É uma ordem de pagamento, requerida pelo juiz da causa, que será expedido por intermédio do presidente do tribunal competente, em favor do exequente, para cobrança dos débitos judiciais contra os municípios, estados ou da União, assim como de autarquias e fundações.

b) **Requisição de pequeno valor:**

Neste caso a ordem será expedida pelo próprio juiz da causa e será dirigida ao ente público (União, Estado, Município, suas autarquias ou fundações) para pagar quantia certa, em virtude de uma decisão judicial definitiva e condenatória, que possibilita à pessoa vitoriosa receber o crédito da condenação independentemente da expedição de precatório.

Atenção: o pagamento de obrigação de pequeno valor será realizado no prazo de 2 (dois) meses contado da entrega da requisição, mediante depósito na agência de banco oficial mais próxima da residência do exequente.

9.6 Considerações finais

É certo que nesse tipo de execução só terá no polo passivo as pessoas jurídicas de direito público e suas respectivas autarquias. Cabe uma observação de que descabe o regime especial de execução por quantia certa quando a executada for uma empresa pública ou uma sociedade de economia mista, posto que sejam, em verdade, pessoas jurídicas de direito privado.

Também é importante frisar que o mencionado regime especial de execução se refere apenas às execuções por quantia certa, pois as demais execuções como para entrega de coisa, de obrigação de fazer ou não fazer, seguem o regime comum, ainda que a executada seja a Fazenda Pública.

Cabe por fim assinalar que a multa de 10% (dez por cento) prevista no § 1º do art. 523 do CPC, não se aplica à execução contra a Fazenda Pública.

10. DO CUMPRIMENTO DE SENTENÇA NAS OBRIGAÇÕES DE FAZER OU NÃO FAZER

No cumprimento das obrigações de fazer ou não fazer, oriundas do processo judicial, o juiz poderá, de ofício ou a requerimento da parte, para a efetivação da tutela específica ou a obtenção de tutela pelo resultado prático equivalente, determinar as medidas necessárias à satisfação do exequente (CPC, art. 536).[24]

Para atingir esse objetivo, o juiz poderá determinar, entre outras medidas, a imposição de multa, a busca e apreensão, a remoção de pessoas e coisas, o desfazimento de obras e o impedimento de atividade nociva, podendo, caso necessário, requisitar o auxílio de força policial.

A multa para forçar o cumprimento de sentença independe de requerimento da parte e poderá ser aplicada na fase de conhecimento, em tutela provisória ou na sentença, ou na fase de execução, desde que seja suficiente e compatível com a obrigação e que se determine prazo razoável para cumprimento do preceito (CPC, art. 537).[25]

---

24. CPC, Art. 536. No cumprimento de sentença que reconheça a exigibilidade de obrigação de fazer ou de não fazer, o juiz poderá, de ofício ou a requerimento, para a efetivação da tutela específica ou a obtenção de tutela pelo resultado prático equivalente, determinar as medidas necessárias à satisfação do exequente.

    § 1º Para atender ao disposto no caput, o juiz poderá determinar, entre outras medidas, a imposição de multa, a busca e apreensão, a remoção de pessoas e coisas, o desfazimento de obras e o impedimento de atividade nociva, podendo, caso necessário, requisitar o auxílio de força policial.

    § 2º O mandado de busca e apreensão de pessoas e coisas será cumprido por 2 (dois) oficiais de justiça, observando-se o disposto no art. 846, §§ 1º a 4º, se houver necessidade de arrombamento.

    § 3º O executado incidirá nas penas de litigância de má-fé quando injustificadamente descumprir a ordem judicial, sem prejuízo de sua responsabilização por crime de desobediência.

    § 4º No cumprimento de sentença que reconheça a exigibilidade de obrigação de fazer ou de não fazer, aplica-se o art. 525, no que couber.

    § 5º O disposto neste artigo aplica-se, no que couber, ao cumprimento de sentença que reconheça deveres de fazer e de não fazer de natureza não obrigacional.

25. CPC, Art. 537. A multa independe de requerimento da parte e poderá ser aplicada na fase de conhecimento, em tutela provisória ou na sentença, ou na fase de execução, desde que seja suficiente e compatível com a obrigação e que se determine prazo razoável para cumprimento do preceito.

    § 1º O juiz poderá, de ofício ou a requerimento, modificar o valor ou a periodicidade da multa vincenda ou excluí-la, caso verifique que:

    I – se tornou insuficiente ou excessiva;

    II – o obrigado demonstrou cumprimento parcial superveniente da obrigação ou justa causa para o descumprimento.

    § 2º O valor da multa será devido ao exequente.

O juiz poderá, de ofício ou a requerimento, modificar o valor ou a periodicidade da multa vincenda ou excluí-la, caso verifique que se tornou insuficiente ou excessiva; ou ainda, se o obrigado demonstrou cumprimento parcial superveniente da obrigação ou justa causa para o descumprimento.

O valor da multa será devido ao exequente e é passível de cumprimento provisório, devendo ser depositada em juízo, permitido o levantamento do valor após o trânsito em julgado da sentença favorável à parte. Além disso, será devida desde o dia em que se configurar o descumprimento da decisão e incidirá enquanto não for cumprida a decisão que a tiver cominado.

Se a obrigação for de prestação infungível, a recusa ou mora do devedor, não se pode exigir dele a prestação pessoal através de coação física ou corporal, importa sua conversão em perdas e danos, gerando a execução pela obrigação subsidiária.

Se o devedor de forma injustificada, quer dizer, deliberadamente descumpre a ordem judicial, sofrerá as penas de litigância de má-fé, sem prejuízo de sua responsabilização por desobediência.

Como em todo e qualquer procedimento judicial, o executado pode se defender, oferecendo impugnação, no prazo de 15 (quinze) dias, contado do término do prazo fixado para a prática do ato, ou da data de sua intimação, no caso de obrigação de não fazer.

11. DO CUMPRIMENTO DE SENTENÇA NAS OBRIGAÇÕES PARA ENTREGA DE COISA

Não cumprida a obrigação de entregar coisa no prazo estabelecido na sentença, será expedido mandado de busca e apreensão ou de imissão na posse em favor do credor, conforme se tratar de coisa móvel ou imóvel (CPC, art. 538).[26]

Quer dizer que na própria sentença condenatória o juiz imporá as medidas que entenda necessárias para obrigar o vencido a executar a medida (multa diária, busca e apreensão de coisas e pessoas, desfazimento de obras e o impedimento de atividade

---

§ 3º A decisão que fixa a multa é passível de cumprimento provisório, devendo ser depositada em juízo, permitido o levantamento do valor após o trânsito em julgado da sentença favorável à parte. (Redação dada pela Lei nº 13.256, de 2016).

§ 4º A multa será devida desde o dia em que se configurar o descumprimento da decisão e incidirá enquanto não for cumprida a decisão que a tiver cominado.

§ 5º O disposto neste artigo aplica-se, no que couber, ao cumprimento de sentença que reconheça deveres de fazer e de não fazer de natureza não obrigacional.

26. CPC, Art. 538. Não cumprida a obrigação de entregar coisa no prazo estabelecido na sentença, será expedido mandado de busca e apreensão ou de imissão na posse em favor do credor, conforme se tratar de coisa móvel ou imóvel.

§ 1º A existência de benfeitorias deve ser alegada na fase de conhecimento, em contestação, de forma discriminada e com atribuição, sempre que possível e justificadamente, do respectivo valor.

§ 2º O direito de retenção por benfeitorias deve ser exercido na contestação, na fase de conhecimento.

§ 3º Aplicam-se ao procedimento previsto neste artigo, no que couber, as disposições sobre o cumprimento de obrigação de fazer ou de não fazer.

nociva etc.), de tal sorte que não haverá necessidade de que o credor promova a execução, sendo possível o juiz agir de ofício. Importante frisar que o executado poderá ser condenado às penas de litigância de má-fé quando injustificadamente descumprir a ordem judicial e poderá ser responsabilizado por crime de desobediência.

No caso de não cumprimento de obrigação de entregar coisa no prazo estabelecido na sentença, será expedido mandado de busca e apreensão (coisa móvel) ou de imissão na posse (coisa imóvel).

Aqui também o executado pode apresentar sua defesa, oferecendo impugnação, no prazo de 15 (quinze) dias, contado do término do prazo fixado para a entrega da coisa, contudo eventual discussão acerca de existência de benfeitorias ou mesmo direito de retenção não pode ser alegada nesta fase porque isto deveria ter sido alegada em contestação na fase de conhecimento.

12. DO RECURSO CABÍVEL CONTRAS AS DECISÕES NESTA FASE PROCESSUAL

Todas as decisões proferidas no curso da fase de liquidação ou de cumprimento da sentença são decisões interlocutórias e, portanto, passíveis de serem enfrentadas por agravo de instrumento (ver CPC, art. 1.015, parágrafo único).

13. EXCEÇÃO DE PRÉ-EXECUTIVIDADE

Cumpre esclarecer por primeiro que não existe no ordenamento jurídico brasileiro a figura da "exceção ou objeção de pré-executividade". Contudo, a doutrina e a jurisprudência, já de longa data, vêm admitindo sua existência, para possibilitar a discussão de matérias de ordem pública e outras matérias passíveis de serem aferidas de plano pelos magistrados.

Assim, pode o executado, independentemente de impugnação e por mero requerimento nos autos, alegar quaisquer objeções processuais para questionar a validade do título executivo, bem como para apresentar defesas materiais que o juiz possa conhecer de ofício como, por exemplo, prescrição e decadência, desde que umas e outras possam ser comprovadas de plano, ou seja, mediante prova documental a ser juntada com a arguição das questões.

Aliás, o STJ também já decidiu que a exceção de pré-executividade pode ser arguida a qualquer tempo no curso do processo, mesmo depois de julgada a impugnação, desde que não tenha havido explícito pronunciamento jurisdicional sobre a questão que se pretenda suscitar.[27]

Atenção:[28]

---

27. Vide STJ, 1ª T., REsp 667.002/DF, rel. Min. Luiz Fux, j. 12.06.2006, DJ 26.03.2007, p. 206.
28. "QUADRO RESUMO" autoria Prof. Darlan Barroso.

QUADRO RESUMO

CUMPRIMENTO DE SENTENÇA – Quadro resumo

Fundamento	QUANTIA CERTA Art. 523	PRESTAÇÃO DE ALIMENTOS Art. 528	QUANTIA CERTA CONTRA A FAZENDA PÚBLICA Art. 534	FAZER OU NÃO FAZER Art. 536	ENTREGA DE COISA Art. 538
Intimação e prazo	Intimação para pagar em **15 dias** (débito mais custas)	Intimação pessoal para, em **3 dias**, pagar o débito, provar o pagamento ou justificar a impossibilidade	Intimação para impugnação no prazo de **30 dias**	Intimação para cumprimento sob pena de tutela específica	Prazo previsto na sentença
Descumprimento	Multa de 10% + honorários de 10% caso não ocorra o cumprimento voluntário. Expedição de **mandado penhora** e avaliação - § 3º	a) **Protesto** do título (§ 1º) b) **Prisão** – de 1 a 3 meses (§ 3º) – pagamento suspende a prisão. Apenas débito atual (§ 7º = Súmula 309 do STJ)	Sem impugnação ou rejeitada a defesa (art. 535, § 3º): a) Expedição de precatório b) Ordem de pagamento para obrigação de pequeno valor	Fixação de astreinte (tutela específica) – de ofício ou a requerimento da parte (art. 536) Multa poderá ser em qualquer fase	Expedição de mandado de busca e apreensão (móvel) ou imissão na posse (imóvel). Cabe a aplicação de tutela específica - § 3º, 538
Formalidade	Requerimento do credor com observância do Art. 524	Execução poderá ser de sentença ou decisão interlocutória de alimentos provisórios (art. 531).	Exequente apresenta demonstrativo contendo requisitos do art. 534.	A medida poderá ser fixada de ofício ou a requerimento (mera petição)	Requerimento nos próprios autos (mera petição)
Defesa do executado[1]	Impugnação – prazo de 15 dias – art. 525	Justificativa (§ 2º)	Impugnação – art. 535	Contra a decisão que fixa a tutela específica caberá agravo de instrumento – art. 1.015, parágrafo único.	Agravo de instrumento – art. 1015, parágrafo único.
Questões relevantes	Cumprimento provisório – Art. 520	a) Prisão em regime fechado e separada (§ 4º). b) Credor poderá optar pelo cumprimento de sentença (sem prisão). c) Admite pedido de desconto em folha – art. 529). d) Execução de título extrajudicial - art. 911	a) Impugnação parcial - § 4º b) Coisa julgada inconstitucional – § 5º c) Sobre precatórios – art. 100 da CF	A tutela específica poderá ser modificada a qualquer tempo – art. 537, § 1º	Retenção por benfeitorias – deve ser feita na contestação da fase de conhecimento.

Atualizado em 11 de setembro de 2016. Quadro publicado no site do prof. Darlan Barroso e em obras publicadas pela Editora Revista dos Tribunais – uso permitido com citação da fonte.

[1] Além da defesa específica, o artigo 518 afirma que todas as questões relativas à validade do procedimento de cumprimento de sentença e dos atos executivos poderão ser arguidas pelo executado nos próprios autos (por mera petição).

Parte II
Do processo de execução

Lição 3
NOÇÕES GERAIS SOBRE O PROCESSO DE EXECUÇÃO[1]

Sumário: 1. Notas introdutórias; 1.1 Aplicação do processo de execução; 1.2 Poderes do juiz na execução; 1.3 Atos atentatórios à dignidade da justiça; 1.4 Desistência do exequente; 1.5 Responsabilização do exequente; 1.6 Cobrança das multas – 2. Das partes no processo de execução; 2.1 Legitimidade ativa; 2.2 Legitimidade passiva; 2.3 Cumulação de execuções; 2.4 Litisconsórcio no processo de execuções – 3. Da competência – 4. Das medidas acessórias para garantir a efetividade do processo de execução – 5. Dos requisitos necessários para realizar qualquer execução; 5.1 Certeza, liquidez e exigibilidade do título; 5.2 Um título executivo extrajudicial; 5.3 O credor pode optar pelas vias ordinárias – 6. Da responsabilidade patrimonial do executado; 6.1 Responsabilidade patrimonial direta; 6.2 Responsabilidade patrimonial secundária; 6.3 Responsabilidade no caso de contrato de superfície; 6.4 Da fraude à execução; 6.5 Exercício do direito de retenção; 6.6 O fiador e o benefício de ordem; 6.7 Os sócios e o benefício de ordem; 6.8 Responsabilidade dos herdeiros – 7. Das diversas espécies de execução; 7.1 Da ordem de preferência nas penhoras; 7.2 Efeito da citação válida; 7.3 Princípio da menor onerosidade para o executado – 8. Dos requisitos da petição inicial; 8.1 Emenda ou aditamento da petição inicial; 8.2 Citação nas obrigações alternativas; 8.3 Citação do executado – 9. Nulidade da execução – 10. Obrigatoriedade de intimação do credor com garantia real – 11. Execução pelo modo menos gravoso.

1. NOTAS INTRODUTÓRIAS

A execução de título executivo extrajudicial parte do pressuposto de que o titular do título tem a certeza do direito a seu favor, podendo dispensar a fase de conhecimento e partir imediatamente para os atos que visem o efetivo cumprimento do estabelecido no título exequendo. Quer dizer, o titular do crédito conta com um direito previamente reconhecido a seu favor, isto porque a lei confere essa certeza de direito aos títulos que expressamente nomeia.

---

1. Esta lição conta com notas da Profa. Gisele Leite e da Profa. Denise Heuseler. In: MELO, Nehemias Domingos de. *Código de Processo Civil* – Anotado e Comentado, 4ª. ed. Indaiatuba: Foco, 2025, p. 683/845. E anotações também do Prof. Evandro Annibal. In: MELO, Nehemias Domingos de. *Manual de Prática Jurídica Civil*, 5ª. ed. Indaiatuba: Foco, 2022, p. 229/258.

Em outras palavras, o autor/exequente possui em mãos um título executivo extrajudicial, ou seja, um título que tem força executiva independentemente de pronunciamento judicial. Não se trata de uma sentença judicial, mas sim de um documento extrajudicial ao qual a lei confere força executiva.

A execução pode ser instaurada caso o devedor não satisfaça a obrigação certa, líquida e exigível consubstanciada em título executivo, seja judicial ou extrajudicial.

Importante salientar que "processo de execução" é aquele que se inicia com petição inicial que deve ser acompanhada do título executivo extrajudicial. Não se confunde com "execução" de título judicial, pois esta, na verdade, é uma fase do processo de conhecimento que independe de petição inicial. Basta uma petição simples denominada de "cumprimento de sentença".

1.1   Aplicação do processo de execução

As regras atinentes à execução lastreada em título executivo extrajudicial aplicam-se também no que couber aos procedimentos especiais de execução, aos atos executivos realizados em cumprimento de sentença, bem como aos efeitos de atos ou fatos processuais a que a lei atribuir força executiva através de outras leis esparsas (CPC, art. 771).[2]

A subsidiariedade indica que, existindo norma especial, não se aplicará a disposição geral contida no Código de Processo Civil.

1.2   Poderes do juiz na execução

Os poderes do juiz no processo de execução correspondem aos de diretor do processo e, portanto, poderá ordenar comparecimento das partes e advertir o executado que o seu procedimento configura ato atentatório à dignidade da justiça e, portanto, sujeito as penas da lei.

Também poderá ordenar aos sujeitos indicados pelo exequente que forneçam dados, documentos e informações em geral vinculadas ao objeto da execução, assinando-lhes prazo razoável (CPC, art. 772).[3]

---

2. CPC, Art. 771. Este Livro regula o procedimento da execução fundada em título extrajudicial, e suas disposições aplicam-se, também, no que couber, aos procedimentos especiais de execução, aos atos executivos realizados no procedimento de cumprimento de sentença, bem como aos efeitos de atos ou fatos processuais a que a lei atribuir força executiva.
   Parágrafo único. Aplicam-se subsidiariamente à execução as disposições do Livro I da Parte Especial.
3. CPC, Art. 772. O juiz pode, em qualquer momento do processo:
   I– ordenar o comparecimento das partes;
   II – advertir o executado de que seu procedimento constitui ato atentatório à dignidade da justiça;
   III – determinar que sujeitos indicados pelo exequente forneçam informações em geral relacionadas ao objeto da execução, tais como documentos e dados que tenham em seu poder, assinando-lhes prazo razoável.

Ademais, pelo princípio da tipicidade das medidas executivas, a esfera jurídica do executado somente poderá ser afetada por formas executivas taxativamente estipuladas pela norma jurídica. Trata-se de princípio que existe para satisfazer a exigência de garantir a intangibilidade da esfera da autonomia do executado, que somente poderá ser infringida pelos mecanismos executivos expressamente previstos em lei.

Por isso o Código de Processo Civil estabelece que o juiz poderá, de ofício ou a requerimento da parte, determinar as medidas necessárias ao cumprimento da ordem de entrega de documentos e dados. Os poderes do juiz para o êxito da tutela executiva se traduzem em cláusula geral e, portanto, caso venha ter acesso a dados sigilosos, deverá adotar as necessárias medidas para garantir a confidencialidade e preservar a privacidade do executado (CPC, art. 773).[4]

1.3 Atos atentatórios à dignidade da justiça

Algumas atitudes do executado, comissivas ou omissivas, podem configurar ato atentatório à dignidade da função jurisdicional. Assim, a fraude à execução, a maliciosa oposição à execução, a resistência às ordens judiciais, a não indicação de bens à penhora, a ocultação de bens e de seus respectivos valores, tudo isso constituem atos atentatórios à dignidade da justiça e são puníveis com multa de até 20% (vinte por cento) do montante do débito atualizado. Essa multa é revertida em favor do exequente e também exigível nos próprios autos do processo de execução (CPC, art. 774).[5]

> **Curiosidade:** geralmente o Superior Tribunal de Justiça se nega a examinar em sede de recurso especial a existência ou não de ato atentatório à dignidade da justiça, posto que haveria, dessa forma, um revolvimento da matéria fática. Ademais, a simples pretensão de reexame de prova não enseja recurso especial, conforme estabelece a súmula 7.

---

4. CPC, Art. 773. O juiz poderá, de ofício ou a requerimento, determinar as medidas necessárias ao cumprimento da ordem de entrega de documentos e dados.
   Parágrafo único. Quando, em decorrência do disposto neste artigo, o juízo receber dados sigilosos para os fins da execução, o juiz adotará as medidas necessárias para assegurar a confidencialidade.
5. CPC, Art. 774. Considera-se atentatória à dignidade da justiça a conduta comissiva ou omissiva do executado que:
   I – frauda a execução;
   II – se opõe maliciosamente à execução, empregando ardis e meios artificiosos;
   III – dificulta ou embaraça a realização da penhora;
   IV – resiste injustificadamente às ordens judiciais;
   V – intimado, não indica ao juiz quais são e onde estão os bens sujeitos à penhora e os respectivos valores, nem exibe prova de sua propriedade e, se for o caso, certidão negativa de ônus.
   Parágrafo único. Nos casos previstos neste artigo, o juiz fixará multa em montante não superior a vinte por cento do valor atualizado do débito em execução, a qual será revertida em proveito do exequente, exigível nos próprios autos do processo, sem prejuízo de outras sanções de natureza processual ou material.

1.4 Desistência do exequente

Prevê a nossa lei processual que o exequente tem o direito de desistir de toda a execução ou de apenas alguma medida executiva (CPC, art. 775).[6]

A desistência da execução antes do oferecimento de embargos independe de aceitação do executado, tendo em vista que a execução se realiza no interesse do exequente. Se já tiver sido oposto os embargos e versarem somente sobre questões processuais, ele será extinto e o exequente pagará as custas e, pelo princípio da casualidade, os honorários advocatícios do executado. De outro lado, se a impugnação versar sobre outros temas, a extinção dependerá da concordância do embargante.

Advirta-se que a desistência da execução ou de alguma das medidas executivas cabíveis não significa renúncia ao direito de executar. Quer dizer, desistir do processo de execução não implica em renúncia aos valores expressos e contemplados no título executivo.

Importante: Havendo pluralidade de executados, nada impede que o exequente desista da execução apenas em razão de um ou outro executado, prosseguindo-se normalmente na execução contra os demais.

1.5 Responsabilização do exequente

Não se pode promover um processo de execução levianamente. Se isto ocorrer, o exequente será condenado a ressarcir ao executado os danos que este sofreu, quando a sentença, transitada em julgado, declarar inexistente, no todo ou em parte, a obrigação que ensejou a execução (CPC, art. 776).[7] Naturalmente que o executado, bem como terceiro, terá que provar os danos sofridos e também o nexo de causalidade, tendo em vista que não se indeniza danos imaginários.

É importante consignar que a responsabilidade do exequente é objetiva, sendo irrelevante a discussão acerca da existência de dolo ou culpa de sua parte. Quer dizer, provado que a execução foi proposta levianamente, basta ao executado provar os prejuízos que lhe advieram da malfadada propositura da ação, para fazer surgir o seu direito indenizatório.

---

6. CPC, Art. 775. O exequente tem o direito de desistir de toda a execução ou de apenas alguma medida executiva.
   Parágrafo único. Na desistência da execução, observar-se-á o seguinte:
   I – serão extintos a impugnação e os embargos que versarem apenas sobre questões processuais, pagando o exequente as custas processuais e os honorários advocatícios;
   II – nos demais casos, a extinção dependerá da concordância do impugnante ou do embargante.
7. CPC, Art. 776. O exequente ressarcirá ao executado os danos que este sofreu, quando a sentença, transitada em julgado, declarar inexistente, no todo ou em parte, a obrigação que ensejou a execução.

1.6 Cobrança das multas

A execução dos valores atinentes às multas e indenizações decorrentes de litigância de má-fé ou da prática de ato atentatório à dignidade da justiça será promovida também no próprio processo de execução, não mais se mencionando ser em autos apensos (CPC, art. 777).[8]

Sendo o credor o exequente, a execução se dará por expropriação; sendo o credor o executado, por meio de compensação. Todavia, se a execução principal não for por quantia certa, mas tendo como objetivo uma obrigação de fazer ou não fazer, ou a entrega de coisa, a referida execução da multa ou indenização ocorrerá sempre por expropriação.

2. DAS PARTES NO PROCESSO DE EXECUÇÃO

Partes ou litigantes no processo de execução correspondem a quem pede e em face de quem se pede a tutela jurisdicional executiva. Não é demais lembrar que a denominação de credor e devedor corresponde aos conceitos subjetivos relacionados ao direito material e, como tais, não devem ser usados para designar o exequente (autor) e o executado (réu).

Na medida em que a incerteza que é inerente ao litígio judicial e, ainda, que tal característica seja esmaecida em razão da presunção de certeza da obrigação consubstanciada no título executivo, a presunção poderá ser ilidida seja no próprio bojo do processo de execução, na defesa do executado através dos embargos ou pela objeção de pré-executividade.

Quando se trata da legitimidade o normal é que sejam partes aqueles que figuram no título como credor e devedor, porém existem algumas peculiaridades que devemos abordar, senão vejamos:

a) **Legitimados ordinários diretos:**

Legitimados ordinários diretos são o credor e o devedor que constem originariamente no título executivo. Nesse caso dizemos que trata-se de legitimidade ordinária direta porque o credor e o devedor são os titulares da relação jurídica.

b) **Legitimados ordinários concorrentes:**

Além daqueles titulares diretos, existem outros legitimados que, embora não constem do título, tem legitimidade para promover ou dar andamento ao processo de execução, por direito próprio, substituindo o titular da relação jurídica como, por exemplo, os sucessores do credor ou devedor.

---

8. CPC, Art. 777. A cobrança de multas ou de indenizações decorrentes de litigância de má-fé ou de prática de ato atentatório à dignidade da justiça será promovida nos próprios autos do processo.

c) **Legitimados extraordinários:**

Dizemos que existe legitimidade extraordinária quando alguém vai a juízo em nome próprio, porém para defender direito alheio como ocorre com o Ministério Público, e outras entidades autorizadas por lei, que pode promover a execução de acordos oriundos de ações civis públicas. Vejam que nesse caso o exequente promove a execução em seu nome, mas no interesse da coletividade.

2.1 Legitimidade ativa

A legitimidade ativa pertence àquele que figura na qualidade de credor no título executivo e que poderá propor a execução forçada (CPC, art. 778).[9]

Contudo existem os legitimados concorrentes, por assim dizer, que não só poderão propor a execução como prosseguir naquelas que já estavam propostas, em face do falecimento do exequente.

O primeiro deles é o Ministério Púbico, porém nos casos em que a lei autoriza. A isso chamamos de "legitimação ativa extraordinária".

Também existe a "legitimação sucessiva" que ocorre quando outras pessoas, que não o credor, podem promover ou dar continuidade à execução, por motivo de *causa mortis* ou *inter vivos*. Nesse caso temos o espólio, os herdeiros ou os sucessores do credor, sempre que, por morte deste, lhes for transmitido o direito resultante do título executivo. O cessionário, quando o direito resultante do título executivo que lhe for transferido por ato entre vivos; e, finalmente, o sub-rogado, nos casos de sub-rogação legal ou convencional.

2.2 Legitimidade passiva

A legitimidade passiva originária pertence àquele que é indicado como devedor no título executivo e, portanto, passível de sofrer a execução.

Terceiros também pode ter legitimidade. O espólio, os herdeiros e sucessores do indigitado devedor também estarão sujeitos à execução, mas na medida e dentro das forças da herança. Outro legitimado é aquele que assumir a dívida registrada em título executivo. Também o fiador do débito constante de título executivo extrajudicial,

---

9. CPC, Art. 778. Pode promover a execução forçada o credor a quem a lei confere título executivo.
   § 1º Podem promover a execução forçada ou nela prosseguir, em sucessão ao exequente originário:
   I – o Ministério Público, nos casos previstos em lei;
   II – o espólio, os herdeiros ou os sucessores do credor, sempre que, por morte deste, lhes for transmitido o direito resultante do título executivo;
   III – o cessionário, quando o direito resultante do título executivo lhe for transferido por ato entre vivos;
   IV – o sub-rogado, nos casos de sub-rogação legal ou convencional.
   § 2º A sucessão prevista no § 1º independe de consentimento do executado.

bem como o responsável titular do bem vinculado por garantia real ao pagamento do débito; e, o responsável tributário, assim definido em lei são os demais legitimados que a lei reconhece (CPC, art. 779).[10]

Cabe ainda um esclarecimento no que diz respeito à responsabilidade tributária. Esse assunto deverá ser objeto do direito material, pois encontra-se previsto nos arts. 128 ao 135 do CTN. Existe a indicação nominal do devedor ou do responsável tributário na certidão de dívida ativa que aponta a legitimidade passiva para a execução. Caso não conste o nome do responsável tributário na referida certidão, poderá o exequente requerer o redirecionamento da execução.

2.3 Cumulação de execuções

O exequente pode cumular várias execuções, ainda que fundadas em títulos diferentes, quando o executado for o mesmo e desde que para todas elas seja competente o mesmo juízo e idêntico o procedimento (CPC, art. 780).[11]

Aliás, a previsão de cumulação não é novidade, pois isso já constava do CPC/73 e também da Súmula 27 do STJ, que expressamente diz: "pode a execução fundar-se em mais de um título extrajudicial relativos ao mesmo negócio".

Não desautoriza a cumulação de execuções o fato de constarem pessoas diferentes na qualidade de avalistas nos títulos executivos apresentados, desde que o devedor seja efetivamente um só, já que a unidade processual estará mantida.

Será inviável a cumulação de execuções caso exista técnicas processuais distintas para a obtenção da tutela jurisdicional executiva. Poderá o magistrado examinar de ofício os requisitos autorizantes da cumulação de execução e, neste momento, oportunizar a manifestação das partes.

2.4 Litisconsórcio no processo de execuções

É perfeitamente possível que, em sede de execução de título executivo extrajudicial, duas ou mais pessoas possam assumir a condição de credoras ou de devedoras, ocorrendo o litisconsórcio.

---

10. CPC, Art. 779. A execução pode ser promovida contra:
    I – o devedor, reconhecido como tal no título executivo;
    II o espólio, os herdeiros ou os sucessores do devedor;
    III – o novo devedor que assumiu, com o consentimento do credor, a obrigação resultante do título executivo;
    IV – o fiador do débito constante em título extrajudicial;
    V – o responsável titular do bem vinculado por garantia real ao pagamento do débito;
    VI o responsável tributário, assim definido em lei.
11. CPC, Art. 780. O exequente pode cumular várias execuções, ainda que fundadas em títulos diferentes, quando o executado for o mesmo e desde que para todas elas seja competente o mesmo juízo e idêntico o procedimento.

3. DA COMPETÊNCIA

Para que se verifiquem as regras de competência para se iniciar o processo de execução é essencial que sejam analisados os preceitos trazidos pela nossa lei dos ritos. A primeira hipótese aventada é a propositura da ação no foro do domicílio do executado que é a regra geral (ver CPC, art. 46). Mas também pode ser proposta no foro de eleição constante do título executivo ou do contrato e, ainda, no foro da situação dos bens sujeitos ao processo executivo (CPC, art. 781).[12]

Além das três hipóteses acima, que consideramos as mais comuns, os demais parágrafos do artigo 781 tratam de outras hipóteses de foros também competentes, senão vejamos: tendo mais de um domicílio, o executado poderá ser demandado no foro de qualquer deles; sendo incerto ou desconhecido o domicílio do executado, a execução poderá ser proposta no lugar onde for encontrado ou no foro de domicílio do exequente; havendo mais de um devedor, com diferentes domicílios, a execução será proposta no foro de qualquer deles, à escolha do exequente; e, finalmente, a execução poderá ser proposta no foro do lugar em que se praticou o ato ou em que ocorreu o fato que deu origem ao título, mesmo que nele não mais resida o executado.

Veja-se que a regra para a fixação da competência do processo executivo corresponde aos casos de competência territorial, portanto, se sujeitam às regras da competência relativa.

> **Atenção:** se o título executivo envolver direito real, o foro competente será o da situação do bem.

4. DAS MEDIDAS ACESSÓRIAS PARA GARANTIR A EFETIVIDADE DO PROCESSO DE EXECUÇÃO

Visando garantir a efetividade do processo executivo estabelece a nossa lei dos ritos que o juiz determinará os atos executivos necessários ao andamento do processo que serão cumpridos pelo oficial de justiça (CPC, art. 782).[13]

---

12. CPC, Art. 781. A execução fundada em título extrajudicial será processada perante o juízo competente, observando-se o seguinte:

    I – a execução poderá ser proposta no foro de domicílio do executado, de eleição constante do título ou, ainda, de situação dos bens a ela sujeitos;

    II – tendo mais de um domicílio, o executado poderá ser demandado no foro de qualquer deles;

    III sendo incerto ou desconhecido o domicílio do executado, a execução poderá ser proposta no lugar onde for encontrado ou no foro de domicílio do exequente;

    IV – havendo mais de um devedor, com diferentes domicílios, a execução será proposta no foro de qualquer deles, à escolha do exequente;

    V – a execução poderá ser proposta no foro do lugar em que se praticou o ato ou em que ocorreu o fato que deu origem ao título, mesmo que nele não mais resida o executado.

13. CPC, Art. 782. Não dispondo a lei de modo diverso, o juiz determinará os atos executivos, e o oficial de justiça os cumprirá.

Cumpre esclarecer que atos executivos são, em suma, atos jurisdicionais e são ordenados pelo juiz e, normalmente, realizados por oficiais de justiça, salvo se houver expressa determinação em contrário.

O oficial de justiça poderá cumprir atos executivos nas comarcas vizinhas, de fácil comunicação, e nas que se situem dentro da mesma região metropolitana o que é muito salutar, pois dispensa a necessidade de expedição de carta precatória. Se o oficial encontrar resistência poderá requisitar ao juiz ordem para a utilização de força policial e, se necessário, arrombamento, tudo no sentido de efetivar a execução.

Uma importante medida coercitiva é a possibilidade de, a requerimento da parte interessada, o juiz determinar a negativação do nome do executado, inscrevendo-lhe nos cadastros de inadimplentes. Quer dizer, a parte exequente pode requerer ao juiz da execução que determine a inclusão do nome do executado nos órgãos de restrição ao crédito tais como o SERASA, SCPC e CADIN, dentre outros.

Tão logo efetuado o pagamento voluntário do débito, ou garantida a execução, ou sendo esta extinta por qualquer motivo, a referida negativação terá sua inscrição cancelada imediatamente.

Atenção: a inscrição do devedor nos órgãos de proteção ao crédito, aplica-se também no cumprimento de sentença.

5. DOS REQUISITOS NECESSÁRIOS PARA REALIZAR QUALQUER EXECUÇÃO

Os títulos executivos constituem uma temática fundamental para o entendimento e estudo do processo de execução. Os títulos executivos permitem ao juiz partir da premissa de que existe um razoável nível de certeza no direito afirmado pelo exequente e, que se encontra comprovado através do título.

O título executivo extrajudicial é um daqueles documentos em relação aos quais a lei atribuiu uma certeza tão grande quanto à da decisão judicial. Essa certeza, portanto, teria por finalidade identificar os legitimados ativos e passivos na execução, precisar a espécie de execução – quantia certa, fazer, não fazer, entrega de coisa e determinar sobre qual bem se farão incidir os atos executivos.

---

§ 1º O oficial de justiça poderá cumprir os atos executivos determinados pelo juiz também nas comarcas contíguas, de fácil comunicação, e nas que se situem na mesma região metropolitana.

§ 2º Sempre que, para efetivar a execução, for necessário o emprego de força policial, o juiz a requisitará.

§ 3º A requerimento da parte, o juiz pode determinar a inclusão do nome do executado em cadastros de inadimplentes.

§ 4º A inscrição será cancelada imediatamente se for efetuado o pagamento, se for garantida a execução ou se a execução for extinta por qualquer outro motivo.

§ 5º O disposto nos §§ 3º e 4º aplica-se à execução definitiva de título judicial.

Conclui-se, pois que o título executivo extrajudicial está para o processo de execução assim como a sentença está para a fase de cumprimento de sentença.

5.1 Certeza, liquidez e exigibilidade do título

Qualquer execução para cobrança de crédito deverá se basear sempre em título executivo de obrigação certa, líquida e exigível (CPC, art. 783),[14] esclarecendo que:

a) **A certeza:**

A obrigação é certa quando não existe controvérsia quanto à existência do crédito. A certeza decorre naturalmente da perfeição formal do título. Em resumo, se o título executivo estiver formalmente perfeito, representará como certo o crédito nele contido. Então, já se definiu, por exemplo, que a obrigação é de pagar quantia ou que a obrigação é de entregar coisa.

b) **A liquidez:**

A liquidez se refere somente às obrigações fungíveis. Na liquidez, o que se especifica é a quantidade (e excepcionalmente a qualidade) dos bens que devem ser entregues ao credor. A liquidez não é a determinação, mas sim, a mera determinabilidade de fixação do *quantum* devido, ou seja, do quanto se deve ou o que se deve. A obrigação contida no título extrajudicial tem que ser sempre líquida para ensejar a execução, já que não existe liquidação de título extrajudicial.

Atenção: A necessidade de simples operações aritméticas, tais como atualização e juros, para apurar o crédito exequendo não retira a liquidez da obrigação constante do título.

c) **A exigibilidade:**

A exigibilidade pressupõe que a obrigação não esteja sujeita a nenhum termo ou condição. Não estando igualmente prescrita. Basta ocorrer o vencimento para que a dívida seja exigível. Entende-se por exigibilidade a inexistência de impedimento à eficácia atual da obrigação, que resulta do seu inadimplemento e da ausência de termo, condição ou contraprestação. A prova de exigibilidade dá-se geralmente pelo simples transcurso temporal do vencimento ou da inexistência de termo ou condição.

5.2 Um título executivo extrajudicial

É importante deixar claro desde logo que somente os títulos indicados pela lei é que fornece a base para o processo de execução. O Código de Processo Civil

---

14. CPC, Art. 783. A execução para cobrança de crédito fundar-se-á sempre em título de obrigação certa, líquida e exigível.

enumera quais são os títulos executivos extrajudiciais por ele reconhecido. Assim somente os títulos reconhecidos por lei como executivos é que autorizam a prática de atos de soberania e de vigorosa invasão na esfera patrimonial do devedor (*solvens*).

São **TÍTULOS EXECUTIVOS EXTRAJUDICIAIS** previstos no CPC: a letra de câmbio, a nota promissória, a duplicata, a debênture e o cheque; a escritura pública ou outro documento público assinado pelo devedor; o documento particular assinado pelo devedor e por 2 (duas) testemunhas; o instrumento de transação referendado pelo Ministério Público, pela Defensoria Pública, pela Advocacia Pública, pelos advogados dos transatores ou por conciliador ou mediador credenciado por tribunal; o contrato garantido por hipoteca, penhor, anticrese ou outro direito real de garantia e aquele garantido por caução; o contrato de seguro de vida em caso de morte; o crédito decorrente de foro e laudêmio; o crédito, documentalmente comprovado, decorrente de aluguel de imóvel, bem como de encargos acessórios, tais como taxas e despesas de condomínio; a certidão de dívida ativa da Fazenda Pública da União, dos Estados, do Distrito Federal e dos Municípios, correspondente aos créditos inscritos na forma da lei; o crédito referente às contribuições ordinárias ou extraordinárias de condomínio edilício, previstas na respectiva convenção ou aprovadas em assembleia geral, desde que documentalmente comprovadas; a certidão expedida por serventia notarial ou de registro relativa a valores de emolumentos e demais despesas devidas pelos atos por ela praticados, e todos os demais títulos aos quais, por disposição expressa, a lei atribui força executiva (CPC, art. 784).[15]

---

15. CPC, Art. 784. São títulos executivos extrajudiciais:
   I – a letra de câmbio, a nota promissória, a duplicata, a debênture e o cheque;
   II – a escritura pública ou outro documento público assinado pelo devedor;
   III – o documento particular assinado pelo devedor e por 2 (duas) testemunhas;
   IV – o instrumento de transação referendado pelo Ministério Público, pela Defensoria Pública, pela Advocacia Pública, pelos advogados dos transatores ou por conciliador ou mediador credenciado por tribunal;
   V – o contrato garantido por hipoteca, penhor, anticrese ou outro direito real de garantia e aquele garantido por caução;
   VI – o contrato de seguro de vida em caso de morte;
   VII – o crédito decorrente de foro e laudêmio;
   VIII – o crédito, documentalmente comprovado, decorrente de aluguel de imóvel, bem como de encargos acessórios, tais como taxas e despesas de condomínio;
   IX – a certidão de dívida ativa da Fazenda Pública da União, dos Estados, do Distrito Federal e dos Municípios, correspondente aos créditos inscritos na forma da lei;
   X – o crédito referente às contribuições ordinárias ou extraordinárias de condomínio edilício, previstas na respectiva convenção ou aprovadas em assembleia geral, desde que documentalmente comprovadas;
   XI – a certidão expedida por serventia notarial ou de registro relativa a valores de emolumentos e demais despesas devidas pelos atos por ela praticados, fixados nas tabelas estabelecidas em lei;
   XI-A – o contrato de contragarantia ou qualquer outro instrumento que materialize o direito de ressarcimento da seguradora contra tomadores de seguro-garantia e seus garantidores; (Incluído pela Lei nº 14.711, de 2023)
   XII – todos os demais títulos aos quais, por disposição expressa, a lei atribuir força executiva.
   § 1º A propositura de qualquer ação relativa a débito constante de título executivo não inibe o credor de promover-lhe a execução.

Dentre os títulos executivos extrajudiciais acima relacionados cabe destacar que recentemente foi promulgada a Lei nº 14.620/23 que acrescentou o § 4º ao art. 784 do Código de Processo Civil, para incluir entre os títulos executivos extrajudiciais os contratos eletrônicos que valerão como título executivo extrajudicial sem a necessidade da assinatura de testemunhas, fazendo constar expressamente: "nos títulos executivos constituídos ou atestados por meio eletrônico, é admitida qualquer modalidade de assinatura eletrônica prevista em lei, dispensada a assinatura de testemunhas quando sua integridade for conferida por provedor de assinatura".

Só a título de histórico, importante registrar que o Superior Tribunal de Justiça (STJ) já tinha jurisprudência nesse mesmo sentido, flexibilizando a taxatividade do art. 784 para aceitar como título executivo extrajudicial os contratos eletrônicos e isso se justificava porque, conforme palavras do Ministro Paulo de Tarso Sanseverino a "assinatura digital de contrato eletrônico tem a vocação de certificar, através de terceiro desinteressado (autoridade certificadora), que determinado usuário de certa assinatura a utilizará e, assim, está efetivamente a firmar o documento eletrônico e a garantir serem os mesmos os dados do documento assinado que estão a ser sigilosamente enviados. Em face destes novos instrumentos de verificação de autenticidade e presencialidade do contratante, possível o reconhecimento da executividade dos contratos eletrônicos".[16]

Tem toda uma lógica para ser assim, afinal, a assinatura eletrônica é legalmente reconhecida no Brasil desde o início deste século XXI sendo perfeitamente possível conferir sua autenticidade através do provedor de assinatura, de sorte a garantir a segurança, integridade e autenticidade dos documentos, logo dispensável a presença de testemunhas.[17]

> **Atenção**: existem outros títulos executivos extrajudiciais previstos em leis esparsas, isto é, fora do CPC, como, por exemplo, o contrato de honorários advocatícios que encontra previsão no Estatuto da Ordem dos Advogados do Brasil (ver Lei nº 8.906/94 art. 24). Outro exemplo, o prêmio dos contratos de seguro previstos na Lei do Sistema Nacional dos Seguros Privados (ver Decreto-lei nº 73/66, art. 27).

---

§ 2º Os títulos executivos extrajudiciais oriundos de país estrangeiro não dependem de homologação para serem executados.

§ 3º O título estrangeiro só terá eficácia executiva quando satisfeitos os requisitos de formação exigidos pela lei do lugar de sua celebração e quando o Brasil for indicado como o lugar de cumprimento da obrigação.

§ 4º Nos títulos executivos constituídos ou atestados por meio eletrônico, é admitida qualquer modalidade de assinatura eletrônica prevista em lei, dispensada a assinatura de testemunhas quando sua integridade for conferida por provedor de assinatura. (Incluído pela Lei nº 14.620, de 2023)

16. (STJ – REsp: 1495920 DF 2014/0295300-9, Relator: Ministro Paulo de Tarso Sanseverino, Data de Julgamento: 15/05/2018, T3 – Terceira Turma, Data de Publicação: DJe 07/06/2018).

17. No Brasil, foi a Medida Provisória 2.200/01, que instituiu a infraestrutura de chaves públicas brasileiras (ICP-Brasil).

5.3   O credor pode optar pelas vias ordinárias

Apesar de o exequente ter em mãos um título executivo, poderá optar pelo processo de conhecimento para obter o título executivo judicial e, enfim, prosseguir na fase de cumprimento de sentença para satisfazer seu direito de receber o crédito (CPC, art. 785).[18]

Pode parecer contraditório, mas é importante esse permissivo legal tendo em vista que poderá ser mais vantajoso para o autor promover, por exemplo, uma ação de cobrança referente a determinado título vencido, do que promover direto a execução, principalmente se existirem outras parcelas a vencer, pois cobrada a primeira, as demais se incluirão automaticamente no processo comum. Na execução isso não aconteceria e o autor teria que promover uma execução para cada título que se fosse vencendo.

6.   DA RESPONSABILIDADE PATRIMONIAL DO EXECUTADO

A responsabilidade patrimonial é indiscutivelmente um relevante instituto de direito processual e é compreendido como a possibilidade de sujeição de um determinado patrimônio à satisfação do direito substancial do credor.

Lembrando que a obrigação é instituto de direito material, mas particularmente, direito civil, representado por uma situação jurídica onde há vínculo jurídico, que une sujeitos, para o cumprimento de uma prestação de dar, de fazer ou não fazer. Contraída a obrigação, o devedor deve satisfazer ao credor, e quando isso não ocorre voluntariamente, surge a dívida ou débito que é instituto de direito material.

A responsabilidade patrimonial surge quando a dívida não é satisfeita voluntariamente, ou seja, pelo inadimplemento, daí surgindo a possibilidade de sujeição do patrimônio do devedor (em geral) para assegurar a satisfação do direito do credor na execução.

6.1   Responsabilidade patrimonial direta

A Responsabilidade patrimonial direta é do devedor, isto é, daquele que consta no título como o obrigado. A lei estabelece que o devedor responde com todos os seus bens, presentes e futuros, para o cumprimento de suas obrigações, salvo as restrições estabelecidas em lei como, por exemplo, aqueles bens que são conside-

---

18. CPC, Art. 785. A existência de título executivo extrajudicial não impede a parte de optar pelo processo de conhecimento, a fim de obter título executivo judicial.

rados impenhoráveis tal qual o bem de família e a conta salário do devedor, dentre outros (CPC, art. 789).[19]

Nesse cenário se inclui também os eventuais **bens do devedor que esteja em mãos de terceiros** (ver CPC, art. 790, III). Atente-se para o fato de que não se trata de responsabilidade de terceiro, mas do próprio devedor tendo em vista que o bem lhe pertence e apenas circunstancialmente se encontra em mãos alheia.

6.2 Responsabilidade patrimonial secundária

Além da responsabilidade patrimonial direta, existe também a responsabilidade patrimonial secundária e subsidiária de terceiros que só deve prevalecer se os bens do devedor forem insuficientes para saldar o débito exequendo. Nesse caso o terceiro não é o devedor, mas seu patrimônio responde também pela satisfação do crédito, são eles (CPC, art. 790):[20]

a) **Do sucessor a título singular, tratando-se de execução fundada em direito real ou obrigação reipersecutória:**

Nesse caso, trata-se do sucessor que adquiriu, por ato inter vivos, o bem do devedor quando ele já era litigioso (ver CPC, art. 109). Advirta-se que a responsabilidade patrimonial secundária desse terceiro estará limitada ao próprio bem que era objeto da demanda, não se estendendo aos outros bens de seu patrimônio.

b) **Do sócio, nos termos da lei:**

A responsabilidade primária pelas dívidas da sociedade empresarial é naturalmente da própria sociedade e somente de forma excepcional responderão seus sócios por tais dívidas com os seus próprios patrimônios. Tal aspecto é uma das consequências da personalidade jurídica da sociedade, que não se confunde com a de seus sócios. Em alguns casos a lei autoriza que os bens dos sócios sejam responsabilizados pelas dívidas da sociedade como no caso

---

19. CPC, Art. 789. O devedor responde com todos os seus bens presentes e futuros para o cumprimento de suas obrigações, salvo as restrições estabelecidas em lei.
20. CPC, Art. 790. São sujeitos à execução os bens:
    I – do sucessor a título singular, tratando-se de execução fundada em direito real ou obrigação reipersecutória;
    II – do sócio, nos termos da lei;
    III – do devedor, ainda que em poder de terceiros;
    IV – do cônjuge ou companheiro, nos casos em que seus bens próprios ou de sua meação respondem pela dívida;
    V – alienados ou gravados com ônus real em fraude à execução;
    VI – cuja alienação ou gravação com ônus real tenha sido anulada em razão do reconhecimento, em ação autônoma, de fraude contra credores;
    VII – do responsável, nos casos de desconsideração da personalidade jurídica.

da sociedade em nome coletivo e do sócio comanditado na sociedade em comandita simples.

c) **Do cônjuge ou companheiro, nos casos em que seus bens próprios ou de sua meação respondem pela dívida:**

Pode ocorrer de o casal assumir dívidas em conjunto. Há também a possibilidade de somente um dos cônjuges contrair uma determinada obrigação que reverteu a favor da família. Existe ainda a hipótese de ambos terem participado de algum negócio jurídico obrigacional como a fiança ou aval. Em todas estas situações o patrimônio de ambos os cônjuges ou mesmo o comum pode responder pela execução.

d) **Alienados ou gravados com ônus real em fraude à execução:**

Esclareça-se por primeiro que fraude a execução é diferente de fraude a credores. Na fraude a execução o processo executivo já está em marcha quando o devedor resolve se desfazer de bens com o claro intuito de frustrar a execução. Nesses casos o juiz simplesmente ignora a alienação realizada e mandará penhorar o bem que foi alienado em fraude a execução (ver tópico 6.4 a seguir).

e) **Cuja alienação ou gravação com ônus real tenha sido anulada em razão do reconhecimento, em ação autônoma, de fraude contra credores:**

Ocorre fraude a credores quando o devedor, antevendo que irá ficar inadimplente, resolve se desfazer de seus bens para não honrar débito futuros. Veja que nesse caso ainda não há nenhuma ação proposta contra o devedor. É um vício dos negócios jurídicos (CC, art. 158)[21].

f) **Do responsável, nos casos de desconsideração da personalidade jurídica:**

A desconsideração da personalidade jurídica empresária pode ser pedida a qualquer tempo no processo e será realizada incidentalmente na própria execução. Se a desconsideração for aceita, por óbvio que os bens do sócio passarão a responder pela dívida que está sendo executado contra a sociedade empresária da qual ele faz parte (ver CPC, arts. 133 a 137; CC, art. 50 e CDC art. 28).

6.3 Responsabilidade no caso de contrato de superfície

Se a execução tiver por objeto obrigação da qual seja devedor o proprietário de terreno submetido ao regime do direito de superfície, ou mesmo do superficiário, res-

---

21. CC, Art. 158. Os negócios de transmissão gratuita de bens ou remissão de dívida, se os praticar o devedor já insolvente, ou por eles reduzido à insolvência, ainda quando o ignore, poderão ser anulados pelos credores quirografários, como lesivos dos seus direitos.
   § 1º Igual direito assiste aos credores cuja garantia se torna insuficiente.
   § 2º Só os credores que já o eram ao tempo daqueles atos podem pleitear a anulação deles.

ponderá pela dívida, exclusivamente, o direito real do qual cada um é titular. Quer dizer, a eventual penhora ou outros atos de constrição recairá exclusivamente sobre o terreno, no primeiro caso, ou sobre a construção ou plantação, no segundo (CPC, art. 791).[22]

Lembrando que o direito de superfície é um direito real e autônomo sobre coisa alheia, pelo qual o proprietário concede a outrem o direito de construir ou plantar em seu terreno, por tempo determinado, realizado mediante instrumento público registrado no Cartório de Registro de Imóveis, podendo ser gratuito ou oneroso (ver CC, art. 1.225, II).

6.4 Da fraude à execução

A fraude à execução é considerada um ato atentatório à dignidade da justiça e apenado, nas execuções por quantia certa, com a aplicação de multa que poderá atingir até 20% (vinte por cento) sobre o débito exequendo.

A primeira hipótese de fraude à execução ocorre com a alienação ou a oneração de bem quando sobre o mesmo já pendia ação fundada em direito real ou com pretensão reipersecutória, desde que a pendência do processo tenha sido averbada no respectivo registro público, se houver. As demais hipóteses de fraude à execução são: a alienação ou oneração de bem quando tiver sido averbada, no registro do bem, a pendência do processo de execução (ver CPC, art. 828); quando tiver sido averbado, no registro do bem, hipoteca judiciária ou outro ato de constrição judicial originário do processo onde foi arguida a fraude; quando, ao tempo da alienação ou da oneração, tramitava contra o devedor ação capaz de reduzi-lo à insolvência e nos demais casos expressos em lei (CPC, art. 792).[23]

---

22. CPC, Art. 791. Se a execução tiver por objeto obrigação de que seja sujeito passivo o proprietário de terreno submetido ao regime do direito de superfície, ou o superficiário, responderá pela dívida, exclusivamente, o direito real do qual é titular o executado, recaindo a penhora ou outros atos de constrição exclusivamente sobre o terreno, no primeiro caso, ou sobre a construção ou a plantação, no segundo caso.

§ 1º Os atos de constrição a que se refere o caput serão averbados separadamente na matrícula do imóvel, com a identificação do executado, do valor do crédito e do objeto sobre o qual recai o gravame, devendo o oficial destacar o bem que responde pela dívida, se o terreno, a construção ou a plantação, de modo a assegurar a publicidade da responsabilidade patrimonial de cada um deles pelas dívidas e pelas obrigações que a eles estão vinculadas.

§ 2º Aplica-se, no que couber, o disposto neste artigo à enfiteuse, à concessão de uso especial para fins de moradia e à concessão de direito real de uso.

23. CPC, Art. 792. A alienação ou a oneração de bem é considerada fraude à execução:

I – quando sobre o bem pender ação fundada em direito real ou com pretensão reipersecutória, desde que a pendência do processo tenha sido averbada no respectivo registro público, se houver;

II – quando tiver sido averbada, no registro do bem, a pendência do processo de execução, na forma do art. 828;

III – quando tiver sido averbado, no registro do bem, hipoteca judiciária ou outro ato de constrição judicial originário do processo onde foi arguida a fraude;

IV – quando, ao tempo da alienação ou da oneração, tramitava contra o devedor ação capaz de reduzi-lo à insolvência;

V – nos demais casos expressos em lei.

Importante característica da fraude à execução é a dispensa de prova do elemento subjetivo do *consilium fraudis*, pouco importando se havia ciência ou não de que o ato levaria o devedor à insolvência. Nesse caso, a intenção fraudulenta é presumida, mas a prova do *eventus damni* é indispensável. O reconhecimento da fraude à execução terá caráter declaratório com eficácia *ex tunc*, retroagindo até o momento em que a fraude ocorreu.

Mesmo na aquisição de bem não sujeito a registro, o terceiro adquirente deverá se acercar de cutelas, pois se o bem for atingido por alguma constrição judicial lhe cabe provar que tinha adotado todas as cautelas necessárias antes da aquisição, mediante a exibição das certidões pertinentes, obtidas no domicílio do vendedor e no local onde se encontra o bem.

Outro aspecto importante é que o juiz, antes de declarar a fraude à execução, deverá mandar intimar o terceiro adquirente, que, se quiser, poderá apresentar embargos de terceiro, no prazo de 15 (quinze) dias.

6.5 Exercício do direito de retenção

Quando o exequente que estiver, por direito de retenção, na posse de coisa pertencente ao executado tem de indicar à penhora na petição inicial a coisa retida. E, nesse caso se altera a ordem preferencial para penhora prevista na lei processual, posto que tende a recair a penhora sobre a coisa retida (CPC, art. 793).[24]

Ter direito de retenção equivale a ter o poder de conservar a coisa, já detida anteriormente de forma legítima para além do momento em que se deveria restituí-la em face da existência de crédito contra o seu dono.

6.6 O fiador e o benefício de ordem

O fiador, quando executado, tem o direito de exigir que primeiro sejam executados os bens do devedor situados na mesma comarca, livres e desembargados, indicando-os pormenorizadamente à penhora, a não ser que tenha renunciado expressamente a esse direito quando da assinatura do contrato (CPC, art. 794).[25]

---

§ 1º A alienação em fraude à execução é ineficaz em relação ao exequente.

§ 2º No caso de aquisição de bem não sujeito a registro, o terceiro adquirente tem o ônus de provar que adotou as cautelas necessárias para a aquisição, mediante a exibição das certidões pertinentes, obtidas no domicílio do vendedor e no local onde se encontra o bem.

§ 3º Nos casos de desconsideração da personalidade jurídica, a fraude à execução verifica-se a partir da citação da parte cuja personalidade se pretende desconsiderar.

§ 4º Antes de declarar a fraude à execução, o juiz deverá intimar o terceiro adquirente, que, se quiser, poderá opor embargos de terceiro, no prazo de 15 (quinze) dias.

24. CPC, Art. 793. O exequente que estiver, por direito de retenção, na posse de coisa pertencente ao devedor não poderá promover a execução sobre outros bens senão depois de excutida a coisa que se achar em seu poder.
25. CPC, Art. 794. O fiador, quando executado, tem o direito de exigir que primeiro sejam executados os bens do devedor situados na mesma comarca, livres e desembargados, indicando-os pormenorizadamente à penhora.

Nesse caso, os bens do fiador somente ficarão sujeitos à execução se os do devedor, situados na mesma comarca que os seus, forem insuficientes para saldar o débito exequendo.

Advirta-se que o fiador que pagar a dívida do afiançado se sub-rogará, de pleno direito, nos valores exequendos e poderá executar o afiançado nos próprios autos do processo de execução.

6.7 Os sócios e o benefício de ordem

Os sócios que venham a ser executados por dívidas das empresas das quais participem também tem o direito de exigir que primeiro sejam excutidos os bens da sociedade. Porém lhes cabe indicar quantos bens da sociedade situados na mesma comarca, livres e desembargados, bastem para pagar o débito (CPC, art. 795).[26]

Importante lembrar que a regra é que os bens particulares dos sócios não devem responder pelas dívidas da sociedade, porém há exceções previstas em lei, conforme já mencionado anteriormente. Se o sócio pagar a dívida da sociedade, ficará sub-rogado e poderá executar a sociedade nos autos do mesmo processo.

6.8 Responsabilidade dos herdeiros

Caso o devedor principal (pessoa física) venha a falecer, os bens do espólio (bens que ficaram com a ocorrência da morte) arcam com suas dívidas, sendo que, feita a partilha, cada herdeiro responde por elas dentro das forças da herança e na proporção da parte que lhe coube, ou seja, os herdeiros só pagarão dívidas até os valores que receberam (CPC, art. 796).[27]

> **Atenção:** vale lembrar que não haverá prisão por dívida, salvo a do responsável pelo inadimplemento voluntário e inescusável de obrigação alimentícia (ver CF, art. 5º, LXVII).

---

§ 1º Os bens do fiador ficarão sujeitos à execução se os do devedor, situados na mesma comarca que os seus, forem insuficientes à satisfação do direito do credor.

§ 2º O fiador que pagar a dívida poderá executar o afiançado nos autos do mesmo processo.

§ 3º O disposto no caput não se aplica se o fiador houver renunciado ao benefício de ordem.

26. CPC, Art. 795. Os bens particulares dos sócios não respondem pelas dívidas da sociedade, senão nos casos previstos em lei.

§ 1º O sócio réu, quando responsável pelo pagamento da dívida da sociedade, tem o direito de exigir que primeiro sejam excutidos os bens da sociedade.

§ 2º Incumbe ao sócio que alegar o benefício do § 1º nomear quantos bens da sociedade situados na mesma comarca, livres e desembargados, bastem para pagar o débito.

§ 3º O sócio que pagar a dívida poderá executar a sociedade nos autos do mesmo processo.

§ 4º Para a desconsideração da personalidade jurídica é obrigatória a observância do incidente previsto neste Código.

27. CPC, Art. 796. O espólio responde pelas dívidas do falecido, mas, feita a partilha, cada herdeiro responde por elas dentro das forças da herança e na proporção da parte que lhe coube.

7. DAS DIVERSAS ESPÉCIES DE EXECUÇÃO

O Código de Processo Civil regula algumas espécies de execução, outras são reguladas em leis esparsas como, por exemplo, a execução por dívida fiscal, que é regulada pela Lei nº 6.830/80.

Assim, temos a execução para entrega de coisa certa (CPC, arts. 806 a 810); execução para entrega de coisa incerta (CPC, arts. 811 a 813); execução das obrigações de fazer (CPC, arts. 815 a 821); execução das obrigações de não fazer (CPC, arts. 822 a 823); execução por quantia certa contra devedor solvente (CPC, arts. 824); execução contra a Fazenda Pública (CPC, art. 910); e, execução de prestação alimentícia (CPC, arts. 911 a 913).

Atenção: Temos também a execução contra **devedor insolvente** que nos termos do art. 1.052 do CPC/2015, ainda é regulada pelo CPC/1973 (Lei no 5.869/73, ver arts. 748 a 776), enquanto não for editada lei específica que venha a regular a matéria. Não trataremos dessa matéria nesta obra até porque de pouca ou quase nenhuma utilidade na vida prática (insolvente é um devedor pessoa física que teve contra si um processo de declaração de insolvência que equivale ao processo de falência quando se trata de pessoa jurídica).

7.1 Da ordem de preferência nas penhoras

Qualquer que seja a execução, a mesma se realiza no interesse do exequente que adquire, pela penhora, o direito de preferência sobre os bens penhorados. Observe-se que se recair mais de uma penhora sobre o mesmo bem, como regra a primeira penhora terá preferência sobre a segunda e assim sucessivamente (CPC, art. 797).[28]

Advirta-se, contudo que existem as preferências legais estabelecidas tanto no Código Civil quanto em outras legislações. A penhora e o arresto, por exemplo, outorgam direito de preferência sobre o bem constrito, apenas se não há título legal de preferência (ver CC, art. 957). Os títulos legais de preferência são os privilégios e os direitos reais. Havendo privilégio ou direito real sobre a coisa, esses preferem à constrição.

Só à guisa de melhor ilustrar, os arts. 959, 964 e 965 do Código Civil, os arts. 186 e 187 do CTN e os arts. 29 e 30 da Lei nº 6.830/80 preveem títulos legais de preferência. Já os arts. 961 e 962 do Código Civil disciplinam os eventuais conflitos entre as preferências.

---

28. CPC, Art. 797. Ressalvado o caso de insolvência do devedor, em que tem lugar o concurso universal, realiza-se a execução no interesse do exequente que adquire, pela penhora, o direito de preferência sobre os bens penhorados.
Parágrafo único. Recaindo mais de uma penhora sobre o mesmo bem, cada exequente conservará o seu título de preferência.

7.2 Efeito da citação válida

O despacho que ordena a citação do executado tem o condão de interromper a prescrição, retroagindo à data da propositura da demanda, mesmo que tenha sido determinado por juízo incompetente (CPC, art. 802).[29]

É importante consignar que a demora na citação por motivos inerentes ao mecanismo da Justiça não justifica o acolhimento da arguição de prescrição ou decadência (Súmula 106 do STJ).

7.3 Princípio da menor onerosidade para o executado

Quando por vários meios o exequente puder promover a execução, o juiz mandará que se faça pelo modo menos gravoso para o executado. Contudo, se o juiz não atentar para essa regra, o executado pode alegar que a medida executiva lhe é mais gravosa, contudo deverá indicar outros meios mais eficazes e menos onerosos, sob pena de manutenção dos atos executivos já determinados (CPC, art. 805).[30]

A preferência pelo modo menos gravoso para o executado se dá em razão do princípio da preservação da dignidade da pessoa humana, que é um dos fundamentos da república brasileira (ver CF, art. 1º, III), e será escolhido o menos gravoso mesmo que o exequente tenha indicado a forma mais onerosa, o que habilita o juiz a atuar de ofício.

8. DOS REQUISITOS DA PETIÇÃO INICIAL

Na execução, assim como em qualquer outro procedimento, a atividade jurisdicional deverá ser provocada pelo interessado, através da petição inicial, que deverá atender aos requisitos constantes dos arts. 319 e 320, e, no caso de execução, acrescida dos exigidos pelos arts. 798 e 799, todos do CPC, quais sejam:

Diz o nosso CPC que o exequente, ao propor a execução, deverá instruir a sua petição inicial com os seguintes documentos (CPC, art. 798):[31]

---

29. CPC, Art. 802. Na execução, o despacho que ordena a citação, desde que realizada em observância ao disposto no § 2º do art. 240, interrompe a prescrição, ainda que proferido por juízo incompetente.
Parágrafo único. A interrupção da prescrição retroagirá à data de propositura da ação.
30. CPC, Art. 805. Quando por vários meios o exequente puder promover a execução, o juiz mandará que se faça pelo modo menos gravoso para o executado.
Parágrafo único. Ao executado que alegar ser a medida executiva mais gravosa incumbe indicar outros meios mais eficazes e menos onerosos, sob pena de manutenção dos atos executivos já determinados.
31. CPC, Art. 798. Ao propor a execução, incumbe ao exequente:
I – instruir a petição inicial com:
a) o título executivo extrajudicial;
b) o demonstrativo do débito atualizado até a data de propositura da ação, quando se tratar de execução por quantia certa;
c) a prova de que se verificou a condição ou ocorreu o termo, se for o caso;

a) Apresentação do original do título executivo extrajudicial:

b) Demonstrativo de débito atualizado até a data da propositura da ação, quando se tratar de execução por quantia certa (memória de cálculo).

c) Prova de que se verificou a condição ou ocorreu o termo, se for o caso.

d) A prova, se for o caso, de que adimpliu a contraprestação que lhe corresponde ou que lhe assegura o cumprimento, se o executado não for obrigado a satisfazer sua prestação senão mediante a contraprestação do exequente.

Além disso, deverá indicar a espécie de execução de sua preferência, quando por mais de um modo puder ser realizada, os nomes completos do exequente e do executado e seus números de CPF ou CNPJ, os bens suscetíveis de penhora, sempre que possível.

Também deverá atender aos requisitos constantes do art. 799 do CPC que impõe ao exequente a obrigatoriedade de: requerer a intimação do credor pignoratício, hipotecário, anticrético ou fiduciário, quando a penhora recair sobre bens gravados por penhor, hipoteca, anticrese ou alienação fiduciária; requerer a intimação do titular de usufruto, uso ou habitação, quando a penhora recair sobre bem gravado por usufruto, uso ou habitação; requerer a intimação do promitente comprador, quando a penhora recair sobre bem em relação ao qual haja promessa de compra e venda registrada; requerer a intimação do promitente vendedor, quando a penhora recair sobre direito aquisitivo derivado de promessa de compra e venda registrada; requerer a intimação do superficiário, enfiteuta ou concessionário, em caso de direito de superfície, enfiteuse, concessão de uso especial para fins de moradia ou concessão de direito real de uso, quando a penhora recair sobre imóvel submetido ao regime do direito de superfície, enfiteuse ou concessão; requerer a intimação do proprietário de terreno com regime de direito de superfície, enfiteuse, concessão de uso especial para fins de moradia ou concessão de direito real de uso, quando a penhora recair sobre direitos do superficiário, do enfiteuta ou do concessionário; requerer a intimação da sociedade, no caso de penhora de quota social ou de ação

---

d) a prova, se for o caso, de que adimpliu a contraprestação que lhe corresponde ou que lhe assegura o cumprimento, se o executado não for obrigado a satisfazer a sua prestação senão mediante a contraprestação do exequente;

II – indicar:

a) a espécie de execução de sua preferência, quando por mais de um modo puder ser realizada;

b) os nomes completos do exequente e do executado e seus números de inscrição no Cadastro de Pessoas Físicas ou no Cadastro Nacional da Pessoa Jurídica;

c) os bens suscetíveis de penhora, sempre que possível.

Parágrafo único. O demonstrativo do débito deverá conter:

I – o índice de correção monetária adotado;

II – a taxa de juros aplicada;

III – os termos inicial e final de incidência do índice de correção monetária e da taxa de juros utilizados;

IV – a periodicidade da capitalização dos juros, se for o caso;

V – a especificação de desconto obrigatório realizado.

de sociedade anônima fechada; pleitear, se for o caso, medidas urgentes; e, proceder à averbação em registro público do ato de propositura da execução e dos atos de constrição realizados, para conhecimento de terceiros (CPC, art. 799).[32]

8.1 Emenda ou aditamento da petição inicial

A parte tem direito à emenda de petição inicial no processo de execução. É vedado ao juiz indeferi-la de plano. Mesmo a insuficiência da planilha de demonstração de débito atualizado quando apresentada pelo credor instruindo a exordial, somente enseja a extinção da execução após o descumprimento da determinação do julgador referente à correção da irregularidade constatada.

Se o juiz verificar que a petição inicial está incompleta ou que não está acompanhada dos documentos indispensáveis à propositura da execução, deverá mandar que o exequente a corrija, no prazo de 15 (quinze) dias, sob pena de indeferimento (CPC, art. 801).[33]

8.2 Citação nas obrigações alternativas

Quando tratar-se de obrigações alternativas e a escolha couber ao devedor, a citação será primeiro para que o devedor exerça o direito de escolha no prazo de

---

32. CPC, Art. 799. Incumbe ainda ao exequente:
I – requerer a intimação do credor pignoratício, hipotecário, anticrético ou fiduciário, quando a penhora recair sobre bens gravados por penhor, hipoteca, anticrese ou alienação fiduciária;
II – requerer a intimação do titular de usufruto, uso ou habitação, quando a penhora recair sobre bem gravado por usufruto, uso ou habitação;
III – requerer a intimação do promitente comprador, quando a penhora recair sobre bem em relação ao qual haja promessa de compra e venda registrada;
IV – requerer a intimação do promitente vendedor, quando a penhora recair sobre direito aquisitivo derivado de promessa de compra e venda registrada;
V – requerer a intimação do superficiário, enfiteuta ou concessionário, em caso de direito de superfície, enfiteuse, concessão de uso especial para fins de moradia ou concessão de direito real de uso, quando a penhora recair sobre imóvel submetido ao regime do direito de superfície, enfiteuse ou concessão;
VI – requerer a intimação do proprietário de terreno com regime de direito de superfície, enfiteuse, concessão de uso especial para fins de moradia ou concessão de direito real de uso, quando a penhora recair sobre direitos do superficiário, do enfiteuta ou do concessionário;
VII – requerer a intimação da sociedade, no caso de penhora de quota social ou de ação de sociedade anônima fechada, para o fim previsto no art. 876, § 7º;
VIII – pleitear, se for o caso, medidas urgentes;
IX – proceder à averbação em registro público do ato de propositura da execução e dos atos de constrição realizados, para conhecimento de terceiros.
X – requerer a intimação do titular da construção-base, bem como, se for o caso, do titular de lajes anteriores, quando a penhora recair sobre o direito real de laje; (Incluído pela Lei nº 13.465, de 2017)
XI – requerer a intimação do titular das lajes, quando a penhora recair sobre a construção-base. (Incluído pela Lei nº 13.465, de 2017)
33. CPC, Art. 801. Verificando que a petição inicial está incompleta ou que não está acompanhada dos documentos indispensáveis à propositura da execução, o juiz determinará que o exequente a corrija, no prazo de 15 (quinze) dias, sob pena de indeferimento.

10 (dez) dias, se outro não estiver assinalado no contrato realizado entre as partes (CPC, art. 800).[34]

Cumpre esclarecer que obrigação alternativa é aquela em que apesar de haver unidade de vínculo obrigacional e pluralidade de prestações, o devedor se libera mediante o adimplemento de uma só delas (ver CC, arts. 252 ao 256).

Se a escolha pertence ao executado, e depois de citado ele não se manifesta, deverá ser intimado o exequente para que aponte qual é a prestação que melhor atende ao seu interesse. Persistindo a omissão por parte do executado, desaparecerá o direito à escolha.

8.3 Citação do executado

Citado o devedor e não cumprida a obrigação, o juiz determinará as providências que supram a vontade do devedor (no caso de obrigação de fazer ou não fazer), ou determinará a busca e apreensão de coisas e pessoas ou fixará multa pelo inadimplemento (tratando-se de obrigação de entrega de coisa), ou ainda determinará os atos expropriativos no caso de execução por quantia certa.

9. NULIDADE DA EXECUÇÃO

A execução será nula se baseada em título executivo que não corresponda a uma obrigação certa, líquida exigível (CPC, art. 803).[35]

Será igualmente nula a execução quando o executado não for regulamente citado.

Também será nula a execução se for instaurada antes de se verificar condição ou termo, posto que enquanto não cumprida a condição ou não vencida a dívida, este título executivo é inexigível.

São nulidades que podem ser alegadas a qualquer tempo, seja por meio da objeção de pré-executividade ou por embargos à execução, não estando sujeita a preclusão temporal.

---

34. CPC, Art. 800. Nas obrigações alternativas, quando a escolha couber ao devedor, esse será citado para exercer a opção e realizar a prestação dentro de 10 (dez) dias, se outro prazo não lhe foi determinado em lei ou em contrato.
    § 1º Devolver-se-á ao credor a opção, se o devedor não a exercer no prazo determinado.
    § 2º A escolha será indicada na petição inicial da execução quando couber ao credor exercê-la.
35. CPC, Art. 803. É nula a execução se:
    I – o título executivo extrajudicial não corresponder a obrigação certa, líquida e exigível;
    II – o executado não for regularmente citado;
    III – for instaurada antes de se verificar a condição ou de ocorrer o termo.
    Parágrafo único. A nulidade de que cuida este artigo será pronunciada pelo juiz, de ofício ou a requerimento da parte, independentemente de embargos à execução.

O juiz também poderá reconhecer de ofício a nulidade inerentemente aos embargos à execução. O acolhimento de alegação de nulidade impõe *ipso facto* a extinção do processo de execução.

10. OBRIGATORIEDADE DE INTIMAÇÃO DO CREDOR COM GARANTIA REAL

Estabelece o CPC a obrigatoriedade de intimação daqueles que tenham garantia de direito reais sobre a coisa que será alienada, sob pena de nulidade do ato expropriativo (CPC, art. 804).[36]

Além de dizer que a alienação será ineficaz se o credor pignoratício, hipotecário ou anticrético não for devidamente intimado, previsto no caput do art. 804, o legislador fez inserir a mesma proteção para diversos outros terceiros como o promitente comprador ou o cessionário não intimado; bem como com relação à superfície que será ineficaz em relação ao concedente ou ao concessionário não intimado; também na alienação de direito aquisitivo de bem objeto de promessa de venda, de promessa de cessão ou de alienação fiduciária que será ineficaz em relação ao promitente vendedor, ao promitente cedente ou ao proprietário fiduciário não intimado.

Essa mesma proteção se aplica para a alienação de imóvel sobre o qual tenha sido instituída enfiteuse, concessão de uso especial para fins de moradia ou concessão de direito real de uso que será ineficaz em relação ao enfiteuta ou ao concessionário não intimado. Também para a alienação de direitos do enfiteuta, do concessionário de direito real de uso ou do concessionário de uso especial para fins de moradia, pois se assim não for, será ineficaz em relação ao proprietário do respectivo imóvel não intimado. E, finalmente, para a alienação de bem sobre o qual tenha sido instituído usufruto, uso ou habitação será ineficaz em relação ao titular desses direitos reais, caso não seja intimado.

---

36. CPC, Art. 804. A alienação de bem gravado por penhor, hipoteca ou anticrese será ineficaz em relação ao credor pignoratício, hipotecário ou anticrético não intimado.
§ 1º A alienação de bem objeto de promessa de compra e venda ou de cessão registrada será ineficaz em relação ao promitente comprador ou ao cessionário não intimado.
§ 2º A alienação de bem sobre o qual tenha sido instituído direito de superfície, seja do solo, da plantação ou da construção, será ineficaz em relação ao concedente ou ao concessionário não intimado.
§ 3º A alienação de direito aquisitivo de bem objeto de promessa de venda, de promessa de cessão ou de alienação fiduciária será ineficaz em relação ao promitente vendedor, ao promitente cedente ou ao proprietário fiduciário não intimado.
§ 4º A alienação de imóvel sobre o qual tenha sido instituída enfiteuse, concessão de uso especial para fins de moradia ou concessão de direito real de uso será ineficaz em relação ao enfiteuta ou ao concessionário não intimado.
§ 5º A alienação de direitos do enfiteuta, do concessionário de direito real de uso ou do concessionário de uso especial para fins de moradia será ineficaz em relação ao proprietário do respectivo imóvel não intimado.
§ 6º A alienação de bem sobre o qual tenha sido instituído usufruto, uso ou habitação será ineficaz em relação ao titular desses direitos reais não intimado.

11. EXECUÇÃO PELO MODO MENOS GRAVOSO

O Código de Processo Civil adota o princípio da execução pelo modo menos gravoso ao executado como forma de realizar a execução, porém de forma a causar o menor encargo possível ao devedor (CPC, art. 805).[37]

Esse princípio procura garantir a efetividade da execução e, ao mesmo tempo, que seja preservado o patrimônio do devedor, de sorte que se o exequente puder promover a execução por vários meios, o juiz deve ordenar que seja feita pelo modo menos gravoso para o executado.

Importante esclarecer que este princípio não pode ser visto como um incentivo à inadimplência, nem pode ser visto como uma forma do devedor protelar o efetivo cumprimento da prestação devida. O objetivo deste instituto é vedar o abuso do direito por parte do credor em obter aquilo a que faz jus. E nesse sentido é que se deve entender esse princípio que deve se basear na boa-fé.

Nesse sentido já decidiu o Superior Tribunal de Justiça (STJ) que, por um lado, pelo princípio da efetividade da tutela executiva, o exequente tem direito à satisfação de seu crédito, sem a qual o processo não passa de mera ilusão; por outro lado, o princípio da efetividade da tutela executiva, impõe ao executado que, acaso alegue existir medida menos gravosa à execução, indique os meios mais eficazes e menos onerosos.[38]

> **Exemplo:** vamos imaginar que o credor pediu a penhora do faturamento de uma empresa devedora reivindicando 30% (trinta por cento) do faturamento mensal. O juiz, em face do princípio da menor onerosidade pode fixar um valor menor se considerar que os 30% (trinta por cento) requerido pode vir a contribuir para a falência da empresa.[39]

---

37. CPC, Art. 805. Quando por vários meios o exequente puder promover a execução, o juiz mandará que se faça pelo modo menos gravoso para o executado.
    Parágrafo único. Ao executado que alegar ser a medida executiva mais gravosa incumbe indicar outros meios mais eficazes e menos onerosos, sob pena de manutenção dos atos executivos já determinados.
38. (STJ, REsp 1.268.998/RS, Rel. Ministro Luis Felipe Salomão, Quarta Turma, DJe de 16.5.2017).
39. (TJ-SP - AI: 22370724220198260000 SP 2237072-42.2019.8.26.0000, Relator: Plinio Novaes de Andrade Júnior, Data de Julgamento: 12/03/2020, 24ª Câmara de Direito Privado, Data de Publicação: 26/03/2020).

Lição 4
DA EXECUÇÃO PARA A ENTREGA DE COISA

> **Sumário:** 1. Obrigação para a entrega de coisa certa; 1.1 Mandado de citação; 1.2 Multa pelo inadimplemento; 1.3 Alienação da coisa quando já litigiosa; 1.4 Perdas e danos; 1.5 Existência de benfeitorias – 2. Obrigação para entrega de coisa incerta; 2.1 Impugnação da escolha; 2.2 Concentração.

1. OBRIGAÇÃO PARA A ENTREGA DE COISA CERTA

Na obrigação para entrega de coisa certa, constante de título executivo extrajudicial, o devedor será citado para, no prazo de 15 (quinze) dias, satisfazer a obrigação (CPC, art. 806).[1]

A obrigação para entrega de coisa certa é uma obrigação do tipo positiva, pela qual o devedor está jungido a promover, em benefício do credor a entrega (no caso da compra e venda, por exemplo) ou restituição (no caso de comodato, por exemplo) de coisa determinada, individualizada, podendo ser resumida numa única palavra: "tradição".

1.1 Mandado de citação

Estando a petição inicial em ordem o juiz mandará citar o devedor para, no prazo de 15 (quinze) dias, satisfazer a obrigação, em cujo mandado já constará a ordem para imissão na posse ou busca e apreensão, conforme se tratar de bem imóvel ou móvel, no eventual descumprimento da medida.

---

1. CPC, Art. 806. O devedor de obrigação de entrega de coisa certa, constante de título executivo extrajudicial, será citado para, em 15 (quinze) dias, satisfazer a obrigação.

   § 1º Ao despachar a inicial, o juiz poderá fixar multa por dia de atraso no cumprimento da obrigação, ficando o respectivo valor sujeito a alteração, caso se revele insuficiente ou excessivo.

   § 2º Do mandado de citação constará ordem para imissão na posse ou busca e apreensão, conforme se tratar de bem imóvel ou móvel, cujo cumprimento se dará de imediato, se o executado não satisfizer a obrigação no prazo que lhe foi designado.

Realizada a citação fará surgir para o executado, no prazo comum de 15 (quinze) dias, três possibilidades

a) **Poderá entregar a coisa:**

Se o executado entregar a coisa, o auxiliar do juízo lavrará o respectivo termo de entrega e com isso a obrigação estará satisfeita e o processo poderá ser extinto.

Atenção: O processo poderá eventualmente prosseguir se houver necessidade de cumprimento de obrigações acessórias, tais como o pagamento de frutos ou de perdas e danos, porém neste caso o prosseguimento será pela forma de execução por quantia, nos próprios autos do processo de execução (CPC, art. 807).[2]

b) **Finge de morto e nada faz:**

Nesse caso o oficial de justiça retornará ao domicílio do executado, com o mesmo mandado, no qual já consta a ordem para imissão na posse ou busca e apreensão, conforme se tratar de bem imóvel ou móvel, cujo cumprimento se dará de imediato.

c) **Poderá opor embargos à execução.**

Resiste à execução e apresenta seus embargos à execução, requerendo lhe seja concedido efeito suspensivo. Se obtiver efeito suspensivo, a execução ficará em suspenso até que o mérito dos embargos seja julgado. Julgados procedentes os embargos a coisa retorna ao executado, caso contrário será entregue ao exequente. Em ambos os casos, a execução será extinta.

1.2 Multa pelo inadimplemento

Como forma de obrigar o devedor ao cumprimento da obrigação o juiz, ao despachar a inicial, poderá fixar multa por dia de atraso no cumprimento da obrigação, podendo alterar tal valor, caso se revele insuficiente ou mesmo excessivo.

Se houver atraso ou mesmo recusa em entregar a coisa, a partir do escoamento do prazo de 15 (quinze) dias começa a incidir **as astreintes** independente da eventual busca e apreensão ou mesmo imissão na posse.

1.3 Alienação da coisa quando já litigiosa

Se for constatado que a coisa foi alienada quando já era litigiosa, isto é, depois da citação (ver CPC, art. 240), será expedido mandado contra o terceiro adquirente, que somente será ouvido após depositá-la em juízo (CPC, art. 808).[3]

---

2. CPC, Art. 807. Se o executado entregar a coisa, será lavrado o termo respectivo e considerada satisfeita a obrigação, prosseguindo-se a execução para o pagamento de frutos ou o ressarcimento de prejuízos, se houver.

3. CPC, Art. 808. Alienada a coisa quando já litigiosa, será expedido mandado contra o terceiro adquirente, que somente será ouvido após depositá-la.

Nesse caso o terceiro poderá se defender no processo, através dos embargos de terceiro no qual poderá tentar provar, por exemplo, que agiu de boa-fé, porém esse contraditório fica postergado para depois da entrega da coisa.

A entrega da coisa é condição primeira para o recebimento de qualquer manifestação do terceiro prejudicado.

1.4 Perdas e danos

Além das perdas e danos o exequente tem direito a receber o valor correspondente à coisa, quando essa se deteriorar, não lhe for entregue, não for encontrada ou não for reclamada do poder de terceiro adquirente (CPC, art. 809).[4]

Quer dizer, se ocorrer deterioração ou perda da coisa, se a mesma não for encontrada ou se tiver sido alienada a terceiro, poderá o credor optar pela conversão da execução em quantia certa, para receber o valor da coisa acrescida de perdas e danos, estimando os valores a serem recebidos, se do título não constar o valor do bem.

Na eventualidade de não constar do título o valor da coisa e sendo impossível sua avaliação, poderá o exequente apresentar estimativa, porém nesse caso ficará sujeito o arbitramento prudencial do juiz.

Esse valor também poderá ser apurado em liquidação incidente, por arbitramento ou pelo procedimento comum, conforme seja as peculiaridades do caso, observando-se o que estatui os arts. 510 ou 511 do CPC.

1.5 Existência de benfeitorias

Havendo benfeitorias indenizáveis feitas na coisa pelo executado ou por terceiros de cujo poder ela houver sido tirada, a liquidação prévia é obrigatória (CPC, art. 810).[5]

O devedor deverá alegar essa matéria nos embargos à execução (ver CPC, art. 917, IV). Se for procedente a alegação e depois de encontrado o valor das benfeitorias, estas poderão ser compensadas com as eventuais perdas e danos. Ademais, se houver a favor do executado ou de terceiros, o exequente o depositará ao requerer a

---

4. CPC, Art. 809. O exequente tem direito a receber, além de perdas e danos, o valor da coisa, quando essa se deteriorar, não lhe for entregue, não for encontrada ou não for reclamada do poder de terceiro adquirente.
§ 1º Não constando do título o valor da coisa e sendo impossível sua avaliação, o exequente apresentará estimativa, sujeitando-a ao arbitramento judicial.
§ 2º Serão apurados em liquidação o valor da coisa e os prejuízos.
5. CPC, Art. 810. Havendo benfeitorias indenizáveis feitas na coisa pelo executado ou por terceiros de cujo poder ela houver sido tirada, a liquidação prévia é obrigatória.
Parágrafo único. Havendo saldo:
I – em favor do executado ou de terceiros, o exequente o depositará ao requerer a entrega da coisa;
II – em favor do exequente, esse poderá cobrá-lo nos autos do mesmo processo.

entrega da coisa. Se o saldo for a favor do exequente, esse poderá cobrá-lo nos autos do mesmo processo de execução.

Rememore-se que as benfeitorias necessárias realizadas de boa-fé em coisa alheia enseja o dever indenizatório para o seu proprietário, bem como com relação às úteis quando lhe tiver sido obtido concordância (CC, art. 1219).[6] Em razão disso, o Código de Processo Civil prevê a possibilidade de indenização a favor do devedor ou terceiro que tenha realizado as benfeitorias indenizáveis, devendo o credor promover a liquidação prévia, como condição indispensável à propositura da execução.

2. OBRIGAÇÃO PARA ENTREGA DE COISA INCERTA

A obrigação de dar coisa incerta é aquela em que o devedor se compromete a entregar ao credor objeto indeterminado, porém determinável pelo gênero e quantidade que deverá estar indicado no contrato (CC, art. 243).[7]

Na mesma linha de proceder, preceitua o nosso Código de Processo Civil que recaindo a execução sobre coisa determinada pelo gênero e pela quantidade, o executado será citado para entregá-la individualizada, se lhe couber a escolha (CPC, art. 811).[8]

Se o direito de escolha couber ao exequente, esse deverá indicá-la já na sua petição inicial.

2.1 Impugnação da escolha

Qualquer das partes poderá, no prazo de 15 (quinze) dias, impugnar a escolha feita pela outra e, nesse caso, o juiz decidirá de plano ou, se necessário, ouvindo perito de sua nomeação (CPC, art. 812).[9]

É um incidente que reclama julgamento imediato (de plano) que comportará, se necessário, a realização de perícia ou mesmo qualquer outro meio de prova apta a dirimir a questão suscitada. Da decisão proferida na impugnação cabe agravo de instrumento.

---

6. CC, Art. 1.219. O possuidor de boa-fé tem direito à indenização das benfeitorias necessárias e úteis, bem como, quanto às voluptuárias, se não lhe forem pagas, a levantá-las, quando o puder sem detrimento da coisa, e poderá exercer o direito de retenção pelo valor das benfeitorias necessárias e úteis.
7. CC, Art. 243. A coisa incerta será indicada, ao menos, pelo gênero e pela quantidade.
8. CPC, Art. 811. Quando a execução recair sobre coisa determinada pelo gênero e pela quantidade, o executado será citado para entregá-la individualizada, se lhe couber a escolha.
   Parágrafo único. Se a escolha couber ao exequente, esse deverá indicá-la na petição inicial.
9. CPC, Art. 812. Qualquer das partes poderá, no prazo de 15 (quinze) dias, impugnar a escolha feita pela outra, e o juiz decidirá de plano ou, se necessário, ouvindo perito de sua nomeação.

2.2 Concentração

O ato de escolha da coisa é chamado de concentração. Realizada a escolha pelo devedor do que deve ser entregue (CC, art. 244)[10] ou sendo feita a escolha pelo credor (quando assim estabelecer o contrato), a obrigação deixa de ser incerta e se transformará em obrigação de dar coisa certa, seguindo os procedimentos que disciplina a matéria (CPC, art. 813).[11]

---

10. CC, Art. 244. Nas coisas determinadas pelo gênero e pela quantidade, a escolha pertence ao devedor, se o contrário não resultar do título da obrigação; mas não poderá dar a coisa pior, nem será obrigado a prestar a melhor.
11. CPC, Art. 813. Aplicar-se-ão à execução para entrega de coisa incerta, no que couber, as disposições da Seção I deste Capítulo.

Lição 5
DA EXECUÇÃO DAS OBRIGAÇÕES DE FAZER OU NÃO FAZER

Sumário: 1. Execução das obrigações de fazer; 1.1 Diferenças entre a obrigação de dar e de fazer; 1.2 Obrigação de fazer fungível e infungível; 1.3 Sub-rogação; 1.4 Astreintes; 1.5 Petição inicial nas obrigações de fazer; 1.6 Execução por terceiro; 1.7 Obrigação personalíssima – 2. Execução da obrigação de não fazer; 2.1 Procedimento na execução de obrigação de não fazer; 2.2 O momento do inadimplemento; 2.3 Execução por terceiro; 2.4 Impossibilidade de desfazimento.

1. EXECUÇÃO DAS OBRIGAÇÕES DE FAZER

A obrigação de fazer consiste na prestação de um serviço ou fato, a ser realizada pelo devedor em favor do credor, podendo consistir em um trabalho físico ou intelectual ou até mesmo um ato jurídico.

Dentro da liberdade outorgada aos particulares (autonomia da vontade) e desde que o objeto seja lícito, possível e determinado ou determinável, podem as pessoas contratarem os mais variados serviços, desde uma obra de alvenaria, até a feitura de uma pintura em tela ou mesmo a escrita de um livro.

1.1 Diferenças entre a obrigação de dar e de fazer

Esclareça-se por primeiro que de certo modo, muitas obrigações de fazer, ainda que por vias tortas, acabam por ser uma obrigação de dar. Apesar disso, há duas diferenças que são importantes para que não se cometa o erro de trocar uma por outra, vejamos duas diferenças:

a) Na obrigação de dar existe uma prestação de coisas (certa ou incerta), enquanto na obrigação de fazer, existe uma prestação de fato, representada por atos ou serviços que o devedor deve executar.

b) A obrigação de dar comporta cumprimento *in natura*, isto é, aquele que se comprometeu a entregar determinada coisa, pode ser compelido a fazê-lo, utilizando-se, por exemplo, da busca e apreensão; enquanto na obrigação de fazer isso não é possível porque ninguém pode ser compelido a fazer algo contra sua vontade de sorte que se resolve por perdas e danos.

1.2 Obrigação de fazer fungível e infungível

Conforme seja o ato a ser praticado, se pelo próprio devedor ou se pouco importa quem vai realizá-lo, classificamos as obrigações de fazer em fungíveis (material ou impessoal) ou infungíveis (imaterial ou personalíssima). Há ainda um tipo especial de obrigação de fazer que consiste numa declaração de vontade.

a) **Obrigação fungível, material ou impessoal**:

Nesse tipo de obrigação não há exigência expressa com relação a quem deva fazer, podendo ser realizada por qualquer pessoa ou pela própria pessoa do devedor.

b) **Obrigação infungível, imaterial ou personalíssima**:

Nesse caso o contrato é *intuitu personae*, quer dizer, baseado na confiança pessoal depositada nas credenciais do devedor, seja por suas qualidades, seja por sua capacidade. Sendo assim, o devedor somente se exonerará se ele próprio cumprir a obrigação, executando o ato ou serviço prometido, não se cogitando a sua substituição por outra pessoa. Por ser ato personalíssimo, não se pode nem exigir dos sucessores em caso de morte do obrigado.

Atenção: se a obrigação personalíssima não puder ser cumprida, até porque não se pode obrigar alguém a fazer o que não quer, resolve-se via perdas e danos (CC, art. 249).[1]

c) **Obrigação de emitir declaração de vontade**:

A obrigação de fazer pode também derivar de um contrato preliminar e consistir numa manifestação de vontade a ser expressa pelo devedor.

1.3 Sub-rogação

Nas obrigações de fazer haverá sub-rogação sempre que seja possível outra pessoa executar a tarefa assumida pelo devedor. Isso só vale para as obrigações fungíveis, já que nas infungíveis (personalíssimas) somente o devedor pode fazer. Significa dizer que nas obrigações fungíveis, se o devedor se recusar a fazer, o credor poderá contratar um terceiro que, à custa do devedor, executará o serviço contratado.

Já nas obrigações de fazer infungíveis, como isso não é possível, se a recusa perdurar, resolver-se-á via perdas e danos (CC, art. 247).[2]

---

1. CC, Art. 249. Se o fato puder ser executado por terceiro, será livre ao credor mandá-lo executar à custa do devedor, havendo recusa ou mora deste, sem prejuízo da indenização cabível.

   Parágrafo único. Em caso de urgência, pode o credor, independentemente de autorização judicial, executar ou mandar executar o fato, sendo depois ressarcido.

2. CC, Art. 247. Incorre na obrigação de indenizar perdas e danos o devedor que recusar a prestação a ele só imposta, ou só por ele exequível.

1.4 Astreintes

Cumpre esclarecer por primeiro que astreintes é uma multa pecuniária imposta ao devedor com caráter coercitivo, normalmente por dia de atraso, com o fim de constranger indiretamente o devedor, inclusive de obrigação personalíssima, a fazer o que não estava disposto a realizar. Quer dizer, é um meio indireto de forçar o devedor a cumprir com o prometido. Aliás, se a multa se mostrar irrisória, o juiz poderá aumentá-la, assim como se a multa prevista no contrato for excessiva, também está autorizado a reduzi-la.

Essa multa cominatória (astreintes) pode ser aplicada como forma de pressionar o devedor a cumprir obrigação de fazer que lhe é imposta e encontra amparo legal no art. 537 do Código de Processo Civil e poderá ser aplicada de ofício ou a requerimento da parte, podendo ser aplicada em qualquer fase processual.[3]

É cabível tanto nas obrigações de fazer quanto nas obrigações de não fazer e será fixada no recebimento da petição inicial pelo juiz de sorte que o devedor, quando for citado, já terá conhecimento das consequências de não cumprir o comando judicial no prazo assinalado (CPC, art. 814).[4]

Cabe ainda destacar que a multa é a mais característica das penas que representa as astreintes, mas o juiz pode determinar outras medidas coercitivas, tais como:

a) Determinar busca e apreensão;

b) Indiciar por crime de desobediência;

c) Fazer uso de força policial;

---

3. CPC, Art. 537. A multa independe de requerimento da parte e poderá ser aplicada na fase de conhecimento, em tutela provisória ou na sentença, ou na fase de execução, desde que seja suficiente e compatível com a obrigação e que se determine prazo razoável para cumprimento do preceito.

    § 1º O juiz poderá, de ofício ou a requerimento, modificar o valor ou a periodicidade da multa vincenda ou excluí-la, caso verifique que:

    I – se tornou insuficiente ou excessiva;

    II – o obrigado demonstrou cumprimento parcial superveniente da obrigação ou justa causa para o descumprimento.

    § 2º O valor da multa será devido ao exequente.

    § 3º A decisão que fixa a multa é passível de cumprimento provisório, devendo ser depositada em juízo, permitido o levantamento do valor após o trânsito em julgado da sentença favorável à parte. (Redação dada pela Lei nº 13.256, de 2016)

    § 4º A multa será devida desde o dia em que se configurar o descumprimento da decisão e incidirá enquanto não for cumprida a decisão que a tiver cominado.

    § 5º O disposto neste artigo aplica-se, no que couber, ao cumprimento de sentença que reconheça deveres de fazer e de não fazer de natureza não obrigacional.

4. CPC, Art. 814. Na execução de obrigação de fazer ou de não fazer fundada em título extrajudicial, ao despachar a inicial, o juiz fixará multa por período de atraso no cumprimento da obrigação e a data a partir da qual será devida.

    Parágrafo único. Se o valor da multa estiver previsto no título e for excessivo, o juiz poderá reduzi-lo.

d) Determinar a realização da obrigação por conta de terceiro ou do próprio exequente à custa do executado;
e) Fixar as perdas e danos, além de outras medidas cabíveis.

1.5 Petição inicial nas obrigações de fazer

Distribuída a petição inicial e considerada em ordem pelo juiz, o devedor será citado para satisfazer a obrigação no prazo que seja assinalado, a não ser que outro prazo esteja determinado no título executivo (CPC, art. 815).[5]

Ao despachar a petição inicial o juiz fixará prazo razoável para que o executado realize a tarefa que lhe cabia e fixará também a multa, normalmente diária, para o caso de inadimplemento (ver CPC, art. 814) ou outra medida coercitiva que se mostre mais eficaz para forçar o cumprimento da medida.

1.6 Execução por terceiro

Se o executado não satisfizer a obrigação no prazo que foi designado pelo juiz, é lícito ao credor, nos próprios autos do processo, requerer, de duas uma, que a obrigação seja executada por terceiro à custa do devedor, ou se preferir, haver perdas e danos; caso em que a obrigação se converte em indenização. Se optar pela indenização, as perdas e danos serão apurados em liquidação e cobradas como execução por quantia certa (CPC, art. 816).[6]

Na hipótese de poder realizar a obrigação por terceiro, o exequente deverá requerer autorização judicial, adiantando as quantias necessárias, cuja proposta deverá ser aprovada pelo juiz, após ouvir as partes (CPC, art. 817).[7]

Depois de realizada a prestação, o juiz ouvirá as partes no prazo de 10 (dez) dias e, não havendo impugnação, considerará satisfeita a obrigação. Caso haja impugnação, o juiz a decidirá (CPC, art. 818).[8]

---

5. CPC, Art. 815. Quando o objeto da execução for obrigação de fazer, o executado será citado para satisfazê-la no prazo que o juiz lhe designar, se outro não estiver determinado no título executivo.
6. CPC, Art. 816. Se o executado não satisfizer a obrigação no prazo designado, é lícito ao exequente, nos próprios autos do processo, requerer a satisfação da obrigação à custa do executado ou perdas e danos, hipótese em que se converterá em indenização.
   Parágrafo único. O valor das perdas e danos será apurado em liquidação, seguindo-se a execução para cobrança de quantia certa.
7. CPC, Art. 817. Se a obrigação puder ser satisfeita por terceiro, é lícito ao juiz autorizar, a requerimento do exequente, que aquele a satisfaça à custa do executado.
   Parágrafo único. O exequente adiantará as quantias previstas na proposta que, ouvidas as partes, o juiz houver aprovado.
8. CPC, Art. 818. Realizada a prestação, o juiz ouvirá as partes no prazo de 10 (dez) dias e, não havendo impugnação, considerará satisfeita a obrigação.
   Parágrafo único. Caso haja impugnação, o juiz a decidirá.

Caso o terceiro contratado não venha a realizar a prestação no prazo ou se o fizer de modo incompleto ou defeituoso, poderá o exequente requerer ao juiz, no prazo de 15 (quinze) dias, que o autorize a concluí-la ou a repará-la à custa do contratante. Nesse caso, o contratante será ouvido no prazo de 15 (quinze) dias, devendo o juiz mandar avaliar o custo das despesas necessárias e o condenará a pagá-lo (CPC, art. 819).[9]

Com relação à matéria diz ainda a nossa lei dos ritos que, se o exequente quiser executar ou mandar executar, sob sua direção e vigilância, as obras e os trabalhos necessários à realização da prestação, terá preferência, em igualdade de condições de oferta, em relação ao terceiro. O direito de preferência deverá ser exercido no prazo de 5 (cinco) dias, após aprovada a proposta do terceiro (CPC, art. 820).[10]

1.7 Obrigação personalíssima

Na obrigação de fazer de caráter personalíssima, isto é, quando se convencionar que o executado satisfaça a obrigação pessoalmente, o exequente poderá requerer ao juiz que lhe assine prazo para cumpri-la, fixando desde logo a multa por eventual dia de atraso.

A jurisprudência majoritária, inclusive do STJ, considera ser possível converter uma obrigação de fazer de caráter personalíssima em perdas e danos em qualquer fase processual, independentemente de pedido do titular do direito subjetivo, quando verificada a impossibilidade de cumprimento da tutela específica. Essa conversão é uma alternativa do legislador, que deve ser utilizada apenas como último recurso.

Essa orientação jurisprudencial também é aplicada nas hipóteses em que há negligência ou demora no cumprimento da tutela específica. Quer dizer, caso a mora do devedor torne inviável a concessão da tutela específica pleiteada na inicial, pode a obrigação ser convertida, *ex officio*, e em qualquer fase processual, em reparação por perdas e danos, sem prejuízo da multa fixada para compelir o réu ao cumprimento específico da obrigação, enquanto perdurar sua viabilidade.[11]

---

9. CPC, Art. 819. Se o terceiro contratado não realizar a prestação no prazo ou se o fizer de modo incompleto ou defeituoso, poderá o exequente requerer ao juiz, no prazo de 15 (quinze) dias, que o autorize a concluí-la ou a repará-la à custa do contratante.
   Parágrafo único. Ouvido o contratante no prazo de 15 (quinze) dias, o juiz mandará avaliar o custo das despesas necessárias e o condenará a pagá-lo.
10. CPC, Art. 820. Se o exequente quiser executar ou mandar executar, sob sua direção e vigilância, as obras e os trabalhos necessários à realização da prestação, terá preferência, em igualdade de condições de oferta, em relação ao terceiro.
    Parágrafo único. O direito de preferência deverá ser exercido no prazo de 5 (cinco) dias, após aprovada a proposta do terceiro.
11. (STJ, REsp nº 2121365 – MG (2023/0307254-4), Relatora: Ministra Regina Helena Costa, Julgado: 03/09/2024).

Portanto, se o devedor se recusar ou se ele não executar a obrigação no prazo que tenha sido assinalado, sua obrigação pessoal será convertida em perdas e danos, caso em que se observará o procedimento de execução por quantia certa (CPC, art. 821).[12]

2. EXECUÇÃO DA OBRIGAÇÃO DE NÃO FAZER

É uma obrigação negativa, isto é, impõe ao devedor uma obrigação de abster-se de fazer algo ou praticar o ato, que se não tivesse obrigado (pela lei ou pelo contrato), poderia livremente praticá-lo.

Este tipo de obrigação impõe ao devedor uma abstenção. Quer dizer, não faça! Se o devedor agir quando não deveria fazê-lo, vai fazer surgir a sua responsabilização. Significa dizer que descumprida a obrigação de não fazer surge para o devedor uma nova obrigação que, por vias tortas, acaba sendo uma obrigação de fazer, tendo em vista que sua responsabilidade agora será a de **"fazer o desfazimento daquilo que fez e não poderia ter feito"**.

2.1 Procedimento na execução de obrigação de não fazer

Na execução de obrigação de não fazer, o executado é citado para, no prazo assinado pelo juiz, desfazer o ato, a cuja abstenção estava obrigado pela lei ou pelo contrato. Significa dizer que a obrigação de não fazer é, a bem da verdade, uma obrigação de fazer a contrário *sensu*, tendo em vista que o executado deverá desfazer o ato que realizou quando não o podia fazer (CPC, art. 822).[13]

2.2 O momento do inadimplemento

Nesse tipo de obrigação o devedor é constituído em mora no exato momento que realiza o ato que se obrigou a não praticar. Quer dizer, a mora é presumida pelo só fato de descumprir o dever de não agir.

2.3 Execução por terceiro

Como já assinalado, praticado pelo devedor o ato que não poderia praticar fará surgir o dever de desfazer aquilo que possa ter feito sem estar autorizado a fazê-lo.

---

12. CPC, Art. 821. Na obrigação de fazer, quando se convencionar que o executado a satisfaça pessoalmente, o exequente poderá requerer ao juiz que lhe assine prazo para cumpri-la.
Parágrafo único. Havendo recusa ou mora do executado, sua obrigação pessoal será convertida em perdas e danos, caso em que se observará o procedimento de execução por quantia certa.
13. CPC, Art. 822. Se o executado praticou ato a cuja abstenção estava obrigado por lei ou por contrato, o exequente requererá ao juiz que assine prazo ao executado para desfazê-lo.

Assim, havendo recusa ou mora do executado, o exequente requererá ao juiz que autorize mandar desfazer o ato à custa do devedor que responderá por perdas e danos (CPC, art. 823).[14]

Atenção: Sendo o caso de urgência, autoriza o Código Civil que o credor possa usar de suas próprias forças e assim impor ao devedor a realização do desfazimento por terceiro às suas custas, sem a necessidade de autorização judicial, sendo esse um típico caso de autotutela (CC, art. 251, parágrafo único).[15]

2.4 Impossibilidade de desfazimento

Em algumas situações torna-se impossível o desfazimento do ato, isto é, não se pode voltar ao *status* anterior. Neste caso a única alternativa é a indenização via perdas e dano, caso em que, após apurar o valor devido, o processo terá continuidade, porém como execução por quantia certa (ver CPC, art. 823, parágrafo único).

Exemplo: no compromisso de não divulgar segredo industrial assumido pelo empregado, se ele divulga tal fato, não há como restituir às partes ao *status quo ante*, resolvendo-se em perdas e danos.

---

14. CPC, Art. 823. Havendo recusa ou mora do executado, o exequente requererá ao juiz que mande desfazer o ato à custa daquele, que responderá por perdas e danos.
    Parágrafo único. Não sendo possível desfazer-se o ato, a obrigação resolve-se em perdas e danos, caso em que, após a liquidação, se observará o procedimento de execução por quantia certa.
15. CC, Art. 251. Praticado pelo devedor o ato, a cuja abstenção se obrigara, o credor pode exigir dele que o desfaça, sob pena de se desfazer à sua custa, ressarcindo o culpado perdas e danos.
    Parágrafo único. Em caso de urgência, poderá o credor desfazer ou mandar desfazer, independentemente de autorização judicial, sem prejuízo do ressarcimento devido.

LIÇÃO 6
DA EXECUÇÃO POR QUANTIA CERTA

Sumário: 1. Notas preliminares – 2. Petição inicial – 3. Expropriação – 4. Da citação e do arresto – 5. Certidão da execução com fins restritivos – 6. Meios atípicos de execução – 7. Objetivos da penhora; 7.1 Bens impenhoráveis; 7.2 Do bem de família legal; 7.3 Ordem preferencial de penhora; 7.4 Penhora sobre bens de valor irrisório – 8. Da documentação da penhora, de seu registro e do depósito; 8.1 Documentação da penhora; 8.2 Penhora e depósito; 8.3 Depósito dos bens penhorados; 8.4 Intimação do executado; 8.5 Penhora de bem indivisível; 8.6 Averbação da penhora – 9. Do lugar de realização da penhora – 10. Das modificações da penhora; 10.1 Pedido de substituição feito pelo executado; 10.2 Pedido de substituição por qualquer das partes; 10.3 Novo termo de penhora; 10.4 Redução ou ampliação da penhora; 10.5 Segunda penhora – 11. Da penhora de dinheiro e outras variadas modalidades; 11.1 Penhora de dinheiro em depósito ou em aplicação em instituições financeiras; 11.2 Da penhora de créditos; 11.3 Da penhora das quotas ou das ações de sociedade personificadas; 11.4 Da penhora de empresas, de outros estabelecimentos e de semoventes; 11.5 Da penhora de percentual de faturamento de empresa; 11.6 Da penhora de frutos e rendimentos de coisa móvel ou imóvel – 12. Da avaliação; 12.1 Avaliação feita por oficial de justiça; 12.2 Não haverá necessidade de avaliação – 13. Da expropriação de bens; 13.1 Da adjudicação; 13.2 Da alienação e do leilão; 13.3 Preço vil; 13.4 Pagamento do bem arrematado; 13.5 Pagamento parcelado; 13.6 Aspectos finais sobre o leilão; 13.7 Pagamento do lanço; 13.7.1 Suspensão do leilão; 13.7.2 Auto de arrematação; 13.7.3 Leilão de bem hipotecado; 13.7.4 Finalização dos procedimentos do leilão – 14. Da satisfação do crédito – 15. Observação final.

1. NOTAS PRELIMINARES

A execução por quantia certa é o tipo de execução que tem por finalidade expropriar bens do devedor a fim de satisfazer o direito de crédito do credor (ver CPC, art. 824 c/c art. 789), oriundo de um título executivo extrajudicial (ver CPC, art. 784), que deverá ser certo, líquido e exigível (art. 783).[1]

Pode também decorrer da obrigação de fazer ou não fazer, ou ainda, da obrigação de entrega de coisa (certa ou incerta), quando estas obrigações se tornarem impossível de execução pela forma como pactuada pelas partes ou o credor optar pelo

---
1. CPC, Art. 783. A execução para cobrança de crédito fundar-se-á sempre em título de obrigação certa, líquida e exigível.

equivalente e as perdas e danos. Quer dizer, nesses casos a obrigação originalmente assumida se converterá em indenização (ver CPC, arts. 809, 816 e 821).

Será sempre cabível quando o devedor recusar, voluntariamente, a realizar o pagamento da quantia em dinheiro a que havia se obrigado na forma, tempo e lugar.

Esse tipo de execução é realizada com a finalidade de recebimento pelo credor dos valores de seus créditos inadimplidos que, em não sendo satisfeito após a citação na ação de execução, autoriza que seja feita a busca, constrição e expropriação de bens do devedor (presentes e futuros), com a finalidade de apurar os recursos financeiros necessários ao adimplemento da obrigação (CPC, art. 789).[2]

2. PETIÇÃO INICIAL

A petição inicial deverá observar as regras dos arts. 319 e 320 do CPC e, no caso do processo de execução por quantia certa, deve se fazer acompanhar do original do título executivo extrajudicial, além da planilha de cálculos com os valores do débito atualizados até a data da propositura da ação, dentre outros (CPC, art. 798).[3]

A execução por quantia certa, quando o devedor não paga, se realiza pela expropriação de bens do executado, ressalvadas as execuções especiais (CPC, art. 824).[4] Significa dizer que se o devedor não pagar voluntariamente o seu débito, o

---

2. CPC, Art. 789. O devedor responde com todos os seus bens presentes e futuros para o cumprimento de suas obrigações, salvo as restrições estabelecidas em lei.
3. CPC, Art. 798. Ao propor a execução, incumbe ao exequente:
   I – instruir a petição inicial com:
   a) o título executivo extrajudicial;
   b) o demonstrativo do débito atualizado até a data de propositura da ação, quando se tratar de execução por quantia certa;
   c) a prova de que se verificou a condição ou ocorreu o termo, se for o caso;
   d) a prova, se for o caso, de que adimpliu a contraprestação que lhe corresponde ou que lhe assegura o cumprimento, se o executado não for obrigado a satisfazer a sua prestação senão mediante a contraprestação do exequente;
   II – indicar:
   a) a espécie de execução de sua preferência, quando por mais de um modo puder ser realizada;
   b) os nomes completos do exequente e do executado e seus números de inscrição no Cadastro de Pessoas Físicas ou no Cadastro Nacional da Pessoa Jurídica;
   c) os bens suscetíveis de penhora, sempre que possível.
   Parágrafo único. O demonstrativo do débito deverá conter:
   I – o índice de correção monetária adotado;
   II – a taxa de juros aplicada;
   III – os termos inicial e final de incidência do índice de correção monetária e da taxa de juros utilizados;
   IV – a periodicidade da capitalização dos juros, se for o caso;
   V a especificação de desconto obrigatório realizado.
4. CPC, Art. 824. A execução por quantia certa realiza-se pela expropriação de bens do executado, ressalvadas as execuções especiais.

Estado vai impor sua vontade e tomar os bens necessários à satisfação do débito reconhecido no título, entregando ao credor os valores arrecadados até o limite de seu crédito.

3. EXPROPRIAÇÃO

A expropriação é a forma legal de o Estado tomar, por assim dizer, os bens constantes do patrimônio do executado para, através da adjudicação, alienação ou apropriação dos frutos e rendimentos, realizar o pagamento do débito ao credor (CPC, art. 825).[5]

Na execução por quantia certa, num primeiro momento, deve realizar-se a penhora, ou seja, a definição judicial dos bens que serão submetidos aos atos executivos. Já na fase posterior, autoriza-se a realização de atos de transferência forçada de tais bens, que, de acordo com o novo modelo adotado pelo CPC poderá realizar-se das seguintes formas, a saber: a) transferência judicial do bem para o próprio exequente, denominada adjudicação; b) alienação por iniciativa particular; c) alienação em hasta pública; d) transferência judicial do direito de receber os frutos que o bem móvel ou imóvel produzir, através do usufruto.

Para evitar a expropriação de bens o devedor poderá, até a adjudicação ou alienação dos bens, remir a execução, isto é, pagar ou consignar o total do débito exequendo, acrescido de juros e honorários advocatícios e, assim, se livrar de eventual arrestos de bens e penhora (CPC, art. 826).[6]

4. DA CITAÇÃO E DO ARRESTO

Recebida a petição inicial e verificando que ela preenche os requisitos legais, o juiz mandará citar o réu, fixando previamente os honorários advocatícios em 10% (dez por cento), alertando que esse percentual poderá ser reduzido à metade se o pagamento for realizado no prazo de 3 (três) dias (CPC, art. 827).[7] Nesse caso, será

---

5. Art. 825. A expropriação consiste em:
   I – adjudicação;
   II – alienação;
   III – apropriação de frutos e rendimentos de empresa ou de estabelecimentos e de outros bens.
6. CPC, Art. 826. Antes de adjudicados ou alienados os bens, o executado pode, a todo tempo, remir a execução, pagando ou consignando a importância atualizada da dívida, acrescida de juros, custas e honorários advocatícios.
7. CPC, Art. 827. Ao despachar a inicial, o juiz fixará, de plano, os honorários advocatícios de dez por cento, a serem pagos pelo executado.
   § 1º No caso de integral pagamento no prazo de 3 (três) dias, o valor dos honorários advocatícios será reduzido pela metade.
   § 2º O valor dos honorários poderá ser elevado até vinte por cento, quando rejeitados os embargos à execução, podendo a majoração, caso não opostos os embargos, ocorrer ao final do procedimento executivo, levando-se em conta o trabalho realizado pelo advogado do exequente.

expedido mandado de citação, penhora e avaliação de bens em duas vias. Com a primeira, cita-se o executado e com a segunda via, verificado o não pagamento da dívida, deve o oficial de justiça, independentemente de novo despacho, proceder à penhora e avaliação de bens e valores do executado.

> **Atenção:** embora a citação do devedor possa ser realizada por carta (ver CPC, art. 247), recomenda-se seja feita por oficial de justiça porque decorrido o prazo de 3 (três) dias para pagamento, caberá a ele, com a segunda via do mandado, proceder à penhora e avaliação dos bens do devedor (ver CPC, art. 829, § 1º).

Veja-se que na execução por quantia certa o devedor será citado, para no prazo de 3 (três) dias efetuar o pagamento da dívida. Não cumprindo a determinação acima, o oficial de justiça promoverá a penhora de bens e fará a avaliação dos mesmos, intimando-se o executado, utilizando para isso a segunda via do mandado. A penhora recairá sobre os bens indicados pelo exequente, salvo se outros forem indicados pelo executado e aceitos pelo juiz, mediante demonstração de que a constrição proposta lhe será menos onerosa e não trará prejuízo ao exequente (CPC, art. 829).[8]

Não sendo encontrado o executado em seu domicílio, o oficial de justiça deverá arrestar-lhe tantos bens quanto bastam para garantir a execução. Refere-se a uma pré-penhora. Mas existem dois pressupostos para sua realização, a saber: a ausência do executado em seu domicílio e a existência visível de bens penhoráveis. Depois de realizado o arresto, nos 10 (dez) dias subsequentes, o oficial de justiça procurará o executado por mais duas vezes em dias distintos. Havendo a suspeita de ocultação ou malícia, o oficial de justiça realizará a citação por hora certa, certificando detalhadamente o ocorrido (CPC, art. 830).[9]

Nesse caso, caberá ao exequente requerer a citação editalícia a partir da contrafé do oficial de justiça onde se atesta a frustração da citação pessoal e com hora certa. Ocorrendo a citação válida e regular e, transcorrido o prazo para o pagamento

---

8. CPC, Art. 829. O executado será citado para pagar a dívida no prazo de 3 (três) dias, contado da citação.

   § 1º Do mandado de citação constarão, também, a ordem de penhora e a avaliação a serem cumpridas pelo oficial de justiça tão logo verificado o não pagamento no prazo assinalado, de tudo lavrando-se auto, com intimação do executado.

   § 2º A penhora recairá sobre os bens indicados pelo exequente, salvo se outros forem indicados pelo executado e aceitos pelo juiz, mediante demonstração de que a constrição proposta lhe será menos onerosa e não trará prejuízo ao exequente.

9. CPC, Art. 830. Se o oficial de justiça não encontrar o executado, arrestar-lhe-á tantos bens quantos bastem para garantir a execução.

   § 1º Nos 10 (dez) dias seguintes à efetivação do arresto, o oficial de justiça procurará o executado 2 (duas) vezes em dias distintos e, havendo suspeita de ocultação, realizará a citação com hora certa, certificando pormenorizadamente o ocorrido.

   § 2º Incumbe ao exequente requerer a citação por edital, uma vez frustradas a pessoal e a com hora certa.

   § 3º Aperfeiçoada a citação e transcorrido o prazo de pagamento, o arresto converter-se-á em penhora, independentemente de termo.

voluntário, o referido arresto se converterá em penhora, independente de termo específico para tanto.

> **Atenção:** realizada a citação por hora certa ou por edital, se o executado não comparecer no processo, o juiz nomeará curador especial que atuará em nome do devedor em todos os atos executivos subsequentes (ver CPC, art. 72, II).

5. CERTIDÃO DA EXECUÇÃO COM FINS RESTRITIVOS

Permite o Código de Processo Civil que o exequente possa obter junto ao cartório onde tramita o processo de execução, uma certidão de que a execução foi admitida, para com ela proceder a averbação no registro de imóveis, no registro de veículos ou no registro de quaisquer outros bens sujeitos à penhora ou arresto e em face da propositura de ação, de sorte a demonstrar para o público em geral de que existe uma ação que poderá levar o demandado ao estado de insolvência. Ademais, serve a averbação para que se caracterize como fraude à execução a alienação ou oneração de bens posteriores à anotação realizada. Quer dizer, quaisquer desses bens que venham a ser alienados depois da averbação, fará presumir que foram feitos em fraude à execução (CPC, art. 828).[10]

Para efeito de controle da regularidade do procedimento determina a nossa lei dos ritos que o exequente deverá comunicar ao juízo, no prazo de 10 (dez) dias, as averbações realizadas.

Cumpre destacar que estas averbações têm como maior finalidade dificultar a alienação de bens e, por conseguinte, evitar que a execução reste frustrada. Por isso a determinação de que se houver penhora formalizada em bens que sejam suficientes para satisfazer a execução, as averbações sobre os bens que não foram penhorados deverão ser canceladas no prazo de 10 (dez) dias. Este cancelamento pode ser determinado pelo juiz, de ofício ou a requerimento do devedor, caso o exequente não a faça no prazo assinalado.

---

10. CPC, Art. 828. O exequente poderá obter certidão de que a execução foi admitida pelo juiz, com identificação das partes e do valor da causa, para fins de averbação no registro de imóveis, de veículos ou de outros bens sujeitos a penhora, arresto ou indisponibilidade.
§ 1º No prazo de 10 (dez) dias de sua concretização, o exequente deverá comunicar ao juízo as averbações efetivadas.
§ 2º Formalizada penhora sobre bens suficientes para cobrir o valor da dívida, o exequente providenciará, no prazo de 10 (dez) dias, o cancelamento das averbações relativas àqueles não penhorados.
§ 3º O juiz determinará o cancelamento das averbações, de ofício ou a requerimento, caso o exequente não o faça no prazo.
§ 4º Presume-se em fraude à execução a alienação ou a oneração de bens efetuada após a averbação.
§ 5º O exequente que promover averbação manifestamente indevida ou não cancelar as averbações nos termos do § 2º indenizará a parte contrária, processando-se o incidente em autos apartados.

Atenção: deixar de promover o cancelamento das averbações, assim como promover averbações indevidas, poderá levar o exequente a ter que indenizar o executado por perdas e danos, processando-se o incidente em autos apartados (ver CPC, art. 828, § 5º).

Cumpre ainda assinalar que a nossa legislação prevê outra forma indireta de cobrar o débito, pois autoriza que o credor possa requerer ao juiz da causa que encaminhe o nome do executado para inclusão nos cadastros de inadimplentes que pode ser feita pelo sistema SERASAJUD (CPC, art. 782, §§ 3º e 4º).[11]

A inclusão do nome do devedor é um instrumento de coerção indireta que visa a garantir a efetividade da execução. A inscrição deve ser cancelada se o credor pagar ou garantir a execução ou mesmo se for acolhido os embargos à execução com a extinção do feito.

Em resumo: a anotação do nome do executado em cadastro de inadimplentes depõe junto ao mercado o inadimplemento em que incidira, restringindo seu acesso ao crédito, funcionando, pois, como meio de coerção indireta legitimado pelo legislador como forma de velar pela realização da obrigação exequenda, não estando sua consumação sujeita a apreciação discricionária do juiz, mas dependente apenas de impulso do exequente, não implicando, ademais, ofensa ao princípio da menor onerosidade se não indicados bens penhoráveis hábeis a viabilizarem a realização do débito.[12]

6. MEIOS ATÍPICOS DE EXECUÇÃO

Além da certidão de execução para a inscrição do nome do devedor nos cadastros protetivos de crédito, existem outros meios indiretos que poderão ser utilizados como forma de coação indireta para forçar o devedor a cumprir com sua obrigação inadimplida.

O Código de Processo Civil traz um permissivo que tem sido muito utilizado ultimamente, que permite aos magistrados determinarem, por exemplo, a sus-

---

11. CPC, Art. 782. Não dispondo a lei de modo diverso, o juiz determinará os atos executivos, e o oficial de justiça os cumprirá.
    § 1º O oficial de justiça poderá cumprir os atos executivos determinados pelo juiz também nas comarcas contíguas, de fácil comunicação, e nas que se situem na mesma região metropolitana.
    § 2º Sempre que, para efetivar a execução, for necessário o emprego de força policial, o juiz a requisitará.
    § 3º A requerimento da parte, o juiz pode determinar a inclusão do nome do executado em cadastros de inadimplentes.
    § 4º A inscrição será cancelada imediatamente se for efetuado o pagamento, se for garantida a execução ou se a execução for extinta por qualquer outro motivo.
    § 5º O disposto nos §§ 3º e 4º aplica-se à execução definitiva de título judicial.
12. (TJDF, 07486090620208070000, Relator: Teófilo Caetano, Primeira Turma Cível, data de julgamento: 17/3/2021, publicado no DJE: 8/4/2021).

pensão da carteira nacional de habilitação ou do passaporte do devedor (CPC, Art. 139, IV).[13]

Esses meios são chamados de meios atípicos de execução e são considerados como forma de coerção indireta e psicológica, para forçar o devedor a cumprir com sua obrigação.

A matéria é tão importante que o Superior Tribunal de Justiça (STJ) submeteu a questão a julgamento pelo sistema de repetitivo, cadastrada como Tema 1.137 na base de dados do STJ que, consiste em "definir se, com esteio no artigo 139, inciso IV, do Código de Processo Civil (CPC), é possível, ou não, o magistrado, observando-se a devida fundamentação, o contraditório e a proporcionalidade da medida, adotar, de modo subsidiário, meios executivos atípicos".[14]

É importante observar que os magistrados ao determinar (ou não) essas medidas devem pautar-se pela razoabilidade e proporcionalidade de tal sorte que analisando o caso concreto possa aferir se a medida que será adotada poderá causar prejuízo à sobrevivência do devedor e de sua família como, por exemplo, a suspensão da CNH de alguém que é motorista profissional. Nesse caso, é inviável a medida pois o devedor depende do exercício de sua profissão para a sua sobrevivência e de sua família. Impor a vedação ao exercício da profissão habitual, retira a possibilidade de obtenção de renda, o que vai de encontro ao fim da medida judicial, que é forçar o pagamento do débito.

Esse tema já mereceu analise no Supremo Tribunal Federal (STF) que, ao julgar a Ação Direta de Inconstitucionalidade nº 5941, pôs fim à discussão acerca do dispositivo legal supra, cuja constitucionalidade foi reconhecida pela Suprema Corte, desde que sua aplicação seja feita em harmonia com o ordenamento jurídico e com os preceitos constitucionais que visam resguardar a dignidade da pessoa humana.

7. OBJETIVOS DA PENHORA

O principal objetivo da penhora é garantir a satisfação integral da execução incluindo-se nisso o principal devidamente atualizado, acrescido de todos os acessórios (juros, custas e honorários advocatícios). Em razão disso, a penhora deverá recair sobre tantos bens quantos bastem para o pagamento do principal atualizado, dos juros, das custas e dos honorários advocatícios (CPC, art. 831).[15]

---

13. CPC, Art. 139. O juiz dirigirá o processo conforme as disposições deste Código, incumbindo-lhe:
    (omissis).
    IV – determinar todas as medidas indutivas, coercitivas, mandamentais ou sub-rogatórias necessárias para assegurar o cumprimento de ordem judicial, inclusive nas ações que tenham por objeto prestação pecuniária;
    (omissis).
14. (STJ, Recursos Especiais 1.955.539 e 1.955.574, Relator ministro Marco Buzzi).
15. CPC, Art. 831. A penhora deverá recair sobre tantos bens quantos bastem para o pagamento do principal atualizado, dos juros, das custas e dos honorários advocatícios.

Cumpre ainda esclarecer que a penhora é ato coercitivo com que se prepara a expropriação de bens do executado solvente, com que se lhe fixa e individualiza a responsabilidade processual e patrimonial. Ademais, a penhora é elemento de segurança da execução, uma vez que com a apreensão de bens do devedor, a tutela executiva encontra garantias para atingir seus objetivos.

7.1 Bens impenhoráveis

Apesar da importância da penhora como meio de satisfação do débito exequendo, existem bens que são impenhoráveis previstos no próprio Código de Processo Civil, como também em diversas leis esparsas cujo exemplo mais marcante é o "bem de família" previsto na Lei nº 8.009/90. Existem também os bens que são inalienáveis, quer dizer, não podem ser doados, vendidos ou penhorados, em virtude de lei ou de cláusula contratual. Exemplo típico de bens inalienáveis são os bens públicos. Se determinados bens são inalienáveis, não podem ser penhorados porque a penhora pressupõe o ato subsequente que é a alienação (CPC, art. 832).[16]

O motivo pelo qual o legislador estabelece meios de livrar determinados bens do executado da incidência da responsabilidade patrimonial é de origem política, visando a contemplar valores relacionados à ética, humanitarismo etc. Tudo com vistas a atender ao postulado máximo de proteção à dignidade do executado. Assim, o art. 833 do CPC, arrola os denominados, bens impenhoráveis, em que se leem hipóteses nas quais o legislador anteviu que naquelas situações a proteção da dignidade do executado seria *in re ipsa*.[17]

O Código de Processo Civil traz um extenso rol de bens que são considerados, como regra, impenhoráveis (CPC, art. 833).[18] São eles os seguintes:

---

16. CPC, Art. 832. Não estão sujeitos à execução os bens que a lei considera impenhoráveis ou inalienáveis.
17. RODRIGUES, Marcelo Abelha. *Manual de Execução Civil*. Rio de Janeiro, Forense, 2016, p. 1057.
18. CPC, Art. 833. São impenhoráveis:

    I – os bens inalienáveis e os declarados, por ato voluntário, não sujeitos à execução;

    II – os móveis, os pertences e as utilidades domésticas que guarneçam a residência do executado, salvo os de elevado valor ou os que ultrapassem as necessidades comuns correspondentes a um médio padrão de vida;

    III – os vestuários, bem como os pertences de uso pessoal do executado, salvo se de elevado valor;

    IV os vencimentos, os subsídios, os soldos, os salários, as remunerações, os proventos de aposentadoria, as pensões, os pecúlios e os montepios, bem como as quantias recebidas por liberalidade de terceiro e destinadas ao sustento do devedor e de sua família, os ganhos de trabalhador autônomo e os honorários de profissional liberal, ressalvado o § 2º;

    V – os livros, as máquinas, as ferramentas, os utensílios, os instrumentos ou outros bens móveis necessários ou úteis ao exercício da profissão do executado;

    VI – o seguro de vida;

    VII – os materiais necessários para obras em andamento, salvo se essas forem penhoradas;

    VIII – a pequena propriedade rural, assim definida em lei, desde que trabalhada pela família;

    IX os recursos públicos recebidos por instituições privadas para aplicação compulsória em educação, saúde ou assistência social;

a) Os bens inalienáveis e os declarados, por ato voluntário, não sujeitos à execução;

Atenção: esse é o bem de família voluntário aquele que os cônjuges podem, mediante escritura pública ou testamento, destinar como parte de seu patrimônio para instituir bem de família, desde que o valor dele não ultrapasse um terço do patrimônio líquido existente ao tempo da instituição (ver CC, arts. 1.711 e ss.).

b) Os móveis, os pertences e as utilidades domésticas que guarnecem a residência do executado, salvo os de elevado valor ou os que ultrapassem as necessidades comuns correspondentes a um médio padrão de vida;

c) Os vestuários, bem como os pertences de uso pessoal do executado, salvo se de elevado valor;

d) Os vencimentos, os subsídios, os soldos, os salários, as remunerações, os proventos de aposentadoria, as pensões, os pecúlios e os montepios, bem como as quantias recebidas por liberalidade de terceiro e destinadas ao sustento do devedor e de sua família, os ganhos de trabalhador autônomo e os honorários de profissional liberal.

Exceção: pode ser penhorado quando for para o pagamento de prestação alimentícia, de qualquer origem, independentemente do valor da verba remuneratória; e para o pagamento de qualquer outra dívida não alimentar, quando os valores recebidos pelo executado forem superiores a 50 salários mínimos mensais.

Atenção: embora não esteja na lei, o Superior Tribunal de Justiça (STJ) tem entendimento consolidado no sentido de relativizar a impenhorabilidade do salário e outros proventos, para quitação de dívidas não alimentares desde que seja mantido um valor mínimo que garanta a dignidade do devedor e de sua família.[19]

X – a quantia depositada em caderneta de poupança, até o limite de 40 (quarenta) salários-mínimos;
XI – os recursos públicos do fundo partidário recebidos por partido político, nos termos da lei;
XII os créditos oriundos de alienação de unidades imobiliárias, sob regime de incorporação imobiliária, vinculados à execução da obra.
§ 1º A impenhorabilidade não é oponível à execução de dívida relativa ao próprio bem, inclusive àquela contraída para sua aquisição.
§ 2º O disposto nos incisos IV e X do caput não se aplica à hipótese de penhora para pagamento de prestação alimentícia, independentemente de sua origem, bem como às importâncias excedentes a 50 (cinquenta) salários-mínimos mensais, devendo a constrição observar o disposto no art. 528, § 8º, e no art. 529, § 3º.
§ 3º Incluem-se na impenhorabilidade prevista no inciso V do caput os equipamentos, os implementos e as máquinas agrícolas pertencentes à pessoa física ou à empresa individual produtora rural, exceto quando tais bens tenham sido objeto de financiamento e estejam vinculados em garantia a negócio jurídico ou quando respondam por dívida de natureza alimentar, trabalhista ou previdenciária.

19. O tema é tão controverso que, em 20/12/2023, a Corte Especial do STJ afetou os Recursos Especiais nº(s) 1894973/PR, 2071335/GO, 2071382/SE e 2071259/SP, de relatoria do Min. Raul Araújo, como paradigma da controvérsia descrita no Tema nº 1.230, pela sistemática de repetitivo.

e) Os livros, as máquinas, as ferramentas, os utensílios, os instrumentos ou outros bens móveis necessários ou úteis ao exercício da profissão do executado;
f) O seguro de vida;
g) Os materiais necessários para obras em andamento, salvo se essas forem penhoradas;
h) A pequena propriedade rural, assim definida em lei, desde que trabalhada pela família;
   Atenção: O Superior Tribunal de Justiça (STJ) decidiu em recurso repetitivo que é ônus do executado comprovar não apenas o enquadramento do imóvel como sua pequena propriedade rural, mas também que é explorada pela família, como forma de assegurar a impenhorabilidade do bem (Tema 1.234).[20]
i) Os recursos públicos recebidos por instituições privadas para aplicação compulsória em educação, saúde ou assistência social;
j) A quantia depositada em caderneta de poupança, até o limite de 40 (quarenta) salários mínimos;
   Atenção: Segundo o STJ a impenhorabilidade se estende a todos os numerários poupados pelo executado, até o limite de 40 (quarenta) salários mínimos, não importando se depositados em poupança, em conta-corrente, fundos de investimentos ou guardados em papel-moeda.[21]
   Importante: A Corte Especial do Superior Tribunal de Justiça (STJ), no julgamento do Tema 1.235, estabeleceu a tese de que a impenhorabilidade de depósitos ou aplicações financeiras no valor de até 40 salários mínimos não é matéria de ordem pública e, portanto, não pode ser reconhecida de ofício pelo juiz. Isso se justifica porque a verba de até 40 salários mínimos é regra de direito disponível do executado e que, por isso, não tem natureza de ordem pública.[22]
l) Os recursos públicos do fundo partidário recebidos por partido político, nos termos da lei; e,
m) Os créditos oriundos de alienação de unidades imobiliárias, sob regime de incorporação imobiliária, vinculados à execução da obra.

Apesar de os bens acima mencionados serem impenhoráveis, essa impenhorabilidade não é absoluta para alguns deles, podendo eventualmente ceder frente a determinadas circunstâncias, senão vejamos:

---

20. (STJ, REsp: nº 2080023 – MG (2023/0207201-9), Rel. Ministra Nancy Andrighi, Julgado: 06/11/2024).
21. (STJ, REsp: 1671483 SP 2020/0047805-9, Rel: Min. Marco Buzzi, DJ 03/08/2020).
22. (STJ, REsp 2.061.973-PR e REsp 2.066.882-RS, Rel. Ministra Nancy Andrighi, Corte Especial, por unanimidade, julgado em 2/10/2024 – Tema 1235).

a) **Despesas ou aquisição do próprio bem:**

A impenhorabilidade não é oponível à execução do crédito concedido para construção ou aquisição do próprio bem.

b) **Pagamento de pensão alimentícia:**

Na execução de prestações alimentícias a penhora pode recair sobre a totalidade dos valores depositados na poupança não se aplicando a limitação prevista no inciso X, do art. 833, do CPC. Também não se aplica a impenhorabilidade de salários para aqueles cujo valor exceda o equivalente a 50 (cinquenta) salários mínimos mensais.

c) **Equipamentos, implementos e máquinas agrícolas:**

Sendo o executado pessoa física ou empresa individual produtora rural, em princípio tais equipamentos são impenhoráveis, pois se incluem entre os instrumentos indispensáveis ao exercício da profissão do executado. Contudo, a impenhorabilidade pode ser afastada se o débito exequendo resultar da aquisição dos próprios equipamentos ou quando eles respondam por dívidas de natureza alimentar, trabalhista ou previdenciária.

d) **Frutos dos bens inalienáveis:**

Podem ser penhorados os frutos e rendimentos de bens inalienáveis na inexistência de outros bens penhoráveis (CPC, art. 834).[23] É importante esclarecer que frutos são utilidades que se retiram do bem principal periodicamente. Podem ser frutos civis, naturais ou industriais.

7.2 Do bem de família legal

Embora não esteja previsto no art. 833 do Código de Processo Civil, mas pela importância do tema, cumpre ainda tecer alguns comentários sobre o "**bem de família legal**" previsto na Lei nº 8.009/90.

Bem de família legal é o imóvel com suas pertenças, destinado à moradia da família que, por determinação legal, não pode ser objeto de constrição judicial para pagamento de dívidas de natureza civil, comercial, fiscal ou mesmo previdenciária, exceto aquelas especificamente excepcionadas na própria lei (ver especialmente o art. 2º da Lei nº 8.009/90).

Essa proteção decorre do princípio constitucional da dignidade humana (ver CF, art. 1º, III) e tem a ver com os direitos sociais também constantes da nossa Constituição (ver CF, art. 6º, *caput*), tendo em vista a necessidade de o ser humano poder contar com a proteção do Estado, no sentido de ter garantido um teto como forma de abrigar a si e sua família.

---

23. CPC, Art. 834. Podem ser penhorados, à falta de outros bens, os frutos e os rendimentos dos bens inalienáveis.

Nessas circunstâncias, entre o direito à dignidade do devedor e o direito de crédito do credor, o legislador privilegia o direito à dignidade, nele incluído o direito de moradia do devedor.

Se a entidade familiar é proprietária de um único imóvel e esse imóvel é por ela utilizado como moradia, ele é considerado automaticamente bem de família, independentemente de qualquer formalidade.

Porém é preciso, frente ao caso concreto, agir com coerência e parcimônia. Por exemplo, é preciso estar atento e não exagerar quando se trata das questões envolvendo este tipo de impenhorabilidade, de modo a não se converter em escudo capaz de privilegiar o mau pagador. A impenhorabilidade da casa residencial, estabelecida pela Lei nº 8.009/90, não deve deixar a salvo, por exemplo, uma grande e suntuosa mansão (ou apartamento) em que resida o devedor, o qual pode muito bem alojar-se em uma residência de menor valor.[24] Numa situação como essa é perfeitamente possível o juiz determinar a penhora do imóvel com a recomendação de que um percentual do valor arrecadado seja reservado ao devedor para eventual aquisição de um outro imóvel.

Quer dizer, afasta-se a proteção do bem de família para que possa ir a leilão o imóvel de valor exacerbado ao mesmo tempo que a reserva de um percentual possa permitir ao devedor a aquisição de um outro imóvel, em condições dignas de moradia, solução que não implica violação à dignidade da família do devedor e que, ao mesmo tempo, impede que a proteção legal ao bem de família seja desvirtuada de modo a servir de blindagem de grandes patrimônios.[25]

Importante também destacar que o conceito de família, em face da doutrina e da jurisprudência, foi sendo alargado após a Constituição de 1988 e atualmente até mesmo a pessoa solteira, viúva ou que more sozinha por qualquer que seja a razão pode ser considerada uma família para efeitos de proteção do Estado. Da mesma forma o conceito de bem de família também foi alargado para contemplar as novas formas de família, especialmente em face da proteção decorrente da Lei nº 8.009/90.

Nesse sentido é importante destacar que o Superior Tribunal de Justiça, em 2008, editou a **súmula nº 364** consolidando esse posicionamento, nos seguintes termos: "o conceito de impenhorabilidade de bem de família abrange também o imóvel pertencente as pessoas solteiras, separadas e viúvas".

Por fim cumpre destacar que o Superior Tribunal de Justiça (STJ) também tem posicionamento consolidado no sentido de que não perde a proteção legal de bem de família o fato de o único imóvel ter sido alugado pela família, se a renda da locação for empregada na subsistência ou mesmo na locação de outra moradia

---

24. DINAMARCO, Candido Rangel. *Execução Civil*. São Paulo: Malheiros, 2007, p. 245.
25. (TJ-SP – AC: 10942440220178260100 SP 1094244-02.2017.8.26.0100, Relator: Castro Figliolia, Data de Julgamento: 02/09/2020, 12ª Câmara de Direito Privado, Data de Publicação: 03/09/2020).

para a família. Nesse sentido a **súmula nº 486** do STJ, de seguinte teor: "é impenhorável o único imóvel residencial do devedor que esteja locado a terceiros, desde que a renda obtida com a locação seja revertida para a subsistência ou a moradia da sua família".[26]

7.3 Ordem preferencial de penhora

A lei estabelece uma ordem preferencial de bens sobre os quais deverá recair a penhora (CPC, art. 835),[27] ocupando o topo da lista o dinheiro, seja em espécie, seja aquele depositado em contas ou em aplicações financeiras.

É importante deixar claro que a penhora em dinheiro é preferencial e prioritária, sendo certo que o juiz pode alterar a ordem de penhora nas demais hipóteses de acordo com as circunstâncias do caso concreto, menos a prioridade que é o dinheiro. Aliás, a penhora em dinheiro é das mais simples e eficaz porque o próprio juiz pode promovê-la através do sistema Bacenjud (penhora on-line).

Admite-se a substituição da penhora em dinheiro pela fiança bancária ou seguro garantia judicial em valor mínimo de 30% (trinta por cento) a mais do que o valor do débito constante na inicial. Não chega a ser novidade, pois antes já era admitida pela jurisprudência.

Nos demais casos tratados no art. 835 a ordem preferencial deve ser obedecida, porém o juiz pode alterar essa ordem de acordo com as peculiaridades concretas de cada caso, desde que o faça de maneira motivada.

---

26. Para saber mais sobre o tema remetemos o leitor ao nosso livro Lições de Direito Civil, vol. 5, p. 145.
27. CPC, Art. 835. A penhora observará, preferencialmente, a seguinte ordem:
    I – dinheiro, em espécie ou em depósito ou aplicação em instituição financeira;
    II – títulos da dívida pública da União, dos Estados e do Distrito Federal com cotação em mercado;
    III títulos e valores mobiliários com cotação em mercado;
    IV – veículos de via terrestre;
    V – bens imóveis;
    VI – bens móveis em geral;
    VII – semoventes;
    VIII – navios e aeronaves;
    IX – ações e quotas de sociedades simples e empresárias;
    X – percentual do faturamento de empresa devedora;
    XI – pedras e metais preciosos;
    XII – direitos aquisitivos derivados de promessa de compra e venda e de alienação fiduciária em garantia;
    XIII – outros direitos.
    § 1º É prioritária a penhora em dinheiro, podendo o juiz, nas demais hipóteses, alterar a ordem prevista no caput de acordo com as circunstâncias do caso concreto.
    § 2º Para fins de substituição da penhora, equiparam-se a dinheiro a fiança bancária e o seguro garantia judicial, desde que em valor não inferior ao do débito constante da inicial, acrescido de trinta por cento.
    § 3º Na execução de crédito com garantia real, a penhora recairá sobre a coisa dada em garantia, e, se a coisa pertencer a terceiro garantidor, este também será intimado da penhora.

7.4 Penhora sobre bens de valor irrisório

Não se procederá à penhora quando ficar evidente que o produto da execução dos bens encontrados será totalmente absorvido pelo pagamento das despesas da execução (CPC, art. 836).[28]

Quando não encontrar bens a penhorar, o oficial de justiça tem a obrigação de descrever na certidão aqueles bens que guarnecem a residência ou o estabelecimento do executado. A não realização da penhora ocorre aí por ausência de bens suscetíveis de penhora. Pode acontecer da penhora não se realizar ainda por ausência de adequação dos bens encontrados à finalidade da expropriação.

Elaborada a lista dos bens pelo oficial de justiça, o executado ou seu representante legal será nomeado depositário provisório de tais bens, até outra eventual decisão do juiz.

8. DA DOCUMENTAÇÃO DA PENHORA, DE SEU REGISTRO E DO DEPÓSITO

A penhora de dinheiro e as averbações de penhoras de bens imóveis e móveis podem ser realizadas por meio eletrônico desde que obedecidas as normas de segurança instituídas pelos Tribunais sob os critérios de uniformização reguladas pelo CNJ, respeitados os ditames da lei (CPC, art. 837).[29]

Com essas providências, é possível reduzir o prazo de processamento das ordens judiciais em busca de eficiência administrativa, possibilitando maior agilidade com a minimização máxima do trâmite de papéis. Exemplo disso foi a criação do Bacen Jud que possibilita que o controle das respostas das instituições financeiras seja feito pelo juiz solicitante e que os valores bloqueados sejam regularmente transferidos para contas judiciais. A penhora de dinheiro online viabiliza e agiliza a entrega da prestação jurisdicional, pois acelera o processo de execução, dando à ordem judicial, rapidez e eficácia.

8.1 Documentação da penhora

A penhora será documentada mediante auto ou termo no processo, que conterá: a indicação do dia, do mês, do ano e do lugar em que foi feita; os nomes do exequente

---

28. CPC, Art. 836. Não se levará a efeito a penhora quando ficar evidente que o produto da execução dos bens encontrados será totalmente absorvido pelo pagamento das custas da execução.

    § 1º Quando não encontrar bens penhoráveis, independentemente de determinação judicial expressa, o oficial de justiça descreverá na certidão os bens que guarnecem a residência ou o estabelecimento do executado, quando este for pessoa jurídica.

    § 2º Elaborada a lista, o executado ou seu representante legal será nomeado depositário provisório de tais bens até ulterior determinação do juiz.

29. CPC, Art. 837. Obedecidas as normas de segurança instituídas sob critérios uniformes pelo Conselho Nacional de Justiça, a penhora de dinheiro e as averbações de penhoras de bens imóveis e móveis podem ser realizadas por meio eletrônico.

e do executado; a descrição dos bens penhorados, com as suas características; e, a nomeação do depositário dos bens (CPC, art. 838).[30]

Deve haver a perfeita individualização do bem penhorado, bem como a especificação de data, os litigantes bem como a descrição dotada de características essenciais do bem penhorado.

8.2 Penhora e depósito

Não se confunde penhora e depósito. Considera-se realizada a penhora com a documentação da constrição. A finalidade da penhora é afetar o bem à atividade executiva. O depósito, por sua vez, consiste em ato complementar à penhora e tem por fim conservar o bem penhorado. Daí a razão pela qual a recusa do executado em assinar o auto ou termo de penhora na condição de depositário não invalida a penhora.

Considerar-se-á feita a penhora mediante a apreensão e o depósito dos bens, lavrando-se um só auto se as diligências forem concluídas no mesmo dia. Havendo mais de uma penhora, serão lavrados autos individuais para cada uma delas (CPC, art. 839).[31]

Atenção: tratando-se de penhora em dinheiro através do sistema online, dispensa-se a lavratura do termo (ver CPC, art. 854, § 5º).

8.3 Deposito dos bens penhorados

O CPC estabelece uma ordem preferencial de depósito, e só se cogita em não observá-la, em casos excepcionais. A regra é o depósito em mãos de terceiros. Apenas excepcionalmente que o encargo de depositário recairá na pessoa do executado, ou quando houver expressa anuência do exequente ou nos casos de difícil remoção da coisa penhorada (CPC, art. 840).[32]

---

30. CPC, Art. 838. A penhora será realizada mediante auto ou termo, que conterá:
    I – a indicação do dia, do mês, do ano e do lugar em que foi feita;
    II – os nomes do exequente e do executado;
    III – a descrição dos bens penhorados, com as suas características;
    IV a nomeação do depositário dos bens.
31. CPC, Art. 839. Considerar-se-á feita a penhora mediante a apreensão e o depósito dos bens, lavrando-se um só auto se as diligências forem concluídas no mesmo dia.
    Parágrafo único. Havendo mais de uma penhora, serão lavrados autos individuais.
32. CPC, Art. 840. Serão preferencialmente depositados:
    I – as quantias em dinheiro, os papéis de crédito e as pedras e os metais preciosos, no Banco do Brasil, na Caixa Econômica Federal ou em banco do qual o Estado ou o Distrito Federal possua mais da metade do capital social integralizado, ou, na falta desses estabelecimentos, em qualquer instituição de crédito designada pelo juiz;
    II – os móveis, os semoventes, os imóveis urbanos e os direitos aquisitivos sobre imóveis urbanos, em poder do depositário judicial;
    III – os imóveis rurais, os direitos aquisitivos sobre imóveis rurais, as máquinas, os utensílios e os instrumentos necessários ou úteis à atividade agrícola, mediante caução idônea, em poder do executado.

Tratando-se de quantias em dinheiro, os papéis de crédito e as pedras e os metais preciosos, deve ser depositado em instituições financeiras públicas ou, na falta desses estabelecimentos, em qualquer instituição de crédito designada pelo juiz.

Importante lembrar que, dependendo das circunstâncias, os bens podem ficar depositados com o próprio devedor, como também podem ficar depositados com o exequente ou mesmo com o depositário judicial.

8.4 Intimação do executado

Após a penhora, o executado deve ser imediatamente intimado na pessoa do seu advogado (ou sociedade de advogados) regularmente constituído nos autos. Assim, a intimação do executado não precisa ser pessoal, a não ser que ele não tenha advogado constituído nos autos ou esteja representado pela Defensoria Pública, quando então a intimação será feita preferencialmente pelo correio, presumindo-se válida se o executado mudou de endereço, sem prévia comunicação ao juízo (CPC, art. 841).[33]

> **Atenção:** não será necessária a intimação do executado se ele estava presente no ato da penhora, já que estará intimado no próprio ato.

Se a penhora recair sobre bens imóveis ou sobre direitos reais sobre imóveis, haverá a necessidade de intimação do cônjuge do executado, salvo se casado em regime de separação total de bens (CPC, art. 842).[34]

> **Atenção:** Embora a lei nada fale, aplica-se esta mesma obrigatoriedade àqueles que vivem em união estável.

---

§ 1º No caso do inciso II do caput, se não houver depositário judicial, os bens ficarão em poder do exequente.
§ 2º Os bens poderão ser depositados em poder do executado nos casos de difícil remoção ou quando anuir o exequente.
§ 3º As joias, as pedras e os objetos preciosos deverão ser depositados com registro do valor estimado de resgate.
33. CPC, Art. 841. Formalizada a penhora por qualquer dos meios legais, dela será imediatamente intimado o executado.
§ 1º A intimação da penhora será feita ao advogado do executado ou à sociedade de advogados a que aquele pertença.
§ 2º Se não houver constituído advogado nos autos, o executado será intimado pessoalmente, de preferência por via postal.
§ 3º O disposto no § 1º não se aplica aos casos de penhora realizada na presença do executado, que se reputa intimado.
§ 4º Considera-se realizada a intimação a que se refere o § 2º quando o executado houver mudado de endereço sem prévia comunicação ao juízo, observado o disposto no parágrafo único do art. 274.
34. CPC, Art. 842. Recaindo a penhora sobre bem imóvel ou direito real sobre imóvel, será intimado também o cônjuge do executado, salvo se forem casados em regime de separação absoluta de bens.

8.5 Penhora de bem indivisível

Advirta-se que mesmo o bem sendo indivisível isso não impede que ele seja penhorado e até alienado. Nesse caso, o produto de sua alienação será em parte destinado para a satisfação do exequente, enquanto a outra parte será destinada à meação do cônjuge ou aos demais coproprietários, conforme seja o caso (CPC, art. 843).[35]

Nesse caso, os coproprietários ou o cônjuge não executado têm preferência na arrematação do bem em igualdade de condições com os demais interessados.

Prevê ainda o Código de Processo Civil que não será levada a efeito expropriação por preço inferior ao da avaliação na qual o valor auferido seja incapaz de garantir, ao coproprietário ou ao cônjuge alheio à execução, o correspondente à sua quota-parte calculado sobre o valor da avaliação.

8.6 Averbação da penhora

O registro do arresto ou da penhora junto aos órgãos competentes deve ser levado a cabo pelo exequente, mediante cópia do auto ou termo do processo, às suas custas e independente de qualquer ordem judicial, devendo ser levado aos autos a comprovação (CPC, art. 844).[36]

O objetivo é dar conhecimento público a terceiros dos atos restritivos pendentes sobre aquele determinado bem e assim prevenir que o executado venha a promover a alienação fraudulenta do bem.

9. DO LUGAR DE REALIZAÇÃO DA PENHORA

Não se tratando da penhora eletrônica, a penhora se realizará onde se encontrem os bens, ainda que sob a posse, a detenção ou a guarda de terceiros (CPC, art. 845).[37]

---

35. CPC, Art. 843. Tratando-se de penhora de bem indivisível, o equivalente à quota-parte do coproprietário ou do cônjuge alheio à execução recairá sobre o produto da alienação do bem.
§ 1º É reservada ao coproprietário ou ao cônjuge não executado a preferência na arrematação do bem em igualdade de condições.
§ 2º Não será levada a efeito expropriação por preço inferior ao da avaliação na qual o valor auferido seja incapaz de garantir, ao coproprietário ou ao cônjuge alheio à execução, o correspondente à sua quota-parte calculado sobre o valor da avaliação.
36. CPC, Art. 844. Para presunção absoluta de conhecimento por terceiros, cabe ao exequente providenciar a averbação do arresto ou da penhora no registro competente, mediante apresentação de cópia do auto ou do termo, independentemente de mandado judicial.
37. CPC, Art. 845. Efetuar-se-á a penhora onde se encontrem os bens, ainda que sob a posse, a detenção ou a guarda de terceiros.
§ 1º A penhora de imóveis, independentemente de onde se localizem, quando apresentada certidão da respectiva matrícula, e a penhora de veículos automotores, quando apresentada certidão que ateste a sua existência, serão realizadas por termo nos autos.

Tratando-se de bens imóveis ou veículos automotores a penhora pode ser realizada por termos nos autos, independente de onde se encontrarem os bens, bastando para tanto a apresentação de certidão que ateste a sua existência.

Havendo bens em comarca distinta da do foro da causa, deve-se realizar execução por carta precatória (execução por carta). A penhora realizada por oficial de justiça é ato concreto que pressupõe que o oficial de justiça constate materialmente a existência do bem. As formalidades legais devem ser cumpridas de forma irrestrita pelo oficial de justiça, sob pena de invalidar os atos processuais que produziu.

Se o executado oferecer resistência à realização da penhora, o oficial de justiça poderá informar tal fato ao juiz que mandará expedir outro mandado com ordem de arrombamento e eventual utilização de força policial (CPC, art. 846).[38]

Advirta-se que a casa é asilo inviolável do indivíduo. O espaço privado não aberto ao público onde o executado exerce profissão ou atividade profissional está incluído pelo conceito de casa. O ingresso de oficial de justiça, ou de qualquer outra pessoa, nesses espaços está condicionado à prévia determinação judicial.

10. DAS MODIFICAÇÕES DA PENHORA

Tanto o executado quanto o exequente podem requerer ao juiz a modificação da penhora já realizada, assim como pode haver substituição ou reforço e até mesmo a necessidade de uma segunda penhora.

10.1 Pedido de substituição feito pelo executado

O executado pode postular a substituição do bem penhorado no prazo de 10 (dez) dias após a intimação da penhora. O deferimento da substituição resta condicionado à prova cabal de que a substituição não trará prejuízo algum ao exequente e será menos onerosa para o executado (CPC, art. 847).[39]

---

§ 2º Se o executado não tiver bens no foro do processo, não sendo possível a realização da penhora nos termos do § 1º, a execução será feita por carta, penhorando-se, avaliando-se e alienando-se os bens no foro da situação.

38. CPC, Art. 846. Se o executado fechar as portas da casa a fim de obstar a penhora dos bens, o oficial de justiça comunicará o fato ao juiz, solicitando-lhe ordem de arrombamento.

§ 1º Deferido o pedido, 2 (dois) oficiais de justiça cumprirão o mandado, arrombando cômodos e móveis em que se presuma estarem os bens, e lavrarão de tudo auto circunstanciado, que será assinado por 2 (duas) testemunhas presentes à diligência.

§ 2º Sempre que necessário, o juiz requisitará força policial, a fim de auxiliar os oficiais de justiça na penhora dos bens.

§ 3º Os oficiais de justiça lavrarão em duplicata o auto da ocorrência, entregando uma via ao escrivão ou ao chefe de secretaria, para ser juntada aos autos, e a outra à autoridade policial a quem couber a apuração criminal dos eventuais delitos de desobediência ou de resistência.

§ 4º Do auto da ocorrência constará o rol das testemunhas, com a respectiva qualificação.

39. CPC, Art. 847. O executado pode, no prazo de 10 (dez) dias contado da intimação da penhora, requerer a substituição do bem penhorado, desde que comprove que lhe será menos onerosa e não trará prejuízo ao exequente.

O executado deverá também indicar onde se encontram os bens sujeitos à execução no momento em que postular a substituição do bem penhorado. O não desempenho desse ônus acarreta preclusão da faculdade de postular a substituição do bem constrito.

Em respeito ao princípio do contraditório o juiz intimará o exequente para manifestar-se sobre o requerimento de substituição do bem penhorado, cujo prazo para manifestação será de 3 (três) dias (CPC, art. 853).[40]

10.2 Pedido de substituição por qualquer das partes

As partes, isto é, tanto o exequente quanto o executado, podem requerer a substituição do bem penhorado nas seguintes hipóteses (CPC, art. 848):[41]

a) Quando a penhora não obedecer à ordem legal;
b) Ela não incidir sobre os bens designados em lei, contrato ou ato judicial para o pagamento;

---

§ 1º O juiz só autorizará a substituição se o executado:

I – comprovar as respectivas matrículas e os registros por certidão do correspondente ofício, quanto aos bens imóveis;

II – descrever os bens móveis, com todas as suas propriedades e características, bem como o estado deles e o lugar onde se encontram;

III – descrever os semoventes, com indicação de espécie, de número, de marca ou sinal e do local onde se encontram;

IV – identificar os créditos, indicando quem seja o devedor, qual a origem da dívida, o título que a representa e a data do vencimento; e

V – atribuir, em qualquer caso, valor aos bens indicados à penhora, além de especificar os ônus e os encargos a que estejam sujeitos.

§ 2º Requerida a substituição do bem penhorado, o executado deve indicar onde se encontram os bens sujeitos à execução, exibir a prova de sua propriedade e a certidão negativa ou positiva de ônus, bem como abster-se de qualquer atitude que dificulte ou embarace a realização da penhora.

§ 3º O executado somente poderá oferecer bem imóvel em substituição caso o requeira com a expressa anuência do cônjuge, salvo se o regime for o de separação absoluta de bens.

§ 4º O juiz intimará o exequente para manifestar-se sobre o requerimento de substituição do bem penhorado.

40. CPC, Art. 853. Quando uma das partes requerer alguma das medidas previstas nesta Subseção, o juiz ouvirá sempre a outra, no prazo de 3 (três) dias, antes de decidir.
Parágrafo único. O juiz decidirá de plano qualquer questão suscitada.

41. CPC, Art. 848. As partes poderão requerer a substituição da penhora se:
I – ela não obedecer à ordem legal;
II – ela não incidir sobre os bens designados em lei, contrato ou ato judicial para o pagamento;
III – havendo bens no foro da execução, outros tiverem sido penhorados;
IV – havendo bens livres, ela tiver recaído sobre bens já penhorados ou objeto de gravame;
V – ela incidir sobre bens de baixa liquidez;
VI – fracassar a tentativa de alienação judicial do bem; ou
VII – o executado não indicar o valor dos bens ou omitir qualquer das indicações previstas em lei.
Parágrafo único. A penhora pode ser substituída por fiança bancária ou por seguro garantia judicial, em valor não inferior ao do débito constante da inicial, acrescido de trinta por cento.

c) Havendo bens no foro da execução, outros tiverem sido penhorados;
d) Havendo bens livres, ela tiver recaído sobre bens já penhorados ou objeto de gravame;
e) Ela incidir sobre bens de baixa liquidez;
f) Fracassar a tentativa de alienação judicial do bem; ou
g) O executado não indicar o valor dos bens ou omitir qualquer das indicações previstas em lei.

Atenção: a penhora pode ser substituída por carta de fiança ou apólice de seguro desde que o valor a ser ofertado seja o valor do débito constante da inicial e acrescido de 30% (trinta por cento).

Requerida a substituição a outra parte deve ser intimada para se manifestar e, havendo manifestação, o juiz deverá decidir de plano (ver CPC, art. 853).

10.3 Novo termo de penhora

Evidentemente que se for concretizado a substituição da penhora, outro termo de penhora deverá ser lavrado, individuando e atendendo aos requisitos de validade e eficácia da penhora (CPC, art. 849).[42]

A oitiva da parte contrária se faz necessária, podendo o exequente recusar a substituição do bem penhorado caso o bem ofertado em substituição apresente menor liquidez do que aquele já penhorado. Concordando, por outro lado, lavrar-se-á o respectivo termo. O juiz decidirá de plano quaisquer questões suscitadas.

10.4 Redução ou ampliação da penhora

É também admissível que possa haver redução ou mesmo ampliação da penhora, bem como sua transferência para outros bens, se, no curso do processo, o valor de mercado dos bens penhorados sofrer alteração significativa (CPC, art. 850).[43]

Pode também ocorrer de ser necessário a alienação antecipada dos bens penhorados se houver risco de deterioração ou perdas destes bens, especialmente tratando-se de veículos automotores, de pedras e metais preciosos e mesmo de outros bens móveis, se houver manifesta vantagem para as partes (CPC, art. 852).[44]

---

42. CPC, Art. 849. Sempre que ocorrer a substituição dos bens inicialmente penhorados, será lavrado novo termo.
43. CPC, Art. 850. Será admitida a redução ou a ampliação da penhora, bem como sua transferência para outros bens, se, no curso do processo, o valor de mercado dos bens penhorados sofrer alteração significativa.
44. CPC, Art. 852. O juiz determinará a alienação antecipada dos bens penhorados quando:
    I – se tratar de veículos automotores, de pedras e metais preciosos e de outros bens móveis sujeitos à depreciação ou à deterioração;
    II – houver manifesta vantagem.

Entendemos que a decisão a respeito da alienação antecipada deve ser precedida de contraditório, sob pena de invalidade. Apenas se a coisa estiver na iminência de ser deteriorada ou depreciada de modo significativo é que se possibilita a decisão sobre a alienação antecipada sem o prévio contraditório, porque aí a necessidade de participação deve ser postergada a fim de que não se frustre a própria finalidade da tutela executiva.

10.5 Segunda penhora

Como regra, não se realiza segunda penhora. Excepcionalmente pode ocorrer segunda penhora se a primeira penhora for anulada; ou, executados os bens, o produto da alienação não bastar para o pagamento do exequente; ou ainda, o exequente desistir da primeira penhora, por serem litigiosos os bens ou por estarem submetidos a constrição judicial (CPC, art. 851).[45]

11. DA PENHORA DE DINHEIRO E OUTRAS VARIADAS MODALIDADES

Em face de suas peculiaridades, neste tópico vamos estudar diversos tipos de penhora começando pela penhora de dinheiro em depósito ou em aplicação em instituições financeiras; depois a penhora de créditos; em seguida a penhora de quotas ou das ações de sociedades personificadas; penhora de empresas, de outros estabelecimentos e de semoventes; penhora de percentual de faturamento de empresas; e, finalmente, penhora de frutos e rendimentos de coisa móvel ou imóvel.

Atenção: a penhora pode também recair sobre bens móveis (veículos automotores, maquinário, equipamentos etc.) bem como sobre bens imóveis (terreno, apartamento, sítio, fazenda etc.) e ainda, sobre direitos.

11.1 Penhora de dinheiro em depósito ou em aplicação em instituições financeiras

Este é o tipo e penhora mais ágil e eficiente pois se realiza mediante comando eletrônico manejado pelo juiz, através do sistema Bacenjud, com a apreensão do dinheiro depositado em conta corrente, conta poupança, conta de investimento e outras aplicações financeiras. Quer dizer, um simples comando determinado pelo juiz vai ser suficiente para bloquear os ativos financeiros do executado existentes em quaisquer instituições financeiras do país.

---

45. CPC, Art. 851. Não se procede à segunda penhora, salvo se:
   I – a primeira for anulada;
   II – executados os bens, o produto da alienação não bastar para o pagamento do exequente;
   III – o exequente desistir da primeira penhora, por serem litigiosos os bens ou por estarem submetidos a constrição judicial.

É uma medida que deve ser requerida pelo exequente. O juiz, sem dar ciência ao executado, determinará às instituições financeiras o bloqueio dos ativos financeiros encontrados em seu nome, até o montante do valor da execução (CPC, art. 854).[46]

Esclareça-se que o bloqueio irá atingir indistintamente todas as contas do executado, de sorte que pode ser bloqueado valores muito além do necessário para a satisfação do crédito exequendo. Por essa razão determina o CPC que o juiz, no prazo de 24 (vinte e quatro) horas a contar da resposta, de ofício, determinará o cancelamento de eventual indisponibilidade excessiva, o que deverá ser cumprido pela instituição financeira em igual prazo.

O contraditório nesse caso fica postergado para um segundo momento porque primeiro é feito o bloqueio dos valores do executado eventualmente encontrado, para só depois, lhe oportunizar a apresentação de sua defesa. Assim, o executado será intimado na pessoa de seu advogado e terá o prazo de 5 (cinco) dias para comprovar

---

46. CPC, Art. 854. Para possibilitar a penhora de dinheiro em depósito ou em aplicação financeira, o juiz, a requerimento do exequente, sem dar ciência prévia do ato ao executado, determinará às instituições financeiras, por meio de sistema eletrônico gerido pela autoridade supervisora do sistema financeiro nacional, que torne indisponíveis ativos financeiros existentes em nome do executado, limitando-se a indisponibilidade ao valor indicado na execução.

§ 1º No prazo de 24 (vinte e quatro) horas a contar da resposta, de ofício, o juiz determinará o cancelamento de eventual indisponibilidade excessiva, o que deverá ser cumprido pela instituição financeira em igual prazo.

§ 2º Tornados indisponíveis os ativos financeiros do executado, este será intimado na pessoa de seu advogado ou, não o tendo, pessoalmente.

§ 3º Incumbe ao executado, no prazo de 5 (cinco) dias, comprovar que:
I – as quantias tornadas indisponíveis são impenhoráveis;
II – ainda remanesce indisponibilidade excessiva de ativos financeiros.

§ 4º Acolhida qualquer das arguições dos incisos I e II do § 3º, o juiz determinará o cancelamento de eventual indisponibilidade irregular ou excessiva, a ser cumprido pela instituição financeira em 24 (vinte e quatro) horas.

§ 5º Rejeitada ou não apresentada a manifestação do executado, converter-se-á a indisponibilidade em penhora, sem necessidade de lavratura de termo, devendo o juiz da execução determinar à instituição financeira depositária que, no prazo de 24 (vinte e quatro) horas, transfira o montante indisponível para conta vinculada ao juízo da execução.

§ 6º Realizado o pagamento da dívida por outro meio, o juiz determinará, imediatamente, por sistema eletrônico gerido pela autoridade supervisora do sistema financeiro nacional, a notificação da instituição financeira para que, em até 24 (vinte e quatro) horas, cancele a indisponibilidade.

§ 7º As transmissões das ordens de indisponibilidade, de seu cancelamento e de determinação de penhora previstas neste artigo far-se-ão por meio de sistema eletrônico gerido pela autoridade supervisora do sistema financeiro nacional.

§ 8º A instituição financeira será responsável pelos prejuízos causados ao executado em decorrência da indisponibilidade de ativos financeiros em valor superior ao indicado na execução ou pelo juiz, bem como na hipótese de não cancelamento da indisponibilidade no prazo de 24 (vinte e quatro) horas, quando assim determinar o juiz.

§ 9º Quando se tratar de execução contra partido político, o juiz, a requerimento do exequente, determinará às instituições financeiras, por meio de sistema eletrônico gerido por autoridade supervisora do sistema bancário, que tornem indisponíveis ativos financeiros somente em nome do órgão partidário que tenha contraído a dívida executada ou que tenha dado causa à violação de direito ou ao dano, ao qual cabe exclusivamente a responsabilidade pelos atos praticados, na forma da lei.

que aquelas quantias apreendidas eram impenhoráveis ou que remanesce valores apreendidos em excesso.

Se o juiz acolher as alegações do executado mandará, conforme o caso, cancelar ou corrigir eventual irregularidade no bloqueio realizado, expedindo ofício para a instituição financeira que terá o prazo de 24 (vinte e quatro) horas para cumprir a determinação. De outro lado, se for rejeitada as alegações do devedor, os valores bloqueados se converterão em penhora independente de qualquer outra formalidade e o juiz determinará que a instituição financeira transfira o montante para a conta vinculada ao juízo.

Realizada a penhora online, se o devedor comparece em juízo e realiza o pagamento do débito, o juiz mandará cancelar as indisponibilidades realizadas, através do sistema Bacenjud.

A instituição financeira será responsável pelos prejuízos causados ao executado em decorrência da indisponibilidade de ativos financeiros em valor superior ao indicado na execução ou pelo juiz, bem como na hipótese de não cancelamento da indisponibilidade no prazo de 24 (vinte e quatro) horas, quando assim determinar o juiz.

Quando se tratar de execução contra partido político, o juiz, a requerimento do exequente, determinará às instituições financeiras, por meio de sistema eletrônico gerido por autoridade supervisora do sistema bancário, que tornem indisponíveis ativos financeiros somente em nome do órgão partidário que tenha contraído a dívida executada ou que tenha dado causa à violação de direito ou ao dano, ao qual cabe exclusivamente a responsabilidade pelos atos praticados, na forma da lei.

11.2 Da penhora de créditos

Geralmente considera-se realizada a penhora sobre créditos do executado pela intimação ao terceiro devedor para que não pague ao seu credor e ao credor do terceiro para que não pratique ato de disposição de crédito (CPC, art. 855).[47]

Se o terceiro devedor paga inadvertidamente ao credor-executado, nada obstante intimado, seu pagamento é ineficaz, ficando obrigado a pagar novamente ao exequente, ressalvado o seu direito de regresso contra aquele que recebeu o pagamento de maneira indevida.

A penhora de crédito representada por título de crédito realiza-se pela apreensão do documento em que se consubstancia o crédito, esteja ou não o título em poder do executado (CPC, art. 856).[48]

---

47. CPC, Art. 855. Quando recair em crédito do executado, enquanto não ocorrer a hipótese prevista no art. 856, considerar-se-á feita a penhora pela intimação:
    I – ao terceiro devedor para que não pague ao executado, seu credor;
    II – ao executado, credor do terceiro, para que não pratique ato de disposição do crédito.
48. CPC, Art. 856. A penhora de crédito representado por letra de câmbio, nota promissória, duplicata, cheque ou outros títulos far-se-á pela apreensão do documento, esteja ou não este em poder do executado.

Na impossibilidade de apreensão do título, a confissão do terceiro da dívida supre a sua ausência. Com a confissão, passa a ser depositário da importância, sujeitando-se à prisão civil por infidelidade. O terceiro devedor só se libera da obrigação documentada no título ou confessada mediante o depósito em juízo da importância devida. Ciente da penhora, o terceiro que pagar ao credor-executado assumirá o risco do pagamento, podendo ser constrangido a pagar novamente ao exequente.

A lei exige expressamente o conluio entre o executado e o terceiro para configuração de fraude à execução. Comprovado o conluio, a quitação que o executado der ao terceiro considera-se em fraude à execução. A requerimento do exequente ou de ofício, poderá o juiz determinar o comparecimento do terceiro e do executado em audiência, a fim de lhes tomar os depoimentos para esclarecimento.

Realizada a penhora, independentemente de oferecimento ou de julgamento de embargos do executado (já que esses não têm mais, como regra, efeito suspensivo), tem o exequente de optar pela sub-rogação no direito de crédito penhorado ou pela alienação (por iniciativa particular) ou judicial. O prazo para tanto é de 10 (dez) dias úteis contados da realização da penhora (CPC, art. 857).[49]

Não tendo recebido o crédito do terceiro devedor, nada impede que o exequente resolva prosseguir na execução a fim de alienar o crédito. Sendo o caso poderá inclusive penhorar outros bens do executado nos mesmos autos. O terceiro não poderá sofrer em seu patrimônio qualquer agressão posto que será indevida.

Recaindo a penhora sobre dívidas de dinheiro a juros, de direito a rendas ou de prestações periódicas, a penhora realiza-se com a intimação. O exequente poderá imediatamente levantar os juros, os rendimentos e as prestações na medida em que depositadas, abatendo-se do crédito as importâncias devidas, conforme as normas que tratam da imputação em pagamento regulada nos arts. 352 ao 355 do Código Civil (CPC, art. 858).[50]

---

§ 1º Se o título não for apreendido, mas o terceiro confessar a dívida, será este tido como depositário da importância.

§ 2º O terceiro só se exonerará da obrigação depositando em juízo a importância da dívida.

§ 3º Se o terceiro negar o débito em conluio com o executado, a quitação que este lhe der caracterizará fraude à execução.

§ 4º A requerimento do exequente, o juiz determinará o comparecimento, em audiência especialmente designada, do executado e do terceiro, a fim de lhes tomar os depoimentos.

49. CPC, Art. 857. Feita a penhora em direito e ação do executado, e não tendo ele oferecido embargos ou sendo estes rejeitados, o exequente ficará sub-rogado nos direitos do executado até a concorrência de seu crédito.

§ 1º O exequente pode preferir, em vez da sub-rogação, a alienação judicial do direito penhorado, caso em que declarará sua vontade no prazo de 10 (dez) dias contado da realização da penhora.

§ 2º A sub-rogação não impede o sub-rogado, se não receber o crédito do executado, de prosseguir na execução, nos mesmos autos, penhorando outros bens.

50. CPC, Art. 858. Quando a penhora recair sobre dívidas de dinheiro a juros, de direito a rendas ou de prestações periódicas, o exequente poderá levantar os juros, os rendimentos ou as prestações à medida que forem

A realização de penhora sobre prestação ou restituição de coisa determinada deve ocorrer pela intimação do devedor, a fim de que o terceiro não entregue a coisa ao executado. O terceiro devedor deve ser intimado para, no vencimento, depositá-la em juízo, concentrando-se sobre ela a execução (CPC, art. 859).[51]

A penhora sobre direito litigioso far-se-á no rosto dos autos e efetivar-se-á nos bens que tocarem ao devedor no processo. No caso de inventário ou arrolamento, a penhora recairá sobre o direito a uma cota da herança, quando o executado é um dos herdeiros. Se, todavia, a execução é por conta de obrigação contraída pelo próprio autor da herança, nada obsta que a penhora recaia sobre um determinado bem patrimônio que compõe o espólio (CPC, art. 860).[52]

É desnecessária a constituição de novo encargo de depositário a partir da **penhora no rosto dos autos**, caso já exista depositário nos autos do processo onde se deu a penhora.

11.3 Da penhora das quotas ou das ações de sociedade personificadas

Havendo a penhora de cotas ou ações de sócio em sociedade simples ou empresária, o juiz fixará um prazo não superior a 3 (três) meses, para que a sociedade apresente balanço especial na forma da lei, ofereça as quotas ou ações aos demais sócios, observados o direito de preferência legal ou contratual, e, não havendo interesse dos sócios na aquisição, proceda à liquidação das cotas ou ações, depositando em juízo e em dinheiro o valor apurado (CPC, art. 861).[53]

---

sendo depositados, abatendo-se do crédito as importâncias recebidas, conforme as regras de imputação do pagamento.
51. CPC, Art. 859. Recaindo a penhora sobre direito a prestação ou a restituição de coisa determinada, o executado será intimado para, no vencimento, depositá-la, correndo sobre ela a execução.
52. CPC, Art. 860. Quando o direito estiver sendo pleiteado em juízo, a penhora que recair sobre ele será averbada, com destaque, nos autos pertinentes ao direito e na ação correspondente à penhora, a fim de que esta seja efetivada nos bens que forem adjudicados ou que vierem a caber ao executado.
53. CPC, Art. 861. Penhoradas as quotas ou as ações de sócio em sociedade simples ou empresária, o juiz assinará prazo razoável, não superior a 3 (três) meses, para que a sociedade:
I – apresente balanço especial, na forma da lei;
II – ofereça as quotas ou as ações aos demais sócios, observado o direito de preferência legal ou contratual;
III – não havendo interesse dos sócios na aquisição das ações, proceda à liquidação das quotas ou das ações, depositando em juízo o valor apurado, em dinheiro.
§ 1º Para evitar a liquidação das quotas ou das ações, a sociedade poderá adquiri-las sem redução do capital social e com utilização de reservas, para manutenção em tesouraria.
§ 2º O disposto no caput e no § 1º não se aplica à sociedade anônima de capital aberto, cujas ações serão adjudicadas ao exequente ou alienadas em bolsa de valores, conforme o caso.
§ 3º Para os fins da liquidação de que trata o inciso III do caput, o juiz poderá, a requerimento do exequente ou da sociedade, nomear administrador, que deverá submeter à aprovação judicial a forma de liquidação.
§ 4º O prazo previsto no caput poderá ser ampliado pelo juiz, se o pagamento das quotas ou das ações liquidadas:
I – superar o valor do saldo de lucros ou reservas, exceto a legal, e sem diminuição do capital social, ou por doação; ou

O prazo de 3 (três) meses poderá ser ampliado pelo juiz, se o pagamento das cotas ou das ações liquidadas superar o valor do saldo de lucros ou reservas, exceto a legal, e sem diminuição do capital social, ou por doação ou colocar em risco a estabilidade financeira da sociedade simples ou empresária.

Se não houver interesse dos demais sócios no exercício de direito de preferência, não ocorra a aquisição das cotas ou das ações pela sociedade e a liquidação seja excessivamente onerosa para a sociedade, o juiz poderá determinar o leilão judicial das cotas ou das ações.

11.4 Da penhora de empresas, de outros estabelecimentos e de semoventes

É imprescindível que a penhora sobre estabelecimento comercial, industrial ou agrícola, semoventes, plantações ou edifício em construção obedeça a uma forma de administração específica, devidamente apresentada pelo seu depositário-administrador e aprovada em juízo (CPC, art. 862).[54]

O depositário-administrador será nomeado pelo juiz, ouvidas as partes a respeito do plano apresentado. As partes podem ajustar, de comum acordo, a forma de administração, escolhendo o depositário. *In casu*, tem o juiz de acolher a indicação, homologando-a. Ressalvado o depositário judicial, ninguém é obrigado a aceitar o encargo de depositário-administrador.

A penhora nesse caso deve ser realizada com parcimônia, tendo em conta especialmente a continuidade da empresa e a sua função social, sendo a penhora sobre percentual de faturamento de empresa medida excepcional para a satisfação do exequente.

É possível ser penhorada a renda e determinados bens ou todo o patrimônio da empresa. De preferência, tem de ser nomeado como depositário-administrador um

---

II – colocar em risco a estabilidade financeira da sociedade simples ou empresária.

§ 5º Caso não haja interesse dos demais sócios no exercício de direito de preferência, não ocorra a aquisição das quotas ou das ações pela sociedade e a liquidação do inciso III do caput seja excessivamente onerosa para a sociedade, o juiz poderá determinar o leilão judicial das quotas ou das ações.

54. CPC, Art. 862. Quando a penhora recair em estabelecimento comercial, industrial ou agrícola, bem como em semoventes, plantações ou edifícios em construção, o juiz nomeará administrador-depositário, determinando-lhe que apresente em 10 (dez) dias o plano de administração.

§ 1º Ouvidas as partes, o juiz decidirá.

§ 2º É lícito às partes ajustar a forma de administração e escolher o depositário, hipótese em que o juiz homologará por despacho a indicação.

§ 3º Em relação aos edifícios em construção sob regime de incorporação imobiliária, a penhora somente poderá recair sobre as unidades imobiliárias ainda não comercializadas pelo incorporador.

§ 4º Sendo necessário afastar o incorporador da administração da incorporação, será ela exercida pela comissão de representantes dos adquirentes ou, se se tratar de construção financiada, por empresa ou profissional indicado pela instituição fornecedora dos recursos para a obra, devendo ser ouvida, neste último caso, a comissão de representantes dos adquirentes.

de seus diretores (CPC, art. 863).[55] Nesse caso, a satisfação do exequente dar-se-á pela percepção, até o momento de seu crédito, de valores periódicos da empresa. Recaindo sobre toda empresa, sobre todo o seu patrimônio, prosseguirá a execução os seus ulteriores termos até a sua adjudicação ou alienação e conseguinte satisfação do exequente.

Quando tratar-se de navio ou aeronave, a penhora não impede a navegação ou a operação até haver a adjudicação ou alienação, desde que, devidamente autorizado pelo juiz, o executado preste garantia idônea sobre os eventuais riscos oriundos da utilização de tais equipamentos (CPC, art. 864).[56]

A penhora de empresas, de outros estabelecimentos, de semoventes navios ou aeronaves somente será determinada se não houver outro meio eficaz para a efetivação do crédito (CPC, art. 865).[57]

11.5 Da penhora de percentual de faturamento de empresa

A penhora sobre o faturamento de empresa é uma espécie de a *ultima ratio*, tendo em vista que somente ocorrerá se o executado não tiver outros bens passíveis de penhora ou insuficientes para quitar o débito (CPC, art. 866).[58]

O juiz estabelecerá o percentual cabal à satisfação do crédito exequendo em tempo razoável, tendo o cuidado de não inviabilizar o exercício da atividade empresarial. Com isso, procura-se preservar a atividade empresarial por sua reconhecida função social.

---

55. CPC, Art. 863. A penhora de empresa que funcione mediante concessão ou autorização far-se-á, conforme o valor do crédito, sobre a renda, sobre determinados bens ou sobre todo o patrimônio, e o juiz nomeará como depositário, de preferência, um de seus diretores.

§ 1º Quando a penhora recair sobre a renda ou sobre determinados bens, o administrador-depositário apresentará a forma de administração e o esquema de pagamento, observando-se, quanto ao mais, o disposto em relação ao regime de penhora de frutos e rendimentos de coisa móvel e imóvel.

§ 2º Recaindo a penhora sobre todo o patrimônio, prosseguirá a execução em seus ulteriores termos, ouvindo-se, antes da arrematação ou da adjudicação, o ente público que houver outorgado a concessão.

56. CPC, Art. 864. A penhora de navio ou de aeronave não obsta que continuem navegando ou operando até a alienação, mas o juiz, ao conceder a autorização para tanto, não permitirá que saiam do porto ou do aeroporto antes que o executado faça o seguro usual contra riscos.

57. CPC, Art. 865. A penhora de que trata esta Subseção somente será determinada se não houver outro meio eficaz para a efetivação do crédito.

58. CPC, Art. 866. Se o executado não tiver outros bens penhoráveis ou se, tendo-os, esses forem de difícil alienação ou insuficientes para saldar o crédito executado, o juiz poderá ordenar a penhora de percentual de faturamento de empresa.

§ 1º O juiz fixará percentual que propicie a satisfação do crédito exequendo em tempo razoável, mas que não torne inviável o exercício da atividade empresarial.

§ 2º O juiz nomeará administrador-depositário, o qual submeterá à aprovação judicial a forma de sua atuação e prestará contas mensalmente, entregando em juízo as quantias recebidas, com os respectivos balancetes mensais, a fim de serem imputadas no pagamento da dívida.

§ 3º Na penhora de percentual de faturamento de empresa, observar-se-á, no que couber, o disposto quanto ao regime de penhora de frutos e rendimentos de coisa móvel e imóvel.

O juiz nomeará administrador-depositário, que será submetido à aprovação judicial a sua atuação, devendo prestar mensalmente contas, e entregando em juízo as quantias recebidas, com apresentação dos respectivos balancetes mensais, para ser imputadas no pagamento do débito.

11.6 Da penhora de frutos e rendimentos de coisa móvel ou imóvel

O usufruto judicial consiste em técnica expropriatória que visa a satisfazer o direito do exequente com os frutos e rendimentos advindos do bem. Pode ser usado para obtenção da tutela do direito do exequente sempre que representar o meio menos gravoso ao executado. O usufruto só terá a preferência como meio executório quando não houver outro meio mais idôneo (ainda que mais gravoso ao executado) para a realização do direito do exequente (CPC, art. 867).[59]

Uma vez decretado o usufruto perderá o executado o gozo e utilização do móvel ou imóvel até que o exequente esteja pago integralmente, o que inclui o valor principal do débito acrescido de juros, custas e honorários advocatícios. Portanto, o valor necessário a plena satisfação do crédito exequendo será aquele que inclua o principal e os acessórios da dívida consolidada. Consentindo o executado, terá o exequente direito à administração do bem, com o que será investido em todos os poderes que concernem ao usufrutuário (CPC, art. 868).[60]

Através da decisão interlocutória que concede o usufruto o juiz poderá nomear o administrador que deverá ser aprovado pelos litigantes. Não havendo acordo será nomeado então profissional qualificado da confiança do juízo para assumir o encargo. O administrador se submeterá normalmente a aprovação judicial tendo que periodicamente prestar contas (CPC, art. 869).[61]

---

59. CPC, Art. 867. O juiz pode ordenar a penhora de frutos e rendimentos de coisa móvel ou imóvel quando a considerar mais eficiente para o recebimento do crédito e menos gravosa ao executado.
60. CPC, Art. 868. Ordenada a penhora de frutos e rendimentos, o juiz nomeará administrador depositário, que será investido de todos os poderes que concernem à administração do bem e à fruição de seus frutos e utilidades, perdendo o executado o direito de gozo do bem, até que o exequente seja pago do principal, dos juros, das custas e dos honorários advocatícios.
§ 1º A medida terá eficácia em relação a terceiros a partir da publicação da decisão que a conceda ou de sua averbação no ofício imobiliário, em caso de imóveis.
§ 2º O exequente providenciará a averbação no ofício imobiliário mediante a apresentação de certidão de inteiro teor do ato, independentemente de mandado judicial.
61. CPC, Art. 869. O juiz poderá nomear administrador-depositário o exequente ou o executado, ouvida a parte contrária, e, não havendo acordo, nomeará profissional qualificado para o desempenho da função.
§ 1º O administrador submeterá à aprovação judicial a forma de administração e a de prestar contas periodicamente.
§ 2º Havendo discordância entre as partes ou entre essas e o administrador, o juiz decidirá a melhor forma de administração do bem.
§ 3º Se o imóvel estiver arrendado, o inquilino pagará o aluguel diretamente ao exequente, salvo se houver administrador.
§ 4º O exequente ou o administrador poderá celebrar locação do móvel ou do imóvel, ouvido o executado.

12. DA AVALIAÇÃO

A avaliação corresponde ao dimensionamento econômico-financeiro do bem penhorado. Trata-se de ato vinculado à penhora e à finalidade executiva. Posto que a extensão da constrição patrimonial e da expropriação do bem penhorado se guiará pela avaliação.

12.1 Avaliação feita por oficial de justiça

Como regra a avaliação deverá ser feita por oficial de justiça, ressalvando os casos em que a avaliação possa exigir conhecimentos técnicos ou específicos. Sendo necessário conhecimento técnico especializado, caberá ao juiz nomear avaliador, fixando-lhe prazo não acima de 10 (dez) dias para a entrega do respectivo laudo (CPC, art. 870).[62]

A avaliação realizada pelo oficial de justiça constará de vistoria e de laudo anexados ao auto de penhora ou, em caso de perícia realizada por avaliador, de laudo apresentado no prazo fixado pelo juiz, devendo-se, em qualquer hipótese, especificar: os bens, com as suas características, e o estado em que se encontram e o valor dos bens (CPC, art. 872).[63]

Quando o imóvel for suscetível de cômoda divisão, a avaliação, tendo em conta o crédito reclamado, será realizada em partes, sugerindo-se, com a apresentação de memorial descritivo, os possíveis desmembramentos para alienação.

Realizada a avaliação e, sendo o caso, apresentada a proposta de desmembramento, as partes serão ouvidas no prazo de 5 (cinco) dias. A decisão a respeito da validade ou invalidade do laudo pericial comportará agravo de instrumento (ver CPC, art. 1.015, parágrafo único).

---

§ 5º As quantias recebidas pelo administrador serão entregues ao exequente, a fim de serem imputadas ao pagamento da dívida.

§ 6º O exequente dará ao executado, por termo nos autos, quitação das quantias recebidas.

62. CPC, Art. 870. A avaliação será feita pelo oficial de justiça.

Parágrafo único. Se forem necessários conhecimentos especializados e o valor da execução o comportar, o juiz nomeará avaliador, fixando-lhe prazo não superior a 10 (dez) dias para entrega do laudo.

63. CPC, Art. 872. A avaliação realizada pelo oficial de justiça constará de vistoria e de laudo anexados ao auto de penhora ou, em caso de perícia realizada por avaliador, de laudo apresentado no prazo fixado pelo juiz, devendo-se, em qualquer hipótese, especificar:

I – os bens, com as suas características, e o estado em que se encontram;

II – o valor dos bens.

§ 1º Quando o imóvel for suscetível de cômoda divisão, a avaliação, tendo em conta o crédito reclamado, será realizada em partes, sugerindo-se, com a apresentação de memorial descritivo, os possíveis desmembramentos para alienação.

§ 2º Realizada a avaliação e, sendo o caso, apresentada a proposta de desmembramento, as partes serão ouvidas no prazo de 5 (cinco) dias.

Excepcionalmente poderá ser admitida uma nova avaliação, especialmente quando qualquer das partes arguir, fundamentadamente, a ocorrência de erro na avaliação ou dolo do avaliador; se verificar, posteriormente à avaliação, que houve majoração ou diminuição no valor do bem; ou ainda, quando o juiz tiver fundada dúvida sobre o valor atribuído ao bem na primeira avaliação (CPC, art. 873).[64]

Após a avaliação, o juiz poderá, a requerimento do interessado e ouvida a parte contrária, mandar: reduzir a penhora aos bens suficientes ou transferi-la para outros, se o valor dos bens penhorados for consideravelmente superior ao crédito do exequente e dos acessórios; ampliar a penhora ou transferi-la para outros bens mais valiosos, se o valor dos bens penhorados for inferior ao crédito do exequente (CPC, art. 874).[65]

Realizadas a penhora e a avaliação, o juiz dará início aos atos de expropriação do bem (CPC, art. 875).[66]

12.2 Não haverá necessidade de avaliação

A avaliação poderá ser dispensada em algumas situações específicas como, por exemplo, quando o exequente tenha aceitado a avaliação proposta pelo executado ou vice-versa; ou ainda, quando o bem já tenha um meio seguro de se aquilatar seu valor econômico através de cotação de bolsa ou de publicações confiáveis, cabendo sempre ao interessado fazer a prova de tais cotações (CPC, art. 871).[67]

---

64. CPC, Art. 873. É admitida nova avaliação quando:
    I – qualquer das partes arguir, fundamentadamente, a ocorrência de erro na avaliação ou dolo do avaliador;
    II – se verificar, posteriormente à avaliação, que houve majoração ou diminuição no valor do bem;
    III – o juiz tiver fundada dúvida sobre o valor atribuído ao bem na primeira avaliação.
    Parágrafo único. Aplica-se o art. 480 à nova avaliação prevista no inciso III do caput deste artigo.
65. CPC, Art. 874. Após a avaliação, o juiz poderá, a requerimento do interessado e ouvida a parte contrária, mandar:
    I – reduzir a penhora aos bens suficientes ou transferi-la para outros, se o valor dos bens penhorados for consideravelmente superior ao crédito do exequente e dos acessórios;
    II – ampliar a penhora ou transferi-la para outros bens mais valiosos, se o valor dos bens penhorados for inferior ao crédito do exequente.
66. CPC, Art. 875. Realizadas a penhora e a avaliação, o juiz dará início aos atos de expropriação do bem.
67. CPC, Art. 871. Não se procederá à avaliação quando:
    I – uma das partes aceitar a estimativa feita pela outra;
    II – se tratar de títulos ou de mercadorias que tenham cotação em bolsa, comprovada por certidão ou publicação no órgão oficial;
    III – se tratar de títulos da dívida pública, de ações de sociedades e de títulos de crédito negociáveis em bolsa, cujo valor será o da cotação oficial do dia, comprovada por certidão ou publicação no órgão oficial;
    IV – se tratar de veículos automotores ou de outros bens cujo preço médio de mercado possa ser conhecido por meio de pesquisas realizadas por órgãos oficiais ou de anúncios de venda divulgados em meios de comunicação, caso em que caberá a quem fizer a nomeação o encargo de comprovar a cotação de mercado.
    Parágrafo único. Ocorrendo a hipótese do inciso I deste artigo, a avaliação poderá ser realizada quando houver fundada dúvida do juiz quanto ao real valor do bem.

13. DA EXPROPRIAÇÃO DE BENS

A expropriação consiste numa espécie de desapropriação forçada, nos casos expressamente autorizados por lei. É um ato judicial que visa tirar do patrimônio do executado algo que lhe pertence para, através dos atos expropriatórios, satisfazer o direito de crédito de alguém.

A expropriação pode consistir na venda judicial dos bens apreendidos (leilão) como também pode se materializar pela transferência dos bens ao credor (adjudicação) como forma de quitar a dívida.

13.1 Da adjudicação

A adjudicação é uma forma indireta de satisfação do crédito e que guarda similitudes com a dação em pagamento, mas não se confundem. Adjudicação é ato processual que implica na transferência coativa de bem penhorado. Enquanto que a dação em pagamento é instituto de direito material, em que o consentimento aparece como elemento primacial para sua realização. Portanto, as duas figuras são inconfundíveis.

Assim, o exequente, oferecendo preço não inferior ao da avaliação, poderá requerer ao juiz que lhe sejam adjudicados os bens penhorados. Em respeito ao princípio do contraditório, requerida a adjudicação, o executado será intimado do pedido na pessoa de seu advogado a não ser que não tenha advogado constituído nos autos ou esteja representado pela Defensoria pública, caso em que a intimação será pessoal através de carta com aviso de recebimento (CPC, art. 876).[68]

---

68. CPC, Art. 876. É lícito ao exequente, oferecendo preço não inferior ao da avaliação, requerer que lhe sejam adjudicados os bens penhorados.
§ 1º Requerida a adjudicação, o executado será intimado do pedido:
I – pelo Diário da Justiça, na pessoa de seu advogado constituído nos autos;
II – por carta com aviso de recebimento, quando representado pela Defensoria Pública ou quando não tiver procurador constituído nos autos;
III – por meio eletrônico, quando, sendo o caso do § 1º do art. 246, não tiver procurador constituído nos autos.
§ 2º Considera-se realizada a intimação quando o executado houver mudado de endereço sem prévia comunicação ao juízo, observado o disposto no art. 274, parágrafo único.
§ 3º Se o executado, citado por edital, não tiver procurador constituído nos autos, é dispensável a intimação prevista no § 1º.
§ 4º Se o valor do crédito for:
I – inferior ao dos bens, o requerente da adjudicação depositará de imediato a diferença, que ficará à disposição do executado;
II – superior ao dos bens, a execução prosseguirá pelo saldo remanescente.
§ 5º Idêntico direito pode ser exercido por aqueles indicados no art. 889, incisos II a VIII, pelos credores concorrentes que hajam penhorado o mesmo bem, pelo cônjuge, pelo companheiro, pelos descendentes ou pelos ascendentes do executado.
§ 6º Se houver mais de um pretendente, proceder-se-á a licitação entre eles, tendo preferência, em caso de igualdade de oferta, o cônjuge, o companheiro, o descendente ou o ascendente, nessa ordem.

Como nem sempre o valor do crédito que está sendo executado será igual ao valor do bem que se encontrada penhorado, estabelece a lei que se o valor for inferior ao dos bens, o requerente da adjudicação depositará de imediato a diferença, que ficará à disposição do executado; se, de outro lado, o valor for superior ao dos bens, a execução prosseguirá pelo saldo remanescente.

Quando mais de um legitimado se apresentar, a adjudicação será deferida após prévia licitação entre eles e, em caso de igualdade de oferta terão preferência o cônjuge, companheiro, descendentes e ascendentes do devedor, nesta exata ordem.

No caso de adjudicação de cota social ou de ação de sociedade anônima fechada realizada em favor de exequente alheio à sociedade, esta será intimada, ficando responsável por informar aos sócios sobre a penhora e adjudicação, assegurando-se a este a preferência.

Finalizada todas as intimações e transcorrido o prazo de 5 (cinco) dias, contados da última intimação, o juiz decidirá as eventuais questões suscitadas e ordenará a lavratura do auto de adjudicação (CPC, art. 877).[69]

13.2 Da alienação e do leilão

A alienação será feita por iniciativa particular ou em leilão judicial eletrônico ou presencial (CPC, art. 879).[70]

Não efetivada a adjudicação, o exequente poderá requerer a alienação por sua própria iniciativa ou por intermédio de corretor ou leiloeiro público credenciado

---

§ 7º No caso de penhora de quota social ou de ação de sociedade anônima fechada realizada em favor de exequente alheio à sociedade, esta será intimada, ficando responsável por informar aos sócios a ocorrência da penhora, assegurando-se a estes a preferência.

69. CPC, Art. 877. Transcorrido o prazo de 5 (cinco) dias, contado da última intimação, e decididas eventuais questões, o juiz ordenará a lavratura do auto de adjudicação.
§ 1º Considera-se perfeita e acabada a adjudicação com a lavratura e a assinatura do auto pelo juiz, pelo adjudicatário, pelo escrivão ou chefe de secretaria, e, se estiver presente, pelo executado, expedindo-se:
I – a carta de adjudicação e o mandado de imissão na posse, quando se tratar de bem imóvel;
II – a ordem de entrega ao adjudicatário, quando se tratar de bem móvel.
§ 2º A carta de adjudicação conterá a descrição do imóvel, com remissão à sua matrícula e aos seus registros, a cópia do auto de adjudicação e a prova de quitação do imposto de transmissão.
§ 3º No caso de penhora de bem hipotecado, o executado poderá remi-lo até a assinatura do auto de adjudicação, oferecendo preço igual ao da avaliação, se não tiver havido licitantes, ou ao do maior lance oferecido.
§ 4º Na hipótese de falência ou de insolvência do devedor hipotecário, o direito de remição previsto no § 3º será deferido à massa ou aos credores em concurso, não podendo o exequente recusar o preço da avaliação do imóvel.

70. CPC, Art. 879. A alienação far-se-á:
I – por iniciativa particular;
II – em leilão judicial eletrônico ou presencial.

perante o órgão judiciário (CPC, art. 880).[71] Nesse caso, o juiz fixará o prazo em que a alienação deve ser efetivada, a forma de publicidade, o preço mínimo, as condições de pagamento, as garantias e, se for o caso, a comissão de corretagem. A alienação será formalizada por termo nos autos, com a assinatura do juiz, do exequente, do adquirente e, se estiver presente, do executado, expedindo-se, conforme for o caso a carta de alienação com o respectivo mandado de imissão na posse, quando se tratar de bem imóvel; ou, a ordem de entrega da coisa ao adquirente, quando se tratar de bem móvel.

A alienação far-se-á em leilão judicial se não efetivada a adjudicação ou a alienação por iniciativa particular. Ressalvados os casos de alienação a cargo de corretores de bolsa de valores, todos os demais bens serão alienados em leilão público (CPC, art. 881).[72]

Advirta-se ainda que os leilões, sempre que possível, serão realizados por meio eletrônico. Não sendo possível, far-se-á presencialmente em local designado previamente pelo Juiz (CPC, art. 882).[73]

Embora o leiloeiro seja sempre indicado pelo juiz, nada obsta possa ser indicado pelo exequente (CPC, art. 883)[74] que terá as seguintes incumbências: publicar o edital, anunciando a alienação; realizar o leilão onde se encontrem os bens ou no lugar designado pelo juiz; expor aos pretendentes os bens ou as amostras das mercadorias;

---

71. CPC, Art. 880. Não efetivada a adjudicação, o exequente poderá requerer a alienação por sua própria iniciativa ou por intermédio de corretor ou leiloeiro público credenciado perante o órgão judiciário.
    § 1º O juiz fixará o prazo em que a alienação deve ser efetivada, a forma de publicidade, o preço mínimo, as condições de pagamento, as garantias e, se for o caso, a comissão de corretagem.
    § 2º A alienação será formalizada por termo nos autos, com a assinatura do juiz, do exequente, do adquirente e, se estiver presente, do executado, expedindo-se:
    I – a carta de alienação e o mandado de imissão na posse, quando se tratar de bem imóvel;
    II – a ordem de entrega ao adquirente, quando se tratar de bem móvel.
    § 3º Os tribunais poderão editar disposições complementares sobre o procedimento da alienação prevista neste artigo, admitindo, quando for o caso, o concurso de meios eletrônicos, e dispor sobre o credenciamento dos corretores e leiloeiros públicos, os quais deverão estar em exercício profissional por não menos que 3 (três) anos.
    § 4º Nas localidades em que não houver corretor ou leiloeiro público credenciado nos termos do § 3º, a indicação será de livre escolha do exequente.
72. CPC, Art. 881. A alienação far-se-á em leilão judicial se não efetivada a adjudicação ou a alienação por iniciativa particular.
    § 1º O leilão do bem penhorado será realizado por leiloeiro público.
    § 2º Ressalvados os casos de alienação a cargo de corretores de bolsa de valores, todos os demais bens serão alienados em leilão público.
73. CPC, art. 882. Não sendo possível a sua realização por meio eletrônico, o leilão será presencial.
    § 1º A alienação judicial por meio eletrônico será realizada, observando-se as garantias processuais das partes, de acordo com regulamentação específica do Conselho Nacional de Justiça.
    § 2º A alienação judicial por meio eletrônico deverá atender aos requisitos de ampla publicidade, autenticidade e segurança, com observância das regras estabelecidas na legislação sobre certificação digital.
    § 3º O leilão presencial será realizado no local designado pelo juiz.
74. CPC, Art. 883. Caberá ao juiz a designação do leiloeiro público, que poderá ser indicado pelo exequente.

receber e depositar, dentro de 1 (um) dia, à ordem do juiz, o produto da alienação; e, prestar contas nos 2 (dois) dias subsequentes ao depósito (CPC, art. 884).[75]

Antes da realização do leilão caberá ao juiz estabelecer o preço mínimo e as condições de pagamento, além de prefixar as garantias que deverão ser prestadas pelo arrematante (CPC, art. 885).[76]

O leilão deverá ser precedido de publicação do edital com informações precisas, especialmente a descrição do bem com suas características; o valor da avaliação e o preço mínimo; o lugar onde as coisas se encontram em se tratando de móveis e semoventes, dentre outras (CPC, art. 886).[77]

Além da publicação do edital, o leiloeiro designado deverá promover a mais ampla divulgação da alienação, preferencialmente, na rede mundial de computadores ou, não sendo possível, através de fixação do edital em local de costume público e um resumo em jornal de ampla circulação local (CPC, art. 887).[78]

---

75. CPC, Art. 884. Incumbe ao leiloeiro público:
    I – publicar o edital, anunciando a alienação;
    II – realizar o leilão onde se encontrem os bens ou no lugar designado pelo juiz;
    III – expor aos pretendentes os bens ou as amostras das mercadorias;
    IV – receber e depositar, dentro de 1 (um) dia, à ordem do juiz, o produto da alienação;
    V – prestar contas nos 2 (dois) dias subsequentes ao depósito.
    Parágrafo único. O leiloeiro tem o direito de receber do arrematante a comissão estabelecida em lei ou arbitrada pelo juiz.
76. CPC, Art. 885. O juiz da execução estabelecerá o preço mínimo, as condições de pagamento e as garantias que poderão ser prestadas pelo arrematante.
77. CPC, Art. 886. O leilão será precedido de publicação de edital, que conterá:
    I – a descrição do bem penhorado, com suas características, e, tratando-se de imóvel, sua situação e suas divisas, com remissão à matrícula e aos registros;
    II – o valor pelo qual o bem foi avaliado, o preço mínimo pelo qual poderá ser alienado, as condições de pagamento e, se for o caso, a comissão do leiloeiro designado;
    III – o lugar onde estiverem os móveis, os veículos e os semoventes e, tratando-se de créditos ou direitos, a identificação dos autos do processo em que foram penhorados;
    IV – o sítio, na rede mundial de computadores, e o período em que se realizará o leilão, salvo se este se der de modo presencial, hipótese em que serão indicados o local, o dia e a hora de sua realização;
    V – a indicação de local, dia e hora de segundo leilão presencial, para a hipótese de não haver interessado no primeiro;
    VI – menção da existência de ônus, recurso ou processo pendente sobre os bens a serem leiloados.
    Parágrafo único. No caso de títulos da dívida pública e de títulos negociados em bolsa, constará do edital o valor da última cotação.
78. CPC, Art. 887. O leiloeiro público designado adotará providências para a ampla divulgação da alienação.
    § 1º A publicação do edital deverá ocorrer pelo menos 5 (cinco) dias antes da data marcada para o leilão.
    § 2º O edital será publicado na rede mundial de computadores, em sítio designado pelo juízo da execução, e conterá descrição detalhada e, sempre que possível, ilustrada dos bens, informando expressamente se o leilão se realizará de forma eletrônica ou presencial.
    § 3º Não sendo possível a publicação na rede mundial de computadores ou considerando o juiz, em atenção às condições da sede do juízo, que esse modo de divulgação é insuficiente ou inadequado, o edital será afixado em local de costume e publicado, em resumo, pelo menos uma vez em jornal de ampla circulação local.

Se por qualquer motivo o leilão não se realizar, o juiz mandará publicar a transferência de data com novas publicações e ampla divulgação, podendo apenar o responsável pela não realização a pagar as despesas com a realização do segundo leilão, podendo aplicar-lhe pena de suspensão (CPC, art. 888).[79]

Determina o nosso Código de Processo Civil que sejam cientificados da alienação, com pelo menos 5 (cinco) dias de antecedência, todos os possíveis interessados desde o próprio executado e, até mesmo, a Fazenda Pública (União, Estado e o Município) quando tratar-se de bem tombado (CPC, art. 889).[80]

Podem oferecer lance todas as pessoas que estejam na livre administração de seus bens. Contudo há restrições no que diz respeito às pessoas envolvidas, tendo em vista que em determinadas situações a pessoa pode ter um comprometimento com relação ao executado ou com a administração dos bens ou mesmo do leilão, tais como o tutor, o curador, o testamenteiro, o juiz da localidade onde vai se realizar o

---

§ 4º Atendendo ao valor dos bens e às condições da sede do juízo, o juiz poderá alterar a forma e a frequência da publicidade na imprensa, mandar publicar o edital em local de ampla circulação de pessoas e divulgar avisos em emissora de rádio ou televisão local, bem como em sítios distintos do indicado no § 2º.

§ 5º Os editais de leilão de imóveis e de veículos automotores serão publicados pela imprensa ou por outros meios de divulgação, preferencialmente na seção ou no local reservados à publicidade dos respectivos negócios.

§ 6º O juiz poderá determinar a reunião de publicações em listas referentes a mais de uma execução.

79. CPC, Art. 888. Não se realizando o leilão por qualquer motivo, o juiz mandará publicar a transferência, observando-se o disposto no art. 887.

Parágrafo único. O escrivão, o chefe de secretaria ou o leiloeiro que culposamente der causa à transferência responde pelas despesas da nova publicação, podendo o juiz aplicar-lhe a pena de suspensão por 5 (cinco) dias a 3 (três) meses, em procedimento administrativo regular.

80. CPC, Art. 889. Serão cientificados da alienação judicial, com pelo menos 5 (cinco) dias de antecedência:

I – o executado, por meio de seu advogado ou, se não tiver procurador constituído nos autos, por carta registrada, mandado, edital ou outro meio idôneo;

II – o coproprietário de bem indivisível do qual tenha sido penhorada fração ideal;

III – o titular de usufruto, uso, habitação, enfiteuse, direito de superfície, concessão de uso especial para fins de moradia ou concessão de direito real de uso, quando a penhora recair sobre bem gravado com tais direitos reais;

IV – o proprietário do terreno submetido ao regime de direito de superfície, enfiteuse, concessão de uso especial para fins de moradia ou concessão de direito real de uso, quando a penhora recair sobre tais direitos reais;

V – o credor pignoratício, hipotecário, anticrético, fiduciário ou com penhora anteriormente averbada, quando a penhora recair sobre bens com tais gravames, caso não seja o credor, de qualquer modo, parte na execução;

VI – o promitente comprador, quando a penhora recair sobre bem em relação ao qual haja promessa de compra e venda registrada;

VII – o promitente vendedor, quando a penhora recair sobre direito aquisitivo derivado de promessa de compra e venda registrada;

VIII – a União, o Estado e o Município, no caso de alienação de bem tombado.

Parágrafo único. Se o executado for revel e não tiver advogado constituído, não constando dos autos seu endereço atual ou, ainda, não sendo ele encontrado no endereço constante do processo, a intimação considerar-se-á feita por meio do próprio edital de leilão.

leilão, o leiloeiro, enfim, pessoas que não estariam isentas e poderiam se beneficiar ilicitamente do praceamento do bem. Quer dizer, essas proibições têm caráter nitidamente ético (CPC, art. 890).[81]

13.3 Preço vil

Esclareça-se por primeiro que vil é aquele preço muito abaixo do valor do bem leiloado. A lei não admite o preço vil, ou seja, aquele preço que se situa abaixo do mínimo que foi fixado pelo juiz ou, quando não houver essa fixação, o preço que for inferior a 50% (cinquenta por cento) abaixo do valor da avaliação, a depender das características do bem penhorado (CPC, art. 891).[82]

Também será considerado preço vil a alienação de imóvel de incapaz em leilão público por menos de 80% (oitenta por cento) do valor da avaliação. Durante o período de adiamento, poderá o juiz decretar o usufruto judicial do imóvel, restando os aluguéis a favor do exequente (CPC, art. 896).[83]

> **Importante:** em todo o leilão haverá um preço de avaliação que será tomado com base para a arrematação no primeiro leilão e já haverá um preço mínimo fixado para a eventual necessidade de um segundo leilão.

---

81. CPC, Art. 890. Pode oferecer lance quem estiver na livre administração de seus bens, com exceção:
    I – dos tutores, dos curadores, dos testamenteiros, dos administradores ou dos liquidantes, quanto aos bens confiados à sua guarda e à sua responsabilidade;
    II – dos mandatários, quanto aos bens de cuja administração ou alienação estejam encarregados;
    III – do juiz, do membro do Ministério Público e da Defensoria Pública, do escrivão, do chefe de secretaria e dos demais servidores e auxiliares da justiça, em relação aos bens e direitos objeto de alienação na localidade onde servirem ou a que se estender a sua autoridade;
    IV – dos servidores públicos em geral, quanto aos bens ou aos direitos da pessoa jurídica a que servirem ou que estejam sob sua administração direta ou indireta;
    V – dos leiloeiros e seus prepostos, quanto aos bens de cuja venda estejam encarregados;
    VI – dos advogados de qualquer das partes.
82. CPC, Art. 891. Não será aceito lance que ofereça preço vil.
    Parágrafo único. Considera-se vil o preço inferior ao mínimo estipulado pelo juiz e constante do edital, e, não tendo sido fixado preço mínimo, considera-se vil o preço inferior a cinquenta por cento do valor da avaliação.
83. CPC, Art. 896. Quando o imóvel de incapaz não alcançar em leilão pelo menos oitenta por cento do valor da avaliação, o juiz o confiará à guarda e à administração de depositário idôneo, adiando a alienação por prazo não superior a 1 (um) ano.
    § 1º Se, durante o adiamento, algum pretendente assegurar, mediante caução idônea, o preço da avaliação, o juiz ordenará a alienação em leilão.
    § 2º Se o pretendente à arrematação se arrepender, o juiz impor-lhe-á multa de vinte por cento sobre o valor da avaliação, em benefício do incapaz, valendo a decisão como título executivo.
    § 3º Sem prejuízo do disposto nos §§ 1º e 2º, o juiz poderá autorizar a locação do imóvel no prazo do adiamento.
    § 4º Findo o prazo do adiamento, o imóvel será submetido a novo leilão.

13.4 Pagamento do bem arrematado

O pagamento deve ser realizado de imediato pelo arrematante, por depósito judicial ou por meio eletrônico, salvo pronunciamento judicial em sentido diverso (CPC, art. 892).[84]

Por óbvio que se o exequente foi quem arrematou os bens e for o único credor, não estará obrigado a depositar o preço, a não ser que o seu crédito seja inferior ao valor do bem praceado, caso em que, depositará a diferença no prazo de 3 (três) dias, sob pena de tornar-se sem efeito a arrematação, e, nesse caso, realizar-se-á novo leilão, à custa do exequente.

Se houver mais de um pretendente, proceder-se-á entre eles a licitação, e, no caso de igualdade de oferta, terá preferência o cônjuge, o companheiro, o descendente ou o ascendente do executado, nessa ordem.

Se o leilão for de diversos bens, terá preferência o arrematante que se propuser a arrematá-los todos conjuntamente (CPC, art. 893).[85]

Sendo imóvel que admita cômoda divisão, o juiz poderá, a requerimento do interessado, ordenar a alienação judicial de parte dele, desde que o preço seja suficiente para o pagamento do exequente e para cobrir as despesas da execução (CPC, art. 894).[86]

Atenção: no caso de leilão de bem tombado, a União, os Estados e os Municípios terão, nessa ordem, o direito de preferência na arrematação, em igualdade de oferta.

---

84. CPC, Art. 892. Salvo pronunciamento judicial em sentido diverso, o pagamento deverá ser realizado de imediato pelo arrematante, por depósito judicial ou por meio eletrônico.
§ 1º Se o exequente arrematar os bens e for o único credor, não estará obrigado a exibir o preço, mas, se o valor dos bens exceder ao seu crédito, depositará, dentro de 3 (três) dias, a diferença, sob pena de tornar-se sem efeito a arrematação, e, nesse caso, realizar-se-á novo leilão, à custa do exequente.
§ 2º Se houver mais de um pretendente, proceder-se-á entre eles à licitação, e, no caso de igualdade de oferta, terá preferência o cônjuge, o companheiro, o descendente ou o ascendente do executado, nessa ordem.
§ 3º No caso de leilão de bem tombado, a União, os Estados e os Municípios terão, nessa ordem, o direito de preferência na arrematação, em igualdade de oferta.
85. CPC, Art. 893. Se o leilão for de diversos bens e houver mais de um lançador, terá preferência aquele que se propuser a arrematá-los todos, em conjunto, oferecendo, para os bens que não tiverem lance, preço igual ao da avaliação e, para os demais, preço igual ao do maior lance que, na tentativa de arrematação individualizada, tenha sido oferecido para eles.
86. CPC, Art. 894. Quando o imóvel admitir cômoda divisão, o juiz, a requerimento do executado, ordenará a alienação judicial de parte dele, desde que suficiente para o pagamento do exequente e para a satisfação das despesas da execução.
§ 1º Não havendo lançador, far-se-á a alienação do imóvel em sua integridade.
§ 2º A alienação por partes deverá ser requerida a tempo de permitir a avaliação das glebas destacadas e sua inclusão no edital, e, nesse caso, caberá ao executado instruir o requerimento com planta e memorial descritivo subscritos por profissional habilitado.

13.5 Pagamento parcelado

O interessado na aquisição do bem penhorado, seja ele terceiro ou o próprio exequente, poderá apresentar proposta por escrito ao juiz na qual deverá constar seu compromisso em depositar 25% (vinte e cinco por cento) do valor do lance à vista e o restante em 30 (trinta) parcelas mensais e sucessivas. A garantia será caução quando tratar-se de bens móveis ou hipoteca sobre o próprio bem, quando se tratar de imóveis (CPC, art. 895).[87]

Sendo esta proposta apresentada no primeiro praceamento, deverá ser feita até o início do leilão e pelo valor da avaliação. Se a proposta for apresentada para o segundo leilão, a aquisição poderá ser feita por qualquer valor desde que não seja considerado vil.

13.6 Aspectos finais sobre o leilão

Finalizando este tópico que trata do leilão vamos aos aspectos finais que implicam estudar desde a forma como deve ser realizado o pagamento do lanço até a carta de arrematação que transferirá a propriedade do bem para o arrematante.

13.7 Pagamento do lanço

Se o arrematante ou seu fiador não pagar o preço no prazo estabelecido, o juiz impor-lhe-á, em favor do exequente, a perda da caução, voltando os bens a novo

---

87. CPC, Art. 895. O interessado em adquirir o bem penhorado em prestações poderá apresentar, por escrito:
   I – até o início do primeiro leilão, proposta de aquisição do bem por valor não inferior ao da avaliação;
   II – até o início do segundo leilão, proposta de aquisição do bem por valor que não seja considerado vil.
   § 1º A proposta conterá, em qualquer hipótese, oferta de pagamento de pelo menos vinte e cinco por cento do valor do lance à vista e o restante parcelado em até 30 (trinta) meses, garantido por caução idônea, quando se tratar de móveis, e por hipoteca do próprio bem, quando se tratar de imóveis.
   § 2º As propostas para aquisição em prestações indicarão o prazo, a modalidade, o indexador de correção monetária e as condições de pagamento do saldo.
   § 3º (Vetado).
   § 4º No caso de atraso no pagamento de qualquer das prestações, incidirá multa de dez por cento sobre a soma da parcela inadimplida com as parcelas vincendas.
   § 5º O inadimplemento autoriza o exequente a pedir a resolução da arrematação ou promover, em face do arrematante, a execução do valor devido, devendo ambos os pedidos ser formulados nos autos da execução em que se deu a arrematação.
   § 6º A apresentação da proposta prevista neste artigo não suspende o leilão.
   § 7º A proposta de pagamento do lance à vista sempre prevalecerá sobre as propostas de pagamento parcelado.
   § 8º Havendo mais de uma proposta de pagamento parcelado:
   I – em diferentes condições, o juiz decidirá pela mais vantajosa, assim compreendida, sempre, a de maior valor;
   II – em iguais condições, o juiz decidirá pela formulada em primeiro lugar.
   § 9º No caso de arrematação a prazo, os pagamentos feitos pelo arrematante pertencerão ao exequente até o limite de seu crédito, e os subsequentes, ao executado.

leilão, do qual não serão admitidos a participar o arrematante e o fiador remissos (CPC, art. 897).[88]

Se o arrematante não pagar pode o fiador pagar o valor do lanço e requerer que a arrematação lhe seja transferida. Vai ocorrer o fenômeno jurídico da sub-rogação, pela qual o fiador passa a ocupar a posição do arrematante (CPC, art. 898).[89]

13.7.1 Suspensão do leilão

No caso de leilão de vários bens do devedor, a arrematação será suspensa tão logo o produto da alienação dos bens seja suficiente para o pagamento do credor e para a satisfação das despesas da execução (CPC, art. 899).[90]

Se o leilão ultrapassar o horário do expediente forense, prosseguirá no dia útil subsequente, na mesma hora em que teve início no dia inicial (CPC, art. 900).[91]

13.7.2 Auto de arrematação

Realizada a arrematação, dela será lavrado o auto de imediato e poderá abranger bens penhorados em mais de uma execução, nele mencionadas as condições nas quais foi alienado o bem. No entanto, a ordem de entrega do bem móvel ou a carta de arrematação do bem imóvel, com o respectivo mandado de imissão na posse, só será expedida depois de efetuado o depósito ou prestadas as garantias pelo arrematante, bem como realizado o pagamento da comissão do leiloeiro e das demais despesas da execução. Tratando-se de imóvel, a carta de arrematação deverá conter a descrição do imóvel, com remissão à sua matrícula ou individuação e aos seus registros, a cópia do auto de arrematação e a prova de pagamento do imposto de transmissão, além da indicação da existência de eventual ônus real ou gravame (CPC, art. 901).[92]

A arrematação é ato complexo, considerando-se perfeita, acabada e irretratável com a assinatura do auto pelo juiz, pelo arrematante e pelo serventuário da justiça ou leiloeiro.

---

88. CPC, Art. 897. Se o arrematante ou seu fiador não pagar o preço no prazo estabelecido, o juiz impor-lhe-á, em favor do exequente, a perda da caução, voltando os bens a novo leilão, do qual não serão admitidos a participar o arrematante e o fiador remissos.
89. CPC, Art. 898. O fiador do arrematante que pagar o valor do lance e a multa poderá requerer que a arrematação lhe seja transferida.
90. CPC, Art. 899. Será suspensa a arrematação logo que o produto da alienação dos bens for suficiente para o pagamento do credor e para a satisfação das despesas da execução.
91. CPC, Art. 900. O leilão prosseguirá no dia útil imediato, à mesma hora em que teve início, independentemente de novo edital, se for ultrapassado o horário de expediente forense.
92. CPC, Art. 901. A arrematação constará de auto que será lavrado de imediato e poderá abranger bens penhorados em mais de uma execução, nele mencionadas as condições nas quais foi alienado o bem.
§ 1º A ordem de entrega do bem móvel ou a carta de arrematação do bem imóvel, com o respectivo mandado de imissão na posse, será expedida depois de efetuado o depósito ou prestadas as garantias pelo arrematante, bem como realizado o pagamento da comissão do leiloeiro e das demais despesas da execução.
§ 2º A carta de arrematação conterá a descrição do imóvel, com remissão à sua matrícula ou individuação e aos seus registros, a cópia do auto de arrematação e a prova de pagamento do imposto de transmissão, além da indicação da existência de eventual ônus real ou gravame.

13.7.3 Leilão de bem hipotecado

No caso de leilão de bem hipotecado, o executado poderá remi-lo até a assinatura do auto de arrematação, oferecendo preço igual ao do maior lance oferecido. No caso de falência ou insolvência do devedor hipotecário, o direito de remição previsto no *caput* defere-se à massa ou aos credores em concurso, não podendo o exequente recusar o preço da avaliação do imóvel (CPC, art. 902).[93]

Cumpre esclarecer que remir a execução como acima preceituado, significa que o executado pode efetuar o pagamento equivalente ao lanço vencedor e assim quitar a obrigação, ficando com o bem livre e desembaraçado. Isto tem que ser feito antes da assinatura da carta de arrematação.

13.7.4 Finalização dos procedimentos do leilão

A assinatura do auto de arrematação pelo juiz, pelo arrematante e pelo serventuário da justiça ou leiloeiro torna perfeita, acabada e irretratável a arrematação, ainda que venham a ser julgados procedentes os embargos do executado ou em ação autônoma visando a anulação da arrematação (CPC, art. 903).[94]

---

93. CPC, Art. 902. No caso de leilão de bem hipotecado, o executado poderá remi-lo até a assinatura do auto de arrematação, oferecendo preço igual ao do maior lance oferecido.
   Parágrafo único. No caso de falência ou insolvência do devedor hipotecário, o direito de remição previsto no caput defere-se à massa ou aos credores em concurso, não podendo o exequente recusar o preço da avaliação do imóvel.
94. CPC, Art. 903. Qualquer que seja a modalidade de leilão, assinado o auto pelo juiz, pelo arrematante e pelo leiloeiro, a arrematação será considerada perfeita, acabada e irretratável, ainda que venham a ser julgados procedentes os embargos do executado ou a ação autônoma de que trata o § 4º deste artigo, assegurada a possibilidade de reparação pelos prejuízos sofridos.
   § 1º Ressalvadas outras situações previstas neste Código, a arrematação poderá, no entanto, ser:
   I – invalidada, quando realizada por preço vil ou com outro vício;
   II – considerada ineficaz, se não observado o disposto no art. 804;
   III – resolvida, se não for pago o preço ou se não for prestada a caução.
   § 2º O juiz decidirá acerca das situações referidas no § 1º, se for provocado em até 10 (dez) dias após o aperfeiçoamento da arrematação.
   § 3º Passado o prazo previsto no § 2º sem que tenha havido alegação de qualquer das situações previstas no § 1º, será expedida a carta de arrematação e, conforme o caso, a ordem de entrega ou mandado de imissão na posse.
   § 4º Após a expedição da carta de arrematação ou da ordem de entrega, a invalidação da arrematação poderá ser pleiteada por ação autônoma, em cujo processo o arrematante figurará como litisconsorte necessário.
   § 5º O arrematante poderá desistir da arrematação, sendo-lhe imediatamente devolvido o depósito que tiver feito:
   I – se provar, nos 10 (dez) dias seguintes, a existência de ônus real ou gravame não mencionado no edital;
   II – se, antes de expedida a carta de arrematação ou a ordem de entrega, o executado alegar alguma das situações previstas no § 1º;
   III – uma vez citado para responder a ação autônoma de que trata o § 4º deste artigo, desde que apresente a desistência no prazo de que dispõe para responder a essa ação.
   § 6º Considera-se ato atentatório à dignidade da justiça a suscitação infundada de vício com o objetivo de ensejar a desistência do arrematante, devendo o suscitante ser condenado, sem prejuízo da responsabilidade

Apesar disso, a lei prevê algumas hipóteses de invalidação ou ineficácia da arrematação em situações especificadas no parágrafo primeiro do art. 903, do CPC.

14. DA SATISFAÇÃO DO CRÉDITO

A satisfação do crédito ocorrerá pelo pagamento ao exequente que se realizará através da adjudicação do bem penhorado, pela entrega do numerário oriundo da alienação particular ou judicial ou pelo usufruto do bem constrito (CPC, art. 904).[95]

O pagamento é o ato que consolida a satisfação do crédito exequendo e a realização da tutela do direito do exequente. Enfim, é ato do procedimento previsto, esperado para qual se orienta toda a expropriação e todo o curso processual executivo.

O juiz autorizará que o exequente levante, até a satisfação integral de seu crédito, o dinheiro depositado para segurar o juízo ou o produto dos bens alienados, bem como do faturamento de empresa ou de outros frutos e rendimentos de coisas ou empresas penhoradas, quando: a execução for movida só a benefício do exequente singular, a quem, por força da penhora, cabe o direito de preferência sobre os bens penhorados e alienados; e, não houver sobre os bens alienados outros privilégios ou preferências instituídos anteriormente à penhora (CPC, art. 905).[96]

Naturalmente, ao receber o mandado de levantamento, o exequente emitirá nos autos termo de quitação referente à quantia paga. Esta forma de quitação poderá ser substituída por comprovante de transferência eletrônica do valor depositado em conta vinculada ao juízo para outra indicada pelo exequente (CPC, art. 906).[97] Nesse caso, depois de realizado o pagamento ao exequente, da integralidade de seu crédito, havendo saldo ele será entregue ao executado (CPC, art. 907).[98]

---

por perdas e danos, ao pagamento de multa, a ser fixada pelo juiz e devida ao exequente, em montante não superior a vinte por cento do valor atualizado do bem.

95. CPC, Art. 904. A satisfação do crédito exequendo far-se-á:
   I – pela entrega do dinheiro;
   II – pela adjudicação dos bens penhorados.

96. CPC, Art. 905. O juiz autorizará que o exequente levante, até a satisfação integral de seu crédito, o dinheiro depositado para segurar o juízo ou o produto dos bens alienados, bem como do faturamento de empresa ou de outros frutos e rendimentos de coisas ou empresas penhoradas, quando:
   I – a execução for movida só a benefício do exequente singular, a quem, por força da penhora, cabe o direito de preferência sobre os bens penhorados e alienados;
   II – não houver sobre os bens alienados outros privilégios ou preferências instituídos anteriormente à penhora.
   Parágrafo único. Durante o plantão judiciário, veda-se a concessão de pedidos de levantamento de importância em dinheiro ou valores ou de liberação de bens apreendidos.

97. CPC, Art. 906. Ao receber o mandado de levantamento, o exequente dará ao executado, por termo nos autos, quitação da quantia paga.
   Parágrafo único. A expedição de mandado de levantamento poderá ser substituída pela transferência eletrônica do valor depositado em conta vinculada ao juízo para outra indicada pelo exequente.

98. CPC, Art. 907. Pago ao exequente o principal, os juros, as custas e os honorários, a importância que sobrar será restituída ao executado.

Quando no processo houver vários credores ou exequentes, o dinheiro lhes será distribuído e entregue consoante a ordem das respectivas preferências. No caso de adjudicação ou alienação, os créditos que recaem sobre o bem, inclusive os de natureza *propter rem*, sub-rogam-se sobre o respectivo preço, observada a ordem de preferência. Se não houver título legal de preferência, o dinheiro será distribuído entre os concorrentes, observando-se a anterioridade de cada penhora (CPC, art. 908).[99]

Convém assinalar que os títulos legais de preferência correspondem aos privilégios e aos direitos reais. É sabido que gozam de privilégio os créditos oriundos da legislação do trabalho limitados a 150 (cento e cinquenta salários mínimos) por credor e, os decorrentes de acidentes de trabalho, os créditos tributários, os créditos com garantia real até o limite do valor do bem gravado e os créditos com privilégio especial e, os créditos com privilégio geral.

No concurso singular de credores, cada um formulará seu pedido, fundamentando-o e requerendo a produção de provas que somente podem versar sobre o direito de preferência e a anterioridade da penhora. Apresentadas as razões, o juiz decidirá (CPC, art. 909).[100]

15. OBSERVAÇÃO FINAL

Com a satisfação do crédito exequendo, extingue-se a execução que deverá ser declarada por sentença (ver CPC, art. 924 c/c art. 925).

Segundo o nosso sistema processual civil, a comprovada satisfação da obrigação objeto do procedimento de cumprimento de sentença enseja a extinção do feito, nos termos do inciso II do art. 924 do CPC.

Se qualquer das partes não se conformar com a extinção do feito, o recurso cabível é a apelação tendo em vista que a decretação da extinção é uma sentença terminativa.

Vale anotar que no curso do processo o juiz pode acolher parcialmente uma impugnação, porém se isso ocorrer esse fato não acarretará a extinção do processo que continuará pela parte incontroversa. Sendo assim, essa é uma típica decisão interlocutória, logo o recurso cabível para questionar este tipo de decisão é agravo de instrumento.

---

99. CPC, art. 908. Havendo pluralidade de credores ou exequentes, o dinheiro lhes será distribuído e entregue consoante a ordem das respectivas preferências.
    § 1º No caso de adjudicação ou alienação, os créditos que recaem sobre o bem, inclusive os de natureza propter rem, sub-rogam-se sobre o respectivo preço, observada a ordem de preferência.
    § 2º Não havendo título legal à preferência, o dinheiro será distribuído entre os concorrentes, observando-se a anterioridade de cada penhora.
100. CPC, Art. 909. Os exequentes formularão as suas pretensões, que versarão unicamente sobre o direito de preferência e a anterioridade da penhora, e, apresentadas as razões, o juiz decidirá.

LIÇÃO 7
DA EXECUÇÃO CONTRA A FAZENDA PÚBLICA

Sumário: 1. Generalidades – 2. Da petição inicial – 3. Citação da executada – 4. Dos embargos do devedor – 5. Multa de 10% (dez por cento) – 6. Dos precatórios – 7. Requisição de pequeno valor (RPV) – 8. Preferência para o idoso e pessoa portadora de doença.

1. GENERALIDADES

A execução contra a Fazenda Pública está prevista no Código de Processo Civil no artigo 910, com remissão aos artigos 534 e 535 que trata do cumprimento de sentença contra a Fazenda Pública. Trata-se de execução de título extrajudicial na qual haverá a citação para que a Fazenda Pública oponha embargos no prazo de 30 (trinta) dias (CPC, art. 910).[1]

O fato do Novo CPC tratar da matéria é salutar e põe fim a uma antiga discussão doutrinária e jurisprudencial que girava em torno da possibilidade (ou não) da ação de execução por título extrajudicial contra a Fazenda Pública. Esse assunto já mereceu tanto embate que o Superior Tribunal de Justiça chegou a sumular a questão, deixando claro ser cabível tal instituto, que agora foi devidamente recepcionado pelo CPC de 2015.[2]

2. DA PETIÇÃO INICIAL

Na petição inicial, além dos requisitos dos arts. 319 e 320, o exequente deverá apresentar demonstrativo discriminado e atualizado do crédito (memória de cálculo),

---

1. CPC, Art. 910. Na execução fundada em título extrajudicial, a Fazenda Pública será citada para opor embargos em 30 (trinta) dias.
   § 1º Não opostos embargos ou transitada em julgado a decisão que os rejeitar, expedir-se-á precatório ou requisição de pequeno valor em favor do exequente, observando-se o disposto no art. 100 da Constituição Federal.
   § 2º Nos embargos, a Fazenda Pública poderá alegar qualquer matéria que lhe seria lícito deduzir como defesa no processo de conhecimento.
   § 3º Aplica-se a este Capítulo, no que couber, o disposto nos artigos 534 e 535.
2. Súmula 279 do STJ: "É cabível execução por título extrajudicial contra a Fazenda Pública".

no qual deverá constar o nome completo e o número de CPF ou CNPJ do exequente, o índice de correção monetária adotado, os juros aplicados e as respectivas taxas, o termo inicial e o termo final dos juros e da correção monetária utilizados, a periodicidade da capitalização dos juros, se for o caso e a especificação dos eventuais descontos obrigatórios realizados.

Havendo pluralidade de exequentes, cada um deverá apresentar sua própria memória de cálculo, individualizando os respectivos valores.

3. CITAÇÃO DA EXECUTADA

Na execução por quantia certa contra a Fazenda Pública, a devedora é citada para opor embargos no prazo de 30 (trinta) dias. Caso não sejam opostos os embargos neste prazo, o juiz requisitará o pagamento por intermédio do presidente do tribunal competente, devendo o pagamento ser efetuado na ordem de apresentação do precatório e à conta do respectivo crédito.

Se a condenação for daquelas que se pode enquadrar como "pequeno valor" o próprio juiz expedirá requisição para o dirigente do órgão público que terá o prazo de 2 (dois) meses para realizar o depósito judicial, na agência de banco mais próxima da residência do exequente (ver CPC, art. 535, § 2°, I e II).

4. DOS EMBARGOS DO DEVEDOR

Nos embargos à execução, a Fazenda Pública poderá alegar qualquer matéria que lhe seria lícito deduzir como defesa no processo de conhecimento. Porém, se alegar excesso de execução, isto é, que o exequente pleiteia quantia superior à resultante do título, cumprirá à executada declarar de imediato o valor que entende correto, sob pena de não conhecimento da arguição (ver CPC, art. 535, *caput*, I a VI).

Se não forem opostos os embargos ou transitada em julgado a decisão que os rejeitar, será expedido precatório ou requisição de pequeno valor (RPV) em favor do exequente, conforme seja o caso, haja vista que não pode haver penhora de bens públicos.

5. MULTA DE 10% (DEZ POR CENTO)

Tanto na fase de cumprimento de sentença quanto no processo de execução por título extrajudicial, não incide a multa de 10% (dez por cento) pelo não pagamento realizado pela Fazenda Pública (ver CPC, art. 534, § 2°).

Quer dizer, mesmo que a Fazenda Pública não pague no prazo de apresentação dos embargos, não pode ser cobrada pelo exequente a multa de 10% (dez por cento) prevista para as outras execuções por título extrajudicial.

6. DOS PRECATÓRIOS

Ressalte-se que, nos termos do que consta na nossa Constituição Federal, os pagamentos devidos pelas Fazendas Públicas Federal, Estaduais, Distrital e Municipais, em virtude de sentença judicial condenatória, far-se-ão exclusivamente na ordem cronológica de apresentação dos precatórios e à conta dos créditos respectivos, proibida a designação de casos ou de pessoas nas dotações orçamentárias e nos créditos adicionais abertos para este fim (CF, 100, *caput*).[3]

Contudo, a própria Constituição Federal cria um tipo de precatório especial, que teria preferência em relação aos precatórios em geral, chamado de "**precatório alimentar**" (CF, art. 100, § 1º).

Advirta-se ainda que, tendo em vista que o pagamento de precatórios ou mesmo da requisição de pequeno valor enfrenta uma morosidade enorme para que o exequente receba seus valores, tem-se que o credor poderá ceder, total ou parcialmente, seus créditos em precatórios a terceiros, independentemente da concordância da fazenda pública e a cessão de precatórios somente produzirá efeitos após comunicação, por meio de petição protocolizada, ao tribunal de origem e à entidade devedora.

---

3. CF, Art. 100. Os pagamentos devidos pelas Fazendas Públicas Federal, Estaduais, Distrital e Municipais, em virtude de sentença judiciária, far-se-ão exclusivamente na ordem cronológica de apresentação dos precatórios e à conta dos créditos respectivos, proibida a designação de casos ou de pessoas nas dotações orçamentárias e nos créditos adicionais abertos para este fim. (Redação dada pela Emenda Constitucional nº 62, de 2009).

1º Os débitos de natureza alimentícia compreendem aqueles decorrentes de salários, vencimentos, proventos, pensões e suas complementações, benefícios previdenciários e indenizações por morte ou por invalidez, fundadas em responsabilidade civil, em virtude de sentença judicial transitada em julgado, e serão pagos com preferência sobre todos os demais débitos, exceto sobre aqueles referidos no § 2º deste artigo. (Redação dada pela Emenda Constitucional nº 62, de 2009).

§ 2º Os débitos de natureza alimentícia cujos titulares, originários ou por sucessão hereditária, tenham 60 (sessenta) anos de idade, ou sejam portadores de doença grave, ou pessoas com deficiência, assim definidos na forma da lei, serão pagos com preferência sobre todos os demais débitos, até o valor equivalente ao triplo fixado em lei para os fins do disposto no § 3º deste artigo, admitido o fracionamento para essa finalidade, sendo que o restante será pago na ordem cronológica de apresentação do precatório. (Redação dada pela Emenda Constitucional nº 94, de 2016)

§ 3º O disposto no caput deste artigo relativamente à expedição de precatórios não se aplica aos pagamentos de obrigações definidas em leis como de pequeno valor que as Fazendas referidas devam fazer em virtude de sentença judicial transitada em julgado. (Redação dada pela Emenda Constitucional nº 62, de 2009).

§ 4º Para os fins do disposto no § 3º, poderão ser fixados, por leis próprias, valores distintos às entidades de direito público, segundo as diferentes capacidades econômicas, sendo o mínimo igual ao valor do maior benefício do regime geral de previdência social. (Redação dada pela Emenda Constitucional nº 62, de 2009).

§ 5º É obrigatória a inclusão no orçamento das entidades de direito público de verba necessária ao pagamento de seus débitos oriundos de sentenças transitadas em julgado constantes de precatórios judiciários apresentados até 2 de abril, fazendo-se o pagamento até o final do exercício seguinte, quando terão seus valores atualizados monetariamente. (Redação dada pela Emenda Constitucional nº 114, de 2021)

(omissis).

7. REQUISIÇÃO DE PEQUENO VALOR (RPV)

Já os créditos definidos em lei como sendo de pequeno valor não se submetem ao regime dos precatórios, isto é, realiza-se mediante requisição (RPV) emitida pelo próprio juiz da causa e dirigida diretamente à autoridade que comanda o órgão público, sem ingressar na fila dos precatórios, conforme previsto na Constituição Federal (ver CF, art. 100, § 3º).

Requisição de Pequeno Valor vem explicitadas e quantificadas no art. 87 das ADCT que preconiza: para efeito do que dispõem o § 3º do art. 100 da Constituição Federal e o art. 78 deste Ato das Disposições Constitucionais Transitórias serão considerados de pequeno valor, até que se dê a publicação oficial das respectivas leis definidoras pelos entes da Federação, observado o disposto no § 4º do art. 100 da Constituição Federal, os débitos ou obrigações consignados em precatório judiciário, que tenham valor igual ou inferior a:

a) **União:**

As RPVs serão as condenações de valor até 60 (sessenta) salários mínimos.

b) **Estados e Distrito Federal:**

O valor será o equivalente a 40 (quarenta) salários mínimos.

c) **Municípios:**

O valor será de 30 (trinta) salários mínimos.

Cumpre ressaltar que os valores estabelecidos no artigo 87 do Ato de Disposições Constitucionais Transitórias só terão vigência enquanto os Estados e Municípios não editarem leis definidoras, conforme determina o parágrafo 12 do artigo 97 do ADCT. Aliás, na atual redação do § 4º, do art. 100, cuja redação foi dada pela Emenda Constitucional nº 62, de 2009, ficou estabelecido um teto diferente dos valores acima descrito, a critério do ente público, mediante aprovação de leis local respeitado o valor para o pagamento do teto das aposentadorias do INSS.

Exemplo: no caso do Estado de São Paulo existe a Lei Estadual nº 11.377/03 que estabeleceu a quantia de 1.135,2885 Unidades Fiscais do Estado de São Paulo – UFESPs, como sendo o teto máximo para os fins de requisição de pequeno valor.

8. PREFERÊNCIA PARA O IDOSO E PESSOA PORTADORA DE DOENÇA

A preferência dada a idosos e portadores de doença grave no pagamento de precatórios só pode ser aplicada em casos de dívidas estatais de natureza alimentar. Quer dizer, se o precatório for de outra natureza, não existirá essa preferência.

O pagamento a título de prioridade não é do valor total do débito, pois corresponde ao valor de cinco Requisições de Pequeno Valor (RPV). São quantias que cada Estado ou Município define o teto máximo, o qual ultrapassado, será pago por precatório. O restante do crédito entrará para a fila da ordem cronológica de apresentação.

Em resumo: a pessoa idosa e os portadores de doenças graves têm preferência no pagamento de Requisições de Pequeno Valor (RPV), conforme estabelecido na Constituição Federal (ver art. 100, § 2º) que concede preferência a idosos (60 anos ou mais), pessoas com deficiência e portadores de doenças graves. Essa preferência se justifica pelas circunstâncias da idade avançada ou da saúde debilitada dos beneficiários.

Nesses casos a requisição de pagamento de um credor com essas características é incluída imediatamente na lista de prioridade para pagamento, independentemente de requerimento.

Advirta-se, contudo, que o pagamento preferencial é limitado a três RPVs. Se o precatório tiver valor superior, o teto será pago com prioridade e o restante seguirá a fila cronológica.

Cabe ainda alertar que para requerer o benefício, é necessário comprovar a enfermidade através de laudo médico.

Lição 8[1]
DA EXECUÇÃO DE ALIMENTOS

Sumário: 1. Dos alimentos – 2. Esclarecimentos quanto à origem do título – 3. Foro competente – 4. As formas de execução; 4.1 Execução com pedido de prisão; 4.2 Execução com anotação em folha de pagamento; 4.3 Execução por quantia certa – 5. Intimação do executado – 6. Defesa do executado. 7. Alimentos indenizatórios não gera prisão civil.

1. DOS ALIMENTOS

Cumpre esclarecer inicialmente que os alimentos estão previstos no Código Civil a partir do art. 1.694. São devidos quando quem os pretende não tem bens suficientes, nem pode prover, pelo seu trabalho, a própria mantença; e, aquele de quem se reclamam pode fornecê-los sem que haja desfalque de seu sustento. É o binômio necessidade/capacidade que significa, em última análise, que a fixação da prestação alimentícia deve ser realizada na proporção das necessidades do alimentando e dos recursos da pessoa que será obrigada ao pagamento.

Podem pedir alimentos os parentes, aqueles que já foram unidos pelo vínculo matrimonial e pela união estável. São devidos de forma recíproca entre pais e filhos, podendo ser exigidos de forma extensiva a todos os ascendentes, recaindo a obrigação nos mais próximos em grau, uns em falta de outros.

Se o parente que deve alimentos em primeiro lugar não estiver em condições de suportar totalmente o encargo, serão chamados a concorrer os de grau imediato. Se vários forem os parentes na mesma linha, todos concorrerão na proporção de seus recursos, e aquele que for demandado judicialmente poderá chamar os demais para integrar a lide.

Convém ainda deixar explicitado que a principal regra que norteia o pedido de prestação alimentar é a de que sua fixação deve ser realizada na proporção das necessidades do alimentando e dos recursos da pessoa obrigada.

---

1. Esta lição conta com notas extraídas do livro *Manual de prática jurídica civil 'Para graduação e Exame da OAB*. 5ª.ed. Indaiatuba: Foco, 2022, p. 298/305 – MELO, Nehemias Domingos de.

Também é importante deixar registrado que não existe lei estabelecendo percentuais sobre o salário do pai/mãe para a fixação da verba alimentar. Sabemos que na vida prática é comum os magistrados utilizarem esse critério e acabam por fixar percentuais de 10%, 20% ou 30% sobre o salário do alimentante, mas isso não é uma regra estabelecida em lei. Ademais, só se aplica ao devedor de alimentos que é trabalhador assalariado.

Outras vezes o valor é fixado em um percentual do salário mínimo. Também isso não está previsto em lei, mas decorre da necessidade prática de manter sempre atualizado o valor da pensão alimentícia porque toda vez que o salário mínimo aumentar, a pensão alimentícia será aumentada automaticamente.

2. ESCLARECIMENTOS QUANTO À ORIGEM DO TÍTULO

Embora não seja muito comum, nada obsta que a prestação alimentar seja estabelecida de comum acordo entre as partes e conste de algum documento público ou particular (ver CPC, art. 784, II). Quer dizer, sempre ouvimos falar de fixação de alimentos em processo judicial, mas existem situações em que isto pode ter sido estabelecido pelas partes sem a necessidade de intervenção do Poder Judiciário.

Além do mais, o acordo de alimentos pode ser resultado de uma transação que tenha sido referendada pelo Ministério Público, pela Defensoria Pública, pelos advogados das partes, ou ainda, por mediador ou conciliador credenciado pelo tribunal (ver CPC, art. 784 IV).

Qualquer que seja a origem do título executivo, seja ele judicial ou extrajudicial, o credor poderá promover a execução tanto pelo rito da prisão (ver CPC, art. 528 e art. 911); da cobrança por quantia certa com eventual expropriação (ver CPC, 528, § 8º e art. 913); ou ainda, requerer que seja determinado o desconto na folha de pagamento do devedor (ver CPC, art. 529 e art. 912).

3. FORO COMPETENTE

O foro competente para a ação de execução de alimentos está descrito no art. 53, II, do Novo CPC, que afirma que para a propositura da demanda é competente o foro de domicílio ou residência do alimentando.

4. AS FORMAS DE EXECUÇÃO

O credor poderá escolher a forma pela qual vai promover a execução dos créditos inadimplidos. Assim, poderá optar pela execução com pedido de prisão do devedor; poderá optar pela execução por quantia certa; e, finalmente, poderá optar pela execução via desconto em folha do executado, vejamos:

4.1 Execução com pedido de prisão

O credor pode pedir na sua petição inicial que o juiz determine a prisão do devedor se ele não pagar ou não apresentar justificativa plausível para o seu inadimplemento (ver CPC, art. 528, § 3º).[2]

É importante anotar que se o executado, depois de citado, não apresentar provas de que adimpliu o débito exequendo ou não justificar a impossibilidade de fazê-lo, o juiz ordenará a sua prisão civil pelo prazo de 1 (um) a 3 (três) meses, que será cumprido em regime fechado diferenciado, sendo certo que o cumprimento da pena não exime o executado do pagamento das prestações devidas.

Advirta-se ainda que, recepcionando orientação jurisprudencial prevista pela Súmula 309 do Superior Tribunal de Justiça, o legislador assevera que o débito alimentar que autoriza a prisão civil do alimentante é o que compreende até as 3 (três) prestações anteriores ao ajuizamento da execução, e as que se vencerem no curso do processo (ver CPC, art. 528, § 7º). Esse prazo referente as 3 (três) últimas prestações se justifica porque há uma presunção de que, se o credor de alimentos deixou de cobrar o valor que lhe era devido por mais de 3 (três) meses, a verba alimentar, nesse caso, perde a característica da necessariedade, tornando-se incabível a aplicação da prisão civil.

Atenção: não quer dizer que o devedor fica isento de pagar as parcelas anteriores, porém essas prestações anteriores aos 3 (três) meses poderão ser cobradas pelo rito do cumprimento de sentença (ver CPC, art. 528, § 8º).

---

2. CPC, art. 528. No cumprimento de sentença que condene ao pagamento de prestação alimentícia ou de decisão interlocutória que fixe alimentos, o juiz, a requerimento do exequente, mandará intimar o executado pessoalmente para, em 3 (três) dias, pagar o débito, provar que o fez ou justificar a impossibilidade de efetuá-lo.

§ 1º Caso o executado, no prazo referido no caput, não efetue o pagamento, não prove que o efetuou ou não apresente justificativa da impossibilidade de efetuá-lo, o juiz mandará protestar o pronunciamento judicial, aplicando-se, no que couber, o disposto no art. 517.

§ 2º Somente a comprovação de fato que gere a impossibilidade absoluta de pagar justificará o inadimplemento.

§ 3º Se o executado não pagar ou se a justificativa apresentada não for aceita, o juiz, além de mandar protestar o pronunciamento judicial na forma do § 1º, decretar-lhe-á a prisão pelo prazo de 1 (um) a 3 (três) meses.

§ 4º A prisão será cumprida em regime fechado, devendo o preso ficar separado dos presos comuns.

§ 5º O cumprimento da pena não exime o executado do pagamento das prestações vencidas e vincendas.

§ 6º Paga a prestação alimentícia, o juiz suspenderá o cumprimento da ordem de prisão.

§ 7º O débito alimentar que autoriza a prisão civil do alimentante é o que compreende até as 3 (três) prestações anteriores ao ajuizamento da execução e as que se vencerem no curso do processo.

§ 8º O exequente pode optar por promover o cumprimento da sentença ou decisão desde logo, nos termos do disposto neste Livro, Título II, Capítulo III, caso em que não será admissível a prisão do executado, e, recaindo a penhora em dinheiro, a concessão de efeito suspensivo à impugnação não obsta a que o exequente levante mensalmente a importância da prestação.

§ 9º Além das opções previstas no art. 516, parágrafo único, o exequente pode promover o cumprimento da sentença ou decisão que condena ao pagamento de prestação alimentícia no juízo de seu domicílio.

Convém sublinhar que a prisão civil não se faz reger pelas normas atinentes à execução da pena de prisão criminal presentes na Lei de Execuções Penais. A prisão civil tem caráter estritamente coercitivo, de modo que sua aplicação deve se nortear por tal finalidade. Somente o adimplemento das parcelas vencidas e não pagas e devidas ou então o esgotamento do lapso temporal máximo admitido tem o efeito de autorizar a libertação do devedor. Por fim, cabe destacar que, independentemente da prisão civil pelo inadimplemento alimentar, o juiz pode mandar protestar a sentença. Quer dizer, o credor poderá inscrever o nome do devedor nos órgãos de proteção ao crédito, o que é também uma forma de coerção para obrigá-lo a adimplir as prestações alimentares devidas.

Ademais, a prisão civil do devedor de alimentos é uma exceção à regra geral de que "não haverá prisão civil por dívida" (CF, Art. 5º, LXVII), e isso se justifica porque teremos no caso do devedor de pensão alimentícia, um conflito de princípio: o direito à liberdade de locomoção do devedor e o direito à vida do credor de alimentos.

4.2 Execução com anotação em folha de pagamento

Se o executado for funcionário público, militar, diretor ou gerente de empresa, bem como empregado, sujeito à legislação trabalhista, o Código autoriza que o exequente pleiteie o desconto em folha de pagamento, da importância da prestação alimentícia (CPC, art. 912).[3]

Nesse caso o juiz mandará oficiar à empresa determinando, sob pena de crime de desobediência, o desconto a partir da primeira remuneração posterior do executado, a contar do protocolo do ofício. Neste ofício, dentre outras informações, constará a importância a ser descontada mensalmente, a conta na qual deve ser feito o depósito e, se for o caso, o tempo de duração dos descontos.

4.3 Execução por quantia certa

O exequente pode preferir promover a execução como se fosse obrigação de pagar quantia certa. Neste caso, o pedido terá como objeto a expropriação de bens do executado para o cumprimento da obrigação (ver CPC, art. 824 e ss.).

---

3. CPC, Art. 912. Quando o executado for funcionário público, militar, diretor ou gerente de empresa, bem como empregado sujeito à legislação do trabalho, o exequente poderá requerer o desconto em folha de pagamento de pessoal da importância da prestação alimentícia.

§ 1º Ao despachar a inicial, o juiz oficiará à autoridade, à empresa ou ao empregador, determinando, sob pena de crime de desobediência, o desconto a partir da primeira remuneração posterior do executado, a contar do protocolo do ofício.

§ 2º O ofício conterá os nomes e o número de inscrição no Cadastro de Pessoas Físicas do exequente e do executado, a importância a ser descontada mensalmente, a conta na qual deve ser feito o depósito e, se for o caso, o tempo de sua duração.

Advirta-se que nesse procedimento, se a penhora recair em dinheiro, a eventual concessão de efeito suspensivo aos embargos à execução não terá o condão de impedir que o exequente levante mensalmente a importância da prestação (CPC, art. 913).[4]

5. INTIMAÇÃO DO EXECUTADO

Independente do tipo de execução escolhida pelo autor, o devedor será citado para, em 3 (três) dias, efetuar o pagamento das parcelas anteriores ao início da execução e das que se vencerem no seu curso, provar que o fez ou justificar a impossibilidade de fazê-lo (CPC, art. 911).[5]

Se o executado não apresentar provas do adimplemento ou não justificar adequadamente a impossibilidade de pagar o débito alimentar o juiz, conforme o caso, dará sequência ao processo com os atos que sejam necessários ao deslinde da demanda.

Entendemos que a comprovação do pagamento ou mesmo a justificativa do executado pelo não pagamento poderá ser feita mediante simples petição a ser protocolada nos autos do processo de execução, isto é, sem a necessidade dos embargos à execução.

6. DEFESA DO EXECUTADO

A defesa do executado por dívida de alimentos não é propriamente uma defesa, tendo em vista a impossibilidade de sua exoneração. Quer dizer, se o devedor justificar adequadamente sua impossibilidade de pagamento daquelas prestações que estão sendo cobradas, o juiz poderá, quando muito, isentá-lo da pena de prisão, porém não poderá exonerar, nem reduzir o valor das prestações que estão sendo cobradas.

A única defesa que verdadeiramente se pode esperar do devedor é que ele prove que já fez o pagamento por qualquer forma, seja o pagamento direto ou indireto.

Tecnicamente falando a defesa do executado no cumprimento de sentença de alimentos é feita por meio da impugnação, também conhecida como embargos à execução de alimentos. O prazo para apresentar a impugnação é de 15 (quinze) dias úteis, a contar da data da intimação para o pagamento.

Na impugnação o executado pode alegar toda e qualquer matéria de fato e de direito, tais como: a inexigibilidade da obrigação; o cumprimento total ou parcial

---

4. CPC, Art. 913. Não requerida a execução nos termos deste Capítulo, observar-se-á o disposto no art. 824 e seguintes, com a ressalva de que, recaindo a penhora em dinheiro, a concessão de efeito suspensivo aos embargos à execução não obsta a que o exequente levante mensalmente a importância da prestação.
5. CPC, Art. 911. Na execução fundada em título executivo extrajudicial que contenha obrigação alimentar, o juiz mandará citar o executado para, em 3 (três) dias, efetuar o pagamento das parcelas anteriores ao início da execução e das que se vencerem no seu curso, provar que o fez ou justificar a impossibilidade de fazê-lo.
Parágrafo único. Aplicam-se, no que couber, os §§ 2º a 7º do art. 528.

da obrigação; excesso de execução; compensação; nulidade de citação no processo de conhecimento; prescrição ou outra qualquer matéria de defesa.

Contudo, nada impede que no curso do processo de execução as partes convencionem uma forma de quitar aquele débito que está sendo executado, da forma que seja mais conveniente para as partes. Se as partes chegarem a um acordo e, por exemplo, parcelarem o débito exequendo, o juiz deverá homologar tal acordo para que possa surtir todos os efeitos legais.

7. ALIMENTOS INDENIZATÓRIOS NÃO GERA PRISÃO CIVIL

Além dos alimentos derivado das relações familiares também é possível alguém ser condenado a pagar alimentos a outras pessoas decorrentes da responsabilidade civil, no entanto este tipo de obrigação alimentar não comporta a pena de prisão civil porque seu fundamento não é a sobrevivência do credor, mas o caráter indenizatório.

Nesse sentido é a jurisprudência do Superior Tribunal de Justiça (STJ) que já deixou assentado que a prisão civil, autorizada de forma excepcional pelo inciso LXVII do artigo 5º da Constituição Federal e pelo artigo 7º da Convenção Americana de Direitos Humanos, só é aplicada ao inadimplemento voluntário e inescusável da obrigação alimentar decorrente de relação familiar, de sorte a afirmar que não se pode fazer interpretação ampliativa, sob pena de se alargarem excessivamente as hipóteses de encarceramento por dívidas, subvertendo-se, assim, os elevados princípios que emana do comando constitucional acima mencionado.[6]

E isso ocorre porque não se pode adotar, como meio de coerção, a pena de prisão civil para o devedor de alimentos indenizatórios, porque essa pena, prevista constitucionalmente, se aplica exclusivamente para o devedor de alimentos decorrente de vínculos familiares (art. 5º, LXVII). É importante entender que a natureza jurídica dos alimentos indenizatórios difere da estabelecida em razão de laços de parentesco, quando se leva em conta o binômio necessidade-possibilidade.[7]

---

6. (STJ, HC nº 708634 – RS (2021/0376727-8), Relator: Ministro Paulo de Tarso Sanseverino, Terceira Turma, j. 03/05/2022).
7. (STJ, (RHC 101.008/RS, Rel. Ministro Raul Araújo, Quarta Turma, julgado em 17/11/2020, DJe 27/11/2020).

Lição 9
DOS EMBARGOS À EXECUÇÃO[1]

Sumário: 1. Considerações iniciais – 2. Os embargos à execução – 3. Da defesa do executado – 4. Matérias que podem ser alegadas nos embargos; 4.1 Matérias mencionadas expressamente no CPC; 4.2 Excesso de execução; 4.3 Penhora ou avaliação incorreta; 4.4 Retenção por benfeitorias; 4.5 Impedimento e suspeição – 5. Rejeição liminar dos embargos – 6. Efeito suspensivo nos embargos – 7. O juiz no processo de execução – 8. Parcelamento do débito exequendo – 9. Exceção de pré-executividade ou objeção de pré-executividade.

1. CONSIDERAÇÕES INICIAIS

É preciso destacar inicialmente que a defesa do executado no processo de execução em nada se assemelha com a defesa do réu no processo de conhecimento, isto porque na execução parte-se de uma certeza oriunda de um título ao qual a lei confere certeza, liquidez e exigibilidade (ver relação dos títulos executivos extrajudiciais no art. 784 do CPC).

Na execução o réu é citado não para contestar a ação, mas para pagar o débito inadimplido ou cumprir com a determinação de entregar, fazer ou não fazer. Quer dizer, no processo executivo não há espaço para discutir o conteúdo da execução. Se o executado tiver algo contrário ao que está sendo pedido na execução deverá manejar os embargos do devedor, que é o meio processual adequado de defesa para discutir o mérito da execução e eventualmente modificá-la ou mesmo extingui-la.

Portanto, os embargos têm natureza jurídica de ação, ainda que *sui generis*. Tanto é verdade que há uma distribuição, ainda que por dependência (ver CPC, art. 914, § 1º); desenvolve-se pelo procedimento comum assegurando-se ao embargante todos os meios de defesa (ver CPC, art. 917); e, termina com uma sentença de mérito, após regular instrução (ver CPC, art. 920, III).

---

1. Esta lição conta com apontamentos do Prof. Evandro Annibal In: MELO, Nehemias Domingos de. *Manual de Prática Jurídica* Civil, 5ª. ed. Indaiatuba: Foco, 2022, p. 254/255.

2. OS EMBARGOS À EXECUÇÃO

Os embargos correspondem a uma ação autônoma, ainda que incidental, distribuída por dependência ao mesmo juízo onde se processa a execução, autuados em apartado e devem ser instruídos com cópias das peças processuais relevantes, que poderão ser declaradas autênticas pelo próprio advogado, sob sua responsabilidade pessoal.

Na execução por carta, os embargos serão oferecidos no juízo deprecante ou no juízo deprecado, mas a competência para julgá-los é do juízo deprecante, salvo se versarem unicamente sobre vícios ou defeitos da penhora, da avaliação ou da alienação dos bens efetuadas no juízo deprecado.

Sendo os embargos uma ação incidental de caráter cognitivo, nela o executado irá procurar discutir a veracidade da execução e do título que a instrui, utilizando para isso todos os meios de prova em direito admitidos.

Apesar de a execução ser diferente dos embargos do devedor, os embargos são por demais importantes, tanto que o seu resultado pode se refletir no processo de execução e até mesmo ser a causa de sua extinção.

3. DA DEFESA DO EXECUTADO

Independentemente de qualquer **garantia do juízo**, isto é, independente de penhora, depósito ou caução, o executado poderá se opor à execução por meio dos embargos à execução (CPC, art. 914),[2] cuja petição inicial deverá atender todos os requisitos exigidos para qualquer tipo de petição inicial (ver CPC, arts. 319 e 320).

Os embargos deverão ser opostos no prazo de 15 (quinze) dias, contados da juntada aos autos do mandado de citação devidamente cumprido (CPC, art. 915)[3]

---

2. CPC, art. 914. O executado, independentemente de penhora, depósito ou caução, poderá se opor à execução por meio de embargos.

§ 1º Os embargos à execução serão distribuídos por dependência, autuados em apartado e instruídos com cópias das peças processuais relevantes, que poderão ser declaradas autênticas pelo próprio advogado, sob sua responsabilidade pessoal.

§ 2º Na execução por carta, os embargos serão oferecidos no juízo deprecante ou no juízo deprecado, mas a competência para julgá-los é do juízo deprecante, salvo se versarem unicamente sobre vícios ou defeitos da penhora, da avaliação ou da alienação dos bens efetuadas no juízo deprecado.

3. CPC, Art. 915. Os embargos serão oferecidos no prazo de 15 (quinze) dias, contado, conforme o caso, na forma do art. 231.

§ 1º Quando houver mais de um executado, o prazo para cada um deles embargar conta-se a partir da juntada do respectivo comprovante da citação, salvo no caso de cônjuges ou de companheiros, quando será contado a partir da juntada do último.

§ 2º Nas execuções por carta, o prazo para embargos será contado:

I– da juntada, na carta, da certificação da citação, quando versarem unicamente sobre vícios ou defeitos da penhora, da avaliação ou da alienação dos bens;

e, para garantia do contraditório, o exequente será intimado, na pessoa de seu advogado, para responder, também no prazo de 15 (quinze) dias.

Nos embargos à execução quando houver mais de um executado, a contagem do prazo será considerada individualmente, isto é, conta-se o prazo para cada um deles da respectiva juntada do mandado devidamente cumprido, exceto se cônjuges ou companheiros, quando então contar-se-á da juntada do último mandado cumprido. Advirta-se também que não se aplica a contagem de prazo em dobro mesmo que os executados tenham advogados diferentes.

Na execução por carta há peculiaridades, pois o prazo será contado de maneira diferente, conforme o caso, senão vejamos:

a) Versando exclusivamente sobre vícios ou defeitos da penhora, da avaliação ou da alienação dos bens, o prazo será contado da juntada do mandado na carta;

b) Versando sobre outras questões, conta-se da juntada nos autos de origem da comunicação eletrônica feita pelo juiz deprecado ao juiz deprecante; ou, caso não tenha sido feita a comunicação, conta-se da juntada da carta devidamente cumprida.

Se forem vários os executados todos poderão apresentar seus próprios embargos como também poderão se unir e apresentar uma única peça de defesa, em litisconsórcio facultativo.

Se ocorrer citação por hora certa ou por edital, o juiz deverá nomear curador especial que terá plena legitimidade para apresentar os embargos em nome do devedor ausente.

Atenção: mesmo que os embargos sejam apresentados somente por um dos executados é perfeitamente possível que a decisão possa favorecer aos demais.

4. MATÉRIAS QUE PODEM SER ALEGADAS NOS EMBARGOS

Em regra, pode o executado alegar em embargos qualquer matéria que seria lícito deduzir como defesa no processo de conhecimento. E, nesse caso, a cognição será plena e sem limites.

Quando o Código de Processo Civil enumera no seu artigo 917 quais seriam as matérias que podem ser alegadas nos embargos, passa a sensação de que haveria

---

II – da juntada, nos autos de origem, do comunicado de que trata o § 4º deste artigo ou, não havendo este, da juntada da carta devidamente cumprida, quando versarem sobre questões diversas da prevista no inciso I deste parágrafo.

§ 3º Em relação ao prazo para oferecimento dos embargos à execução, não se aplica o disposto no art. 229.

§ 4º Nos atos de comunicação por carta precatória, rogatória ou de ordem, a realização da citação será imediatamente informada, por meio eletrônico, pelo juiz deprecado ao juiz deprecante.

limitação quanto às matérias de defesa. Porém, é uma falsa impressão, pois quando verificamos que no inciso VII do referido artigo consta "que é lícito apresentar qualquer matéria que possa ser deduzida como defesa em processo de conhecimento", fica claro que se pode alegar qualquer matéria sem nenhuma limitação.

4.1 Matérias mencionadas expressamente no CPC

Assim as matérias que podem ser alegadas pelo executado em seus embargos vêm explicitadas no art. 917 do CPC,[4] que são as seguintes:

a) Inexequibilidade do título ou inexigibilidade da obrigação,

b) Penhora incorreta ou avaliação errônea,

c) Excesso de execução ou cumulação indevida de execuções,

d) Retenção por benfeitorias necessárias ou úteis, nos casos de execução para entrega de coisa certa,

e) Incompetência absoluta ou relativa do juízo da execução,

---

4. CPC, Art. 917. Nos embargos à execução, o executado poderá alegar:
I – inexequibilidade do título ou inexigibilidade da obrigação;
II – penhora incorreta ou avaliação errônea;
III – excesso de execução ou cumulação indevida de execuções;
IV – retenção por benfeitorias necessárias ou úteis, nos casos de execução para entrega de coisa certa;
V – incompetência absoluta ou relativa do juízo da execução;
VI – qualquer matéria que lhe seria lícito deduzir como defesa em processo de conhecimento.
§ 1º A incorreção da penhora ou da avaliação poderá ser impugnada por simples petição, no prazo de 15 (quinze) dias, contado da ciência do ato.
§ 2º Há excesso de execução quando:
I – o exequente pleiteia quantia superior à do título;
II – ela recai sobre coisa diversa daquela declarada no título;
III – ela se processa de modo diferente do que foi determinado no título;
IV – o exequente, sem cumprir a prestação que lhe corresponde, exige o adimplemento da prestação do executado;
V. – o exequente não prova que a condição se realizou.
§ 3º Quando alegar que o exequente, em excesso de execução, pleiteia quantia superior à do título, o embargante declarará na petição inicial o valor que entende correto, apresentando demonstrativo discriminado e atualizado de seu cálculo.
§ 4º Não apontado o valor correto ou não apresentado o demonstrativo, os embargos à execução:
I – serão liminarmente rejeitados, sem resolução de mérito, se o excesso de execução for o seu único fundamento;
II – serão processados, se houver outro fundamento, mas o juiz não examinará a alegação de excesso de execução.
§ 5º Nos embargos de retenção por benfeitorias, o exequente poderá requerer a compensação de seu valor com o dos frutos ou dos danos considerados devidos pelo executado, cumprindo ao juiz, para a apuração dos respectivos valores, nomear perito, observando-se, então, o art. 464.
§ 6º O exequente poderá a qualquer tempo ser imitido na posse da coisa, prestando caução ou depositando o valor devido pelas benfeitorias ou resultante da compensação.
§ 7º A arguição de impedimento e suspeição observará o disposto nos arts. 146 e 148.

f) Qualquer matéria que lhe seria lícito deduzir como defesa em processo de conhecimento.

4.2 Excesso de execução

Com relação à argumentação de excesso de execução é oportuno esclarecer: há excesso de execução quando o exequente pleiteia quantia superior à do título; ela recai sobre coisa diversa daquela declarada no título; ela se processa de modo diferente do que foi determinado no título; o exequente, sem cumprir a prestação que lhe corresponde, exige o adimplemento da prestação do executado; ou, finalmente, quando o exequente não prova que a condição se realizou.

> **Importante:** se o executado alegar que o exequente pleiteia quantia superior à do título, caberá a ele declarar na petição inicial dos embargos o valor que entende correto, apresentando demonstrativo discriminado e atualizado de cálculo, sob pena de os embargos serem liminarmente rejeitados.

4.3 Penhora ou avaliação incorreta

Se o executado vai alegar incorreção da penhora ou da avaliação não precisa necessariamente embargar a execução. Poderá fazer isso por simples petição, no prazo de 15 (quinze) dias, contados da ciência do ato.

4.4 Retenção por benfeitorias

Se o devedor apresentar embargos à execução fundado no direito de retenção por benfeitorias, deverá requerer a compensação dos valores, inclusive dos frutos e dos eventuais danos, caso em que o juiz poderá determinar a realização de perícia judicial para real apuração dos respectivos valores.

4.5 Impedimento e suspeição

Se o embargante alegar que o juiz é suspeito ou impedido, o procedimento será aquele estabelecido nos arts. 146 a 148 do CPC.

5. REJEIÇÃO LIMINAR DOS EMBARGOS

Os embargos poderão ser rejeitados liminarmente pelo juiz nos casos que ensejam o indeferimento da petição inicial; nos casos de improcedência liminar do pedido; bem como quando forem considerados manifestamente protelatórios (CPC, art. 918).[5]

---

5. CPC, Art. 918. O juiz rejeitará liminarmente os embargos:
   I – quando intempestivos;

Advirta-se ainda que a oposição dos embargos que tenham caráter meramente protelatório, isto é, desprovido de qualquer fundamento legal, será considerada conduta atentatória à dignidade da justiça e, portanto, passível de apenamento por litigância de má-fé (ver CPC, art. 77 e art. 774).

6. EFEITO SUSPENSIVO NOS EMBARGOS

Como regra os embargos à execução **não têm efeito suspensivo**. Significa dizer que a simples oposição dos embargos não suspende o curso da execução.

Contudo, se o devedor desejar obter efeito suspensivo deverá expressamente requerer ao juiz, atendendo ainda os seguintes requisitos: garantir o juízo através do depósito, caução ou penhora; e apresentar argumentos relevantes de que o prosseguimento da execução poderá lhe causar grave dano ou de difícil reparação. Mesmo que concedido o efeito suspensivo, o mesmo não tem o condão de obstar os atos de penhora e avaliação de bens (CPC, art. 919).[6]

Se o efeito suspensivo disser respeito apenas à parte daquilo que é objeto da execução, nada obsta que possa o processo continuar com relação à parte restante. Da mesma forma que, se os embargos forem interpostos por um dos executados, isto não beneficiará automaticamente os demais coexecutados, especialmente se o fundamento disser respeito exclusivamente ao embargante.

7. O JUIZ NO PROCESSO DE EXECUÇÃO

Decorrido o prazo para resposta do exequente (com manifestação ou não) o juiz verificará da necessidade de dilação probatória designando audiência de conci-

---

II – nos casos de indeferimento da petição inicial e de improcedência liminar do pedido;
III – manifestamente protelatórios.
Parágrafo único. Considera-se conduta atentatória à dignidade da justiça o oferecimento de embargos manifestamente protelatórios.
6. CPC, Art. 919. Os embargos à execução não terão efeito suspensivo.
§ 1º O juiz poderá, a requerimento do embargante, atribuir efeito suspensivo aos embargos quando verificados os requisitos para a concessão da tutela provisória e desde que a execução já esteja garantida por penhora, depósito ou caução suficientes.
§ 2º Cessando as circunstâncias que a motivaram, a decisão relativa aos efeitos dos embargos poderá, a requerimento da parte, ser modificada ou revogada a qualquer tempo, em decisão fundamentada.
§ 3º Quando o efeito suspensivo atribuído aos embargos disser respeito apenas a parte do objeto da execução, esta prosseguirá quanto à parte restante.
§ 4º A concessão de efeito suspensivo aos embargos oferecidos por um dos executados não suspenderá a execução contra os que não embargaram quando o respectivo fundamento disser respeito exclusivamente ao embargante.
§ 5º A concessão de efeito suspensivo não impedirá a efetivação dos atos de substituição, de reforço ou de redução da penhora e de avaliação dos bens.

liação, instrução e julgamento ou, se não for o caso, proferirá julgamento conforme o estado do processo (CPC, art. 920).[7]

8. PARCELAMENTO DO DÉBITO EXEQUENDO

No prazo para embargos, reconhecendo o crédito do exequente e comprovando o depósito de 30% (trinta por cento) do valor em execução, acrescido de custas e de honorários de advogado, o executado poderá requerer que lhe seja permitido pagar o restante em até 6 (seis) parcelas mensais, acrescidas de correção monetária e de juros de um por cento ao mês (CPC art. 916, *caput*).[8]

Intima-se o exequente para se manifestar sobre o preenchimento das exigências para concessão de tal benefício ao credor e o juiz decidirá em seguida. Enquanto não for apreciado o requerimento, o executado deverá depositar as parcelas vincendas, sendo facultado ao exequente seu levantamento.

Se o juiz deferir a proposta de parcelamento, o exequente levantará a quantia depositada e serão suspensos atos executivos. Porém, sendo indeferida a proposta de parcelamento, prossegue-se com os atos executivos, sendo mantido o depósito que será convertido em penhora.

Contudo, se foi concedido o parcelamento, o não pagamento de qualquer das prestações acarretará, cumulativamente, o vencimento das prestações subsequentes e o prosseguimento do processo, com o imediato reinício dos atos executivos, além da imposição ao executado de multa de 10% (dez por cento) sobre o valor das prestações não pagas.

---

7. CPC, Art. 920. Recebidos os embargos:
   I – o exequente será ouvido no prazo de 15 (quinze) dias;
   II – a seguir, o juiz julgará imediatamente o pedido ou designará audiência;
   III – encerrada a instrução, o juiz proferirá sentença.
8. CPC, Art. 916. No prazo para embargos, reconhecendo o crédito do exequente e comprovando o depósito de trinta por cento do valor em execução, acrescido de custas e de honorários de advogado, o executado poderá requerer que lhe seja permitido pagar o restante em até 6 (seis) parcelas mensais, acrescidas de correção monetária e de juros de um por cento ao mês.
   § 1º O exequente será intimado para manifestar-se sobre o preenchimento dos pressupostos do caput, e o juiz decidirá o requerimento em 5 (cinco) dias.
   § 2º Enquanto não apreciado o requerimento, o executado terá de depositar as parcelas vincendas, facultado ao exequente seu levantamento.
   § 3º Deferida a proposta, o exequente levantará a quantia depositada, e serão suspensos os atos executivos.
   § 4º Indeferida a proposta, seguir-se-ão os atos executivos, mantido o depósito, que será convertido em penhora.
   § 5º O não pagamento de qualquer das prestações acarretará cumulativamente:
   I – o vencimento das prestações subsequentes e o prosseguimento do processo, com o imediato reinício dos atos executivos;
   II – a imposição ao executado de multa de dez por cento sobre o valor das prestações não pagas.
   § 6º A opção pelo parcelamento de que trata este artigo importa renúncia ao direito de opor embargos.
   § 7º O disposto neste artigo não se aplica ao cumprimento da sentença.

Atenção: a opção por este tipo de parcelamento importa renúncia ao direito de opor embargos à execução.

Importante: este parcelamento não se aplica ao cumprimento da sentença por expressa determinação legal (ver CPC, art. 916, § 7°).

9. EXCEÇÃO DE PRÉ-EXECUTIVIDADE OU OBJEÇÃO DE PRÉ-EXECUTIVIDADE

Apenas a título de curiosidade, é importante saber que a doutrina e a jurisprudência se encarregaram de criar esse mecanismo de defesa do executado que não está previsto em lei. Pode ser apresentado a qualquer tempo e independente de qualquer condição, quando a matéria a ser alegada seja de ordem pública ou qualquer outra matéria desde que aferível *prima facie*, isto é, sem a necessidade de dilação probatória.

Para que dúvidas não pairem, este instituto não pode ser utilizado se o executado pretender alegar, por exemplo, falsidade do documento ou de assinatura porque nestas circunstâncias, só será possível aferir se sua alegação é verdadeira mediante a realização de prova pericial. Se depender de dilação probatória, não é cabível exceção de pré-executividade.

No caso de exceção de pré-executividade o executado, por simples petição e independente de qualquer prazo (mesmo após o julgamento dos embargos), poderá provocar o juiz para, por exemplo, alertar da prescrição ou da decadência. Vamos rememorar que estas são matérias de ordem pública e podem ser conhecidas até mesmo de ofício pelo magistrado, a qualquer tempo e em qualquer grau de jurisdição.

Além do exemplo acima, outras situações também podem ser alegadas através da exceção de pré-executividade como, por exemplo:

a) Vícios ou defeitos na formação do processo: ausência de citação válida, incompetência do juízo, falta de intimação pessoal do executado etc.;

b) Nulidades absolutas, lembrando que elas jamais se convalescem com o decurso do tempo; e,

c) Da mesma forma, se for possível provar que a obrigação, por exemplo, já tinha sido extinta pelo pagamento que se prova pela anexação do recibo de quitação.

Este instituto já foi muito importante no processo civil, porém hoje perdeu bastante importância porque o réu pode fazer sua defesa, através dos Embargos à Execução, sem a necessidade de segurar o juízo (depositar o valor exequendo em juízo).

Se no processo civil o instituto perdeu alguma importância, nos processos de Execuções Fiscais, continua sendo muito utilizado porque neste tipo de execução é exigível o depósito prévio para poder apresentar embargos (ver Lei n° 6.830/80). A matéria é tão importante que o STJ editou a Súmula 393 de seguinte teor: "A exceção de pré-executividade é admissível na execução fiscal relativamente às matérias conhecíveis de ofício que não demandem dilação probatória" (STJ, PRIMEIRA SEÇÃO, julgado em 23/09/2009, DJe 07/10/2009).

Se dúvidas ainda restar sobre a importância deste instituto jurídico, basta consignar que se a exceção de pré-executividade for acolhida e o juiz entender que o Executado tem razão, isso poderá significar a extinção (total ou parcial) da execução.

Lição 10
DA SUSPENSÃO E DA EXTINÇÃO DO PROCESSO DE EXECUÇÃO

Sumário: 1. Notas introdutórias – 2. Da suspensão do processo; 2.1 Hipóteses de suspensão da execução; 2.2 Arquivamento dos autos; 2.3 Prescrição intercorrente – 3. Extinção do processo de execução; 3.1 Indeferimento da petição inicial; 3.2 Cumprimento da obrigação pelo devedor; 3.3 O executado obter a extinção total da dívida; 3.4 Renúncia do exequente ao crédito; 3.5 Prescrição intercorrente; 3.6 Recurso cabível contra a extinção do processo – 4. Execução extrajudicial.

1. NOTAS INTRODUTÓRIAS

Cabe destacar inicialmente que o processo de execução tem peculiaridades que justificam ter regras específicas no que diz respeito à atividade jurisdicional, tendo em vista que o que busca com esse processo é a intervenção do Estado para obrigar o devedor a cumprir com a obrigação assumida e inadimplida.

Nessa tarefa, ainda que não ocorra um julgamento de mérito, o processo somente será extinto por sentença e, como no procedimento comum, diversas causas podem motivar a suspensão do processo, conforme veremos nesta lição.

2. DA SUSPENSÃO DO PROCESSO

Advirta-se desde logo que o rol de hipóteses que autorizam a suspensão do processo de execução não é taxativo, pois poderão surgir outras hipóteses passíveis de serem aceitas como motivo para a suspensão do processo. A suspensão do processo de execução vai decorrer de uma causa provisória e será sempre temporária.

2.1 Hipóteses de suspensão da execução

O CPC prevê várias hipóteses de suspensão do processo, algumas delas similares às que suspendem o processo de conhecimento e outras próprias do processo de execução (CPC, art. 921[1] e 922[2]), senão vejamos:

a) **Mesmas causas que suspendem o processo de conhecimento:**

O processo de execução será suspenso em face da ocorrência das mesmas causas que suspenderiam o processo de conhecimento tais como a morte das partes ou de seus procuradores; convenção das partes; arguição de impedimento ou suspeição etc. (ver CPC, art. 313 e 315).

b) **Embargos recebidos com efeito suspensivo:**

Por óbvio que se os embargos forem recebidos com efeito suspensivo, o processo ficará suspenso até que se resolva o mérito dos embargos. Se a atribuição do efeito suspensivo for parcial, nada obsta que se possa dar continuidade à execução com relação a outra parte.

---

1. CPC, Art. 921. Suspende-se a execução:
   I – nas hipóteses dos arts. 315 e 315, no que couber;
   II – no todo ou em parte, quando recebidos com efeito suspensivo os embargos à execução;
   III – quando não for localizado o executado ou bens penhoráveis; (Redação dada pela Lei nº 14.195, de 2021)
   IV – se a alienação dos bens penhorados não se realizar por falta de licitantes e o exequente, em 15 (quinze) dias, não requerer a adjudicação nem indicar outros bens penhoráveis;
   V – quando concedido o parcelamento de que trata o art. 916.
   § 1º Na hipótese do inciso III, o juiz suspenderá a execução pelo prazo de 1 (um) ano, durante o qual se suspenderá a prescrição.
   § 2º Decorrido o prazo máximo de 1 (um) ano sem que seja localizado o executado ou que sejam encontrados bens penhoráveis, o juiz ordenará o arquivamento dos autos.
   § 3º Os autos serão desarquivados para prosseguimento da execução se a qualquer tempo forem encontrados bens penhoráveis.
   § 4º O termo inicial da prescrição no curso do processo será a ciência da primeira tentativa infrutífera de localização do devedor ou de bens penhoráveis, e será suspensa, por uma única vez, pelo prazo máximo previsto no § 1º deste artigo. (Redação dada pela Lei nº 14.195, de 2021)
   § 4º-A A efetiva citação, intimação do devedor ou constrição de bens penhoráveis interrompe o prazo de prescrição, que não corre pelo tempo necessário à citação e à intimação do devedor, bem como para as formalidades da constrição patrimonial, se necessária, desde que o credor cumpra os prazos previstos na lei processual ou fixados pelo juiz. (Incluído pela Lei nº 14.195, de 2021)
   § 5º O juiz, depois de ouvidas as partes, no prazo de 15 (quinze) dias, poderá, de ofício, reconhecer a prescrição no curso do processo e extingui-lo, sem ônus para as partes. (Redação dada pela Lei nº 14.195, de 2021)
   § 6º A alegação de nulidade quanto ao procedimento previsto neste artigo somente será conhecida caso demonstrada a ocorrência de efetivo prejuízo, que será presumido apenas em caso de inexistência da intimação de que trata o § 4º deste artigo. (Incluído pela Lei nº 14.195, de 2021)
   § 7º Aplica-se o disposto neste artigo ao cumprimento de sentença de que trata o art. 523 deste Código. (Incluído pela Lei nº 14.195, de 2021)
2. CPC, Art. 922. Convindo as partes, o juiz declarará suspensa a execução durante o prazo concedido pelo exequente para que o executado cumpra voluntariamente a obrigação.
   Parágrafo único. Findo o prazo sem cumprimento da obrigação, o processo retomará o seu curso.

c) **Executado não possui bens:**

Essa é a causa mais comum de suspensão do processo de execução. Não tem nenhum sentido dar continuidade no processo de execução se não são encontrados bens do devedor passíveis de serem penhorados. Nessas circunstâncias não há o que se fazer a não ser torcer para que o devedor venha a ter sua situação patrimonial modificada no transcurso do tempo em que o processo ficar suspenso.

d) **Quando não houver licitante:**

Outra causa que também suspende o processo de execução é a falta de interessado no leilão, mesmo assim condicionado a que o exequente não manifeste interesse em adjudicar bens que foram levados à praça ou não indique outros bens penhoráveis no prazo de 15 (quinze) dias. Advirta-se, contudo, que nada impede que o exequente, depois de certo lapso de tempo, requeira novo praceamento para o mesmo bem.

e) **Quando concedido parcelamento:**

Tendo sido concedido o parcelamento do pagamento do débito exequendo o processo ficará suspenso até que seja finalizado o pagamento de todas as parcelas, quando então será extinto pela satisfação da obrigação. Cessa também a suspensão caso o devedor venha a descumprir o acordo de parcelamento (ver CPC, art. 916).

f) **Acordo das partes:**

As partes podem livremente convencionar a suspensão do processo pelo tempo que entendam ser necessário para que, por exemplo, o devedor possa viabilizar os meios necessários à quitação do débito exequendo. Nesta circunstância o juiz deverá declarar a suspensão da execução pelo prazo solicitado conjuntamente pelas partes. Nesse caso, entendemos que não se aplica a limitação constante do art. 313, § 5º do CPC.

A regra é que durante a suspensão do processo não se pratique atos processuais, podendo o juiz, salvo no caso de arguição de impedimento ou de suspeição, ordenar providências urgentes (CPC, art. 923).[3]

Terminada a causa que motivou a suspensão, o processo retomará a sua marcha natural até final sentença.

2.2 Arquivamento dos autos

O prazo máximo para a suspensão do processo de execução é de 1 (um) ano na hipótese de o executado não ser encontrado ou não ter bens penhoráveis. Após

---

3. CPC, Art. 923. Suspensa a execução, não serão praticados atos processuais, podendo o juiz, entretanto, salvo no caso de arguição de impedimento ou de suspeição, ordenar providências urgentes.

este prazo, sem haver bens penhoráveis, o juiz ordenará o arquivamento dos autos, mas isso não significa extinção do feito executivo.

Nesse caso, o credor poderá promover o desarquivamento dos autos para prosseguimento da execução a qualquer tempo, desde que, de duas uma: tendo diligenciado, encontre o novo endereço onde o executado possa ser citado; ou, encontre novos bens do devedor passíveis de penhora.

A fixação desse prazo de 1 (um) ano é importante como marco inicial da prescrição intercorrente.

2.3 Prescrição intercorrente

No prazo de suspensão da execução de 1 (um) ano, por não serem encontrados bens do devedor, a prescrição estará em suspenso. Depois de decorrido este prazo de 1 (um) ano sem manifestação do exequente, começará a correr o prazo da prescrição intercorrente.

Atingido o prazo da prescrição, o juiz ouvirá os litigantes, no prazo de 15 (quinze) dias úteis. Caso não seja apresentada nenhuma razão justificável, o juiz de ofício poderá reconhecer a prescrição intercorrente e extinguir o processo.

Atenção: a necessidade de ouvir as partes antes de pronunciar a prescrição intercorrente vem em prestígio ao princípio do contraditório participativo (ver CPC, art. 10).

Esclarecimento: prescrição intercorrente é a perda do direito de ação dentro de um processo que se encontra em tramitação, em razão da inércia do autor, que deixou de praticar os atos necessários para que o processo atingisse o seu fim, cujo prazo será aquele previsto na lei material.[4]

3. EXTINÇÃO DO PROCESSO DE EXECUÇÃO

O processo de execução será extinto por sentença que reconheça uma das hipóteses taxativamente previstas no art. 924,[5] vejamos:

---

4. STF – Súmula 150: Prescreve a execução no mesmo prazo de prescrição da ação.
5. CPC, Art. 924. Extingue-se a execução quando:
   I – a petição inicial for indeferida;
   II – a obrigação for satisfeita;
   III – o executado obtiver, por qualquer outro meio, a extinção total da dívida;
   IV – o exequente renunciar ao crédito;
   V – ocorrer a prescrição intercorrente.

3.1 Indeferimento da petição inicial

A petição inicial será indeferida quando ocorrer qualquer das situações previstas nos arts. 330, 332 e 801 do CPC, tais como, a petição inicial for considera inepta, for reconhecida a ilegitimidade de parte, o pedido contrariar súmula do STF ou STJ, a petição não estiver acompanhada de documento indispensável à propositura da ação, dentre outros exemplos.

3.2 Cumprimento da obrigação pelo devedor

A forma natural de extinção da execução é aquela através da qual o devedor satisfaz a obrigação exequenda. Afinal de contas, o objetivo da execução é exatamente o de obter do devedor o cumprimento da obrigação. Cumprida a obrigação o processo terá atingido o seu principal objetivo e, portanto, deve ser extinto (ver CPC, art. 788).

3.3 O executado obter a extinção total da dívida

O executado pode obter, por qualquer outro meio, a extinção total da dívida. Nada obsta possa haver entre as partes interesse na autocomposição e assim liquidar a dívida através da transação ou qualquer outro meio negocial (bilateral). Pode também ocorrer, por exemplo, a remissão total da dívida (unilateral).

3.4 Renúncia do exequente ao crédito

Qualquer um pode renunciar a um direito. O ato de renúncia não depende da concordância da outra parte por ser ato tipicamente unilateral. Assim, se o credor renunciar depois da propositura da ação caberá ao juiz, independente da manifestação da outra parte, extinguir o processo executivo.

3.5 Prescrição intercorrente

Ocorrerá a prescrição intercorrente quando o exequente deixar o processo parado pelo prazo prescricional equivalente ao direito material que embasa a execução. Reconhecida a prescrição intercorrente, este será mais um motivo de extinção do processo de execução.

Atenção: a extinção do processo de execução só produz efeito quando declarada por sentença (CPC, art. 925).[6]

---

6. CPC, Art. 925. A extinção só produz efeito quando declarada por sentença.

3.6 Recurso cabível contra a extinção do processo

Extinto o processo por qualquer que seja a razão, o recurso cabível é a apelação (ver CPC, art. 1.009). Isso parece claro porque a extinção do processo se dá através de sentença e o recurso cabível para a eventual revisão da sentença é a apelação.

4. EXECUÇÃO EXTRAJUDICIAL

Só a título de curiosidade é importante informar que a Lei n° 14.711/23 criou um sistema de execução extrajudicial, aplicáveis aos créditos com garantia hipotecária, a execução extrajudicial de garantia imobiliária em concurso de credores, o procedimento de busca e apreensão extrajudicial de bens móveis em caso de inadimplemento de contrato de alienação fiduciária.

Essa lei ficou conhecida como "Marco Legal das Garantias de Empréstimos" e seu objetivo principal foi criar mecanismos de aprimoramento das regras no tocante às questões de créditos e às medidas extrajudiciais para recuperação de crédito no Brasil.

Essa lei alterou vários dispositivos de várias leis, cabendo destacar as inovações promovidas na Lei n° 9.514/1997 exatamente no que diz respeito ao procedimento de execução de imóvel em alienação fiduciária.

Parte III
Dos procedimentos especiais de jurisdição contenciosa

NOTAS INTRODUTÓRIAS

Cumpre esclarecer que o nosso Código de Processo Civil prevê a existência de dois tipos de processo: Processo de Conhecimento e Processo de Execução.

Importante deixar claro a diferença entre os dois, que se resume basicamente ao seguinte:

a) O processo de conhecimento é aquele em que o juiz vai conhecer o problema e frente as provas, dizer quem tem direito em uma determinada situação.

b) No processo de execução o papel do juiz é somente determinar as medidas necessárias para satisfazer o direito que o exequente está pleiteando.

O processo de conhecimento engloba dois tipos:

a) O procedimento comum e,
b) Os procedimentos especiais.

Já vimos como funciona o procedimento comum. Para quem já estudou o procedimento comum irá verificar que esse procedimento nem sempre é o procedimento mais adequado para resolver os mais variados conflitos que surgem no nosso cotidiano, razão pela qual o legislador acabou por criar alguns procedimentos especiais, tanto de jurisdição contenciosa quanto de jurisdição voluntária.

No caso dos procedimentos especiais de jurisdição contenciosa são processos que visam resolver conflitos de interesses por meio do Poder Judiciário e que têm peculiaridades que justificam um procedimento próprio.

Neste capítulo vamos estudar os procedimentos especiais de jurisdição contenciosa que são os seguintes:

a) Ação de consignação em pagamento;
b) Ação de exigir contas;
c) Ações possessórias;
d) Ação de divisão e demarcação de terras particulares;
e) Ação de dissolução parcial de sociedade;
f) Ação de inventário, partilha e arrolamento;
g) Dos embargos de terceiro;
h) Da oposição;
i) Da habilitação;

j) Ações de família;
k) Ação monitória;
l) Da homologação do penhor legal;
m) Da ação de regulação de avaria grossa; e,
n) Da ação de restauração dos autos.

Os procedimentos especiais estão inseridos no Código de Processo Civil entre os artigos 539 a 718 (procedimentos de jurisdição contenciosa) e artigos 719 a 770 (procedimentos de jurisdição voluntária).

Conforme ensina o mestre Elpidio Donizetti os procedimentos especiais denominados contenciosos são aqueles em que a jurisdição atua no sentido de compor, satisfazer ou acautelar direitos podendo haver duas ou mais fusão de atividades. Já na jurisdição voluntária não haverá lide e o estado apenas irá promover a administração de interesses privados ou a integração em negócios privados para lhe emprestar validade.[1]

Além dos procedimentos especiais previstos no Código de Processo Civil existem outros regulados em leis esparsas tais como os Juizados Especiais (estadual e federal), ações locativas, Mandado de Segurança etc.

---
1. DONIZETTI, Elpidio. *Curso de direito processual civil*, p. 748.

Lição 11
DA AÇÃO DE CONSIGNAÇÃO EM PAGAMENTO

Sumário: 1. A consignação em pagamento – 2. Cabimento da ação de consignação – 3. Consignação extrajudicial – 4. Processamento da ação de consignação judicial – 5. Juízo competente – 6. Legitimidade ativa e passiva – 7. Requisitos da petição inicial – 8. Consignação envolvendo prestações sucessivas – 9. Da contestação – 10. Sentença final.

1. A CONSIGNAÇÃO EM PAGAMENTO

A ação de consignação em pagamento é destinada a obter a extinção da obrigação com a consequente liberação do devedor, mediante o depósito do dinheiro ou da coisa, a ser feito pelo próprio devedor ou terceiro, nos casos autorizados por lei (CPC, art. 539),[2] afastando assim a mora do devedor (mora *solvendi*) e constituindo o credor em mora (mora *accipiendi*).

Portanto, consignar nada mais é do que depositar a prestação devida ao credor, na impossibilidade de fazer o pagamento diretamente a ele, cujo efeito é a liberação do devedor, e pode ser de duas formas, vejamos:

a) **Extrajudicial:**

Quando o pagamento for em dinheiro o devedor tem duas opções, ou faz o depósito judicialmente ou pode fazê-lo extrajudicialmente, depositando o devido em instituição bancária oficial.

---

2. CPC, Art. 539. Nos casos previstos em lei, poderá o devedor ou terceiro requerer, com efeito de pagamento, a consignação da quantia ou da coisa devida.

§ 1º Tratando-se de obrigação em dinheiro, poderá o valor ser depositado em estabelecimento bancário, oficial onde houver, situado no lugar do pagamento, cientificando-se o credor por carta com aviso de recebimento, assinado o prazo de 10 (dez) dias para a manifestação de recusa.

§ 2º Decorrido o prazo do § 1º, contado do retorno do aviso de recebimento, sem a manifestação de recusa, considerar-se-á o devedor liberado da obrigação, ficando à disposição do credor a quantia depositada.

§ 3º Ocorrendo a recusa, manifestada por escrito ao estabelecimento bancário, poderá ser proposta, dentro de 1 (um) mês, a ação de consignação, instruindo-se a inicial com a prova do depósito e da recusa.

§ 4º Não proposta a ação no prazo do § 3º, ficará sem efeito o depósito, podendo levantá-lo o depositante.

b) **Judicial**:

Como dito acima, se a obrigação envolve pagamento em dinheiro, o devedor pode optar pelo depósito judicial ou extrajudicial, porém se for coisa, a única opção é a consignação em juízo.

2. CABIMENTO DA AÇÃO DE CONSIGNAÇÃO

É importante deixar claro que só se pode utilizar desse instituto nos casos expressamente autorizados por lei. Quer dizer, não é qualquer situação que vai autorizar o devedor a propor esse tipo de ação.

Aliás, se o devedor interpuser ação desse tipo e depois for julgado improcedente, arcará não só com as consequências da mora, como também com os ônus sucumbenciais (custas e honorários advocatícios) e ainda poderá ser apenado por litigância de má-fé, conforme o caso.

Por tudo isso é importante verificar em quais situações cabe utilizar este instrumento de liberação do devedor. As situações que autorizam a propositura da ação de consignação em pagamento vêm expressas no art. 335 do Código Civil, que são:

a) **Se o credor não puder, ou, sem justa causa, recusar receber o pagamento, ou dar quitação na devida forma**:

Essa é a chamada mora *accipiendi* (mora do credor) e a dívida do tipo **portable**, cujo pagamento deve ser realizado no domicílio do credor. Veja que não é só o caso de embaraço no recebimento, mas também na recusa em dar a devida quitação. Nestas circunstâncias, o devedor está autorizado a adotar o caminho da consignação como forma de se liberar da obrigação e não sofrer os ônus do inadimplemento.

b) **Se o credor não for, nem mandar receber a coisa no lugar, tempo e condição devidos**:

Este é o caso de dívida **quérable**, cujo pagamento deve ocorrer no domicílio do devedor e o só fato de o credor não comparecer para receber e nem mandar alguém o fazer, já é motivo suficiente para autorizar a consignação. Nesse caso, basta o devedor alegar que o credor não foi receber o que lhe era devida, invertendo-se o ônus da prova.

c) **Se o credor for incapaz de receber, for desconhecido, declarado ausente, ou residir em lugar incerto ou de acesso perigoso ou difícil**:

Este terceiro permissivo engloba várias hipóteses, vejamos cada uma delas para que dúvidas não pairem. A **primeira hipótese** é do credor incapaz de receber. Nada obsta que entre a assunção do compromisso e o dia de sua quitação possa ter advindo a incapacidade superveniente do credor. Pode também ter havido a cessão do crédito e o novo credor seja incapaz. Lembrem-se sempre que os negócios jurídicos para ter validade necessitam, dentre outros, de agente capaz (ver CC, art. 104). De sorte que se o devedor pagar a quem for incapaz de receber e dar quitação, poderá ver questionada a regularidade desse pagamento. A **segunda hipótese** é a do credor desconhecido ou que tenha sido declarado ausente. É difícil o credor ser desconhecido, mas tal fato pode ocorrer como, por exemplo, na sucessão hereditária em que você não sabe quem vai ser o representante do *de cujus* (inventariante). Já quanto ao ausente, se o credor for considerado ausente, será necessário que lhe seja nomeado curador que lhe representará (ver CC, art. 22). A **última hipótese** é de o credor residir em lugar incerto ou de acesso perigoso ou difícil: aqui o legislador se preocupou com a segurança e bem-estar do devedor que não pode ser obrigado a expor sua vida a riscos para cumprir uma obrigação. Assim, poderá consignar o pagamento se provar uma das premissas acima mencionada.

d) **Se ocorrer dúvida sobre quem deva legitimamente receber o objeto do pagamento:**

Não se esqueçam daquela máxima que diz: quem paga mal, paga duas vezes. Assim, se houver dúvidas legítimas sobre quem deva ser o credor apto a receber e dar quitação, a solução será realizar a consignação e os dois que compareçam em juízo e provem sua qualidade de credor, levantando os valores depositados.

e) **Se pender litígio sobre o objeto do pagamento:**

Nestas circunstâncias se o devedor realizar o pagamento estará assumindo o risco de ter que pagar novamente (ver CC, art. 312).

3. CONSIGNAÇÃO EXTRAJUDICIAL

Tratando-se de obrigação em dinheiro, o devedor tem a opção de depositar a quantia em banco oficial, situado no lugar do pagamento, em conta remunerada, cientificando o credor, por carta com AR, na qual conste que ele tem o prazo de 10 (dez) dias para manifestar sua eventual recusa. Se o credor quedar-se silente, considerar-se-á o devedor liberado da obrigação, ficando à disposição do credor a quantia depositada (consignação extrajudicial).

Havendo a recusa manifestada por escrito, o devedor deverá propor, no prazo de 1 (um) mês, a ação de consignação instruindo-a com a prova do depósito e da recusa.

Se o devedor não propuser a ação no prazo assinalado, o depósito realizado ficará sem o efeito liberatório e o depositante poderá levantá-lo.

4. PROCESSAMENTO DA AÇÃO DE CONSIGNAÇÃO JUDICIAL

A ação de consignação e pagamento é uma ação de rito especial que, como qualquer outra, deve obedecer aos princípios do contraditório e da ampla defesa, por isso mesmo, proposta a ação o réu será citado para contestar quando então poderá arguir toda e qualquer matéria de defesa que lhe seja útil.

Contestada a ação, a mesma seguirá o rito ordinário e terminará com uma sentença de procedência ou improcedência da ação. Procedente a ação, o depósito fará as vezes de pagamento e o devedor estará liberado. Se, de outro lado, a ação for julgada improcedente, o devedor arcará com os custos de sua aventura judicial.

> **Atenção:** Entendemos que nesse procedimento é perfeitamente possível a designação de audiência de conciliação ou de mediação e, se isso correr, a contestação somente será oferecida após a sua realização frustrada (ver CPC, arts. 334 e 335).

5. JUÍZO COMPETENTE

A ação será proposta no lugar onde o pagamento da dívida em dinheiro deveria ocorrer, cessando para o devedor, à data do depósito, os juros e os riscos, salvo se a demanda for julgada improcedente ao final (CPC, art. 540).[3]

O Código de Processo Civil não prevê nesta seção qual seria o foro competente quando a consignação versar sobre o depósito de coisas. Na omissão, devemos considerar como competente o foro do lugar onde a coisa se encontrar, nos termos do disposto no art. 341 do Código Civil.

6. LEGITIMIDADE ATIVA E PASSIVA

Têm legitimação ativa para requerer a medida tanto o próprio devedor quanto os seus sucessores, assim como terceira pessoa que queira, por ele, saldar a dívida.

Têm legitimação passiva aquele que o autor reputa seja o credor ou credores da obrigação, conforme o caso. Se ocorrer dúvida sobre quem deva legitimamente receber o pagamento, o autor requererá o depósito e a citação dos possíveis titulares do crédito para provarem o seu direito (CPC, art. 547).[4]

---

3. CPC, Art. 540. Requerer-se-á a consignação no lugar do pagamento, cessando para o devedor, à data do depósito, os juros e os riscos, salvo se a demanda for julgada improcedente.
4. CPC, Art. 547. Se ocorrer dúvida sobre quem deva legitimamente receber o pagamento, o autor requererá o depósito e a citação dos possíveis titulares do crédito para provarem o seu direito.

No caso de dúvida sobre quem legitimamente deva receber, o juiz, depois de realizadas as citações, além de liberar o devedor (autor) deverá adotar, conforme o caso, uma das seguintes posturas (CPC, art. 548):[5]

a) **Não comparece ninguém:**

Não comparecendo pretendente algum, converter-se-á o depósito em arrecadação de coisas vagas.

b) **Aparece apenas um dos credores:**

Comparecendo apenas um dos possíveis credores, o juiz decidirá de plano quais os próximos passos da ação.

c) **Se comparecer mais de um credor:**

Comparecendo mais de um credor, o juiz declarará efetuado o depósito e extinta a obrigação e o processo continuará a correr agora somente entre os pretensos credores, observado o procedimento comum, para verificar quem efetivamente é credor.

7. REQUISITOS DA PETIÇÃO INICIAL

Além dos requisitos próprios de qualquer petição inicial (ver CPC, arts. 319 e 320), no caso de consignação em pagamento o autor deverá requerer (CPC, art. 542),[6] expressamente:

a) O depósito da quantia ou da coisa devida, a ser efetivado no prazo de 5 (cinco) dias contados do deferimento. Nesse caso, se o depósito não for realizado no prazo, o processo será extinto sem resolução do mérito.

Atenção: esta exigência quanto ao depósito não vale para a ação que será proposta em face da recusa de levantamento do depósito bancário por decorrência da consignação extrajudicial (ver CPC, art. 539, § 3°).

b) A citação do réu para, de duas uma: levantar o depósito realizado ou oferecer contestação caso não concorde com os termos da consignação.

---

5. CPC, Art. 548. No caso do art. 547:
   I – não comparecendo pretendente algum, converter-se-á o depósito em arrecadação de coisas vagas;
   II – comparecendo apenas um, o juiz decidirá de plano;
   III – comparecendo mais de um, o juiz declarará efetuado o depósito e extinta a obrigação, continuando o processo a correr unicamente entre os presuntivos credores, observado o procedimento comum.
6. CPC, Art. 542. Na petição inicial, o autor requererá:
   I – o depósito da quantia ou da coisa devida, a ser efetivado no prazo de 5 (cinco) dias contados do deferimento, ressalvada a hipótese do art. 539, § 3°;
   II – a citação do réu para levantar o depósito ou oferecer contestação.
   Parágrafo único. Não realizado o depósito no prazo do inciso I, o processo será extinto sem resolução do mérito.

Importante: Se a ação versar sobre coisa indeterminada, cuja escolha caiba ao credor, será este citado para exercer o direito dentro de 5 (cinco) dias, se outro prazo não constar de lei ou do contrato, ou para aceitar que o devedor a faça, devendo o juiz, ao despachar a petição inicial, fixar lugar, dia e hora em que se fará a entrega, sob pena de depósito (CPC, art. 543).[7]

8. CONSIGNAÇÃO ENVOLVENDO PRESTAÇÕES SUCESSIVAS

No caso de prestações sucessivas (periódicas), uma vez consignada a primeira prestação, o devedor poderá realizar os demais depósitos vincendos, no mesmo processo, em até 5 (cinco) dias, após o respectivo vencimento (CPC, art. 541).[8]

Quer dizer, consignada a primeira prestação não será necessária nova ação de consignação para as parcelas que se vencerão no futuro. Enquanto o processo tramitar o devedor irá, mês a mês, realizando os novos depósitos.

9. DA CONTESTAÇÃO

Na contestação o réu poderá invocar que não houve recusa ou mora em receber a quantia ou a coisa devida; ou que foi justa a recusa; ou ainda, o depósito não se efetuou no prazo ou no lugar do pagamento; e, finalmente, o depósito não é integral. Além disso, se tiver algum ponto para pedir em reconvenção, deverá fazê-lo também em contestação, já que a reconvenção também será apresentada na contestação (ver CPC, art. 343).

Importante: Se o réu alegar que o depósito não é integral, deverá indicar claramente qual é o montante que entende devido, instruindo sua petição com o demonstrativo de débito, sob pena de indeferimento liminar de sua contestação (CPC, art. 544).[9]

---

7. CPC, Art. 543. Se o objeto da prestação for coisa indeterminada e a escolha couber ao credor, será este citado para exercer o direito dentro de 5 (cinco) dias, se outro prazo não constar de lei ou do contrato, ou para aceitar que o devedor a faça, devendo o juiz, ao despachar a petição inicial, fixar lugar, dia e hora em que se fará a entrega, sob pena de depósito.
8. CPC, Art. 541. Tratando-se de prestações sucessivas, consignada uma delas, pode o devedor continuar a depositar, no mesmo processo e sem mais formalidades, as que se forem vencendo, desde que o faça em até 5 (cinco) dias contados da data do respectivo vencimento.
9. CPC, Art. 544. Na contestação, o réu poderá alegar que:
    I – não houve recusa ou mora em receber a quantia ou a coisa devida;
    II – foi justa a recusa;
    III – o depósito não se efetuou no prazo ou no lugar do pagamento;
    IV – o depósito não é integral.
    Parágrafo único. No caso do inciso IV, a alegação somente será admissível se o réu indicar o montante que entende devido.

Caso o réu alegue insuficiência no depósito e tenha indicado qual o montante que ainda seria o devido, o autor terá o prazo de 10 (dez) dias para completar o pagamento (CPC, art. 545).[10]

Independente da discussão em torno do acertamento do montante, o réu (credor) poderá levantar, desde logo, a quantia ou a coisa depositada, com a consequente liberação parcial do autor, prosseguindo o processo quanto à parcela controvertida.

Nesse caso, a sentença que concluir pela insuficiência do depósito determinará, sempre que possível, o montante devido e valerá como título executivo, facultado ao credor promover-lhe o cumprimento nos mesmos autos, após liquidação, se necessária.

10. SENTENÇA FINAL

Julgado procedente o pedido, o juiz declarará extinta a obrigação e condenará o réu ao pagamento de custas e honorários advocatícios da parte autora.

O juiz deverá proceder do mesmo modo se o credor receber o depósito consignado e der quitação, mesmo sem ter apresentado contestação (CPC, art. 546).[11]

Se o juiz julgar a ação improcedente, deverá fixar qual o exato valor devido e, essa decisão, irá se constituir em título executivo judicial em favor do credor. Quer dizer, nesse caso a sentença não será apenas declaratória, tendo em vista que terá carga condenatória e valerá como título executivo judicial (Ver CPC, art. 515, I).

---

10. CPC, Art. 545. Alegada a insuficiência do depósito, é lícito ao autor completá-lo, em 10 (dez) dias, salvo se corresponder a prestação cujo inadimplemento acarrete a rescisão do contrato.
    § 1º No caso do caput, poderá o réu levantar, desde logo, a quantia ou a coisa depositada, com a consequente liberação parcial do autor, prosseguindo o processo quanto à parcela controvertida.
    § 2º A sentença que concluir pela insuficiência do depósito determinará, sempre que possível, o montante devido e valerá como título executivo, facultado ao credor promover-lhe o cumprimento nos mesmos autos, após liquidação, se necessária.
11. CPC, Art. 546. Julgado procedente o pedido, o juiz declarará extinta a obrigação e condenará o réu ao pagamento de custas e honorários advocatícios.
    Parágrafo único. Proceder-se-á do mesmo modo se o credor receber e der quitação.

Lição 12
DA AÇÃO DE EXIGIR CONTAS

Sumário: 1. Notas introdutórias – 2. As pessoas obrigadas a prestar contas – 3. A forma pela qual se deve prestar as contas – 4. Requisitos da petição inicial – 5. Legitimidade e foro competente – 6. As atitudes do réu – 7. Ação de duplo estágio – 8. Efeitos da sentença. 9. Recurso contra a sentença.

1. NOTAS INTRODUTÓRIAS

Qualquer pessoa que esteja na administração de bens ou interesses alheios, tem a obrigação de prestar contas de sua administração.

A ação de exigir contas é cabível para exigir que alguém preste as contas devidas, cujo procedimento segue o que disciplina os arts. 550 a 553 do Novo Código de Processo Civil. É uma ação que cabe exclusivamente àqueles que afirmarem serem credores do direito de exigi-las (CPC, art. 550).[1]

> **Atenção:** O novo Código de Processo Civil disciplina um procedimento específico apenas para a ação de exigir contas (procedimento especial). Se alguém pretende prestar conta, deverá fazê-lo utilizando o procedimento comum.

---

1. CPC, Art. 550. Aquele que afirmar ser titular do direito de exigir contas requererá a citação do réu para que as preste ou ofereça contestação no prazo de 15 (quinze) dias.
   § 1º Na petição inicial, o autor especificará, detalhadamente, as razões pelas quais exige as contas, instruindo-a com documentos comprobatórios dessa necessidade, se existirem.
   § 2º Prestadas as contas, o autor terá 15 (quinze) dias para se manifestar, prosseguindo-se o processo na forma do Capítulo X do Título I deste Livro.
   § 3º A impugnação das contas apresentadas pelo réu deverá ser fundamentada e específica, com referência expressa ao lançamento questionado.
   § 4º Se o réu não contestar o pedido, observar-se-á o disposto no art. 355.
   § 5º A decisão que julgar procedente o pedido condenará o réu a prestar as contas no prazo de 15 (quinze) dias, sob pena de não lhe ser lícito impugnar as que o autor apresentar.
   § 6º Se o réu apresentar as contas no prazo previsto no § 5º, seguir-se-á o procedimento do § 2º, caso contrário, o autor apresentá-las-á no prazo de 15 (quinze) dias, podendo o juiz determinar a realização de exame pericial, se necessário.

Curiosidade: No CPC/73 essa ação era chamada de ação de "prestação de conta" e podia ser manejada tanto pelo credor (exigir contas) quanto pelo devedor (prestar contas).

2. AS PESSOAS OBRIGADAS A PRESTAR CONTAS

Em muitas situações, pessoas que estejam administrando bens de terceiros, podem ser obrigados a prestar contas de suas atividades ou dos resultados de sua administração.

Essa ação é cabível também em face de quantias pagas, em razão da rescisão contratual por inadimplemento do devedor, para que este exija a devolução dos valores que foram pagos, como, por exemplo, nos casos de consórcio, apreensão de bens de alienação fiduciária, compra de bens imóveis, dentre outros.

Assim, a obrigatoriedade pode decorrer de contrato ou da função que a pessoa possa ter assumido em virtude da lei.

Exemplos em razão da lei: no nosso sistema jurídico diversas pessoas têm o dever legal de prestar contas, entre eles: os tutores e curadores (ver CC, arts. 1756 e 1.774), o inventariante e o testamenteiro (ver CC, arts. 1.980 e 2.020), o mandatário (ver CC, art. 680), dentre outros.

Exemplos em razão do contrato: nas sociedades comerciais em geral, os sócios podem pedir prestação de contas aos gerentes e administradores; o consorciado pode exigir prestação de contas da administradora do consórcio; o síndico pode pedir prestação de contas à administradora do condomínio, dentre várias outras hipóteses.

3. A FORMA PELA QUAL SE DEVE PRESTAR AS CONTAS

As contas do réu devem ser apresentadas na forma adequada, especificando-se as receitas, a aplicação das despesas e os investimentos, de sorte que possa ser aferida a sua regularidade por qualquer pessoa (CPC, art. 551).[2]

Quer dizer, as contas devem ser apresentadas de forma detalhada, parcela por parcela, com a discriminação dos créditos e débitos de forma mercantil, com a apresentação do saldo final que pode ser credor ou devedor.

---

2. CPC, Art. 551. As contas do réu serão apresentadas na forma adequada, especificando-se as receitas, a aplicação das despesas e os investimentos, se houver.

§ 1º Havendo impugnação específica e fundamentada pelo autor, o juiz estabelecerá prazo razoável para que o réu apresente os documentos justificativos dos lançamentos individualmente impugnados.

§ 2º As contas do autor, para os fins do art. 550, § 5º, serão apresentadas na forma adequada, já instruídas com os documentos justificativos, especificando-se as receitas, a aplicação das despesas e os investimentos, se houver, bem como o respectivo saldo.

Advirta-se ainda que a prestação de contas deve vir acompanhada dos documentos indispensáveis à comprovação das despesas e receitas.

4. REQUISITOS DA PETIÇÃO INICIAL

Aquele que afirmar ser titular do direito de exigir contas requererá a citação do réu para que as preste ou ofereça contestação no prazo de 15 (quinze) dias (ver CPC, art. 550).

Na petição inicial, que deverá obedecer as disposições dos arts. 319 e 320 do CPC, o autor especificará, detalhadamente, as razões pelas quais exige as contas, instruindo-a com documentos comprobatórios dessa necessidade, se existir.

5. LEGITIMIDADE E FORO COMPETENTE

Na ação de exigir contas, o legitimado ativo é aquele que tem o direito de exigir contas, ao passo que o réu será aquele que o autor entende que esteja obrigado a prestá-la.

A ação deverá ser ajuizada no foro competente, sendo que as regras gerais de competência têm validade neste tipo de ação (ver CPC, art. 46 e ss).

Advirta-se, contudo que as contas do inventariante, do tutor, do curador, do depositário e de qualquer outro administrador judicial serão prestadas em apenso aos autos do processo em que tiver sido nomeado (CPC, art. 553).[3] Trata-se de pessoas nomeadas judicialmente para administrar bens de terceiros. Nesses casos não se forma um processo autônomo, pois a prestação de contas será requerida por simples petição no bojo do próprio processo que está em andamento, porém em autos apenso.

> **Atenção:** Apuradas as contas das pessoas nomeadas judicialmente, se for condenado a pagar o saldo e não o fizer no prazo legal, o juiz poderá destituí-lo do cargo, sequestrar os bens sob sua guarda, glosar o prêmio ou a gratificação a que teria direito e determinar as medidas executivas necessárias à recomposição do prejuízo.

6. AS ATITUDES DO RÉU

O réu será citado para que preste as contas ou ofereça contestação no prazo de 15 (quinze) dias. Assim, depois de regularmente citado ele tem 3 (três) opções:

---

3. CPC, Art. 553. As contas do inventariante, do tutor, do curador, do depositário e de qualquer outro administrador serão prestadas em apenso aos autos do processo em que tiver sido nomeado.
Parágrafo único. Se qualquer dos referidos no caput for condenado a pagar o saldo e não o fizer no prazo legal, o juiz poderá destituí-lo, sequestrar os bens sob sua guarda, glosar o prêmio ou a gratificação a que teria direito e determinar as medidas executivas necessárias à recomposição do prejuízo.

a) **Reconhece o seu dever e presta as contas que foram exigidas:**

Nesse caso, o autor terá 15 (quinze) dias para se manifestar, podendo impugnar as contas prestadas, de forma fundamentada e específica, com referência expressa ao lançamento questionado. Depois disso o juiz proferirá decisão.

b) **Contesta a ação:**

O réu poderá se opor a ação de exigir contas alegando, por exemplo, que não tem obrigação nenhum de prestar as contas que lhes estão sendo exigidas. Poderá também se opor, informando que já prestou as contas devidas.

c) **Não presta as contas nem contesta o pedido:**

Se o réu não contestar o pedido, o juiz, considerando que ele é revel, julgará antecipadamente o pedido, proferindo sentença com resolução de mérito (ver CPC, art. 355, II).

7. AÇÃO DE DUPLO ESTÁGIO

Dependendo das circunstâncias a ação de exigir contas poderá ter dois estágios: um determinando a obrigatoriedade de prestar contas; e, outro, julgando as contas prestadas. Quer dizer, num primeiro momento se discute se o réu tem o dever de prestar as contas que lhes são exigidas (não se discute o *quantum*); e, depois, se ele foi considerado obrigado a prestar, analisa-se as contas prestadas, apurando-se o saldo que pode ser devedor ou credor.

Vamos imaginar que o autor ingressou com a ação de exigir contas e o réu as prestou sem maiores problemas. Nesse caso, a ação terá apenas um estágio no qual apenas irá se verificar da regularidade das contas prestadas.

O problema surge quando o réu reage e entende que não deve prestar as contas, apresentando sua contestação. Nesse caso, a primeira decisão do juiz é quanto à obrigatoriedade, ou não, de o réu prestar as contas.

Se o juiz julgar procedente o pedido, condenará o réu a prestar as contas no prazo de 15 (quinze) dias, abrindo-se duas possibilidades:

a) **O réu apresenta as contas:**

Se o réu apresentar as contas no prazo estipulado, o juiz mandará o autor falar sobre as contas podendo-as impugnar. Em seguida o juiz decidirá, se necessário, com a ajuda de perito judicial.

b) **O réu não apresenta as contas:**

Passado o prazo para apresentação das contas, se o réu quedar-se silente, o autor apresentará a sua versão das contas devidas e o réu não as poderá impugnar. Nesse caso, o juiz verificará da regularidade das contas apresentadas pelo autor e proferirá decisão.

8. EFEITOS DA SENTENÇA

A sentença que apurar o saldo das contas prestadas (segunda fase da ação de exigir contas) é título executivo judicial e, como tal, passível de execução forçada (CPC, art. 552).[4]

9. RECURSO CONTRA A SENTENÇA

É preciso prestar muita atenção, pois dependendo da decisão proferida pelo juiz caberá agravo de instrumento ou apelação, senão vejamos.

Já deixamos consignado que esta ação, em algumas situações, tem dois estágios sendo certo que no primeiro estágio o juiz vai decidir se o réu está obrigado a prestar (ou não) as contas. Em sendo assim, a decisão que julga a obrigatoriedade de prestar contas é uma decisão interlocutória parcial de mérito que não põe fim ao processo e, em sendo assim, o recurso cabível é o agravo de instrumento.

Contudo, se a decisão for de improcedência quanto ao pedido de prestação de contas, neste caso cabe apelação. Da mesma forma cabe apelação da sentença que julga a segunda fase, pois nesse caso a sentença põe fim ao processo.

---

4. CPC, Art. 552. A sentença apurará o saldo e constituirá título executivo judicial.

Lição 13
DAS AÇÕES POSSESSÓRIAS

Sumário: 1. A defesa da posse; 1.1 Legítima defesa da posse e o desforço imediato; 1.2 Reação imediata; 1.3 Proporcionalidade da reação; 1.4 Esbulho; 1.5 Turbação; 1.6 Ameaça contra a posse – 2. Das ações possessórias; 2.1 Manutenção de posse; 2.2 Reintegração de posse; 2.3 Possessória em face de invasão coletiva; 2.4 Interditos proibitório – 3. Da liminar nas ações possessórias; 3.1 Liminar contra pessoa jurídica de direito público; 3.2 Recurso contra a concessão ou denegação da liminar – 4. Procedimento nos casos de litígio coletivo – 5. A fungibilidade das ações possessórias – 6. Resposta do réu – 7. Efeitos que decorrem da posse; 7.1 Se duas ou mais pessoas se dizem possuidoras; 7.2 Possuidor de boa-fé; 7.3 Possuidor de má-fé – 8. Cumulação de pedidos nas possessórias – 9. Não cabe a exceção de domínio nas possessórias.

1. A DEFESA DA POSSE

A posse, como estado de fato reconhecido pelo ordenamento jurídico pátrio, merece proteção, através das ações específicas. Protege-se a posse contra qualquer ato que signifique ameaça ou violação da relação entre a pessoa e a coisa possuída.

Quer dizer, protege-se a posse por si mesma, uma vez que o possuidor, pelo só fato de o ser, tem mais direito do que aquele que não é o possuidor. Dessa forma, protege-se a posse, na presunção de que o possuidor é o proprietário aparente da coisa.

No dizer do saudoso mestre Caio Mário da Silva Pereira,[1] a posse é a sentinela na defesa da propriedade, donde concluímos: se a posse é a forma de exteriorizar a propriedade, na dúvida, protege-se o possuidor, até mesmo contra o proprietário da coisa, até prova em contrário (CC, art. 1210, § 2º).[2]

---

1. Caio Mário da Silva Pereira. *Instituições*, vol. 4, p. 39.
2. CC, Art. 1.210. O possuidor tem direito a ser mantido na posse em caso de turbação, restituído no de esbulho, e segurado de violência iminente, se tiver justo receio de ser molestado.
   § 1º O possuidor turbado, ou esbulhado, poderá manter-se ou restituir-se por sua própria força, contanto que o faça logo; os atos de defesa, ou de desforço, não podem ir além do indispensável à manutenção, ou restituição da posse.
   § 2º Não obsta à manutenção ou reintegração na posse a alegação de propriedade, ou de outro direito sobre a coisa.

1.1 Legítima defesa da posse e o desforço imediato

A lei outorga ao possuidor a possibilidade de defender a sua posse por meios próprios, isto é, sem recorrer ao Estado, podendo para tanto contar com a ajuda dos amigos e até, se necessário, utilizar de armas (ver CC, art. 1210, § 1º). É a chamada autotutela ou autodefesa da posse.

Veja que a lei fala em "legítima defesa" e "desforço imediato" e as duas expressões não devem ser confundidas, vejamos:

a) **Legítima defesa:**

Ocorre quando o possuidor está presente e é ameaçado na sua posse, isto é, está sendo turbado, caso em que pode usar de suas próprias forças para reagir e assim repelir a ameaça.

Exemplo: o vizinho de Jojolino, sorrateiramente, está mudando a cerca de lugar e se apropriando de parte de propriedade dele. Jojolino pode reagir e colocar a cerca de volta no lugar de origem e exigir do vizinho que se abstenha de fazer isso novamente.

b) **Desforço imediato:**

Nesse caso o possuidor já perdeu a posse, isto é, foi esbulhado, de sorte que só lhe resta usar do desforço imediato visando retomá-la de quem a injustamente esteja possuindo.

Exemplo: Aly Kathe é proprietário de uma fazenda e descobre que parte dela foi invadida pelo pessoal do MST. Imediatamente Aly chama seus amigos e com a ajuda deles coloca os invasores para fora de sua propriedade, restaura a cerca e avisa para eles não voltarem.

Atenção: essa outorga concedida por lei de que o possuidor pode retomar ou defender a coisa por seus próprios meios, somente poderá ser exercida contra quem o esbulhou ou turbou, isto é, não vale contra terceiro a quem o esbulhador/turbador possa ter, eventualmente, repassado a coisa.

1.2 Reação imediata

O Código Civil utiliza a expressão "**contanto que o faça logo**", que está contida no parágrafo primeiro do art. 1.210. Isto quer dizer que a reação do possuidor molestado deve ser de imediato.

Assim, essa expressão deve ser compreendida dentro de um contexto que pressupõe que o possuidor tomou ciência do fato lesivo naquele momento e, a partir desse momento, espera-se que ele reaja prontamente.

Exemplo: Zé Kelé tem uma casa em Long Beach e é informado pelos vizinhos de que o imóvel foi invadido. Nesse momento nasce para Zé Kelé o direito de utilizar de força própria para se ver reintegrado na posse do imóvel. Se ele esperar um mês para tomar as providências, não se poderá dizer que agiu dentro do contexto que a lei autoriza.

1.3 Proporcionalidade da reação

Ainda no mesmo dispositivo legal encontramos a expressão "**os atos de defesa ou de desforço, não podem ir além do indispensável**". Esta expressão deve ser entendida como sendo a força necessária, mediante a qual o possuidor, sozinho ou com o apoio de mais pessoas, com suas próprias forças físicas ou mediante a ostentação de armas, realizou os atos tendentes à retomada da coisa que possuía.

Quer dizer, assim como na legítima defesa do âmbito criminal, deve haver uma proporcionalidade no uso da força daquele que se defende, não podendo ser algo visivelmente desproporcional. Assim, esta proteção não pode ir além do indispensável à manutenção ou à restituição.

Exemplo: Se um terreno é invadido por diversas pessoas, todas portando armas. Evidente que o ofendido não conseguirá retomar a posse se lá comparecer sozinho e tentando usar suas próprias forças físicas. Assim, estará autorizado a reunir um grupo de pessoas e armados, comparecer ao local para retomar sua posse.

1.4 Esbulho

Ocorre o esbulho quando o possuidor é privado do uso da coisa, total ou parcialmente, por atos de violência, clandestinidade ou abuso de confiança. Quer dizer, o esbulho significa em última análise a perda da posse.

A perda da posse, portanto o esbulho pode ocorrer por atos de violência que denominamos de "**esbulho violento**" ou por atos de clandestinidade ou de precariedade, estes dois últimos chamados de "**esbulho pacífico**", vejamos:

a) **Esbulho pela violência:**

É a forma mais visível de esbulho e podemos identificá-lo quando a perda da posse ocorre em razão do invasor (esbulhador) ter se apossado da coisa utilizado de violência física, isto é, da intimidação pessoal, ou ainda, destruindo cercas ou arrombando portas. Quer dizer, a violência pode ser contra a pessoa do possuidor ou contra a coisa possuída.

b) **Esbulho pela clandestinidade:**

Clandestinos são os atos praticados às escondidas, de maneira sorrateira, sem que o esbulhado perceba claramente que está perdendo a posse. Assim, a posse que se compadece do vício de clandestinidade é aquela em que o esbulhador passa indevidamente a ter poder de fato sobre a coisa alheia, privando o verdadeiro possuidor do uso pleno da coisa.

c) **Esbulho pela precariedade:**

Este tipo de esbulho ocorre quando alguém recebe a coisa para uso, consentido pelo possuidor e, depois de findo o prazo pelo qual houve a cessão, este se recusa a devolver a coisa, caracterizando abuso de confiança. A partir da negativa em devolver, caracteriza-se juridicamente o esbulho tendo em vista que aquela pessoa que agora permanece na posse, está ali contra a vontade do verdadeiro possuidor.

Atenção: O possuidor esbulhado tem o direito de se ver reintegrado no imóvel seja utilizando o **desforço imediato** ou, se não o fez no momento oportuno, utilizando-se da **ação de reintegração de posse**.

1.5 Turbação

Ocorre a turbação quando estranhos realizam atos que criam um embaraço que impede o livre uso e exercício da posse pelo possuidor.

Quer dizer, o possuidor turbado não perde a posse, apenas tem o seu poder de uso embaraçado, dificultado, enfim limitado pelos atos turbativos promovidos por terceiros.

Exemplo: Setembrino se encontra na posse de sua fazenda, mas descobre que nas imediações da porteira de entrada, um grupo de pessoas armadas estão acampadas com o claro intuito de invadi-la, inclusive impedindo o acesso por aquela via.

Outro exemplo: O mesmo Setembrino percebe que o vizinho de sua fazenda destruiu a cerca, para com isso levar o gado dele até o açude no interior de sua propriedade.

Atenção: O possuidor turbado pode se defender utilizando suas próprias forças através da **legítima defesa da posse** ou ingressando na justiça com a **ação de manutenção na posse**.

1.6 Ameaça contra a posse

É o tipo de ofensa à posse mais amena do que a turbação, na exata medida em que se manifesta através do receio justificável do possuidor em ser perturbado na posse. É aquele receio de que o fato ocorra em face do diz-que-diz.

Exemplo: Chega ao seu conhecimento de que determinado grupo de pessoas está se organizando para invadir as propriedades da região, onde se localiza o imóvel de sua propriedade. Veja que está é uma ameaça possível de acontecer, mas não há cem por cento de certeza de que vá ocorrer.

Atenção: a ação cabível nesse caso é o **interdito proibitório**, cuja função é de uma ação cautelar com a finalidade de afastar, preventivamente, a turbação ou o esbulho. É uma ação preventiva de caráter cominatório pela qual, se o juiz entender cabível, fixará uma determinada pena pecuniária para o caso do réu vir a desrespeitar a ordem de abstenção.

2. DAS AÇÕES POSSESSÓRIAS

As ações possessórias são, a rigor, somente três: para turbação, a ação de **manutenção de posse** (ver CPC art. 560/566); para o caso de esbulho, a ação de **reintegração de posse** (ver CPC art. 560/566); e, para o caso de ameaça, **interdito proibitório** (ver CPC art. 567/568).

Neste tópico iremos ver os detalhes básicos de cada uma dessas ações e os procedimentos que devem ser adotados tanto pelo autor quanto pelo réu, vejamos.

2.1 Manutenção de posse

Essa ação é cabível para o possuidor que ainda não perdeu a posse, mas se sente tolhido em poder usufruir plenamente o seu direito em face de agressão de terceiro (CPC, art. 560).[3] Neste tipo de ação, que também é conhecida por **ação de força turbativa, ação de força nova, ação de preceito cominatório** ou **interdito de manutenção**, deve o autor, em cuja posse se encontra a coisa, provar a turbação material, isto é provar objetivamente quais foram os atos lhe tolhem o uso pleno da coisa, assinalando a data em que a turbação se evidenciou, para efeitos de aferição do prazo de ano e dia, de sorte que possa obter mandado liminar de manutenção.

Quanto aos requisitos da ação, além dos requisitos exigidos para qualquer tipo de ação, previsto nos arts. 319 e 320 do Código de Processo Civil, o requerente deve provar a sua posse; a turbação; e a continuação de sua posse, ainda que turbada (CPC, art. 561).[4]

2.2 Reintegração de posse

Está ação é cabível quando o possuidor já perdeu a posse, e pretende se ver reinvestido na posse perdida, através de decisão judicial que restaure seu direito violado (ver CPC, art. 560, parte final).

---

3. CPC, Art. 560. O possuidor tem direito a ser mantido na posse em caso de turbação e reintegrado em caso de esbulho.
4. CPC, Art. 561. Incumbe ao autor provar:
   I – a sua posse;
   II – a turbação ou o esbulho praticado pelo réu;
   III – a data da turbação ou do esbulho;
   IV – a continuação da posse, embora turbada, na ação de manutenção, ou a perda da posse, na ação de reintegração.

É também chamada de **interditos de recuperação**, sendo cabível para os casos de esbulho violento ou mesmo pacífico nos casos de clandestinidade e precariedade.

Para este tipo de ação os requisitos são os mesmos da ação de manutenção, ou seja, aqueles previstos no art. 561 do Código de Processo Civil.

2.3 Possessória em face de invasão coletiva

Tendo em vista a realidade social dos grandes centros urbanos, onde invasões de terras são muito frequentes e as ações de reintegração de posse também, determina o Código de Processo Civil que nestes casos, serão feitas a citação pessoal dos ocupantes que forem encontrados no local e a citação por edital dos demais, determinando-se, ainda, a intimação do Ministério Público e, se envolver pessoas em situação de hipossuficiência econômica, da Defensoria Pública (CPC, art. 554, § 1º a 3º).[5]

Para o fim da citação pessoal acima prevista, o oficial de justiça procurará os ocupantes no local por uma vez, citando-se por edital os que não forem encontrados.

Ademais, o juiz deverá determinar que se dê ampla publicidade da existência deste tipo de reintegração e dos respectivos prazos processuais, valendo-se, para tanto, de anúncios em jornal ou rádio locais, da publicação de cartazes na região do conflito e de outros meios.

2.4 Interditos proibitório

Esta ação é cabível quando existe uma ameaça iminente de turbação ou esbulho cuja finalidade é impedir, preventivamente, as agressões iminentes que ameaçam a posse.

Assim, a função dessa ação é tipicamente cautelar, ou seja, através dela o autor tenta afastar, preventivamente, a possibilidade de turbação ou esbulho. É uma ação preventiva de caráter cominatório pela qual, se o juiz entender cabível, fixará uma determinada pena pecuniária para o caso do réu vir a desrespeitar a ordem de abstenção (CPC, art. 567).[6]

---

5. CPC, Art. 554. A propositura de uma ação possessória em vez de outra não obstará a que o juiz conheça do pedido e outorgue a proteção legal correspondente àquela cujos pressupostos estejam provados.

    § 1º No caso de ação possessória em que figure no polo passivo grande número de pessoas, serão feitas a citação pessoal dos ocupantes que forem encontrados no local e a citação por edital dos demais, determinando-se, ainda, a intimação do Ministério Público e, se envolver pessoas em situação de hipossuficiência econômica, da Defensoria Pública.

    § 2º Para fim da citação pessoal prevista no § 1º, o oficial de justiça procurará os ocupantes no local por uma vez, citando-se por edital os que não forem encontrados.

    § 3º O juiz deverá determinar que se dê ampla publicidade da existência da ação prevista no § 1º e dos respectivos prazos processuais, podendo, para tanto, valer-se de anúncios em jornal ou rádio locais, da publicação de cartazes na região do conflito e de outros meios.

6. CPC, Art. 567. O possuidor direto ou indireto que tenha justo receio de ser molestado na posse poderá requerer ao juiz que o segure da turbação ou esbulho iminente, mediante mandado proibitório em que se comine ao réu determinada pena pecuniária caso transgrida o preceito.

Quanto aos requisitos da petição inicial, além dos requisitos dos arts. 319 e 320 do Código de Processo Civil, o autor deverá comprovar sua posse atual; a ameaça de turbação ou esbulho por parte do réu, que deverá ser suscetível de aferição, pois não se protege ameaças imaginárias; e, o receio de que a ameaça se realize, ou seja, a demonstração de que existe probabilidade de que a turbação ou o esbulho possa se materializar.

3. DA LIMINAR NAS AÇÕES POSSESSÓRIAS

Diz a nossa lei dos ritos que "estando a petição inicial devidamente instruída, o juiz deferirá, sem ouvir o réu, a expedição do mandado liminar de manutenção ou de reintegração, caso contrário, determinará que o autor justifique previamente o alegado, citando-se o réu para comparecer à audiência que for designada (CPC, art. 562).[7]

Quer dizer, se o autor provar sua posse anterior e que **o esbulho ou turbação ocorreu a menos de ano e dia** (CPC, art. 558),[8] certamente obterá uma liminar que lhe dará direito de imediatamente se ver reintegrado, sem a oitiva da parte contrária, isto é, *inaudita altera parte*. Essa é a ação que chamamos de "**posse nova**".

Na eventualidade de o juiz não se convencer quanto à concessão da liminar *inaudita altera parte*, e se o autor tiver expressamente requerido, designará uma audiência na qual o autor deverá provar e justificar todo o alegado (ver CPC, art. 562, *caput*). Dessa audiência o réu será citado e dela poderá participar, inclusive contraditando ou inquirindo as testemunhas do autor, porém não poderá apresentar suas provas. Essa **audiência de justificação** é realizada com a finalidade exclusiva de convencer o juiz quanto ao direito pleiteado pelo autor e da possibilidade de concessão da medida liminar. Concedida ou não a liminar, o processo continua até final sentença que reconheça ou não o direito do autor. Se o juiz se convencer diante das justificativas apresentadas, mandará expedir imediatamente o mandado de manutenção ou de reintegração (CPC, art. 563).[9]

Concedida a liminar ou não, o processo continuará, agora pelo rito ordinário, com a citação/intimação do réu que poderá não só contestar, mas requerer as provas

---

7. CPC, Art. 562. Estando a petição inicial devidamente instruída, o juiz deferirá, sem ouvir o réu, a expedição do mandado liminar de manutenção ou de reintegração, caso contrário, determinará que o autor justifique previamente o alegado, citando-se o réu para comparecer à audiência que for designada.
Parágrafo único. Contra as pessoas jurídicas de direito público não será deferida a manutenção ou a reintegração liminar sem prévia audiência dos respectivos representantes judiciais.
8. CPC, Art. 558. Regem o procedimento de manutenção e de reintegração de posse as normas da Seção II deste Capítulo quando a ação for proposta dentro de ano e dia da turbação ou do esbulho afirmado na petição inicial.
Parágrafo único. Passado o prazo referido no caput, será comum o procedimento, não perdendo, contudo, o caráter possessório.
9. CPC, Art. 563. Considerada suficiente a justificação, o juiz fará logo expedir mandado de manutenção ou de reintegração.

que entenda necessárias. Ao final da instrução o juiz proferirá sentença dando pela procedência ou não, da ação possessória.

Concedido ou não o mandado liminar na manutenção ou reintegração, caberá ao autor providenciar, nos 5 (cinco) dias subsequentes, a citação do réu para, querendo, contestar a ação no prazo de 15 (quinze) dias (CPC, art. 564).[10]

> **Atenção**: se ação for proposta depois do prazo de ano e dia da turbação ou do esbulho, o rito será o do procedimento comum. Quer dizer, ainda que a ação não perca o caráter de possessória, a ela não se aplicam as normas especiais reguladas neste capítulo (ver CPC. art. 558, parágrafo único).

3.1 Liminar contra pessoa jurídica de direito público

O parágrafo único do já citado art. 562 do CPC, diz claramente que em se tratando de processo contra as pessoas jurídicas de direito público, não será concedida liminar sem prévia audiência dos seus respectivos representantes legais.

Nesse caso, a proteção é a favor da administração pública direta, isto é, União, Estados, Municípios e o Distrito Federal, incluída suas respectivas autarquias. Não se incluem nesse rol as empresas públicas, nem as concessionárias ou permissionárias de serviços públicos, tendo em vista que estas são pessoas jurídicas de direito privado.

3.2 Recurso contra a concessão ou denegação da liminar

O recurso cabível será sempre o agravo de instrumento, tendo em vista que o autor, ou eventualmente o réu, necessitam com urgência da concessão, ou da cassação, da medida (ver CPC, art. 1.015).

No tribunal, se houver requerimento expresso e a comprovação do perigo de dano na demora, bem como sendo relevante os fundamentos jurídicos da interposição do recurso, o relator do agravo poderá conceder efeito suspensivo. Quer dizer, poderá cassar a liminar concedida ou conceder a liminar negada pelo juiz de primeiro grau.

4. PROCEDIMENTO NOS CASOS DE LITÍGIO COLETIVO

No litígio coletivo pela posse de imóvel, quando o esbulho ou a turbação afirmado na petição inicial houver ocorrido há mais de ano e dia, o juiz, antes de apreciar o pedido de concessão da medida liminar, deverá designar audiência de mediação, a realizar-se em até 30 (trinta) dias, com a participação do Ministério Público e

---

10. CPC, Art. 564. Concedido ou não o mandado liminar de manutenção ou de reintegração, o autor promoverá, nos 5 (cinco) dias subsequentes, a citação do réu para, querendo, contestar a ação no prazo de 15 (quinze) dias.

    Parágrafo único. Quando for ordenada a justificação prévia, o prazo para contestar será contado da intimação da decisão que deferir ou não a medida liminar.

eventualmente a Defensoria Pública e os órgãos encarregados da política agrária ou urbana das várias instâncias de poder (CPC, art. 565).[11]

Importantíssima a imposição contida neste dispositivo de lei, de que o juiz, antes mesmo de apreciar se cabível ou não a concessão de liminar, deverá designar **audiência de mediação**, com a intimação do Ministério Público e da Defensoria Pública para participarem, além de também poder mandar intimar os órgãos responsáveis pela política agrária e pela política urbana da União, de Estado ou do Distrito Federal e de Município onde se situe a área objeto do litígio a fim de se manifestarem sobre seu interesse no processo e sobre a existência de possibilidade de solução conciliatória para o conflito possessório.

Essa audiência também será designada pelo juiz quando, tendo sido concedida a liminar, essa não for executada no prazo de 1 (um) ano, a contar da data de distribuição.

5. A FUNGIBILIDADE DAS AÇÕES POSSESSÓRIAS

Na abertura do capítulo que trata das possessórias, o Código de Processo Civil diz que o juiz está autorizado a conhecer da ação possessória mesmo que o autor tenha proposto uma ação ao invés de outra. Com isso o legislador está dizendo que as ações possessórias são fungíveis, isto é, **uma ação pode ser substituída pela outra sem nenhum problema** (CPC, art. 554, *caput*).[12]

Significa dizer que se o autor ingressou erroneamente com ação de interditos proibitórios e depois verifica-se que seria o caso de manutenção ou reintegração na posse, o juiz está autorizado a conceder a medida adequada sem que isso implique em julgamento *extra petita*.

---

11. CPC, Art. 565. No litígio coletivo pela posse de imóvel, quando o esbulho ou a turbação afirmado na petição inicial houver ocorrido há mais de ano e dia, o juiz, antes de apreciar o pedido de concessão da medida liminar, deverá designar audiência de mediação, a realizar-se em até 30 (trinta) dias, que observará o disposto nos §§ 2º e 4º.

    § 1º Concedida a liminar, se essa não for executada no prazo de 1 (um) ano, a contar da data de distribuição, caberá ao juiz designar audiência de mediação, nos termos dos §§ 2º a 4º deste artigo.

    § 2º O Ministério Público será intimado para comparecer à audiência, e a Defensoria Pública será intimada sempre que houver parte beneficiária de gratuidade da justiça.

    § 3º O juiz poderá comparecer à área objeto do litígio quando sua presença se fizer necessária à efetivação da tutela jurisdicional.

    § 4º Os órgãos responsáveis pela política agrária e pela política urbana da União, de Estado ou do Distrito Federal e de Município onde se situe a área objeto do litígio poderão ser intimados para a audiência, a fim de se manifestarem sobre seu interesse no processo e sobre a existência de possibilidade de solução para o conflito possessório.

    § 5º Aplica-se o disposto neste artigo ao litígio sobre propriedade de imóvel.

12. CPC, Art. 554. A propositura de uma ação possessória em vez de outra não obstará a que o juiz conheça do pedido e outorgue a proteção legal correspondente àquela cujos pressupostos estejam provados.

    (Omissis).

Justifica-se tal medida porque a dinâmica dos fatos quando envolve ameaças de invasão de propriedade é de grande mutação. Aquilo que hoje seria apenas uma ameaça e, portanto, justificaria o ingresso em juízo com uma ação de interdito proibitório, pode ser amanhã uma invasão consumada, justificando um pedido de reintegração.

Atenção: não há necessidade de aditamento da petição inicial, nem a conversão de uma ação em outra, basta simples petição do autor informando o fato novo para que o juiz possa concederá a medida apropriada.

6. RESPOSTA DO RÉU

O réu poderá contestar a ação pedindo a sua improcedência, bem como poderá formular pedidos contra o autor em face do **caráter dúplice das ações possessórias** (CPC, art. 556).[13]

Exatamente em face deste caráter dúplice das ações possessórias é que o réu poderá na contestação exercer seu direito de **retenção por benfeitorias**, eventualmente realizadas, que poderá ser deduzido na própria peça de resistência.

É lícito ao réu, na contestação, alegando que foi o ofendido em sua posse, demandar a proteção possessória e a indenização pelos prejuízos resultantes da turbação ou do esbulho cometido pelo autor, para o caso de a ação ser julgada improcedente. Nesse caso, o juiz poderá determinar caução ou mesmo o depósito da coisa litigiosa em juízo (CPC, art. 559).[14]

7. EFEITOS QUE DECORREM DA POSSE

Dentre os efeitos que decorrem da posse, certamente a defesa dos direitos possessórios é o principal efeito. Para a proteção da posse o possuidor tem o direito de utilizar-se de suas próprias forças para defender o que é seu (ver CC, art. 1.210, § 1º), bem como pode manejar as ações possessórias, pedindo ao judiciário que afaste a ameaça de direitos (interditos ou manutenção) ou restaure o direito violado (reintegração), como vimos acima.

7.1 Se duas ou mais pessoas se dizem possuidoras

Nesse caso, o Código Civil protege as aparências e considera que tem mais direitos de ser protegido aquele que está efetivamente na posse, tendo em vista que o só fato de estar nela, faz presumir que seja ele o verdadeiro possuidor.

---

13. CPC, Art. 556. É lícito ao réu, na contestação, alegando que foi o ofendido em sua posse, demandar a proteção possessória e a indenização pelos prejuízos resultantes da turbação ou do esbulho cometido pelo autor.
14. CPC, Art. 559. Se o réu provar, em qualquer tempo, que o autor provisoriamente mantido ou reintegrado na posse carece de idoneidade financeira para, no caso de sucumbência, responder por perdas e danos, o juiz designar-lhe-á o prazo de 5 (cinco) dias para requerer caução, real ou fidejussória, sob pena de ser depositada a coisa litigiosa, ressalvada a impossibilidade da parte economicamente hipossuficiente.

Quer dizer, se duas pessoas se dizem possuidoras de uma mesma coisa, deve o juiz manter na posse, ainda que provisoriamente, àquela que efetivamente estiver na posse. O que deve ser levado em conta é a melhor posse.

Isso somente não ocorrerá se for mais do que visível que o atual possuidor se apossou da coisa de modo violento, clandestino ou precário (CC, art. 1.211).[15]

7.2 Possuidor de boa-fé

Se alguém de boa-fé adquire a posse de outrem, mesmo que ela seja viciada na sua origem, o atual adquirente por desconhecer os vícios que maculam a posse terá a proteção da lei no que diz respeito aos frutos (colhidos ou pendentes) bem como às benfeitorias realizadas, vejamos:

a) **Frutos colhidos:**

O possuidor de boa-fé tem direito, enquanto a posse durar, aos frutos percebidos (CC, art. 1.214, *caput*).[16]

Atenção: Diz o Código Civil que os frutos naturais assim como os industriais devem ser considerados colhidos e percebidos, logo que sejam separados da árvore ou máquina de onde se originam. Já com relação aos civis considera-se percebidos dia por dia (CC, art. 1.215).[17]

b) **Frutos pendentes:**

Quanto aos frutos pendentes ao tempo em que cessar a boa-fé estes devem ser restituídos, depois de deduzidas as despesas de produção e custeio. Da mesma forma, deverão ser também restituídos os frutos que foram colhidos antecipadamente (ver CC, art. 1.214, parágrafo único).

c) **Perda ou deterioração da coisa:**

O possuidor de boa-fé também não responde pelos prejuízos em face da deterioração ou mesmo da perda da coisa, se isto ocorreu sem sua participação (CC, art. 1.217).[18]

Atenção: o possuidor de boa-fé somente será responsabilizado se a perda ou a deterioração decorrer de sua ação ou omissão culposa (ou mesmo dolosa), quando então será obrigado a indenizar.

---

15. CC, Art. 1.211. Quando mais de uma pessoa se disser possuidora, manter-se-á provisoriamente a que tiver a coisa, se não estiver manifesto que a obteve de alguma das outras por modo vicioso.
16. CC, Art. 1.214. O possuidor de boa-fé tem direito, enquanto ela durar, aos frutos percebidos.
    Parágrafo único. Os frutos pendentes ao tempo em que cessar a boa-fé devem ser restituídos, depois de deduzidas as despesas da produção e custeio; devem ser também restituídos os frutos colhidos com antecipação.
17. CC, Art. 1.215. Os frutos naturais e industriais reputam-se colhidos e percebidos, logo que são separados; os civis reputam-se percebidos dia por dia.
18. CC, Art. 1.217. O possuidor de boa-fé não responde pela perda ou deterioração da coisa, a que não der causa.

d) **Quanto às benfeitorias úteis e necessárias:**

O possuidor de boa-fé tem direito de ser indenizado pelas benfeitorias necessárias e também pelas úteis que tenha realizado no bem.

Atenção: se não for indenizado o possuidor de boa-fé **poderá exercer o direito de retenção** como forma de se ver indenizado pelo valor das obras realizadas (CC, art. 1.219).[19]

e) **Benfeitorias voluptuárias:**

Quanto às benfeitorias voluptuárias, se não for indenizado espontaneamente, poderá removê-las se isto puder ser feito e não causar prejuízo ao bem principal (ver CC, art. 1.219, parte final).

7.3 Possuidor de má-fé

Com relação ao possuidor de má-fé os efeitos são diferentes tendo em vista que a lei não prestigia aqueles que agem ao seu arrepio. Sendo assim, a consequência é que o possuidor de má-fé deverá indenizar todos os prejuízos que sua ação dolosa deu margem, vejamos:

a) **Frutos colhidos e pendentes:**

Deverá devolver em valores equivalentes os frutos colhidos e os percebidos, bem como pelos que, por culpa sua, deixou de perceber, desde o momento em que se constituiu de má-fé (CC, art. 1.216).[20]

Atenção: Para evitar o enriquecimento sem causa do legítimo possuidor o Código Civil prevê que o possuidor, mesmo estando de má-fé faz jus ao que gastou com as despesas da produção e do custeio (ver CC, art. 1.216, parte final).

b) **Perda ou deterioração:**

O possuidor de má-fé deverá ser responsabilizado pela perda ou deterioração da coisa, ainda que por caso fortuito ou força maior. Só não será responsabilizado se provar que a coisa se deterioraria ou se perderia mesmo estando na posse do seu legítimo possuidor (CC, art. 1.218).[21]

---

19. CC, Art. 1.219. O possuidor de boa-fé tem direito à indenização das benfeitorias necessárias e úteis, bem como, quanto às voluptuárias, se não lhe forem pagas, a levantá-las, quando o puder sem detrimento da coisa, e poderá exercer o direito de retenção pelo valor das benfeitorias necessárias e úteis.
20. CC, Art. 1.216. O possuidor de má-fé responde por todos os frutos colhidos e percebidos, bem como pelos que, por culpa sua, deixou de perceber, desde o momento em que se constituiu de má-fé; tem direito às despesas da produção e custeio.
21. CC, Art. 1.218. O possuidor de má-fé responde pela perda, ou deterioração da coisa, ainda que acidentais, salvo se provar que de igual modo se teriam dado, estando ela na posse do reivindicante.

c) **Benfeitorias necessárias:**

Estas serão indenizadas ao possuidor de má-fé porque eram obras necessárias que o próprio dono realizaria se estivesse na posse da coisa. Ademais, é regra geral de direito que as benfeitorias necessárias serão sempre indenizadas para evitar o chamado locupletamento indevido (CC, art. 1.220).[22]

Atenção: mesmo sendo necessárias as benfeitorias, se quem as realizou estava na posse de má-fé **não poderá exercer o direito de retenção**.

d) **Benfeitorias úteis e voluptuárias:**

No tocante a estas benfeitorias o possuidor de má-fé não terá direito a nenhuma indenização e, ainda mais, com relação às voluptuárias, não as poderá levantar (ver CC, art. 1.220, parte final).

8. CUMULAÇÃO DE PEDIDOS NAS POSSESSÓRIAS

É lícito ao autor da ação possessória pedir, além da proteção específica, também a condenação do réu por perdas e danos, bem como a indenização pelos frutos (CPC, art. 555).[23] Quer dizer, é perfeitamente lícito ao autor cumular vários pedidos contra o réu nas ações possessórias. Aliás, o réu pode até alegar que sua posse é legítima e assim pedir proteção possessória, além da eventual indenização pelos prejuízos resultantes da propositura da ação pelo autor (CPC, art. 556).[24]

Nestes tipos de ações é também perfeitamente possível requerer ao juiz que seja determinado o desfazimento de construções, obras e plantações, a ser realizada pelo réu ou às suas expensas. Trata-se de típica obrigação de fazer, válida para o caso da ação possessória ser julgada procedente.

Na própria ação possessória o autor pode também requerer, para o caso da ação ser julgada procedente, que o juiz imponha as medidas necessárias para evitar novas turbações ou esbulhos por parte daqueles que foram réus. É o caso de fixar multa para coibir eventual nova ameaça à posse.

---

22. CC, Art. 1.220. Ao possuidor de má-fé serão ressarcidas somente as benfeitorias necessárias; não lhe assiste o direito de retenção pela importância destas, nem o de levantar as voluptuárias.
23. CPC, Art. 555. É lícito ao autor cumular ao pedido possessório o de:
    I – condenação em perdas e danos;
    II – indenização dos frutos.
    Parágrafo único. Pode o autor requerer, ainda, imposição de medida necessária e adequada para:
    I – evitar nova turbação ou esbulho;
    II – cumprir-se a tutela provisória ou final.
24. CPC, Art. 556. É lícito ao réu, na contestação, alegando que foi o ofendido em sua posse, demandar a proteção possessória e a indenização pelos prejuízos resultantes da turbação ou do esbulho cometido pelo autor.

9. NÃO CABE A EXCEÇÃO DE DOMÍNIO NAS POSSESSÓRIAS

Enquanto não findar a ação possessória é vedado, tanto ao autor quanto ao réu, propor paralelamente ação de reconhecimento do domínio, exceto se a pretensão for deduzida em face de terceira pessoa (CPC, art. 557).[25]

Mesmo que o autor ou réu seja proprietário, é preciso ficar claro que o que se discute na ação possessória é quem tem melhor posse. Assim, o autor pode ser proprietário, mas o réu pode provar que teve, por exemplo, a posse mansa e pacífica pelo prazo necessário à usucapião. Neste caso, muito certamente, o réu será manutenido na posse e o proprietário perderá a ação. Por isso mesmo o parágrafo único do art. 557 é enfático ao preceituar: "não obsta à manutenção ou à reintegração de posse a alegação de propriedade ou de outro direito sobre a coisa".

---

25. CPC, Art. 557. Na pendência de ação possessória é vedado, tanto ao autor quanto ao réu, propor ação de reconhecimento do domínio, exceto se a pretensão for deduzida em face de terceira pessoa.
Parágrafo único. Não obsta à manutenção ou à reintegração de posse a alegação de propriedade ou de outro direito sobre a coisa.

Lição 14
DA AÇÃO DE DIVISÃO E DA DEMARCAÇÃO DE TERRAS PARTICULARES

Sumário: 1. Aspectos gerais; 1.1 Legitimidade ativa; 1.2 Fundamentos jurídicos; 1.3 Competência de foro; 1.4 Cumulação de pedidos; 1.5 Demarcação e divisão extrajudicial; 1.6 Outorga uxória ou marital; 1.7 Dispensa da perícia – 2. Da ação de demarcação; 2.1 A petição inicial; 2.2 Litisconsórcio ativo necessário; 2.3 Citação dos réus e dos procedimentos seguintes; 2.4 Nomeação de perito e apresentação do laudo; 2.5 A sentença de procedência do pedido e seus efeitos; 2.6 A sentença homologatória – 3. Da ação de divisão; 3.1 A petição inicial; 3.2 Citação dos demais condôminos; 3.3 Nomeação de perito; 3.4 Problemas com os confrontantes; 3.5 Do trabalho pericial; 3.6 Conclusão do trabalho de divisão; 3.7 Sentença homologatória.

1. ASPECTOS GERAIS

Tanto a ação de divisão quanto a de demarcação de terras particulares são tratadas conjuntamente no Código de Processo Civil, nos artigos 569 a 598 e isto se justifica em razão dos diversos pontos de semelhança entre elas existentes.

A matéria é tratada em três seções. A primeira trata dos aspectos gerais atinentes as duas ações. A segunda cuida especificamente da ação de demarcação e, finalmente, a terceira cuida da ação de divisão.

É importante consignar que ambas as ações possuem duas fases, a primeira contenciosa e a segunda executiva. Quer dizer, na primeira fase o juiz decidirá se o autor tem direito a demarcação ou divisão requerida. Já a segunda fase consistirá na realização dos atos técnicos necessários para efetivar a divisão ou demarcação.

Quanto à natureza jurídica, embora haja alguma controvérsia, podemos dizer que ambas são **ações reais** porque em ambos os casos os seus resultados se refletirão no direito de propriedade dos envolvidos.

1.1 Legitimidade ativa

As duas ações têm cabimento em situações muito específicas e o Código de Processo Civil trata de legitimar (CPC, art. 569):[1]

a) **Na ação de demarcação:**

A legitimidade ativa é do proprietário do imóvel que deseje obrigar os seus vizinhos a estremarem os respectivos terrenos, fixando-se novos limites entre eles ou aviventando-se os já apagados.

b) **Na ação de divisão:**

A legitimidade ativa é do condômino que poderá promover este tipo de ação com o objetivo de obrigar os demais consortes a estremar os seus respectivos quinhões.

1.2 Fundamentos jurídicos

É preciso rememorar que uma das características do direito de propriedade é a exclusividade. Nesse particular aspecto, estabelece o nosso Código Civil que o proprietário tem a faculdade de usar, gozar e dispor livremente dos bens que lhes pertence (CC, art. 1.228, *caput*).[2]

Se atentarmos ao que se encontra previsto no Código Civil vamos também encontrar ali os fundamentos jurídicos para a duas ações que são objeto de estudo nesta lição, vejamos:

a) **Ação de demarcação:**

No caso da ação de demarcação, os fundamentos jurídicos encontram-se na seção do Código Civil que trata dos limites dos prédios e do direito de tapagem ao estabelecer: "O proprietário tem direito a cercar, murar, valar ou tapar de qualquer modo o seu prédio, urbano ou rural, e pode constranger o seu confinante a proceder com ele à demarcação entre os dois prédios, a aviventar rumos apagados e a renovar marcos destruídos ou arruinados, repartindo-se proporcionalmente entre os interessados as respectivas despesas" (nos exatos termos do art. 1.297, *caput*, do Código Civil).

---

1. CPC, Art. 569. Cabe:
   I – ao proprietário a ação de demarcação, para obrigar o seu confinante a estremar os respectivos prédios, fixando-se novos limites entre eles ou aviventando-se os já apagados;
   II – ao condômino a ação de divisão, para obrigar os demais consortes a estremar os quinhões.
2. CC, Art. 1.228. O proprietário tem a faculdade de usar, gozar e dispor da coisa, e o direito de reavê-la do poder de quem quer que injustamente a possua ou detenha.
   (omissis)...

b) **Ação de divisão:**

Já no que diz respeito à ação de divisão, seus fundamentos jurídicos encontram-se também no Código Civil, porém na seção que trata do condomínio que estabelece: "A todo tempo será lícito ao condômino exigir a divisão da coisa comum, respondendo o quinhão de cada um pela sua parte nas despesas da divisão" (nos exatos termos do art. 1.320, *caput*, do Código Civil).

Atenção: a ação de divisão pressupõe que haja mais de um proprietário de um mesmo imóvel, e que este imóvel seja divisível.

1.3 Competência de foro

Advirta-se que ambas as ações só podem recair sobre bens imóveis. Sendo assim, estabelece o nosso Código de Processo Civil que, nestes casos, a ação deve ser proposta no foro da situação do imóvel (CPC, art. 47, *caput*).[3]

É importante consignar que se trata de competência absoluta, logo não podendo ser derrogado pelas partes.

1.4 Cumulação de pedidos

Permite o nosso Código de Processo Civil que se possa cumular as ações de divisão e de demarcação em um mesmo processo, caso em que deverá processar-se primeiramente a demarcação total ou parcial da coisa comum, citando-se os confinantes e os condôminos (CPC, art. 570).[4]

Nesse caso, seria cabível a cumulação das duas ações se houver mais de um proprietário de um determinado imóvel e, paralelamente, haja necessidade de demarcar o imóvel em relação aos vizinhos. Se assim for, primeiro demarca-se o imóvel aviventando-se suas divisas e depois processa-se a divisão.

Seria como se fosse duas ações, pois haverá duas sentenças: uma dando pela regularidade da demarcação cujos efeitos vale para os condôminos e para os confrontantes; e, a segunda promovendo a divisão entre os condôminos que valerá somente entre eles, já que os confrontantes serão terceiros neste caso. Ressalva, contudo, a nossa lei processual que os confrontantes terão direito de reivindicar os terrenos que possam ter sido despojados no processo demarcatório (CPC, art. 572).[5]

---

3. CPC, Art. 47. Para as ações fundadas em direito real sobre imóveis é competente o foro de situação da coisa.
   § 1º O autor pode optar pelo foro de domicílio do réu ou pelo foro de eleição se o litígio não recair sobre direito de propriedade, vizinhança, servidão, divisão e demarcação de terras e de nunciação de obra nova.
   § 2º A ação possessória imobiliária será proposta no foro de situação da coisa, cujo juízo tem competência absoluta.
4. CPC, Art. 570. É lícita a cumulação dessas ações, caso em que deverá processar-se primeiramente a demarcação total ou parcial da coisa comum, citando-se os confinantes e os condôminos.
5. CPC, Art. 572. Fixados os marcos da linha de demarcação, os confinantes considerar-se-ão terceiros quanto ao processo divisório, ficando-lhes, porém, ressalvado o direito de vindicar os terrenos de que se julguem

Caso os confrontantes promovam ação para reaver o que lhes possa ter sido subtraído na demarcação, serão citados para a ação todos os condôminos, se a sentença homologatória da divisão ainda não houver transitado em julgado; e, todos os quinhoeiros dos terrenos vindicados, se a ação for proposta posteriormente. Neste último caso, a sentença que julga procedente a ação, condenando a restituir os terrenos ou a pagar a indenização, valerá como título executivo em favor dos quinhoeiros para haverem dos outros condôminos que forem parte na divisão ou de seus sucessores a título universal, na proporção que lhes tocar, a composição pecuniária do desfalque sofrido.

1.5 Demarcação e divisão extrajudicial

Nada obsta que as partes, de comum acordo, realizem a demarcação ou a divisão por escritura pública realizada em cartório (CPC, art. 571).[6] A única exigência é a de que as partes sejam maiores e capazes.

Portanto, as partes somente devem se socorrer do procedimento estabelecido no Código de Processo Civil se houver litígio ou se entre os proprietários, algum for menor ou incapaz.

1.6 Outorga uxória ou marital

Em ambos os casos a ação tem natureza real de sorte que se algum dos postulantes for casado deverá aportar nos autos a outorga uxória ou marital, a não ser que sejam casados pelo regime de separação absoluta de bens (ver CPC, art. 73).

Da mesma forma com relação aos réus, pois caso sejam casados, a citação deverá ser feita em nome de ambos os cônjuges que formarão um litisconsórcio passivo necessário em face da natureza real deste tipo de ação.

> **Atenção:** esta mesma obrigatoriedade aplica-se também àqueles que vivem em união estável desde que possa ela ser comprovada nos autos.

---

despojados por invasão das linhas limítrofes constitutivas do perímetro ou de reclamar indenização correspondente ao seu valor.

§ 1º No caso do caput, serão citados para a ação todos os condôminos, se a sentença homologatória da divisão ainda não houver transitado em julgado, e todos os quinhoeiros dos terrenos vindicados, se a ação for proposta posteriormente.

§ 2º Neste último caso, a sentença que julga procedente a ação, condenando a restituir os terrenos ou a pagar a indenização, valerá como título executivo em favor dos quinhoeiros para haverem dos outros condôminos que forem parte na divisão ou de seus sucessores a título universal, na proporção que lhes tocar, a composição pecuniária do desfalque sofrido.

6. CPC, Art. 571. A demarcação e a divisão poderão ser realizadas por escritura pública, desde que maiores, capazes e concordes todos os interessados, observando-se, no que couber, os dispositivos deste Capítulo.

1.7 Dispensa da perícia

Tanto para a ação demarcatória quanto para a ação de divisão, tratando-se de imóvel georreferenciado, com averbação no registro de imóveis, pode o juiz dispensar a realização de prova pericial (CPC, art. 573).[7]

Esclareça-se que georreferenciar um imóvel rural é situá-lo no globo terrestre, estabelecendo um "endereço" para este imóvel na Terra, definindo a sua forma, dimensão e localização, através de métodos de levantamento topográfico, descrevendo os limites, características e confrontações do mesmo, através de memorial descritivo que deve conter as coordenadas dos vértices definidores dos limites do imóvel, georreferenciadas ao Sistema Geodésico Brasileiro, (ver o art. 176, §§ 3º 4º, da Lei 6.015/75).

2. DA AÇÃO DE DEMARCAÇÃO

O direito de demarcação é daqueles direitos que se pode dizer **potestativo**, isto é, um direito que pode ser exercido a qualquer tempo (**não prescreve**), bastando para isso que o titular demonstre o seu interesse de agir, cujos fundamentos encontram-se no art. 1.298 do Código Civil que estabelece: "Sendo confusos, os limites, em falta de outro meio, se determinarão de conformidade com a posse justa; e, não se achando ela provada, o terreno contestado se dividirá por partes iguais entre os prédios, ou, não sendo possível a divisão cômoda, se adjudicará a um deles, mediante indenização ao outro".

2.1 A petição inicial

Além dos requisitos indispensáveis para qualquer petição inicial (ver art. 319, do CPC), o autor da ação demarcatória deverá instruir a sua petição inicial com os títulos da propriedade. Ademais, deverá designar o imóvel pela situação e pela denominação, descrever os limites por constituir, aviventar ou renovar, além, de indicar e qualificar todos os confinantes da linha demarcanda (CPC, art. 574).[8]

2.2 Litisconsórcio ativo unitário

Se o imóvel que se pretende ver demarcado tiver mais de um proprietário, estaremos diante de um condomínio. Sendo assim, qualquer dos condôminos tem

---

7. CPC, Art. 573. Tratando-se de imóvel georreferenciado, com averbação no registro de imóveis, pode o juiz dispensar a realização de prova pericial.
8. CPC, Art. 574. Na petição inicial, instruída com os títulos da propriedade, designar-se-á o imóvel pela situação e pela denominação, descrever-se-ão os limites por constituir, aviventar ou renovar e nomear-se-ão todos os confinantes da linha demarcanda.

legitimidade para a propositura da ação de demarcação. Embora cada um dos condôminos possa propor a ação de demarcatória, é certo que todos os demais comunheiros deverão ser citados para os termos da ação, podendo integrar o polo ativo da demanda como litisconsorte (CPC, art. 575).[9]

Tem que ser assim porque a relação jurídica é una e indivisível de tal sorte que os efeitos da sentença deverão atingir a todos os condôminos, razão porque todos devem ser citados, podendo formar um litisconsórcio ativo.

Legitimado passivo serão os confinantes sendo o típico caso de litisconsórcio passivo necessário.

2.3 Citação dos réus e dos procedimentos seguintes

A citação dos réus será feita por correio (CPC, art. 576, *caput*),[10] exceto se o citando for incapaz, pessoa jurídica de direito público interno ou o réu residir em local não atendido pela entrega de correspondência (ver CPC, art. 247).

Independente da citação dos confrontantes é necessário que haja publicação de edital para dar ciência aos possíveis interessados incertos ou desconhecidos (ver CPC, art. 259, III).

Feitas as citações, terão os réus o prazo comum de 15 (quinze) dias para responder aos termos da ação (CPC, art. 577).[11] Após o prazo de resposta dos réus, o processo continuará sua marcha pelo procedimento comum, até final sentença (CPC, art. 578).[12]

2.4 Nomeação de perito e apresentação do laudo

Para promover a demarcação será nomeado perito para levantar o traçado da linha divisória. Se necessário, o juiz nomeará mais de um perito (CPC, art. 579).[13]

Concluídos os estudos, os peritos deverão apresentar minucioso laudo sobre o traçado da linha demarcanda, no qual deverão considerar os títulos, os marcos, os rumos, a fama da vizinhança, as informações de antigos moradores do lugar e outros elementos que coligirem (CPC, art. 580).[14]

---

9. CPC, Art. 575. Qualquer condômino é parte legítima para promover a demarcação do imóvel comum, requerendo a intimação dos demais para, querendo, intervir no processo.
10. CPC, Art. 576. A citação dos réus será feita por correio, observado o disposto no art. 247.
    Parágrafo único. Será publicado edital, nos termos do inciso III do art. 259.
11. CPC, Art. 577. Feitas as citações, terão os réus o prazo comum de 15 (quinze) dias para contestar.
12. CPC, Art. 578. Após o prazo de resposta do réu, observar-se-á o procedimento comum.
13. CPC, Art. 579. Antes de proferir a sentença, o juiz nomeará um ou mais peritos para levantar o traçado da linha demarcanda.
14. CPC, Art. 580. Concluídos os estudos, os peritos apresentarão minucioso laudo sobre o traçado da linha demarcanda, considerando os títulos, os marcos, os rumos, a fama da vizinhança, as informações de antigos moradores do lugar e outros elementos que coligirem.

2.5 A sentença de procedência do pedido e seus efeitos

A sentença que julgar procedente o pedido demarcatório determinará o traçado da linha demarcanda, tendo como base o laudo pericial apresentado. Nesta mesma sentença o juiz poderá determinar a restituição da área que se constatou invadida na realização da perícia, declarando o domínio ou a posse do prejudicado, ou ambos (CPC, art. 581).[15]

Transitada em julgado a sentença, o perito efetuará a demarcação e colocará os marcos necessários. Todas as operações serão consignadas em planta e memorial descritivo com as referências convenientes para a identificação, em qualquer tempo, dos pontos assinalados, observada a legislação especial que dispõe sobre a identificação do imóvel rural (CPC, art. 582).[16]

As plantas que serão elaboradas pelos peritos serão acompanhadas das cadernetas de operações de campo e do memorial descritivo, que conterá todos os elementos constantes do art. 583, do CPC.[17]

É obrigatória a colocação de marcos tanto na estação inicial, dita marco primordial, quanto nos vértices dos ângulos, salvo se algum desses últimos pontos for assinalado por acidentes naturais de difícil remoção ou destruição (CPC, art. 584).[18]

---

15. CPC, Art. 581. A sentença que julgar procedente o pedido determinará o traçado da linha demarcanda.
    Parágrafo único. A sentença proferida na ação demarcatória determinará a restituição da área invadida, se houver, declarando o domínio ou a posse do prejudicado, ou ambos.
16. CPC, Art. 582. Transitada em julgado a sentença, o perito efetuará a demarcação e colocará os marcos necessários.
    Parágrafo único. Todas as operações serão consignadas em planta e memorial descritivo com as referências convenientes para a identificação, em qualquer tempo, dos pontos assinalados, observada a legislação especial que dispõe sobre a identificação do imóvel rural.
17. CPC, Art. 583. As plantas serão acompanhadas das cadernetas de operações de campo e do memorial descritivo, que conterá:
    I – o ponto de partida, os rumos seguidos e a aviventação dos antigos com os respectivos cálculos;
    II – os acidentes encontrados, as cercas, os valos, os marcos antigos, os córregos, os rios, as lagoas e outros;
    III – a indicação minuciosa dos novos marcos cravados, dos antigos aproveitados, das culturas existentes e da sua produção anual;
    IV – a composição geológica dos terrenos, bem como a qualidade e a extensão dos campos, das matas e das capoeiras;
    V – as vias de comunicação;
    VI – as distâncias a pontos de referência, tais como rodovias federais e estaduais, ferrovias, portos, aglomerações urbanas e polos comerciais;
    VII – a indicação de tudo o mais que for útil para o levantamento da linha ou para a identificação da linha já levantada.
18. CPC, Art. 584. É obrigatória a colocação de marcos tanto na estação inicial, dita marco primordial, quanto nos vértices dos ângulos, salvo se algum desses últimos pontos for assinalado por acidentes naturais de difícil remoção ou destruição.

A linha será percorrida pelos peritos, que examinarão os marcos e os rumos, consignando em relatório escrito a exatidão do memorial e da planta apresentados pelo agrimensor ou as divergências porventura encontradas (CPC, art. 585).[19]

2.6   A sentença homologatória

Juntado aos autos o relatório dos peritos, o juiz determinará que as partes se manifestem sobre ele no prazo comum de 15 (quinze) dias (CPC, art. 586).[20]

Efetuadas as correções e as retificações que o juiz venha a determinar, lavrar-se-á, em seguida, o auto de demarcação em que os limites demarcandos serão minuciosamente descritos de acordo com o memorial e a planta.

Após isso, o auto será assinado pelo juiz e pelos peritos, sendo proferida a sentença homologatória da demarcação para que surta todos os seus efeitos legais (CPC, art. 587).[21]

3.   DA AÇÃO DE DIVISÃO

Importante destacar por primeiro que o direito de demarcação da coisa comum pode ser exercido por qualquer dos condôminos. A esse direito os demais condôminos não podem se opor, a não ser que possam alegar que eles, em comum acordo, ajustaram a indivisão do imóvel pelo tempo que a lei autoriza (ver CC, art. 1.320, § 1°).

A ação de divisão pressupõe a existência de mais de um proprietário para um imóvel passível de divisão. Se o imóvel é indivisível não há falar-se em ação de divisão.

3.1   A petição inicial

A petição inicial deverá atender aos requisitos indispensáveis para qualquer petição inicial conforme previsto no art. 319, do CPC e, além desses, deverá o autor instruí-la com os títulos de domínio do promovente e conterá ainda (CPC, art. 588):[22]

---

19. CPC, Art. 585. A linha será percorrida pelos peritos, que examinarão os marcos e os rumos, consignando em relatório escrito a exatidão do memorial e da planta apresentados pelo agrimensor ou as divergências porventura encontradas.
20. CPC, Art. 586. Juntado aos autos o relatório dos peritos, o juiz determinará que as partes se manifestem sobre ele no prazo comum de 15 (quinze) dias.
    Parágrafo único. Executadas as correções e as retificações que o juiz determinar, lavrar-se-á, em seguida, o auto de demarcação em que os limites demarcandos serão minuciosamente descritos de acordo com o memorial e a planta.
21. CPC, Art. 587. Assinado o auto pelo juiz e pelos peritos, será proferida a sentença homologatória da demarcação.
22. CPC, Art. 588. A petição inicial será instruída com os títulos de domínio do promovente e conterá:
    I – a indicação da origem da comunhão e a denominação, a situação, os limites e as características do imóvel;
    II – o nome, o estado civil, a profissão e a residência de todos os condôminos, especificando-se os estabelecidos no imóvel com benfeitorias e culturas;
    III – as benfeitorias comuns.

a) A indicação da origem da comunhão e a denominação, a situação, os limites e as características do imóvel;

b) O nome, o estado civil, a profissão e a residência de todos os condôminos, especificando-se os estabelecidos no imóvel com benfeitorias e culturas;

c) As benfeitorias comuns.

3.2 Citação dos demais condôminos

A citação dos demais condôminos é obrigatória e será feita por correio (ver CPC, art. 576, *caput*), exceto se algum dos citandos for incapaz ou residir em local não atendido pela entrega de correspondência (ver CPC, art. 247).

Independente da citação dos condôminos é necessário que seja feita a publicação de edital para dar ciência aos possíveis interessados incertos ou desconhecidos (ver CPC, art. 259, III).

Feitas as citações, terão os réus o prazo comum de 15 (quinze) dias para responder aos termos da ação (ver CPC, art. 577). Após o prazo de resposta dos réus, se houver contestação, o processo continuará sua marcha pelo procedimento comum, até final sentença (ver CPC, art. 578).

3.3 Nomeação de perito

O juiz nomeará um ou mais perito para promover a medição do imóvel e as operações de divisão, observada a legislação especial que dispõe sobre a identificação do imóvel rural.

O perito deverá indicar as vias de comunicação existentes, as construções e as benfeitorias, com a indicação dos seus valores e dos respectivos proprietários e ocupantes, as águas principais que banham o imóvel e quaisquer outras informações que possam concorrer para facilitar a partilha (CPC, art. 590).[23]

Todos os condôminos serão intimados a apresentar, dentro de 10 (dez) dias, os seus títulos, se ainda não o tiverem feito, e a formular os seus pedidos sobre a constituição dos quinhões (CPC, art. 591).[24]

Apresentado o laudo, o juiz ouvirá as partes no prazo comum de 15 (quinze) dias. Não havendo impugnação, o juiz determinará a divisão geodésica do imóvel. Caso haja impugnação, o juiz proferirá, no prazo de 10 (dez) dias, decisão sobre

---

23. CPC, Art. 590. O juiz nomeará um ou mais peritos para promover a medição do imóvel e as operações de divisão, observada a legislação especial que dispõe sobre a identificação do imóvel rural.
    Parágrafo único. O perito deverá indicar as vias de comunicação existentes, as construções e as benfeitorias, com a indicação dos seus valores e dos respectivos proprietários e ocupantes, as águas principais que banham o imóvel e quaisquer outras informações que possam concorrer para facilitar a partilha.
24. CPC, Art. 591. Todos os condôminos serão intimados a apresentar, dentro de 10 (dez) dias, os seus títulos, se ainda não o tiverem feito, e a formular os seus pedidos sobre a constituição dos quinhões.

os pedidos e os títulos que devam ser atendidos na formação dos quinhões (CPC, art. 592).[25]

3.4 Problemas com os confrontantes

Se algum dos vizinhos do imóvel sobre o qual está sendo processada a divisão entender que houve esbulho ou turbação, poderá demandar a restituição dos terrenos que lhe tenham sido eventualmente usurpados (CPC, art. 594)[26] e nesse caso deverá ser observado o seguinte:

a) Serão citados para a ação todos os condôminos, se a sentença homologatória da divisão ainda não houver transitado em julgado, e todos os quinhoeiros dos terrenos vindicados, se a ação for proposta posteriormente.

b) Nesse último caso terão os quinhoeiros o direito, pela mesma sentença que os obrigar à restituição, a haver dos outros condôminos do processo divisório ou de seus sucessores a título universal a composição pecuniária proporcional ao desfalque sofrido.

Ademais, se qualquer linha do perímetro atingir benfeitorias permanentes dos confinantes feitas há mais de 1 (um) ano, serão elas respeitadas, bem como os terrenos onde estiverem, os quais não se computarão na área dividenda (CPC, art. 593).[27]

3.5 Do trabalho pericial

Os peritos proporão, em laudo fundamentado, a forma da divisão, devendo consultar, quanto possível, a comodidade das partes, respeitar, para adjudicação a cada condômino, a preferência dos terrenos contíguos às suas residências e benfeitorias e evitar o retalhamento dos quinhões em glebas separadas, nos exatos termos como consta do art. 595, do CPC.[28]

---

25. CPC, Art. 592. O juiz ouvirá as partes no prazo comum de 15 (quinze) dias.
§ 1º Não havendo impugnação, o juiz determinará a divisão geodésica do imóvel.
§ 2º Havendo impugnação, o juiz proferirá, no prazo de 10 (dez) dias, decisão sobre os pedidos e os títulos que devam ser atendidos na formação dos quinhões.
26. CPC, Art. 594. Os confinantes do imóvel dividendo podem demandar a restituição dos terrenos que lhes tenham sido usurpados.
§ 1º Serão citados para a ação todos os condôminos, se a sentença homologatória da divisão ainda não houver transitado em julgado, e todos os quinhoeiros dos terrenos vindicados, se a ação for proposta posteriormente.
§ 2º Nesse último caso terão os quinhoeiros o direito, pela mesma sentença que os obrigar à restituição, a haver dos outros condôminos do processo divisório ou de seus sucessores a título universal a composição pecuniária proporcional ao desfalque sofrido.
27. CPC, Art. 593. Se qualquer linha do perímetro atingir benfeitorias permanentes dos confinantes feitas há mais de 1 (um) ano, serão elas respeitadas, bem como os terrenos onde estiverem, os quais não se computarão na área dividenda.
28. CPC, Art. 595. Os peritos proporão, em laudo fundamentado, a forma da divisão, devendo consultar, quanto possível, a comodidade das partes, respeitar, para adjudicação a cada condômino, a preferência

Diz ainda a nossa lei dos ritos que depois de ouvidas as partes sobre o cálculo e o plano da divisão, cujo prazo comum será de 15 (quinze) dias, o juiz deliberará a partilha (CPC, art. 596).[29]

Depois de o juiz deliberar e em cumprimento dessa decisão, o perito procederá à demarcação dos quinhões, com a colocação dos marcos divisório e farão constar do relatório a exatidão do memorial descritivo e da planta, inclusive com anotação de eventuais divergências encontradas (ver CPC, arts. 584 e 585). Além disso, os peritos deverão atentar para as seguintes regras:

a) As benfeitorias comuns que não comportarem divisão cômoda serão adjudicadas a um dos condôminos mediante compensação;

b) Instituir-se-ão as servidões que forem indispensáveis em favor de uns quinhões sobre os outros, incluindo o respectivo valor no orçamento para que, não se tratando de servidões naturais, seja compensado o condômino aquinhoado com o prédio serviente;

c) As benfeitorias particulares dos condôminos que excederem à área a que têm direito serão adjudicadas ao quinhoeiro vizinho mediante reposição;

d) Se outra coisa não acordarem as partes, as compensações e as reposições serão feitas em dinheiro.

3.6 Conclusão do trabalho de divisão

Terminados os trabalhos e desenhados na planta os quinhões e as servidões aparentes, o perito organizará o memorial descritivo (CPC, art. 586).[30]

---

dos terrenos contíguos às suas residências e benfeitorias e evitar o retalhamento dos quinhões em glebas separadas.

29. CPC, Art. 596. Ouvidas as partes, no prazo comum de 15 (quinze) dias, sobre o cálculo e o plano da divisão, o juiz deliberará a partilha.

Parágrafo único. Em cumprimento dessa decisão, o perito procederá à demarcação dos quinhões, observando, além do disposto nos arts. 584 e 585, as seguintes regras:

I – as benfeitorias comuns que não comportarem divisão cômoda serão adjudicadas a um dos condôminos mediante compensação;

II – instituir-se-ão as servidões que forem indispensáveis em favor de uns quinhões sobre os outros, incluindo o respectivo valor no orçamento para que, não se tratando de servidões naturais, seja compensado o condômino aquinhoado com o prédio serviente;

III – as benfeitorias particulares dos condôminos que excederem à área a que têm direito serão adjudicadas ao quinhoeiro vizinho mediante reposição;

IV – se outra coisa não acordarem as partes, as compensações e as reposições serão feitas em dinheiro.

30. CPC, Art. 597. Terminados os trabalhos e desenhados na planta os quinhões e as servidões aparentes, o perito organizará o memorial descritivo.

§ 1º Cumprido o disposto no art. 586, o escrivão, em seguida, lavrará o auto de divisão, acompanhado de uma folha de pagamento para cada condômino.

§ 2º Assinado o auto pelo juiz e pelo perito, será proferida sentença homologatória da divisão.

§ 3º O auto conterá:

I – a confinação e a extensão superficial do imóvel;

Havendo ou não impugnações o juiz determinará que se faça as correções e retificações necessárias, determinando em seguida que o escrivão lavre o auto de divisão, acompanhado de uma folha de pagamento para cada condômino que conterá:

a) A descrição das linhas divisórias do quinhão, mencionadas as confinantes;

b) A relação das benfeitorias e das culturas do próprio quinhoeiro e das que lhe foram adjudicadas por serem comuns ou mediante compensação;

c) A declaração das servidões instituídas, especificados os lugares, a extensão e o modo de exercício.

3.7 Sentença homologatória

Assinado o auto pelo juiz e pelo perito, será proferida sentença homologatória da divisão (ver CPC, art. 597, § 2°), que conterá:

a) A confinação e a extensão superficial do imóvel;

b) A classificação das terras com o cálculo das áreas de cada consorte e com a respectiva avaliação ou, quando a homogeneidade das terras não determinar diversidade de valores, a avaliação do imóvel na sua integridade;

c) O valor e a quantidade geométrica que couber a cada condômino, declarando-se as reduções e as compensações resultantes da diversidade de valores das glebas componentes de cada quinhão.

II – a classificação das terras com o cálculo das áreas de cada consorte e com a respectiva avaliação ou, quando a homogeneidade das terras não determinar diversidade de valores, a avaliação do imóvel na sua integridade;

III – o valor e a quantidade geométrica que couber a cada condômino, declarando-se as reduções e as compensações resultantes da diversidade de valores das glebas componentes de cada quinhão.

§ 4° Cada folha de pagamento conterá:

I – a descrição das linhas divisórias do quinhão, mencionadas as confinantes;

II – a relação das benfeitorias e das culturas do próprio quinhoeiro e das que lhe foram adjudicadas por serem comuns ou mediante compensação;

III – a declaração das servidões instituídas, especificados os lugares, a extensão e o modo de exercício.

Lição 15
DA AÇÃO DE DISSOLUÇÃO PARCIAL DE SOCIEDADE

Sumário: 1. Notas introdutórias – 2. Requisitos da petição inicial – 3. Legitimidade ativa – 4. Citação dos sócios e da sociedade empresária – 5. Da resposta dos réus – 6. Apuração de haveres – 7. A data da resolução da sociedade – 8. Pagamento ao sócio retirante.

1. NOTAS INTRODUTÓRIAS

A ação de dissolução parcial de sociedade tem como principal objetivo preservar a sociedade empresária em face de problemas surgidos com o sócio falecido, excluído ou que exerceu o direito de retirada ou recesso; ou quanto à apuração dos haveres do sócio falecido, excluído ou que exerceu o direito de retirada ou recesso; ou ainda, quando seja necessária apenas e tão somente para a resolução ou a apuração de haveres (CPC, art. 599).[1]

A ação de dissolução parcial de sociedade pode ter também por objeto a sociedade anônima de capital fechado quando demonstrado, por acionista ou acionistas que representem 5% (cinco por cento) ou mais do capital social, que não pode preencher o seu fim.

É importante destacar que o instituto permite que a sociedade continue existindo no caso de um ou alguns sócios exercerem o seu direito de se retirarem da sociedade, serem excluídos ou mesmo que algum venha a falecer, de sorte que esta ação irá desfazer o vínculo societário apenas em relação àquele que se retirou, foi excluído ou faleceu (ver CC, arts. 1.028 a 1.032).

---
1. CPC, Art. 599. A ação de dissolução parcial de sociedade pode ter por objeto:
I – a resolução da sociedade empresária contratual ou simples em relação ao sócio falecido, excluído ou que exerceu o direito de retirada ou recesso; e
II – a apuração dos haveres do sócio falecido, excluído ou que exerceu o direito de retirada ou recesso; ou
III – somente a resolução ou a apuração de haveres.
§ 1º A petição inicial será necessariamente instruída com o contrato social consolidado.
§ 2º A ação de dissolução parcial de sociedade pode ter também por objeto a sociedade anônima de capital fechado quando demonstrado, por acionista ou acionistas que representem cinco por cento ou mais do capital social, que não pode preencher o seu fim.

2. REQUISITOS DA PETIÇÃO INICIAL

Além dos requisitos indispensáveis para qualquer petição inicial (ver art. 319, do CPC), o autor da ação de dissolução parcial de sociedade deverá instruir a sua petição inicial, obrigatoriamente, com cópia do contrato social consolidado (ver CPC, art. 599, § 1º).

3. LEGITIMIDADE ATIVA

Tem legitimidade ativa para a propositura da ação de dissolução parcial de sociedade (CPC, art. 600),[2] as seguintes pessoas:

a) O espólio do sócio falecido, quando a totalidade dos sucessores não ingressar na sociedade;

b) Os sucessores, após concluída a partilha do sócio falecido;

c) A sociedade, se os sócios sobreviventes não admitirem o ingresso do espólio ou dos sucessores do falecido na sociedade, quando esse direito decorrer do contrato social;

d) O sócio que exerceu o direito de retirada ou recesso, se não tiver sido providenciada, pelos demais sócios, a alteração contratual consensual formalizando o desligamento, depois de transcorridos 10 (dez) dias do exercício do direito;

e) A sociedade, nos casos em que a lei não autoriza a exclusão extrajudicial;

f) O sócio excluído.

Importante: cumpre destacar que o cônjuge ou companheiro do sócio cujo casamento, união estável ou convivência terminou, pode promover esse tipo de ação para apuração de seus haveres na sociedade, que serão pagos e abatidos da conta da quota social titulada por este sócio (ver CPC, art. 600, parágrafo único).

---

2. CPC, Art. 600. A ação pode ser proposta:

I – pelo espólio do sócio falecido, quando a totalidade dos sucessores não ingressar na sociedade;

II – pelos sucessores, após concluída a partilha do sócio falecido;

III – pela sociedade, se os sócios sobreviventes não admitirem o ingresso do espólio ou dos sucessores do falecido na sociedade, quando esse direito decorrer do contrato social;

IV – pelo sócio que exerceu o direito de retirada ou recesso, se não tiver sido providenciada, pelos demais sócios, a alteração contratual consensual formalizando o desligamento, depois de transcorridos 10 (dez) dias do exercício do direito;

V – pela sociedade, nos casos em que a lei não autoriza a exclusão extrajudicial; ou

VI – pelo sócio excluído.

Parágrafo único. O cônjuge ou companheiro do sócio cujo casamento, união estável ou convivência terminou poderá requerer a apuração de seus haveres na sociedade, que serão pagos à conta da quota social titulada por este sócio.

4. CITAÇÃO DOS SÓCIOS E DA SOCIEDADE EMPRESÁRIA

Devem ser citados para os termos da ação a sociedade e todos os sócios formando-se um litisconsórcio passivo necessário. Citados, todos terão o prazo comum de 15 (quinze) dias, para concordar com o pedido ou eventualmente apresentar contestação (CPC, art. 601).[3]

Não há necessidade de citação da sociedade empresária se todos os sócios forem citados, mas ela ficará sujeita aos efeitos da decisão e à coisa julgada. Trata-se de uma espécie de substituição processual pela qual estando todos os sócios presentes no processo subtende-se que os interesses da sociedade estarão devidamente representados.

Vale lembrar que a personalidade da sociedade não se confunde com a personalidade dos sócios, de sorte que ela também terá legitimidade para contestar o pedido dos eventuais interessados, assim como poderá formular pedido de indenização compensável com o valor dos haveres a apurar, sem a necessidade de apresentar reconvenção (CPC, art. 602).[4]

5. DA RESPOSTA DOS RÉUS

Dependendo da resposta dos réus, abrem-se duas possibilidades para resolver o conflito de interesses (CPC, art. 603),[5] senão vejamos:

a) **Resolução amigável do conflito:**

Havendo manifestação expressa e unânime de todos os sócios, optando pela dissolução, o juiz a decretará, passando-se imediatamente à fase de liquidação. Nesse caso, não há falar-se em condenação em honorários advocatícios, e as custas serão rateadas na proporção da participação de cada um no capital social.

b) **Resolução de forma litigiosa:**

Se não houver concordância de todos os sócios com a dissolução e tendo sido apresentada contestação, observar-se-á o procedimento comum, mas a liquidação da sentença seguirá o disposto neste Capítulo.

---

3. CPC, Art. 601. Os sócios e a sociedade serão citados para, no prazo de 15 (quinze) dias, concordar com o pedido ou apresentar contestação.
   Parágrafo único. A sociedade não será citada se todos os seus sócios o forem, mas ficará sujeita aos efeitos da decisão e à coisa julgada.
4. CPC, Art. 602. A sociedade poderá formular pedido de indenização compensável com o valor dos haveres a apurar
5. CPC, Art. 603. Havendo manifestação expressa e unânime pela concordância da dissolução, o juiz a decretará, passando-se imediatamente à fase de liquidação.
   § 1º Na hipótese prevista no caput, não haverá condenação em honorários advocatícios de nenhuma das partes, e as custas serão rateadas segundo a participação das partes no capital social.
   § 2º Havendo contestação, observar-se-á o procedimento comum, mas a liquidação da sentença seguirá o disposto neste Capítulo.

6. APURAÇÃO DE HAVERES

Para apuração dos haveres, o juiz fixará a data da resolução da sociedade; definirá o critério de apuração dos haveres à vista do disposto no contrato social; e nomeará o perito que deverá ser um técnico especialista na avaliação de sociedades (CPC, art. 604).[6]

É importante destacar que, independentemente dos valores a serem apurados, se houver valores incontroversos apresentados pelos sócios remanescentes ou pela sociedade na contestação, o magistrado determinará que tais valores sejam depositados a conta do juízo ficando à disposição para ser levantando pelo ex-sócio, pelo espólio ou pelos sucessores, conforme seja o caso.

Se o contrato social estabelecer o pagamento dos haveres, será observado o que nele se dispôs no depósito judicial da parte incontroversa.

Em caso de omissão do contrato social, o juiz definirá, como critério de apuração de haveres, o valor patrimonial apurado em balanço de determinação, tomando-se por referência a data da resolução e avaliando-se bens e direitos do ativo, tangíveis e intangíveis, a preço de saída, além do passivo também a ser apurado de igual forma (nos exatos termos do art. 606 do CPC).

Na linha do processo participativo, o Código de Processo Civil autoriza o juiz a rever a data da resolução e os critérios para apuração dos haveres, desde que a parte requeira, a qualquer tempo, porém antes do início da perícia (CPC, art. 607).[7]

7. A DATA DA RESOLUÇÃO DA SOCIEDADE

A data da resolução da sociedade irá variar de acordo com o motivo da dissolução (CPC, art. 605)[8] e será:

---

6. CPC, Art. 604. Para apuração dos haveres, o juiz:
 I – fixará a data da resolução da sociedade;
 II – definirá o critério de apuração dos haveres à vista do disposto no contrato social;
 III – nomeará o perito.
 § 1º O juiz determinará à sociedade ou aos sócios que nela permanecerem que depositem em juízo a parte incontroversa dos haveres devidos.
 § 2º O depósito poderá ser, desde logo, levantando pelo ex-sócio, pelo espólio ou pelos sucessores.
 § 3º Se o contrato social estabelecer o pagamento dos haveres, será observado o que nele se dispôs no depósito judicial da parte incontroversa.
7. CPC, Art. 607. A data da resolução e o critério de apuração de haveres podem ser revistos pelo juiz, a pedido da parte, a qualquer tempo antes do início da perícia.
8. CPC, Art. 605. A data da resolução da sociedade será:
 I – no caso de falecimento do sócio, a do óbito;
 II – na retirada imotivada, o sexagésimo dia seguinte ao do recebimento, pela sociedade, da notificação do sócio retirante;
 III – no recesso, o dia do recebimento, pela sociedade, da notificação do sócio dissidente;

a) **Morte do sócio:**

Se a dissolução ocorre em face de falecimento de algum dos sócios, a data a ser considerada será a do óbito.

b) **Retirada imotivada:**

No caso de retirada imotivada, o sexagésimo dia seguinte ao do recebimento, pela sociedade, da notificação do sócio retirante.

c) **No recesso:**

A data do recebimento, pela sociedade, da notificação do sócio dissidente.

d) **Na retirada por justa causa:**

No caso de retirada por justa de sociedade por prazo determinado e na exclusão judicial de sócio, a data a ser considerada é a do trânsito em julgado da decisão que dissolver a sociedade;

e) **Na exclusão extrajudicial:**

Na exclusão extrajudicial, a data será a da assembleia ou da reunião de sócios que a tiver deliberado sobre o assunto.

8. PAGAMENTO AO SÓCIO RETIRANTE

Até a data da resolução da sociedade, vejamos quais serão os valores apurados como devidos ao ex-sócio, ao espólio ou aos sucessores, segundos as seguintes diretrizes (CPC, art. 608):[9]

a) até a data da resolução eles participarão nos lucros e nos juros sobre o capital próprio declarado pela sociedade e, se for o caso, a remuneração como administrador.

b) Após a data da resolução, eles somente terão direito à correção monetária dos valores apurados e aos juros contratuais ou legais.

Reforçando a autonomia da vontade das partes integrantes da sociedade, o Novo CPC estabelece que os valores apurados a serem pagos ao sócio retirante, deverá ser realizado conforme estabeleça o contrato social (CPC, art. 609).[10] Se não

---

IV – na retirada por justa causa de sociedade por prazo determinado e na exclusão judicial de sócio, a do trânsito em julgado da decisão que dissolver a sociedade; e

V – na exclusão extrajudicial, a data da assembleia ou da reunião de sócios que a tiver deliberado.

9. CPC, Art. 608. Até a data da resolução, integram o valor devido ao ex-sócio, ao espólio ou aos sucessores a participação nos lucros ou os juros sobre o capital próprio declarados pela sociedade e, se for o caso, a remuneração como administrador.

Parágrafo único. Após a data da resolução, o ex-sócio, o espólio ou os sucessores terão direito apenas à correção monetária dos valores apurados e aos juros contratuais ou legais.

10. CPC, Art. 609. Uma vez apurados, os haveres do sócio retirante serão pagos conforme disciplinar o contrato social e, no silêncio deste, nos termos do § 2º do art. 1.031 da Lei nº 10.406, de 10 de janeiro de 2002 (Código Civil).

houver previsão contratual para a dissolução e apuração de haveres da sociedade, serão utilizados os critérios estabelecidos no Código Civil que prevê para estes casos que a quota liquidada será paga em dinheiro, no prazo de noventa dias, a partir da liquidação, salvo acordo em contrário (CC, art. 1.031, § 2°).[11]

---

11. CC, Art. 1.031. Nos casos em que a sociedade se resolver em relação a um sócio, o valor da sua quota, considerada pelo montante efetivamente realizado, liquidar-se-á, salvo disposição contratual em contrário, com base na situação patrimonial da sociedade, à data da resolução, verificada em balanço especialmente levantado.
§ 1º O capital social sofrerá a correspondente redução, salvo se os demais sócios suprirem o valor da quota.
§ 2º A quota liquidada será paga em dinheiro, no prazo de noventa dias, a partir da liquidação, salvo acordo, ou estipulação contratual em contrário.

Lição 16
DO INVENTÁRIO, DA PARTILHA E DO ARROLAMENTO

Sumário: 1. O inventário – 2. A partilha – 3. Espécies de inventário; 3.1 Inventário judicial; 3.2 Inventário extrajudicial; 3.3 Juízo competente; 3.4 Obrigatoriedade de consulta sobre a existência de testamento – 4. Abertura do inventário judicial e administração da herança – 5. Legitimidade para requerer a abertura do inventário – 6. Ordem de nomeação do inventariante – 7. Incumbência do inventariante – 8. Das primeiras declarações – 9. Da remoção do inventariante – 10. Das citações e das impugnações – 11. Matéria de alta indagação – 12. Da avaliação e do cálculo do imposto – 13. Das colações – 14. Pagamento das dívidas – 15. Da partilha; 15.1 Anulação da partilha amigável; 15.2 Ação rescisória para anular partilha; 15.3 Algumas regras a serem observadas na partilha – 16. Alvará judicial – 17. Inventário negativo – 18. Sonegados – 19. Sobrepartilha – 20. Cumulação de inventários.

1. O INVENTÁRIO

Inventário é o processo (judicial ou administrativo) pelo qual são relacionados e arrecadados todos os bens, direitos e obrigações do *de cujus* que, após o pagamento das dívidas e dos impostos, se houver saldo de bens remanescente, será repartido entre seus herdeiros legítimos ou testamentários.

2. A PARTILHA

É a segunda parte do inventário e aquela que irá individualizar os bens que caberá a cada um dos herdeiros, finalizado assim o inventário.

Vale lembrar que, embora a herança se transmita no exato momento da abertura da sucessão, os bens pertencentes ao *de cujus* vão continuar figurando em seu nome (CC, art. 1.784).[1]

---

1. CC, Art. 1.784. Aberta a sucessão, a herança transmite-se, desde logo, aos herdeiros legítimos e testamentários.

Para resolver isso haverá a necessidade de fazer-se o inventário, cujo ponto culminante será a expedição do formal de partilha, documento judicial que permitirá a cada um dos herdeiros transferir para os seus respectivos nomes os bens que lhes couberem no inventário.

Atenção: o inventário estará finalizado com a expedição do formal de partilha.

3. ESPÉCIES DE INVENTÁRIO

O Código de Processo Civil prevê duas espécies de inventário: judicial e extrajudicial ou administrativo. Porém, para efeito de estudos, podemos dividir o inventário judicial em 3 (três) modalidade conforme veremos a seguir.

3.1 Inventário judicial

É aquele no qual as partes provocam o judiciário, por petição distribuída ao juiz competente, que deve ser aberto no prazo de 2 (dois) meses contados da data do falecimento do *de cujus*, devendo estar encerrado no prazo de 12 (doze) meses, prazo este que pode ser prorrogado de ofício ou a requerimento da parte (CPC, art. 611).[2]

Tendo em vista o disciplinamento constante do Código de Processo Civil, podemos identificar três modalidades de inventário judicial, senão vejamos:

a) **Inventário judicial comum ou tradicional:**

Este tipo de inventário judicial é obrigatório em três situações muito concretas, quais sejam: se os herdeiros não estiverem de acordo com a partilha dos bens; se houver testamento; ou ainda, se houver incapaz entre os herdeiros (CPC, art. 610, 1ª parte).[3] Esta é a forma mais tradicional de inventário e que se processará de forma solene pelo rito ordinário, nos termos do que estabelece a nossa lei dos ritos (regulado nos arts. 610 a 658 do CPC).

Atenção: Apesar do Código de Processo Civil expressamente dizer que o inventário judicial é obrigatório se houver testamento, ou ainda, se houver menor ou incapaz entre os herdeiros, o CNJ, através da Resolução nº 571,[4] de

---

2. CPC, Art. 611. O processo de inventário e de partilha deve ser instaurado dentro de 2 (dois) meses, a contar da abertura da sucessão, ultimando-se nos 12 (doze) meses subsequentes, podendo o juiz prorrogar esses prazos, de ofício ou a requerimento de parte.
3. CPC, Art. 610. Havendo testamento ou interessado incapaz, proceder-se-á ao inventário judicial.
   § 1º Se todos forem capazes e concordes, o inventário e a partilha poderão ser feitos por escritura pública, a qual constituirá documento hábil para qualquer ato de registro, bem como para levantamento de importância depositada em instituições financeiras.
   § 2º O tabelião somente lavrará a escritura pública se todas as partes interessadas estiverem assistidas por advogado ou por defensor público, cuja qualificação e assinatura constarão do ato notarial.
4. Altera a Resolução CNJ nº 35/2007, que disciplina a lavratura dos atos notariais relacionados a inventário, partilha, separação consensual, divórcio consensual e extinção consensual de união estável por via administrativa.

26.08.2024, flexibilizou a norma para permitir que estes tipos de inventários possam ser realizados de forma extrajudicial em determinadas situações, discriminadas nos arts. 12-A e 12-B, *in verbis*:

Art. 12-A. O inventário poderá ser realizado por escritura pública, ainda que inclua interessado menor ou incapaz, desde que o pagamento do seu quinhão hereditário ou de sua meação ocorra em parte ideal em cada um dos bens inventariados e haja manifestação favorável do Ministério Público.

Art. 12-B. É autorizado o inventário e a partilha consensuais promovidos extrajudicialmente por escritura pública, ainda que o autor da herança tenha deixado testamento, desde que obedecidos os seguintes requisitos:

I – os interessados estejam todos representados por advogado devidamente habilitado;

II – exista expressa autorização do juízo sucessório competente em ação de abertura e cumprimento de testamento válido e eficaz, em sentença transitada em julgado;

III – todos os interessados sejam capazes e concordes;

IV – no caso de haver interessados menores ou incapazes, sejam também observadas as exigências do art. 12-A desta Resolução;

V – nos casos de testamento invalidado, revogado, rompido ou caduco, a invalidade ou ineficácia tenha sido reconhecida por sentença judicial transitada em julgado na ação de abertura e cumprimento de testamento.

b) **Arrolamento sumário:**

Este tipo de inventário se processa por um rito mais célere em face de sua simplicidade e pode ser utilizado quando todos os herdeiros são capazes e estão concordes com a forma como deva ser partilhado os bens. A forma é simplificada, pois basta os interessados apresentarem o plano de partilha e, desde que comprovada a quitação dos tributos, o juiz homologará de plano e sem maiores problemas (CPC, art. 659, *caput*).[5] A existência de credores não obsta a homologação da partilha ou da adjudicação, desde que reserva dos bens suficientes para o pagamento das eventuais dívidas (CPC, art. 663).[6]

---

5. CPC, Art. 659. A partilha amigável, celebrada entre partes capazes, nos termos da lei, será homologada de plano pelo juiz, com observância dos arts. 660 a 663.
§ 1º O disposto neste artigo aplica-se, também, ao pedido de adjudicação, quando houver herdeiro único.
§ 2º Transitada em julgado a sentença de homologação de partilha ou de adjudicação, será lavrado o formal de partilha ou elaborada a carta de adjudicação e, em seguida, serão expedidos os alvarás referentes aos bens e às rendas por ele abrangidos, intimando-se o fisco para lançamento administrativo do imposto de transmissão e de outros tributos porventura incidentes, conforme dispuser a legislação tributária, nos termos do § 2º do art. 662.
6. CPC, Art. 663. A existência de credores do espólio não impedirá a homologação da partilha ou da adjudicação, se forem reservados bens suficientes para o pagamento da dívida.

Petição Inicial: neste procedimento o requerente apresentará com sua petição inicial o pedido de nomeação do inventariante designado; a declaração e os títulos dos herdeiros e os bens do espólio; e, atribuirão valor aos bens para efeito de partilha e de recolhimento de taxas e tributos (CPC, art. 660).[7]

Atenção: os tributos e taxas serão calculados com base no valor atribuído aos bens pelos herdeiros. Eventuais diferenças serão apuradas pelo fisco em procedimento administrativo e havendo diferenças serão cobradas pelos meios adequados (CPC, art. 662).[8]

Importante: esta forma de inventário também é utilizada quando existe apenas um único herdeiro que requer a adjudicação dos bens que lhes pertencem por herança (ver CPC, art. 659, § 1º).

c) **Arrolamento comum:**

Trata-se de inventário que envolva bens no valor de até 1.000 (mil) salários mínimos. Diz o Código de Processo Civil que o inventariante nomeado, independentemente da assinatura de termo de compromisso, apresentará, com suas declarações, a atribuição do valor dos bens do espólio e o plano da partilha. O juiz nomeará um avaliador que oferecerá laudo em 10 (dez) dias, se houver discordâncias com relação aos valores apresentados pelo inventariante. Apresentado o laudo, o juiz, em audiência que designar, deliberará sobre a partilha, decidindo de plano todas as reclamações e mandando pagar as dívidas não impugnadas (CPC, art. 664).[9]

Parágrafo único. A reserva de bens será realizada pelo valor estimado pelas partes, salvo se o credor, regularmente notificado, impugnar a estimativa, caso em que se promoverá a avaliação dos bens a serem reservados.

7. CPC, Art. 660. Na petição de inventário, que se processará na forma de arrolamento sumário, independentemente da lavratura de termos de qualquer espécie, os herdeiros:
I – requererão ao juiz a nomeação do inventariante que designarem;
II – declararão os títulos dos herdeiros e os bens do espólio, observado o disposto no art. 630;
III – atribuirão valor aos bens do espólio, para fins de partilha.
8. CPC, Art. 662. No arrolamento, não serão conhecidas ou apreciadas questões relativas ao lançamento, ao pagamento ou à quitação de taxas judiciárias e de tributos incidentes sobre a transmissão da propriedade dos bens do espólio.
§ 1º A taxa judiciária, se devida, será calculada com base no valor atribuído pelos herdeiros, cabendo ao fisco, se apurar em processo administrativo valor diverso do estimado, exigir a eventual diferença pelos meios adequados ao lançamento de créditos tributários em geral.
§ 2º O imposto de transmissão será objeto de lançamento administrativo, conforme dispuser a legislação tributária, não ficando as autoridades fazendárias adstritas aos valores dos bens do espólio atribuídos pelos herdeiros.
9. CPC, Art. 664. Quando o valor dos bens do espólio for igual ou inferior a 1.000 (mil) salários-mínimos, o inventário processar-se-á na forma de arrolamento, cabendo ao inventariante nomeado, independentemente de assinatura de termo de compromisso, apresentar, com suas declarações, a atribuição de valor aos bens do espólio e o plano da partilha.
§ 1º Se qualquer das partes ou o Ministério Público impugnar a estimativa, o juiz nomeará avaliador, que oferecerá laudo em 10 (dez) dias.

Atenção: nesta espécie de inventário o que autoriza a sua utilização é o valor dos bens do espólio, de sorte que pode ser realizado desta forma o inventário mesmo havendo interessado incapaz, desde que o Ministério Público não se oponha (CPC, art. 665).[10]

3.2 Inventário extrajudicial

Se todos os herdeiros são capazes e se estiverem de acordo com relação à partilha dos bens, podem optar pela realização do inventário através de escritura pública lavrada em Cartório de Notas (ver CPC, art. 610, § 1º).

Nesse caso o advogado das partes (que poderá ser um único) apresentará um pedido de abertura de inventário no qual constará um esboço de partilha. O Cartório conferirá os valores dos bens, calculará o imposto e, depois de devidamente pago, lavrará uma escritura pública que discriminará os bens, atribuirá a cada herdeiro sua quota-parte. A escritura terá a mesma força da sentença judicial, e será o instrumento hábil para promover a transferência dos bens do nome do *de cujus* para os nomes dos respectivos herdeiros.

O inventário extrajudicial pode ser aberto a qualquer tempo, cabendo ao notário verificar a eventual aplicação de multa incidente sobre o imposto de transmissão (ver Res. CNJ no 35/2007, arts. 14 a 31).

3.3 Juízo competente

Em se tratando de inventário e partilha judicial o juízo competente será o foro do domicílio do autor da herança (ver CPC, art. 48). Aliás, este mesmo juízo também será competente para conhecer e validar testamento, bem como para eventual anulação de partilha extrajudicial.

Será também no foro do domicílio do *de cujus* que se processarão as ações em que o espólio for réu, ainda que o óbito tenha ocorrido no estrangeiro.

Porém, se o autor da herança não tinha domicílio certo, será competente: o foro da situação dos bens imóveis; havendo bens imóveis em foros diferentes, qualquer deles; e, não havendo bens imóveis, o foro do local de qualquer dos bens do espólio.

---

§ 2º Apresentado o laudo, o juiz, em audiência que designar, deliberará sobre a partilha, decidindo de plano todas as reclamações e mandando pagar as dívidas não impugnadas.

§ 3º Lavrar-se-á de tudo um só termo, assinado pelo juiz, pelo inventariante e pelas partes presentes ou por seus advogados.

§ 4º Aplicam-se a essa espécie de arrolamento, no que couber, as disposições do art. 672, relativamente ao lançamento, ao pagamento e à quitação da taxa judiciária e do imposto sobre a transmissão da propriedade dos bens do espólio.

§ 5º Provada a quitação dos tributos relativos aos bens do espólio e às suas rendas, o juiz julgará a partilha.

10. CPC, Art. 665. O inventário processar-se-á também na forma do art. 664, ainda que haja interessado incapaz, desde que concordem todas as partes e o Ministério Público.

Atenção: Importante consignar que, em sendo extrajudicial o inventário, as regras no que diz respeito à competência, bem como à nomeação de inventariante, não se aplicam, de sorte que pode ser realizado o inventário em qualquer lugar do país, independentemente do domicílio do falecido ou de onde se encontram os seus bens, como também pode ser indicado como inventariante qualquer um dos herdeiros.[11]

3.4 Obrigatoriedade de consulta sobre a existência de testamento

Tanto no inventário judicial quanto no extrajudicial, há determinação do CNJ dirigida aos juízes e tabeliães com relação a eventual existência de testamento. Estas autoridades somente devem processar o inventário depois de realizar busca de testamento no banco de dados do Registro Central de Testamentos Online (RCTO) da Central Notarial de Serviços Compartilhados (ver CNJ, provimento nº 56/2016).

Quer dizer, é obrigatório para o processamento dos inventários e partilhas judiciais, bem como para lavratura de escrituras públicas de inventário extrajudicial, a juntada de certidão acerca da inexistência de testamento deixado pelo autor da herança, expedida pela Central Notarial de Serviços Compartilhados (CENSEC).

No Estado de São Paulo o Tribunal de Justiça editou um provimento de nº 37/2016 para permitir a lavratura da escritura pública de inventário, mesmo existindo testamento, para os seguintes casos:

a) **Todos os herdeiros são maiores e capazes:**

Mesmo havendo testamento, se todos os herdeiros foram maiores, capazes concordes e mediante autorização do juízo onde se processou a **ação de abertura, registro e cumprimento de testamento**, poderão ser feitos o inventário e a partilha por escritura pública, que constituirá título hábil para o registro imobiliário.

Atenção: o Tabelião de Notas solicitará, previamente, a certidão do testamento e, constatada a existência de disposição reconhecendo filho ou qualquer outra declaração irrevogável, a lavratura de escritura pública de inventário e partilha ficará vedada, e o inventário far-se-á judicialmente.

b) **Testamento revogado, caduco ou inválido:**

Também poderão ser feitos o inventário e a partilha por escritura pública, nos casos de testamento revogado ou caduco, ou quando houver decisão judicial, com trânsito em julgado, declarando a invalidade do testamento, observadas a capacidade e a concordância dos herdeiros.

---

11. Nesse sentido ver a Res. 35/2007 do CNJ (que disciplina a aplicação da Lei no 11.441/07 pelos serviços notariais e de registro), especialmente o art. 1º: que diz: Para a lavratura dos atos notariais de que trata a Lei no 11.441/07, é livre a escolha do tabelião de notas, não se aplicando as regras de competência do Código de Processo Civil.

4. ABERTURA DO INVENTÁRIO JUDICIAL E ADMINISTRAÇÃO DA HERANÇA

O Código Civil estipula o prazo de 30 (trinta) dias, após a morte do *de cujus*, como sendo o prazo para a abertura do processo de inventário (CC, art. 1.796).[12] Em contrapartida o Novo Código de Processo Civil fixa esse prazo em 2 (dois) meses (CPC, art. 611).[13]

Nessa colisão de normas deve prevalecer o prazo estabelecido no Código de Processo Civil, exatamente por ser lei mais nova.

Após a abertura do inventário, diz ainda a lei instrumental que o mesmo deverá ser encerrado no prazo de 12 (doze) meses, prazo este que poderá ser prorrogado pelo juiz, de ofício ou a requerimento da parte.

Normalmente estes prazos não são respeitados. Raramente a família do falecido abre o inventário no prazo legal porque tratar desse assunto é, para a maioria das pessoas, algo muito complicado e doloroso. Mesmo já aberto o inventário, enquanto o inventariante não prestar compromisso, o administrador provisório é quem representará e administrará os bens do espólio (CPC, art. 613).[14]

Atenção: o administrador provisório terá responsabilidade de representar ativa e passivamente o espólio, além de ser obrigado a prestar contas de sua administração no que diz respeito aos frutos percebidos desde a abertura da sucessão, bem como responde pelo dano a que, por dolo ou culpa, possa ter dado causa (CPC, art. 614).[15]

Importante: o administrador provisório tem direito ao reembolso das despesas necessárias e úteis que possa ter realizado para a conservação dos bens da herança.

5. LEGITIMIDADE PARA REQUERER A ABERTURA DO INVENTÁRIO

O pedido de abertura do inventário e de partilha deverá ser feito pela pessoa que esteja na posse e na administração do espólio, no prazo de 2 (dois) meses, conforme vimos acima. Além dos requisitos de qualquer petição inicial, o requerimento de

---

12. CC, Art. 1.796. No prazo de trinta dias, a contar da abertura da sucessão, instaurar-se-á inventário do patrimônio hereditário, perante o juízo competente no lugar da sucessão, para fins de liquidação e, quando for o caso, de partilha da herança.
13. CPC, Art. 611. O processo de inventário e de partilha deve ser instaurado dentro de 2 (dois) meses, a contar da abertura da sucessão, ultimando-se nos 12 (doze) meses subsequentes, podendo o juiz prorrogar esses prazos, de ofício ou a requerimento de parte.
14. CPC, Art. 613. Até que o inventariante preste o compromisso, continuará o espólio na posse do administrador provisório.
15. CPC, Art. 614. O administrador provisório representa ativa e passivamente o espólio, é obrigado a trazer ao acervo os frutos que desde a abertura da sucessão percebeu, tem direito ao reembolso das despesas necessárias e úteis que fez e responde pelo dano a que, por dolo ou culpa, der causa.

abertura do inventário deve se fazer acompanhar, obrigatoriamente, da certidão de óbito do autor da herança (CPC, art. 615).[16]

Independente dessa previsão legal, para o pedido de abertura de inventário e de partilha, o Código de Processo Civil reconhece ainda legitimidade concorrente para as seguintes pessoas (CPC, art. 616):[17]

a) O cônjuge ou companheiro supérstite;
b) O herdeiro;
c) O legatário;
d) O testamenteiro;
e) O cessionário do herdeiro ou do legatário;
f) O credor do herdeiro, do legatário ou do autor da herança;
g) O Ministério Público, havendo herdeiros incapazes;
h) A Fazenda Pública, quando tiver interesse;
i) O administrador judicial da falência do herdeiro, do legatário, do autor da herança ou do cônjuge ou companheiro supérstite.

Este rol não é taxativo, o que significa dizer que, qualquer dessas pessoas acima mencionadas, pode pedir a abertura do inventário porque, nesse caso, não há ordem preferencial.

6. ORDEM DE NOMEAÇÃO DO INVENTARIANTE

Do início e até o final do processo de inventário, a administração da herança ficará a cargo do inventariante (CC, art. 1.991),[18] que será nomeado pelo juiz con-

---

16. CPC, Art. 615. O requerimento de inventário e de partilha incumbe a quem estiver na posse e na administração do espólio, no prazo estabelecido no art. 611.
    Parágrafo único. O requerimento será instruído com a certidão de óbito do autor da herança.
17. CPC, Art. 616. Têm, contudo, legitimidade concorrente:
    I – o cônjuge ou companheiro supérstite;
    II – o herdeiro;
    III – o legatário;
    IV – o testamenteiro;
    V – o cessionário do herdeiro ou do legatário;
    VI – o credor do herdeiro, do legatário ou do autor da herança;
    VII – o Ministério Público, havendo herdeiros incapazes;
    VIII – a Fazenda Pública, quando tiver interesse;
    IX – o administrador judicial da falência do herdeiro, do legatário, do autor da herança ou do cônjuge ou companheiro supérstite.
18. CC, Art. 1.991. Desde a assinatura do compromisso até a homologação da partilha, a administração da herança será exercida pelo inventariante.

forme as normas do Código de Processo Civil (CPC, art. 617)[19] na seguinte ordem preferencial:

a) **Cônjuge ou companheiro sobrevivente:**

O cônjuge ou companheiro sobrevivente é o primeiro na lista de preferência para ser nomeado inventariante; contudo, isso só será possível se convivia com o *de cujus* à época de sua morte.

b) **O herdeiro que esteja na posse e administração do espólio:**

Na falta do cônjuge ou mesmo ele existindo não puder assumir o encargo, será nomeado inventariante o herdeiro que estiver na administração provisória da herança.

c) **Qualquer outro herdeiro:**

Na falta de cônjuge e não estando nenhum dos herdeiros na posse e administração da herança, será nomeado inventariante qualquer um dos herdeiros que reivindique essa posição.

d) **O testamenteiro:**

Será nomeado o testamenteiro se o *de cujus* lhe atribuiu a responsabilidade pela posse e administração dos bens da herança ou se toda a herança é composta de legados.

e) **Inventariante judicial:**

O Código Civil menciona essa figura, porém ela hoje não mais existe na maioria dos Estados. Era um funcionário do Poder Judiciário que cumpria essa função de inventariante.

f) **Qualquer pessoa do povo:**

Esgotadas as possibilidades de nomeação do inventariante dentre as pessoas acima mencionadas ou quando a litigiosidade entre elas for insuperável, o juiz designará qualquer pessoa idônea para o exercício dessa função. Essa pessoa poderá ser remunerada conforme fixe o juiz. É o que chamamos de **inventariante dativo**.

---

19. CPC, Art. 617. O juiz nomeará inventariante na seguinte ordem:

I – o cônjuge ou companheiro sobrevivente, desde que estivesse convivendo com o outro ao tempo da morte deste;

II – o herdeiro que se achar na posse e na administração do espólio, se não houver cônjuge ou companheiro sobrevivente ou se estes não puderem ser nomeados;

III – qualquer herdeiro, quando nenhum deles estiver na posse e na administração do espólio; IV

IV – o herdeiro menor, por seu representante legal;

V – o testamenteiro, se lhe tiver sido confiada a administração do espólio ou se toda a herança estiver distribuída em legados;

VI – o cessionário do herdeiro ou do legatário;

VII – o inventariante judicial, se houver;

VIII – pessoa estranha idônea, quando não houver inventariante judicial.

Parágrafo único. O inventariante, intimado da nomeação, prestará, dentro de 5 (cinco) dias, o compromisso de bem e fielmente desempenhar a função.

Essa ordem deve ser respeitada porque a lei estabeleceu uma preferência, porém não é absoluta, podendo ser alterada por motivos justificados ou mesmo por comum acordo entre as partes.

7. INCUMBÊNCIA DO INVENTARIANTE

Depois de nomeado o inventariante e assinado o compromisso, ele é que representará o espólio, ativa ou passivamente, judicial e extrajudicialmente (CPC, art. 75, VII c/c art. 618, I). Essa regra comporta exceção porque, no caso do inventariante dativo, este não tem legitimidade para representar o espólio por expressa determinação legal, cabendo tal função aos herdeiros e sucessores do falecido conjuntamente (CPC, art. 75, § 1º).[20]

Além da incumbência acima, certamente uma das mais importantes, cabe ainda ao inventariante as seguintes tarefas (CPC, art. 618):[21]

a) **Administrar o espólio:**

Cabe ao inventariante administrar todos os bens que compõe o acervo da herança, devendo para isso aplicar a mesma diligência que teria se os bens fossem seus.

b) **Apresentar as primeiras e últimas declarações:**

Deve também o inventariante prestar as primeiras e as últimas declarações pessoalmente ou por procurador com poderes especiais para isso.

c) **Exibir documentos:**

A requerimento das partes ou por determinação do juiz, deve o inventariante exibir em cartório, a qualquer tempo, para exame das partes, os documentos relativos ao espólio.

---

20. CPC, Art. 75. Serão representados em juízo, ativa e passivamente:
    (Omissis).
    VII – o espólio, pelo inventariante;
    (Omissis)
    § 1º Quando o inventariante for dativo, os sucessores do falecido serão intimados no processo no qual o espólio seja parte.
21. CPC, Art. 618. Incumbe ao inventariante:
    I – representar o espólio ativa e passivamente, em juízo ou fora dele, observando-se, quanto ao dativo, o disposto no art. 75, § 1º;
    II – administrar o espólio, velando-lhe os bens com a mesma diligência que teria se seus fossem;
    III – prestar as primeiras e as últimas declarações pessoalmente ou por procurador com poderes especiais;
    IV – exibir em cartório, a qualquer tempo, para exame das partes, os documentos relativos ao espólio;
    V – juntar aos autos certidão do testamento, se houver;
    VI – trazer à colação os bens recebidos pelo herdeiro ausente, renunciante ou excluído;
    VII – prestar contas de sua gestão ao deixar o cargo ou sempre que o juiz lhe determinar;
    VIII – requerer a declaração de insolvência.

d) **Juntar nos autos certidão de testamento:**

Deve também o inventariante diligenciar e verificar se existe testamento, juntando aos autos certidão do testamento, se houver.

e) **Colação dos bens:**

Deve também trazer à colação os bens recebidos pelo herdeiro ausente, renunciante ou excluído.

f) **Prestar contas:**

O inventariante é obrigado a prestar contas de sua gestão ao deixar o cargo ou sempre que o juiz lhe determinar.

g) **Requerer a insolvência do espólio:**

Se o valor dos bens arrecadados for inferior ao montante das dívidas, deve o inventariante requerer a declaração de insolvência.

Todas essas atribuições acima descritas independem de qualquer provocação. É dever permanente do inventariante, contudo há outras atribuições que somente podem ser exercidas em situações especiais, ouvidos todos os demais interessados e devidamente autorizado pelo juiz (CPC, art. 619),[22] quais sejam:

a) **Alienar bens de qualquer espécie:**

No curso do inventário pode ser necessário vender alguns bens seja para evitar deterioração, seja para fazer frente às despesas do próprio inventário. Se isso for necessário o inventariante peticionará ao juiz da causa e após manifestação de concordância de todos, poderá ser autorizada a alienação.

b) **Transigir em juízo ou fora dele:**

É perfeitamente possível que durante a tramitação do processo haja necessidade de realização de qualquer acordo (judicial ou extrajudicial), especialmente com relação às dívidas deixadas pelo *de cujus*. Nesse caso, o inventariante necessitará de autorização judicial para assim proceder.

c) **Pagar dívidas do espólio:**

É dever do inventariante pagar todas as dívidas deixadas pelo *de cujus*, porém não poderá fazer isso ao seu bel prazer, pois necessitará da anuência dos demais herdeiros bem como de autorização judicial.

---

22. CPC, Art. 619. Incumbe ainda ao inventariante, ouvidos os interessados e com autorização do juiz:
   I – alienar bens de qualquer espécie;
   II – transigir em juízo ou fora dele;
   III – pagar dívidas do espólio;
   IV – fazer as despesas necessárias para a conservação e o melhoramento dos bens do espólio.

d) **Despesas para conservação dos bens:**

Também para fazer as despesas necessárias para a conservação e o melhoramento dos bens do espólio, o inventariante precisa de autorização.

8. DAS PRIMEIRAS DECLARAÇÕES

Depois de prestado o compromisso, o inventariante terá o prazo de 20 (vinte) dias para apresentar em juízo as primeiras declarações, das quais se lavrará termo circunstanciado, assinado pelo juiz, pelo escrivão e pelo inventariante, no qual deverão constar (CPC, art. 620),[23] as seguintes informações:

a) **Qualificação do *de cujus*:**

Deverá indicar o nome, o estado, a idade e o domicílio do autor da herança, o dia e o lugar em que faleceu e informar também se deixou testamento.

b) **A qualificação de todos os herdeiros:**

Deverá também qualificar todos os herdeiros informando seus nomes, o estado civil, a idade, o endereço eletrônico e suas respectivas residências e, havendo cônjuge ou companheiro supérstite, além dos respectivos dados pessoais, o regime de bens do casamento ou da união estável.

---

23. CPC, Art. 620. Dentro de 20 (vinte) dias contados da data em que prestou o compromisso, o inventariante fará as primeiras declarações, das quais se lavrará termo circunstanciado, assinado pelo juiz, pelo escrivão e pelo inventariante, no qual serão exarados:
I – o nome, o estado, a idade e o domicílio do autor da herança, o dia e o lugar em que faleceu e se deixou testamento;
II – o nome, o estado, a idade, o endereço eletrônico e a residência dos herdeiros e, havendo cônjuge ou companheiro supérstite, além dos respectivos dados pessoais, o regime de bens do casamento ou da união estável;
III – a qualidade dos herdeiros e o grau de parentesco com o inventariado;
IV – a relação completa e individualizada de todos os bens do espólio, inclusive aqueles que devem ser conferidos à colação, e dos bens alheios que nele forem encontrados, descrevendo-se:
a) os imóveis, com as suas especificações, nomeadamente local em que se encontram, extensão da área, limites, confrontações, benfeitorias, origem dos títulos, números das matrículas e ônus que os gravam;
b) os móveis, com os sinais característicos;
c) os semoventes, seu número, suas espécies, suas marcas e seus sinais distintivos;
d) o dinheiro, as joias, os objetos de ouro e prata e as pedras preciosas, declarando-se-lhes especificadamente a qualidade, o peso e a importância;
e) os títulos da dívida pública, bem como as ações, as quotas e os títulos de sociedade, mencionando-se-lhes o número, o valor e a data;
f) as dívidas ativas e passivas, indicando-se-lhes as datas, os títulos, a origem da obrigação e os nomes dos credores e dos devedores;
g) direitos e ações;
h) o valor corrente de cada um dos bens do espólio.
§ 1º O juiz determinará que se proceda:
I – ao balanço do estabelecimento, se o autor da herança era empresário individual;
II – à apuração de haveres, se o autor da herança era sócio de sociedade que não anônima.
§ 2º As declarações podem ser prestadas mediante petição, firmada por procurador com poderes especiais, à qual o termo se reportará.

c) **Qualidade dos herdeiros:**

É a discrição do grau de parentesco dos herdeiros com o autor da herança e a qualidade com que concorre no inventário.

d) **Discriminação de todos os bens:**

Também deverá relacionar, de forma completa e individualizada, todos os bens do espólio, inclusive aqueles que devem ser conferidos à colação, e dos bens alheios que nele forem encontrados, descrevendo-os.

e) **Quanto aos imóveis:**

Nesta petição deverá o inventariante descrever os imóveis, com as suas especificações, nomeadamente local em que se encontram, extensão da área, limites, confrontações, benfeitorias, origem dos títulos, números das matrículas e ônus que os gravam.

f) **Quantos aos bens móveis:**

No que diz respeito aos bens móveis, deverão ser identificados com os sinais característicos, de forma que fiquem bem identificados. Se houver dinheiro, joias, objetos de ouro e prata ou pedras preciosas, deverá declarar especificadamente a qualidade, o peso e a importância de cada um.

g) **Quanto aos semoventes:**

Os semoventes deverão ser identificados informando-se o seu número, suas espécies, suas marcas e seus sinais característicos.

h) **Quanto às dívidas:**

Todas as dívidas ativas e passivas deverão ser discriminadas, indicando-se detalhadamente as datas, os títulos, a origem da obrigação e os nomes dos credores e dos devedores. Também deverão ser relacionados os títulos da dívida pública, bem como as ações, as quotas e os títulos de sociedade, devendo ser mencionado o número, o valor e a data.

i) **Outros direitos:**

Outros possíveis direitos deverão ser relacionados, inclusive os direitos sobre eventuais ações; bem como o valor corrente de cada um dos bens do espólio.

Apresentada as primeiras declarações o juiz determinará que se proceda ao balanço do estabelecimento, se o autor da herança era empresário individual. Poderá também determinar a apuração de haveres, se o autor da herança era sócio de sociedade que não anônima.

Importante: embora não seja usual, as declarações podem ser prestadas mediante petição, firmada por procurador com poderes especiais, à qual o termo se reportará (ver CPC, art. 620, § 2º).

9. DA REMOÇÃO DO INVENTARIANTE

O inventariante pode ser removido a qualquer tempo, isto é, destituído dessa função, tanto de ofício ou a requerimento de qualquer dos interessados, nas seguintes situações (CPC, art. 622):[24]

a) Se não prestar, no prazo legal, as primeiras ou as últimas declarações;

b) Se não der ao inventário andamento regular, se suscitar dúvidas infundadas ou se praticar atos meramente protelatórios;

c) Se, por sua culpa, bens do espólio se deteriorarem, forem dilapidados ou sofrerem dano;

d) Se não defender o espólio nas ações em que for citado, se deixar de cobrar dívidas ativas ou se não promover as medidas necessárias para evitar o perecimento de direitos;

e) Se não prestar contas ou se as que prestar não forem julgadas boas;

f) Se sonegar, ocultar ou desviar bens do espólio.

Qualquer que seja o motivo pelo qual foi requerida a remoção, o inventariante será intimado para, no prazo de 15 (quinze) dias, apresentar sua defesa e produzir as provas que entenda necessárias. É um incidente que correrá em apenso aos autos principais (CPC, art. 623).[25]

A remoção do inventariante, enquanto incidente processual, será resolvido pelo juiz, tão logo decorrido o prazo de defesa, tendo o inventariante se manifestado ou não. Se o juiz entender que é o caso de remoção, no mesmo ato ele nomeará outro inventariante, observando-se a ordem legal (CPC, art. 624).[26]

O inventariante removido entregará imediatamente ao substituto os bens do espólio e, caso deixe de fazê-lo, será compelido mediante mandado de busca e apreensão ou de imissão na posse, conforme se tratar de bem móvel ou imóvel, sem

---

24. CPC, Art. 622. O inventariante será removido de ofício ou a requerimento:
    I – se não prestar, no prazo legal, as primeiras ou as últimas declarações;
    II – se não der ao inventário andamento regular, se suscitar dúvidas infundadas ou se praticar atos meramente protelatórios;
    III – se, por culpa sua, bens do espólio se deteriorarem, forem dilapidados ou sofrerem dano;
    IV – se não defender o espólio nas ações em que for citado, se deixar de cobrar dívidas ativas ou se não promover as medidas necessárias para evitar o perecimento de direitos;
    V – se não prestar contas ou se as que prestar não forem julgadas boas;
    VI – se sonegar, ocultar ou desviar bens do espólio.
25. CPC, Art. 623. Requerida a remoção com fundamento em qualquer dos incisos do art. 622, será intimado o inventariante para, no prazo de 15 (quinze) dias, defender-se e produzir provas.
    Parágrafo único. O incidente da remoção correrá em apenso aos autos do inventário.
26. CPC, Art. 624. Decorrido o prazo, com a defesa do inventariante ou sem ela, o juiz decidirá.
    Parágrafo único. Se remover o inventariante, o juiz nomeará outro, observada a ordem estabelecida no art. 617.

prejuízo da multa a ser fixada pelo juiz em montante não superior a três por cento do valor dos bens inventariados (nos exatos termos do art. 625 do CPC).

> Atenção: Só se pode arguir sonegação ao inventariante depois de encerrada a descrição dos bens, com a declaração, por ele feita, de não existirem outros por inventariar (conforme estabelece o art. 621 do CPC).

10. DAS CITAÇÕES E DAS IMPUGNAÇÕES

Depois de apresentadas as primeiras declarações, o juiz mandará citar, para os termos do inventário e da partilha, o cônjuge ou o companheiro, os herdeiros e os legatários e mandará intimar a Fazenda Pública. Mandará também intimar o Ministério Público, caso haja herdeiro incapaz ou ausente; e, o testamenteiro, se houver testamento (CPC, art. 626).[27]

A citação de todos os interessados será feita pelo correio, cujo mandado deverá estar acompanhado de cópia das primeiras declarações. Aliás, mesmo os mandados de intimação da Fazenda Pública, do Ministério Público e do testamenteiro também deverão ser acompanhados de cópia das primeiras declarações.

> Atenção: independente das citações do cônjuge ou companheiro e dos herdeiros, juiz mandará publicar edital para dar conhecimentos a eventuais interessados incertos ou desconhecidos (ver CPC, art. 259).

Depois de concluídas as citações, abrir-se-á vista às partes, em cartório e pelo prazo comum de 15 (quinze) dias, para que se manifestem sobre as primeiras declarações. Este é o momento apropriado para qualquer das partes arguir erros, omissões e sonegação de bens; reclamar contra a nomeação de inventariante; ou ainda, contestar a qualidade de quem foi incluído no título de herdeiro (CPC, art. 627).[28]

---

27. CPC, Art. 626. Feitas as primeiras declarações, o juiz mandará citar, para os termos do inventário e da partilha, o cônjuge, o companheiro, os herdeiros e os legatários e intimar a Fazenda Pública, o Ministério Público, se houver herdeiro incapaz ou ausente, e o testamenteiro, se houver testamento.
  § 1º O cônjuge ou o companheiro, os herdeiros e os legatários serão citados pelo correio, observado o disposto no art. 247, sendo, ainda, publicado edital, nos termos do inciso III do art. 259.
  § 2º Das primeiras declarações extrair-se-ão tantas cópias quantas forem as partes.
  § 3º A citação será acompanhada de cópia das primeiras declarações.
  § 4º Incumbe ao escrivão remeter cópias à Fazenda Pública, ao Ministério Público, ao testamenteiro, se houver, e ao advogado, se a parte já estiver representada nos autos.
28. CPC, Art. 627. Concluídas as citações, abrir-se-á vista às partes, em cartório e pelo prazo comum de 15 (quinze) dias, para que se manifestem sobre as primeiras declarações, incumbindo às partes:
  I – arguir erros, omissões e sonegação de bens;
  II – reclamar contra a nomeação de inventariante
  III – contestar a qualidade de quem foi incluído no título de herdeiro.
  § 1º Julgando procedente a impugnação referida no inciso I, o juiz mandará retificar as primeiras declarações.
  § 2º Se acolher o pedido de que trata o inciso II, o juiz nomeará outro inventariante, observada a preferência legal.

Se for apresentada alguma impugnação o juiz irá apreciar e se julgar procedente a impugnação, mandará, conforme o caso:

a) **Retificar as primeiras declarações:**

Se a impugnação versava sobre erros, omissões ou sonegação de bens essa é a providência que o juiz determinará.

b) **Remoção de inventariante:**

Se a impugnação questionava a qualidade do inventariante nomeado e foi julgada procedente, o juiz nomeará outro inventariante, observado a preferência legal.

c) **Qualidade de herdeiros:**

Se foi contestada a qualidade de algum herdeiro e o juiz julgou procedente, deverá determinar a exclusão desse herdeiro.

Atenção: verificando que a disputa sobre a qualidade de herdeiro a que alude o inciso III, do art. 627, do CPC, demanda produção de provas que não a documental, o juiz remeterá a pessoa às vias ordinárias e sobrestará o feito, até o julgamento da ação, a entrega do quinhão que na partilha couber ao herdeiro admitido.

A Fazenda Pública, no prazo de 15 (quinze) dias, após a vista, informará ao juízo, de acordo com os dados que constam de seu cadastro imobiliário, o valor dos bens de raiz descritos nas primeiras declarações (CPC, art. 629).[29] Esta providência destina-se a aferir os valores reais dos bens apresentados nas primeiras declarações do inventariante.

11. MATÉRIA DE ALTA INDAGAÇÃO

No curso do processo de inventário é sempre possível surgir os mais diversos questionamentos, seja com relação aos bens, seja com relação aos próprios herdeiros, seja com relação a terceiros intervenientes.

Se os fatos questionados estiverem provados nos autos documentalmente, o juiz deverá decidir nos próprios autos do inventário. De outro lado, se a matéria questionada depender de outras provas, o juiz deverá remeter as partes às vias ordinárias (CPC, art. 612).[30]

---

§ 3º Verificando que a disputa sobre a qualidade de herdeiro a que alude o inciso III demanda produção de provas que não a documental, o juiz remeterá a parte às vias ordinárias e sobrestará, até o julgamento da ação, a entrega do quinhão que na partilha couber ao herdeiro admitido.

29. CPC, Art. 629. A Fazenda Pública, no prazo de 15 (quinze) dias, após a vista de que trata o art. 627, informará ao juízo, de acordo com os dados que constam de seu cadastro imobiliário, o valor dos bens de raiz descritos nas primeiras declarações.
30. CPC, Art. 612. O juiz decidirá todas as questões de direito desde que os fatos relevantes estejam provados por documento, só remetendo para as vias ordinárias as questões que dependerem de outras provas.

É o que pode ocorrer com aquele que se julgue preterido do inventário. Se alguém se encontrar nessa situação poderá demandar sua admissão no inventário, requerendo-a antes da partilha. Se isso ocorrer o juiz deverá ouvir as partes no prazo de 15 (quinze) dias, decidindo em seguida (CPC, art. 628).[31] Porém, se para solução da questão for necessária a produção de provas que não a documental, o juiz remeterá o requerente às vias ordinárias, mandando reservar, em poder do inventariante, o quinhão do herdeiro excluído até que se decida o litígio.

Outra hipótese é a questão de alguém requerer sua habilitação no inventário alegando ser filho do *de cujus*. Se houver prova documental dessa filiação o juiz apreciará e decidirá nos próprios autos do inventário. Caso contrário, o juiz deverá reservar o quinhão que eventualmente caberia àquele requerente, mas não resolverá a questão do reconhecimento de paternidade, pois isto deverá ser feito em ação autônoma e específica.

12. DA AVALIAÇÃO E DO CÁLCULO DO IMPOSTO

A avaliação dos bens constantes do inventário é importante porque sobre ele será definido o quinhão de cada um dos herdeiros, bem como servirá também para o recolhimento do imposto de transmissão *causa mortis* à Fazenda Pública estadual.

Esta fase será iniciada depois de escoado o prazo das citações. Caso não tenha sido apresentada nenhuma impugnação ou se houve impugnação, depois delas decididas, o juiz nomeará, se for o caso, perito para avaliar os bens do espólio, se não houver na comarca avaliador judicial (CPC, art. 630),[32] devendo observar o seguinte:

a) **Se houver cotas sociais ou apuração de haveres:**

O juiz deverá nomear um perito que seja especialista em avaliação de empresas, tendo em vista que o mesmo irá avaliar as quotas sociais ou apuração dos haveres.

Atenção: determina o art. 631, do CPC, que ao avaliar os bens do espólio, o perito observará, no que for cabível, o disposto nos arts. 872 e 873 deste Código.

---

31. CPC, Art. 628. Aquele que se julgar preterido poderá demandar sua admissão no inventário, requerendo-a antes da partilha.
    § 1º Ouvidas as partes no prazo de 15 (quinze) dias, o juiz decidirá.
    § 2º Se para solução da questão for necessária a produção de provas que não a documental, o juiz remeterá o requerente às vias ordinárias, mandando reservar, em poder do inventariante, o quinhão do herdeiro excluído até que se decida o litígio.
32. CPC, Art. 630. Findo o prazo previsto no art. 627 sem impugnação ou decidida a impugnação que houver sido oposta, o juiz nomeará, se for o caso, perito para avaliar os bens do espólio, se não houver na comarca avaliador judicial.
    Parágrafo único. Na hipótese prevista no art. 620, § 1º, o juiz nomeará perito para avaliação das quotas sociais ou apuração dos haveres.

b) **Quanto aos bens fora da localidade do inventário:**

Se houver necessidade de avaliar bens fora da comarca onde se processa o inventário, isto será feito por carta precatória.

Atenção: Não se expedirá carta precatória para a avaliação de bens situados fora da comarca onde corre o inventário se eles forem de pequeno valor ou perfeitamente conhecidos do perito nomeado (CPC, art. 632).[33]

Advirta-se, contudo, que nem sempre a avaliação será necessária. Há hipóteses em que a lei dispensa a realização de avaliação, senão vejamos:

a) **Concordância da Fazenda Pública com os valores apresentados:**

Se a Fazenda Pública, intimada pessoalmente, concordar de forma expressa com o valor atribuído aos bens do espólio nas primeiras declarações; e, se todas as partes forem capazes, não haverá necessidade de avaliação (CPC, art. 633).[34]

b) **Concordância dos herdeiros:**

Também não haverá necessidade de avaliação se todos os herdeiros concordarem com o valor dos bens declarados pela Fazenda Pública. Se a concordância da Fazenda Pública é em relação à parte dos bens, a avaliação recairá somente sobre os demais (CPC, art. 634).[35]

Depois de realizada a avaliação, tão logo entregue o laudo, o juiz mandará que as partes se manifestem no prazo de 15 (quinze) dias, que correrá em cartório. Se nessa fase ocorrer qualquer impugnação, o juiz decidirá e poderá, conforme o caso, determinar que o perito retifique a avaliação, observando os fundamentos da decisão (CPC, art. 635).[36]

De outro lado, se o laudo for aceito por todos ou mesmo tendo sido contestado as impugnações foram resolvidas, lavrar-se-á o termo de últimas declarações, no qual o inventariante poderá emendar, aditar ou completar as primeiras (CPC, art. 636).[37]

---

33. CPC, Art. 632. Não se expedirá carta precatória para a avaliação de bens situados fora da comarca onde corre o inventário se eles forem de pequeno valor ou perfeitamente conhecidos do perito nomeado.
34. CPC, Art. 633. Sendo capazes todas as partes, não se procederá à avaliação se a Fazenda Pública, intimada pessoalmente, concordar de forma expressa com o valor atribuído, nas primeiras declarações, aos bens do espólio.
35. CPC, Art. 634. Se os herdeiros concordarem com o valor dos bens declarados pela Fazenda Pública, a avaliação cingir-se-á aos demais.
36. CPC, Art. 635. Entregue o laudo de avaliação, o juiz mandará que as partes se manifestem no prazo de 15 (quinze) dias, que correrá em cartório.

    § 1º Versando a impugnação sobre o valor dado pelo perito, o juiz a decidirá de plano, à vista do que constar dos autos.

    § 2º Julgando procedente a impugnação, o juiz determinará que o perito retifique a avaliação, observando os fundamentos da decisão.

37. CPC, Art. 636. Aceito o laudo ou resolvidas as impugnações suscitadas a seu respeito, lavrar-se-á em seguida o termo de últimas declarações, no qual o inventariante poderá emendar, aditar ou completar as primeiras.

Apresentadas as últimas declarações, as partes serão ouvidas, no prazo comum de 15 (quinze) dias e, depois disso, proceder-se-á ao cálculo do tributo (CPC, art. 637).[38] Feito o cálculo, sobre ele serão ouvidas novamente todas as partes, dessa vez no prazo comum de 5 (cinco) dias, que correrá em cartório, e, em seguida, a Fazenda Pública (CPC, art. 638).[39]

Se o juiz acolher eventual impugnação nessa fase do processo, ordenará nova remessa dos autos ao contador, determinando as alterações que devam ser feitas no cálculo. Cumprido esta etapa, o juiz julgará o cálculo do tributo.

13. DAS COLAÇÕES

Colação é o ato pelo qual o descendente do *de cujus* traz para o inventário o bem que lhe foi doado por ele ainda em vida, visando com isso igualar a legítima (CC, art. 2.002).[40]

Isso se justifica porque as doações de ascendentes para descendentes acabam por significar uma antecipação daquilo que o herdeiro receberia por direito de herança no caso da futura morte do doador (CC, 544).[41] Este instituto busca igualar a participação dos herdeiros na sucessão do *de cujus*, obrigando aquele que recebeu algo antecipadamente a trazê-lo para o inventário de sorte a ser somado aos demais bens e assim garantir que a partilha contemple todos igualitariamente. A colação deve ser feita com os próprios bens doados e, na sua eventual falta, pelo seu valor correspondente ao tempo da doação (CC, art. 2.003).[42]

No prazo para manifestação das partes sobre as primeiras declarações, o herdeiro obrigado à colação conferirá por termo nos autos ou por petição à qual o

---

38. CPC, Art. 637. Ouvidas as partes sobre as últimas declarações no prazo comum de 15 (quinze) dias, proceder-se-á ao cálculo do tributo.
39. CPC, Art. 638. Feito o cálculo, sobre ele serão ouvidas todas as partes no prazo comum de 5 (cinco) dias, que correrá em cartório, e, em seguida, a Fazenda Pública.
    § 1º Se acolher eventual impugnação, o juiz ordenará nova remessa dos autos ao contabilista, determinando as alterações que devam ser feitas no cálculo.
    § 2º Cumprido o despacho, o juiz julgará o cálculo do tributo.
40. CC, Art. 2.002. Os descendentes que concorrerem à sucessão do ascendente comum são obrigados, para igualar as legítimas, a conferir o valor das doações que dele em vida receberam, sob pena de sonegação.
    Parágrafo único. Para cálculo da legítima, o valor dos bens conferidos será computado na parte indisponível, sem aumentar a disponível.
41. CC, Art. 544. A doação de ascendentes a descendentes, ou de um cônjuge a outro, importa adiantamento do que lhes cabe por herança.
42. CC, Art. 2.003. A colação tem por fim igualar, na proporção estabelecida neste Código, as legítimas dos descendentes e do cônjuge sobrevivente, obrigando também os donatários que, ao tempo do falecimento do doador, já não possuírem os bens doados.
    Parágrafo único. Se, computados os valores das doações feitas em adiantamento de legítima, não houver no acervo bens suficientes para igualar as legítimas dos descendentes e do cônjuge, os bens assim doados serão conferidos em espécie, ou, quando deles já não disponha o donatário, pelo seu valor ao tempo da liberalidade.

termo se reportará os bens que recebeu ou, se já não os possuir, indicará qual valor aquele bem teria. Os bens a serem conferidos na partilha, assim como as acessões e as benfeitorias que o donatário fez, **calcular-se-ão pelo valor que tiverem ao tempo da abertura da sucessão** (CPC, art. 639),[43] atentando-se ao seguinte:

a) **Herdeiro renunciante ou excluído:**

O herdeiro que renunciou à herança ou o que dela foi excluído não se exime, pelo fato da renúncia ou da exclusão, de conferir, para o efeito de repor a parte inoficiosa, as liberalidades que obteve do doador.

Esclarecimento: Aos herdeiros necessários pertence, de pleno direito, a metade dos bens da herança, constituindo-se na chamada legítima (CC, art. 1.846).[44] Se o doador tem herdeiros necessários ele só pode doar até metade do seu patrimônio. Se as doações excederem esta metade, a parte excedente chama-se inoficiosa e é considera nula (CC, art. 549).[45]

b) **Parte excedente da legítima:**

Se os bens recebidos em doação forem de valor superior ao que o donatário teria direito na herança, pode ele escolher, dentre os bens doados, tantos quantos bastem para perfazer a legítima e a metade disponível, entrando na partilha o excedente para ser dividido entre os demais herdeiros.

c) **Parte excedente recai em imóvel:**

Se a parte inoficiosa da doação recair sobre bem imóvel que não comporte divisão cômoda (imóvel indivisível), o juiz determinará que sobre ela se proceda a licitação entre os herdeiros. O donatário poderá concorrer nessa licitação e, em igualdade de condições, terá preferência sobre os demais herdeiros.

Se o herdeiro negar o recebimento dos bens ou a obrigação de os conferir, o juiz, ouvidas as partes no prazo comum de 15 (quinze) dias, decidirá à vista das alegações e das provas produzidas. Declarada improcedente a oposição, se o herdeiro, no prazo improrrogável de 15 (quinze) dias, não proceder à conferência, o juiz mandará sequestrar-lhe, para serem inventariados e partilhados, os bens sujeitos à colação ou imputar ao seu quinhão hereditário o valor deles, se já não os possuir. Se a matéria exigir dilação probatória diversa da documental, o juiz remeterá as partes às vias

---

43. CPC, Art. 639. No prazo estabelecido no art. 627, o herdeiro obrigado à colação conferirá por termo nos autos ou por petição à qual o termo se reportará os bens que recebeu ou, se já não os possuir, trar-lhes-á o valor.
    Parágrafo único. Os bens a serem conferidos na partilha, assim como as acessões e as benfeitorias que o donatário fez, calcular-se-ão pelo valor que tiverem ao tempo da abertura da sucessão.
44. CC, Art. 1.846. Pertence aos herdeiros necessários, de pleno direito, a metade dos bens da herança, constituindo a legítima.
45. CC, Art. 549. Nula é também a doação quanto à parte que exceder à de que o doador, no momento da liberalidade, poderia dispor em testamento.

ordinárias, não podendo o herdeiro receber o seu quinhão hereditário, enquanto pender a demanda, sem prestar caução correspondente ao valor dos bens sobre os quais versar a conferência (nos exatos termos como consta no art. 641 do CPC).

> **Atenção:** somente os descendentes e o cônjuge sobrevivente estão obrigados à colação. Esta regra não se aplica aos ascendentes, nem aos colaterais.

14. PAGAMENTO DAS DÍVIDAS

O inventário envolve não só os bens e direitos deixados pelo *de cujus*, mas também as obrigações por ele assumidas em vida.

Assim podemos afirmar que embora os herdeiros não herdem as dívidas do falecido, terão que cumprir as obrigações que ele tenha assumido em vida, de sorte que somente receberão alguma coisa de herança depois do pagamento das dívidas que o falecido deixou.

A lógica está naquilo que já estudamos no direito das obrigações, que claramente estipula que os bens do devedor são a garantia de recebimento dos credores (CC, art. 391).[46] Se o devedor vem a morrer, isso não significa que suas dívidas tenham morrido juntamente com ele. Os credores continuam com direito de recebimento de seus créditos e poderão cobrar do espólio o que era devido pelo falecido, cabendo ao inventariante fazer o pagamento.

Como as obrigações são do falecido e não dos herdeiros, prevê o nosso Código Civil que eles não responderão por encargos superiores às forças da herança (CC, art. 1.792).[47] Quer dizer, serão feitos os pagamentos com os valores que forem arrecadados a partir dos bens que foram deixados pelo *de cujus*. Se os bens não forem suficientes para quitar todos os débitos, deverá ser declarada a insolvência, e os credores remanescentes ficarão a ver navios.

O credor deverá requerer sua habilitação no inventário apresentando documento hábil à comprovação de seu crédito, o que é feito através de simples petição que deverá estar acompanhada da prova literal da dívida (CPC, art. 642).[48] Se as partes

---

46. CC, Art. 391. Pelo inadimplemento das obrigações respondem todos os bens do devedor.
47. CC, Art. 1.792. O herdeiro não responde por encargos superiores às forças da herança; incumbe-lhe, porém, a prova do excesso, salvo se houver inventário que a escuse, demonstrando o valor dos bens herdados.
48. CPC, Art. 642. Antes da partilha, poderão os credores do espólio requerer ao juízo do inventário o pagamento das dívidas vencidas e exigíveis.
   § 1º A petição, acompanhada de prova literal da dívida, será distribuída por dependência e autuada em apenso aos autos do processo de inventário.
   § 2º Concordando as partes com o pedido, o juiz, ao declarar habilitado o credor, mandará que se faça a separação de dinheiro ou, em sua falta, de bens suficientes para o pagamento.
   § 3º Separados os bens, tantos quantos forem necessários para o pagamento dos credores habilitados, o juiz mandará aliená-los, observando-se as disposições deste Código relativas à expropriação.
   § 4º Se o credor requerer que, em vez de dinheiro, lhe sejam adjudicados, para o seu pagamento, os bens já reservados, o juiz deferir-lhe-á o pedido, concordando todas as partes.

concordarem o juiz homologará a habilitação, porém, se houver divergências com relação ao crédito que se pretende habilitar, isto é, se não houver a concordância e o consentimento de todos os herdeiros, o credor terá que se utilizar das vias ordinárias para proceder a tal cobrança (CPC, art. 643).[49] Nesse caso o juiz mandará reservar bens suficientes para adimplir o crédito impugnado se os documentos apresentados forem de suficiente credibilidade e a impugnação dos herdeiros não se fundar em quitação (CC, art. 1.997, § 1º c/c CPC, art. 643).

Vale advertir que até mesmo o credor com dívida a vencer pode se habilitar no inventário, desde que a dívida seja líquida e certa (CPC, art. 644).[50]

Se for acolhido o pedido do credor, o valor por ele recebido será descontado da herança e isso acabará influindo no valor do ITCMD a ser recolhido.

Mesmo depois de encerrado o inventário, os credores podem acionar os herdeiros para receberem seus créditos. Pode ocorrer de os credores só tomarem conhecimento da morte após terem sido partilhados os bens do falecido. Isso não obsta a tentativa de recebimentos dos créditos, porém agora deverão ser cobrados individualmente de cada herdeiro, na proporção do que cada um recebeu da herança (CC, art. 1.997).[51]

Atenção: O herdeiro legatário também é parte legítima para manifestar-se sobre as dívidas do espólio, porém somente quando toda a herança for dividida em legados ou quando o reconhecimento das dívidas importar redução dos legados (CPC, art. 645).[52]

---

§ 5º Os donatários serão chamados a pronunciar-se sobre a aprovação das dívidas, sempre que haja possibilidade de resultar delas a redução das liberalidades.

49. CPC, Art. 643. Não havendo concordância de todas as partes sobre o pedido de pagamento feito pelo credor, será o pedido remetido às vias ordinárias.

Parágrafo único. O juiz mandará, porém, reservar, em poder do inventariante, bens suficientes para pagar o credor quando a dívida constar de documento que comprove suficientemente a obrigação e a impugnação não se fundar em quitação.

50. CPC, Art. 644. O credor de dívida líquida e certa, ainda não vencida, pode requerer habilitação no inventário.

Parágrafo único. Concordando as partes com o pedido referido no caput, o juiz, ao julgar habilitado o crédito, mandará que se faça separação de bens para o futuro pagamento.

51. CC, Art. 1.997. A herança responde pelo pagamento das dívidas do falecido; mas, feita a partilha, só respondem os herdeiros, cada qual em proporção da parte que na herança lhe coube.

§ 1º Quando, antes da partilha, for requerido no inventário o pagamento de dívidas constantes de documentos, revestidos de formalidades legais, constituindo prova bastante da obrigação, e houver impugnação, que não se funde na alegação de pagamento, acompanhada de prova valiosa, o juiz mandará reservar, em poder do inventariante, bens suficientes para solução do débito, sobre os quais venha a recair oportunamente a execução.

§ 2º No caso previsto no parágrafo antecedente, o credor será obrigado a iniciar a ação de cobrança no prazo de trinta dias, sob pena de se tornar de nenhum efeito a providência indicada.

52. CPC, Art. 645. O legatário é parte legítima para manifestar-se sobre as dívidas do espólio:

I – quando toda a herança for dividida em legados;

II – quando o reconhecimento das dívidas importar redução dos legados.

15. DA PARTILHA

A partilha é o ato culminante do processo de inventário, significando o fim da comunhão entre os herdeiros com a atribuição a cada um dos seus respectivos quinhões e **pode ser extrajudicial**, quando todos os herdeiros forem capazes e estiverem de acordo com a divisão dos bens (CC, art. 2.015);[53] **ou judicial**, quando houver interesses de incapaz ou os herdeiros não estiverem concordes com a partilha (CC, art. 2.016).[54]

Com a partilha, encerra-se o inventário e faz desaparecer a figura do espólio, bem como acaba com a comunhão formada entre os herdeiros com a morte do *de cujus* (CC, art. 1.791, parágrafo único).[55]

Nesta fase final, o juiz facultará às partes a apresentação do plano de partilha e se todos estiverem de acordo homologará a partilha amigável (CPC, art. 647).[56] Se não houver acordo entre as partes, o juiz mandará o processo ao partidor, que apresentará um plano de partilha e, depois de ouvidas as partes e resolvidas eventuais impugnações, a partilha será lançada aos autos pelo juiz (CPC, art. 652).[57] Da partilha constará os elementos especificados no art. 653 do CPC.[58] Depois de realizado o pagamento do imposto de transmissão, o juiz a julgará por sentença a partilha (CPC, art. 654).[59]

---

53. CC, Art. 2.015. Se os herdeiros forem capazes, poderão fazer partilha amigável, por escritura pública, termo nos autos do inventário, ou escrito particular, homologado pelo juiz.
54. CC, Art. 2.016. Será sempre judicial a partilha, se os herdeiros divergirem, assim como se algum deles for incapaz.
55. CC, Art. 1.791. (Omissis)
    Parágrafo único. Até a partilha, o direito dos coerdeiros, quanto à propriedade e posse da herança, será indivisível, e regular-se-á pelas normas relativas ao condomínio.
56. CPC, Art. 647. Cumprido o disposto no art. 642, § 3º, o juiz facultará às partes que, no prazo comum de 15 (quinze) dias, formulem o pedido de quinhão e, em seguida, proferirá a decisão de deliberação da partilha, resolvendo os pedidos das partes e designando os bens que devam constituir quinhão de cada herdeiro e legatário.
    Parágrafo único. O juiz poderá, em decisão fundamentada, deferir antecipadamente a qualquer dos herdeiros o exercício dos direitos de usar e de fruir de determinado bem, com a condição de que, ao término do inventário, tal bem integre a cota desse herdeiro, cabendo a este, desde o deferimento, todos os ônus e bônus decorrentes do exercício daqueles direitos.
57. CPC, Art. 652. Feito o esboço, as partes manifestar-se-ão sobre esse no prazo comum de 15 (quinze) dias, e, resolvidas as reclamações, a partilha será lançada nos autos.
58. CPC, Art. 653. A partilha constará:
    I – de auto de orçamento, que mencionará:
    a) os nomes do autor da herança, do inventariante, do cônjuge ou companheiro supérstite, dos herdeiros, dos legatários e dos credores admitidos;
    b) o ativo, o passivo e o líquido partível, com as necessárias especificações;
    c) o valor de cada quinhão;
    II – de folha de pagamento para cada parte, declarando a quota a pagar-lhe, a razão do pagamento e a relação dos bens que lhe compõem o quinhão, as características que os individualizam e os ônus que os gravam.
    Parágrafo único. O auto e cada uma das folhas serão assinados pelo juiz e pelo escrivão.
59. CPC, Art. 654. Pago o imposto de transmissão a título de morte e juntada aos autos certidão ou informação negativa de dívida para com a Fazenda Pública, o juiz julgará por sentença a partilha.

Transitada em julgado a sentença que julgou a partilha, o cartório do juízo expedirá o formal de partilha, que é o instrumento hábil à transferência dos bens para o nome dos respectivos herdeiros (CPC, art. 655).[60]

15.1 Anulação da partilha amigável

A partilha amigável, lavrada em instrumento público, reduzida a termo nos autos do inventário ou constante de escrito particular homologado pelo juiz, pode ser anulada por dolo, coação, erro essencial ou intervenção de incapaz (CPC, art. 657).[61]

Trata-se de sentença homologatória e mesmo depois de transitada em julgado, poderá ser anulada se padecer dos mesmos vícios e defeitos que invalidam os negócios jurídicos em geral (coação, erro, dolo e participação de incapaz), porém o prazo para isso é de somente um ano, contados na forma da lei (CPC, art. 657 e CC, art. 2.027).[62]

15.2 Ação rescisória para anular partilha

Já a partilha que foi julgada por sentença, poderá ser rescindida como qualquer sentença (ver CPC, art. 966) nos casos em que houver coação, erro, dolo ou participação de incapaz, e também, se a partilha foi feita com a preterição de alguma formalidade legal ou se preteriu herdeiro ou nela incluiu quem não era herdeiro (CPC, art. 658).[63]

Parágrafo único. A existência de dívida para com a Fazenda Pública não impedirá o julgamento da partilha, desde que o seu pagamento esteja devidamente garantido.

60. CPC, Art. 655. Transitada em julgado a sentença mencionada no art. 654, receberá o herdeiro os bens que lhe tocarem e um formal de partilha, do qual constarão as seguintes peças:

   I – termo de inventariante e título de herdeiros;

   II – avaliação dos bens que constituíram o quinhão do herdeiro;

   III – pagamento do quinhão hereditário;

   IV – quitação dos impostos;

   V – sentença.

   Parágrafo único. O formal de partilha poderá ser substituído por certidão de pagamento do quinhão hereditário quando esse não exceder a 5 (cinco) vezes o salário-mínimo, caso em que se transcreverá nela a sentença de partilha transitada em julgado.

61. CPC, Art. 657. A partilha amigável, lavrada em instrumento público, reduzida a termo nos autos do inventário ou constante de escrito particular homologado pelo juiz, pode ser anulada por dolo, coação, erro essencial ou intervenção de incapaz, observado o disposto no § 4º do art. 966.

   Parágrafo único. O direito à anulação de partilha amigável extingue-se em 1 (um) ano, contado esse prazo:

   I – no caso de coação, do dia em que ela cessou;

   II – no caso de erro ou dolo, do dia em que se realizou o ato;

   III – quanto ao incapaz, do dia em que cessar a incapacidade.

62. CC, Art. 2.027. A partilha, uma vez feita e julgada, só é anulável pelos vícios e defeitos que invalidam, em geral, os negócios jurídicos.

   Parágrafo único. Extingue-se em um ano o direito de anular a partilha.

63. CPC, Art. 658. É rescindível a partilha julgada por sentença:

   I – nos casos mencionados no art. 657;

15.3 Algumas regras a serem observadas na partilha

Algumas observações são importantes serem mencionadas com relação a partilha e, dentre estas:

a) **Máxima igualdade entre os herdeiros:**

Na partilha deve ser observada algumas regras para que não reste prejudicado algum dos herdeiros, procurando-se garantir a máxima igualdade (CPC, art. 648, I).[64]

b) **Prevenir litígios:**

A partilha deverá também ser realizada procurando evitar ao máximo possível que da divisão de bens reste depois algum litígio a resolver (ver CPC, art. 648, II).

c) **Máxima comodidade:**

Deve também ser observada a máxima comodidade dos coerdeiros, do cônjuge ou do companheiro, conforme o caso (ver CPC, art. 648, III).

d) **Evitar a formação de condomínio:**

Na partilha, se houver bens que são insuscetíveis de cômoda divisão entre os herdeiros, deverão ser vendidos judicialmente e o resultado da venda será dividido entre todos, a não ser que haja acordo para que o bem seja adjudicado a todos (CPC, art. 649).[65]

e) **Herdeiro nascituro:**

Se na herança concorrer nascituro, o quinhão que lhe caberá será reservado em poder do inventariante até o seu nascimento (CPC, art. 650).[66]

16. ALVARÁ JUDICIAL

Para sacar pequenas quantias em banco em nome do falecido, assim como levantamento de FGTS ou aposentadoria junto ao INSS, a venda de um único veículo e outros bens de pequeno valor deixados pelo *de cujus*, dispensa-se a abertura de

---

II – se feita com preterição de formalidades legais;
III – se preteriu herdeiro ou incluiu quem não o seja.

64. CPC, Art. 648. Na partilha, serão observadas as seguintes regras:
   I – a máxima igualdade possível quanto ao valor, à natureza e à qualidade dos bens;
   II – a prevenção de litígios futuros;
   III – a máxima comodidade dos coerdeiros, do cônjuge ou do companheiro, se for o caso.
65. CPC, Art. 649. Os bens insuscetíveis de divisão cômoda que não couberem na parte do cônjuge ou companheiro supérstite ou no quinhão de um só herdeiro serão licitados entre os interessados ou vendidos judicialmente, partilhando-se o valor apurado, salvo se houver acordo para que sejam adjudicados a todos.
66. CPC, Art. 650. Se um dos interessados for nascituro, o quinhão que lhe caberá será reservado em poder do inventariante até o seu nascimento.

inventário e se resolve através do processo simplificado chamado de "alvará judicial", que será proposto perante o juiz que seria competente para conhecer do inventário judicial (CPC, art. 666).[67]

É uma ação muito simples, pelo procedimento de jurisdição voluntária. Neste tipo de ação o Estado é chamado não para dirimir conflitos, mas apenas para atender interesses particulares em obter uma ordem jurisdicional.

Nesse caso cabe ao juiz verificar se o requerente preenche os requisitos legais para obter o provimento judicial requerido que pode ser um levantamento de valores em banco, venda de algum bem de pequeno valor, ou mesmo a obtenção de uma declaração.

> **Importante:** ao peticionar a parte deve anexar à sua petição todos os documentos necessários à comprovação do que está sendo requerido, bem como a prova de sua legitimidade e, havendo outros herdeiros, a autorização de todos eles atestando que concordam com a representação através do requerente. Nesse caso, a procuração para o advogado deve ser assinada por todos os interessados.

17. INVENTÁRIO NEGATIVO

Não é previsto na legislação, mas pode ocorrer quando houver necessidade de comprovar a inexistência de bens do *de cujus* para responder por suas dívidas (ver CC, art. 1.792); ou para evitar as causas suspensivas do casamento (ver CC, art. 1.523, I e II), ou ainda, quando for necessário concluir negócio que o falecido realizou em vida, mas não ultimou como, por exemplo, se vendeu um imóvel através de contrato de promessa de compra e venda, recebeu o preço, mas não outorgou a respectiva escritura.

Este tipo de inventário tanto pode ser realizado pela via judicial quanto administrativa (ver CNJ, REs. nº 35, art. 28).

18. SONEGADOS

Sonegar é ocultar de forma dolosa bens do espólio que deveriam ser levados ao inventário ou à colação, cuja pena para o sonegador é a perda do direito de participação na partilha desse bem (CC, art. 1.992).[68]

---

67. CPC, Art. 666. Independerá de inventário ou arrolamento o pagamento dos valores previstos na Lei nº 6.858, de 24 de novembro de 1980.
68. CC, Art. 1.992. O herdeiro que sonegar bens da herança, não os descrevendo no inventário quando estejam em seu poder, ou, com o seu conhecimento, no de outrem, ou que os omitir na colação, a que os deva levar, ou que deixar de restituí-los, perderá o direito que sobre eles lhe cabia.

Qualquer herdeiro que tenha bens em seu poder ou saiba da existência de bens em mãos de terceiros deve fazer essa indicação no inventário. Se não o fizer será considerado sonegador.

Nesse sentido, o mais comum é o inventariante ser o sonegador, pois a ele é que cabe arrecadar e inventariar todos os bens e os apresentar com as primeiras declarações. Se for o inventariante o sonegador este sofrerá uma pena adicional que será a sua remoção (CC. art. 1.993).[69]

Advirta-se, contudo, que a pena de sonegado só se pode impor por sentença em ação própria, depois de efetivamente provado o desvio doloso dos bens (CC, art. 1.994).[70]

O direito de propor esse tipo de ação prescreve em dez anos, contados do momento que se constata a ocultação (ver CC, art. 205), tendo legitimidade para fazê-lo qualquer um que demonstre interesse nos bens, especialmente os herdeiros (legítimos ou testamentários) e os credores. Tomada a iniciativa por qualquer um, o resultado da ação beneficia a todos os interessados (ver CC, art. 1.994, parágrafo único), que receberão suas respectivas quotas-parte em sobrepartilha (CPC, art. 669, I).[71]

Prevê ainda o Código Civil que, na eventualidade de os bens não mais existirem, o sonegador deverá pagar o valor correspondente aos bens ocultados, acrescido de perdas e danos (CC, art. 1.995).[72]

Cumpre alertar por fim que não é qualquer omissão que vai significar ocultação que autorize o manejo da ação de sonegados. Com relação aos herdeiros em geral, a sonegação estará caracterizada quando, instado a trazer o bem para o inventário, o mesmo se nega. Já com relação ao inventariante, estará configurado o ilícito depois que ele apresentar a relação dos bens e declarar que não existem outros bens a inventariar (CC, art. 1.996).[73]

---

69. CC, Art. 1.993. Além da pena cominada no artigo antecedente, se o sonegador for o próprio inventariante, remover-se-á, em se provando a sonegação, ou negando ele a existência dos bens, quando indicados.
70. CC, Art. 1.994. A pena de sonegados só se pode requerer e impor em ação movida pelos herdeiros ou pelos credores da herança.

    Parágrafo único. A sentença que se proferir na ação de sonegados, movida por qualquer dos herdeiros ou credores, aproveita aos demais interessados.
71. CPC, Art. 669. São sujeitos à sobrepartilha os bens:

    I – sonegados;

    II – da herança descobertos após a partilha;

    III – litigiosos, assim como os de liquidação difícil ou morosa;

    IV – situados em lugar remoto da sede do juízo onde se processa o inventário.

    Parágrafo único. Os bens mencionados nos incisos III e IV serão reservados à sobrepartilha sob a guarda e a administração do mesmo ou de diverso inventariante, a consentimento da maioria dos herdeiros.
72. CC, Art. 1.995. Se não se restituírem os bens sonegados, por já não os ter o sonegador em seu poder, pagará ele a importância dos valores que ocultou, mais as perdas e danos.
73. CC, Art. 1.996. Só se pode arguir de sonegação o inventariante depois de encerrada a descrição dos bens, com a declaração, por ele feita, de não existirem outros por inventariar e partir, assim como arguir o herdeiro, depois de declarar-se no inventário que não os possui.

19. SOBREPARTILHA

Pode ocorrer de, mesmo depois da partilha, aparecerem bens do *de cujus* que não eram conhecidos dos herdeiros e, portanto, não foram relacionados e partilhados no inventário já findo, assim como aqueles eventualmente sonegados (CC, art. 2.022).[74]

Pode também ocorrer de, mesmo os bens sendo conhecidos, por uma questão de comodidade e conveniências dos herdeiros, optem eles por deixar para partilhar depois, tendo em vista que o próprio Código Civil autoriza, especialmente os bens que se encontram em lugar longe de onde se processa o inventário; ou se pende sobre eles algum litígio; ou ainda, se os bens são de liquidação morosa ou difícil (CC, art. 2.021).[75]

Esta lista é reafirmada pelo Código de Processo Civil que estabelece que estes bens mencionados serão reservados à sobrepartilha sob a guarda e a administração do mesmo ou de diverso inventariante, a consentimento da maioria dos herdeiros (ver CPC, art. 669, especialmente o parágrafo único).

Nesse caso, haverá necessidade de promover a partilha desses bens e para isso não será necessário abrir novo inventário, pois bastará pedir o desarquivamento do inventário já realizado e nele mesmo, far-se-á a nova partilha (CPC, art. 670).[76]

Vale alertar por fim que nada obsta seja processada a sobrepartilha por escritura pública, desde que todos os herdeiros sejam capazes e estejam de comum acordo sobre a partilha dos bens.

20. CUMULAÇÃO DE INVENTÁRIOS

Autoriza o nosso Código de Processo Civil que se possa cumular os inventários para a partilha de heranças de pessoas diversas, nos seguintes casos (CPC, art. 672):[77]

a) Identidade de pessoas entre as quais devam ser repartidos os bens.

---

74. CC, Art. 2.022. Ficam sujeitos a sobrepartilha os bens sonegados e quaisquer outros bens da herança de que se tiver ciência após a partilha.
75. CC, Art. 2.021. Quando parte da herança consistir em bens remotos do lugar do inventário, litigiosos, ou de liquidação morosa ou difícil, poderá proceder-se, no prazo legal, à partilha dos outros, reservando-se aqueles para uma ou mais sobrepartilhas, sob a guarda e a administração do mesmo ou diverso inventariante, e consentimento da maioria dos herdeiros.
76. CPC, Art. 670. Na sobrepartilha dos bens, observar-se-á o processo de inventário e de partilha.
    Parágrafo único. A sobrepartilha correrá nos autos do inventário do autor da herança.
77. CPC, Art. 672. É lícita a cumulação de inventários para a partilha de heranças de pessoas diversas quando houver:
    I – identidade de pessoas entre as quais devam ser repartidos os bens;
    II – heranças deixadas pelos dois cônjuges ou companheiros;
    III – dependência de uma das partilhas em relação à outra.
    Parágrafo único. No caso previsto no inciso III, se a dependência for parcial, por haver outros bens, o juiz pode ordenar a tramitação separada, se melhor convier ao interesse das partes ou à celeridade processual.

b) Heranças deixadas pelos dois cônjuges ou companheiros.

c) Dependência de uma das partilhas em relação à outra.

Atenção: Nesse caso, se a dependência for parcial, por haver outros bens, o juiz pode ordenar a tramitação separada, se melhor convier ao interesse das partes ou à celeridade processual.

Importante: prevalecerão as primeiras declarações, assim como o laudo de avaliação, salvo se alterado o valor dos bens (CPC, art. 673).[78]

---

78. CPC, Art. 673. No caso previsto no art. 672, inciso II, prevalecerão as primeiras declarações, assim como o laudo de avaliação, salvo se alterado o valor dos bens.

Lição 17
DOS EMBARGOS DE TERCEIRO

Sumário: 1. Aspectos gerais – 2. Defesa da meação do conjuge e bem de família – 3. Pressupostos necessários – 4. Legitimidade ativa – 5. Legitimidade passiva – 6. Requisitos da petição inicial – 7. Distribuição por dependência – 8. Concessão de liminar – 9. Da contestação – 10. Da sentença.

1. ASPECTOS GERAIS

Embora seja chamado de embargos de terceiros, a bem da verdade trata-se de uma ação autônoma, ainda que incidental, de procedimento especial, cuja finalidade é a proteção da posse ou da propriedade daquele que, não tendo sido parte no processo, sofre ato de constrição ou ameaça judicial que recai sobre bem do qual é possuidor[1] ou proprietário, inclusive fiduciário, como ocorre no caso de penhora, depósito, arresto, sequestro, alienação judicial, arrecadação, arrolamento ou inventário (CPC, art. 674).[2]

Os embargos de terceiro decorrem do princípio de que a execução deve atingir apenas os bens do executado passíveis de apreensão. Se incidir sobre bens de outros, ou não passíveis de apreensão, o interessado tem "ação defensiva da posse", ação independente da outra em que foi praticado o ato judicial, mas que a pressupõe.[3]

---

1. STJ Súmula n° 84: É admissível a oposição de embargos de terceiro fundados em alegação de posse advinda do compromisso de compra e venda de imóvel, ainda que desprovido de registro.
2. CPC, Art. 674. Quem, não sendo parte no processo, sofrer constrição ou ameaça de constrição sobre bens que possua ou sobre os quais tenha direito incompatível com o ato constritivo, poderá requerer seu desfazimento ou sua inibição por meio de embargos de terceiro.
   § 1° Os embargos podem ser de terceiro proprietário, inclusive fiduciário, ou possuidor.
   § 2° Considera-se terceiro, para ajuizamento dos embargos:
   I – o cônjuge ou companheiro, quando defende a posse de bens próprios ou de sua meação, ressalvado o disposto no art. 843;
   II – o adquirente de bens cuja constrição decorreu de decisão que declara a ineficácia da alienação realizada em fraude à execução;
   III – quem sofre constrição judicial de seus bens por força de desconsideração da personalidade jurídica, de cujo incidente não fez parte;
   IV – o credor com garantia real para obstar expropriação judicial do objeto de direito real de garantia, caso não tenha sido intimado, nos termos legais dos atos expropriatórios respectivos.
3. Aguiar Júnior, Ruy Rosado de. Embargos de terceiro. IN: Revista dos Tribunais, São Paulo, v. 77, n. 636, pp. 17-24, out. 1988.

Os embargos podem ser opostos a qualquer tempo no processo de conhecimento, enquanto a sentença não tiver transitado em julgado. Já no processo de execução ou cumprimento de sentença o prazo final para interposição dos embargos de terceiro será de 5 (cinco) dias, contados da adjudicação, da alienação por iniciativa particular ou da arrematação, mas sempre antes da assinatura da respectiva carta (CPC, art. 675).[4]

Atenção: Não se deve confundir os embargos de terceiros com intervenção de terceiro, nem com embargos à execução, porque nos embargos de terceiro não se discute o mérito da causa principal; busca-se tão somente a exclusão do bem da constrição judicial.

Importante: não se confunda também os embargos de terceiros com as ações tipicamente possessórias porque o ato de constrição nas possessórias é praticado por oficial de justiça por determinação judicial, não podendo ser confundido com turbação ou esbulho.

2. DEFESA DA MEAÇÃO DO CONJUGE E BEM DE FAMÍLIA

Os embargos de terceiro também servem para defesa da meação do cônjuge inocente na execução. Nesse caso o cônjuge que não participa do processo faz a defesa apenas de sua parte no bem que foi eventualmente constrito, conforme seja o regime de bens do casal (ver CPC, art. 674, § 2°, I). Quer dizer, admite-se que a penhora possa recair sobre a fração ideal de imóvel que pertence ao executado, ainda que o bem seja indivisível (ver CPC, art. 843).

Pode ocorrer no processo de execução que o cônjuge que não está sendo executado, venha a ser intimado na fase de penhora sobre o bem comum do casal. Nesse caso, ainda que intimado da penhora ele é terceiro porque não participou do processo de execução desde o começo, logo sua resistência à penhora vai ser através de embargos de terceiros.[5]

Atenção: É importante consignar que o acolhimento do argumento de que a meação do cônjuge deve ser preservada fica condicionada a que ele não tenha sido beneficiado pelos ilícitos praticados pelo outro cônjuge. Nesse caso, o ônus da prova é do credor.

Embora a lei nada mencione, é perfeitamente possível o manejo dessa ação, pelo cônjuge que não é parte no processo de execução ou no cumprimento de sentença, para alegar que aquele é o único imóvel do casal e, portanto, protegido

---

4. CPC, Art. 675. Os embargos podem ser opostos a qualquer tempo no processo de conhecimento enquanto não transitada em julgado a sentença e, no cumprimento de sentença ou no processo de execução, até 5 (cinco) dias depois da adjudicação, da alienação por iniciativa particular ou da arrematação, mas sempre antes da assinatura da respectiva carta.
    Parágrafo único. Caso identifique a existência de terceiro titular de interesse em embargar o ato, o juiz mandará intimá-lo pessoalmente.
5. Súmula STJ n° 134: Embora intimado de penhora em imóvel do casal, o cônjuge do executado pode opor embargos de terceiro para defesa de sua meação.

de qualquer constrição por ser **bem de família** (ver Lei nº 8.009/90). Nesse caso, trata-se de matéria de ordem pública podendo ser conhecida em qualquer tempo e grau de jurisdição, através de simples petição, que também pode ser alegado pelo próprio executado, independente dos embargos à execução, embargos de terceiros ou mesmo da impugnação ao cumprimento de sentença.

3. PRESSUPOSTOS NECESSÁRIOS

Para interposição dos embargos de terceiros existem alguns pressupostos que são os seguintes:

a) **Uma apreensão judicial:**

Esse é talvez o principal pressuposto porque só se pode manejar os embargos de terceiros em face de uma ordem judicial que implique na possibilidade de perda da posse ou da propriedade da coisa.

b) **A posse ou propriedade do bem constrito:**

O autor deve ser possuidor ou proprietário (ainda que fiduciário) da coisa que foi objeto da constrição judicial. Essa posse pode ser direta ou indireta porque ambas podem ser atingidas pelo ato judicial.

c) **Necessário ser estranho á lide instaurada:**

O embargante deve ser estranho à lide instaurado porque se for parte deverá utilizar outro instrumento de defesa como, por exemplo, os embargos à execução.

d) **Respeitar o prazo para interposição:**

Os embargos deverão ser interposto dentro dos seguintes prazos: se no processo de execução, no prazo de até 5 (cinco) dias após a arrematação, adjudicação ou alienação por iniciativa particular, mas sempre antes da assinatura da respectiva carta; se no processo de conhecimento, até enquanto não transitada em julgado a sentença (ver CPC, art. 675).

4. LEGITIMIDADE ATIVA

São considerados terceiros e, portanto, legitimados para ajuizar embargos de terceiro, aqueles expressamente nominados no art. 674, § 2º do Código de Processo Civil, quais sejam:

a) O cônjuge ou companheiro, quando defende a posse de bens próprios ou de sua meação, ressalvado o disposto no art. 843 do CPC;

b) O adquirente de bens cuja constrição decorreu de decisão que declara a ineficácia da alienação realizada em fraude à execução;

c) Quem sofre constrição judicial de seus bens por força de desconsideração da personalidade jurídica, de cujo incidente não fez parte;

d) O credor com garantia real para obstar expropriação judicial do objeto de direito real de garantia, caso não tenha sido intimado, nos termos legais dos atos expropriatórios respectivos.

Ademais, ressalva ainda o estatuto processual que caso o juiz identifique a existência de terceiro titular de interesse em embargar o ato, mandará intimá-lo pessoalmente para se manifestar no processo (ver CPC, art. 675, parágrafo único).

5. LEGITIMIDADE PASSIVA

Por sua vez, a legitimidade para figurar no polo passivo da ação de embargos de terceiros será daquela pessoa ao qual o ato de constrição favorece, assim como também deverá figurar no polo passivo o seu adversário no processo principal, quando for sua a indicação do bem para a constrição judicial (ver CPC, art. 677, § 4º). Nesse caso, formar-se-á um litisconsórcio passivo necessário.

A citação dos réus será feita por simples intimação dos advogados dos contendores da ação principal, por publicação no órgão de imprensa oficial. Somente será feita citação pessoal se algum deles não tiver advogado constituído nos autos.

6. REQUISITOS DA PETIÇÃO INICIAL

Além dos requisitos comuns a toda petição inicial (ver CPC, art. 319), nos embargos de terceiro o embargante deverá fazer a prova sumária de sua posse ou de seu domínio e da qualidade de terceiro, oferecendo, desde logo, documentos e rol de testemunhas (CPC, art. 677).[6]

Mesmo na inexistência de documentos que possam comprovar a posse, faculta a lei que o requerente possa fazer essa prova através de testemunhas em audiência preliminar que será designada pelo juiz.

Em acréscimo prevê ainda o legislador que o possuidor direto pode alegar, além da sua posse, o domínio alheio, podendo a posse ser provada por meio de audiência preliminar designada pelo juiz.

---

6. CPC, Art. 677. Na petição inicial, o embargante fará a prova sumária de sua posse ou de seu domínio e da qualidade de terceiro, oferecendo documentos e rol de testemunhas.
§ 1º É facultada a prova da posse em audiência preliminar designada pelo juiz.
§ 2º O possuidor direto pode alegar, além da sua posse, o domínio alheio.
§ 3º A citação será pessoal, se o embargado não tiver procurador constituído nos autos da ação principal.
§ 4º Será legitimado passivo o sujeito a quem o ato de constrição aproveita, assim como o será seu adversário no processo principal quando for sua a indicação do bem para a constrição judicial.

7. DISTRIBUIÇÃO POR DEPENDÊNCIA

Os embargos serão distribuídos por dependência do processo onde foi exarada a ordem de constrição e correrão em autos distintos perante o mesmo juiz da apreensão. É regra de competência funcional do juízo, portanto improrrogável.

No entanto, nos casos em que o ato de constrição seja realizado por carta precatória, os embargos serão oferecidos no juízo deprecado, salvo se indicado pelo juízo deprecante o bem constrito ou se já tiver sido devolvida a precatória (CPC, art. 676).[7]

8. CONCESSÃO DE LIMINAR

É cabível pedido de tutela provisórias nos embargos de terceiros que deve ser requerida na própria petição inicial. Se o autor provar de maneira escorreita o domínio ou a posse sobre o bem em questão, o juiz poderá determinar, liminarmente, a suspensão das medidas constritivas, bem como a manutenção ou reintegração de posse. Eventualmente o magistrado oficiante pode determinar que a parte preste caução, como condição para efetivação da medida liminar, ressalvada a impossibilidade daquele que for economicamente hipossuficiente (CPC, art. 678).[8]

Embora a lei não fale, é da lógica dos acontecimentos que, recebido a petição inicial, o processo principal seja suspenso até que se resolva os embargos de terceiros já que é uma a ação incidental que, se for acolhida, influenciará o andamento do processo principal.

9. DA CONTESTAÇÃO

Cumpre ainda assinalar que, mesmo no caso de concessão de liminar, o requerido será citado, na pessoa de seu advogado constituído nos autos principais para, no prazo de 15 (quinze) dias, oferecer contestação (CPC, art. 679).[9]

Apresentada contestação a ação se desenvolverá pelo procedimento comum com a realização dos atos e das provas necessárias ao deslinde da demanda inclusive,

---

7. CPC, Art. 676. Os embargos serão distribuídos por dependência ao juízo que ordenou a constrição e autuados em apartado.
   Parágrafo único. Nos casos de ato de constrição realizado por carta, os embargos serão oferecidos no juízo deprecado, salvo se indicado pelo juízo deprecante o bem constrito ou se já devolvida a carta.
8. CPC, Art. 678. A decisão que reconhecer suficientemente provado o domínio ou a posse determinará a suspensão das medidas constritivas sobre os bens litigiosos objeto dos embargos, bem como a manutenção ou a reintegração provisória da posse, se o embargante a houver requerido.
   Parágrafo único. O juiz poderá condicionar a ordem de manutenção ou de reintegração provisória de posse à prestação de caução pelo requerente, ressalvada a impossibilidade da parte economicamente hipossuficiente.
9. CPC, Art. 679. Os embargos poderão ser contestados no prazo de 15 (quinze) dias, findo o qual se seguirá o procedimento comum.

e se for o caso, audiência de instrução e julgamento. Se não for o caso de produção de provas, o juiz poderá julgar o processo no estado (ver art. 354 e ss do CPC)

De regra, não há limitação à defesa dos embargos, porém se os embargos tiverem sido manejados por credor com garantia real, a matéria de defesa do embargado fica restrita à: que o devedor comum é insolvente; o título é nulo ou não obriga terceiro; e, outra é a coisa que foi dada em garantia (CPC, art. 680).[10]

Entendemos também que é perfeitamente possível na contestação manejar reconvenção se algum direito o embargado tiver para opor ao embargante, tendo em vista que depois da oposição de embargos o processo segue pelo procedimento comum (ver CPC, art. 679, parte final).

10. DA SENTENÇA

Ao final da instrução processual, se o juiz considerar procedente o pedido do embargante, confirmará a liminar, mandará cancelar os atos de constrição e, conforme o caso, declarará o reconhecimento do domínio, da manutenção na posse ou da reintegração definitiva do bem ou do direito ao embargante (CPC, art. 681).[11] Como já deixamos assentado, essa sentença também pode ocorrer como resultado do julgamento conforme o estado do processo.

As verbas de sucumbência serão fixadas conforme as regras gerais do processo civil (ver CPC, art. 85) e, eventual irresignação do vencido deverá ser manifestada através do recurso de apelação (ver CPC, art. 1.009).

---

10. CPC, Art. 680. Contra os embargos do credor com garantia real, o embargado somente poderá alegar que:
    I – o devedor comum é insolvente;
    II – o título é nulo ou não obriga a terceiro;
    III – outra é a coisa dada em garantia.
11. CPC, Art. 681. Acolhido o pedido inicial, o ato de constrição judicial indevida será cancelado, com o reconhecimento do domínio, da manutenção da posse ou da reintegração definitiva do bem ou do direito ao embargante.

Lição 18
DAS AÇÕES DE FAMÍLIA

Sumário: 1. Notas introdutórias – 2. Dos alimentos – 3. Do reconhecimento e dissolução da união estável – 4. Do divórcio – 5. Investigação de paternidade – 6. Investigação de paternidade *post-mortem*.

1. NOTAS INTRODUTÓRIAS

Pela sistemática adotada pelo legislador brasileiro, as espécies processuais foram sistematizadas de acordo com o tipo de ação que vise tutelar determinado direito. Dessa forma temos o processo de conhecimento e cumprimento de sentença, o de execução e os especiais.

O novo sistema legal recepcionou os procedimentos especiais, mantendo suas peculiaridades específicas, já que as ações que tramitam pelo procedimento especial têm características que as distinguem dos demais procedimentos. Assim também as ações de família.

O legislador do Novo CPC, por sua vez, ao tratar dos procedimentos especiais, destina um Capítulo exclusivo para a regulamentação das Ações de Família, no qual unifica os procedimentos com relação às ações contenciosas de divórcio, separação, reconhecimento e extinção de união estável, guarda, visitação e filiação (CPC, art. 693).[1]

Advirta-se, contudo, que em se tratando de ação de alimentos e a que versar sobre interesse de criança ou de adolescente observará o procedimento previsto em legislação específica, aplicando-se, no que couber, as disposições deste Capítulo do CPC. Nesse sentido ver a Lei nº 5.478/68 (alimentos) e a Lei nº 8.069/90 (ECA).

O Código de Processo Civil aposta muito na capacidade de as partes se comporem amigavelmente como solução mais adequada para a resolução dos conflitos

---

1. CPC, Art. 693. As normas deste Capítulo aplicam-se aos processos contenciosos de divórcio, separação, reconhecimento e extinção de união estável, guarda, visitação e filiação.
Parágrafo único. A ação de alimentos e a que versar sobre interesse de criança ou de adolescente observarão o procedimento previsto em legislação específica, aplicando-se, no que couber, as disposições deste Capítulo.

oriundos das relações familiares. Por isso o juiz deverá se acercar de técnicos como psicólogos, terapeutas, sociólogos e outros que possam ajudar na compreensão dos litígios familiares, facilitando a conciliação e a mediação entre as partes. Ademais, a requerimento das partes, o juiz pode determinar a suspensão do processo enquanto os litigantes se submetem à mediação extrajudicial ou a atendimento multidisciplinar (CPC, art. 694).[2]

A aposta na solução consensual nas questões de família é tão importante que o legislador determinou que recebida a petição inicial e, eventualmente tomadas as medidas de urgência que o caso possa requerer, o juiz mandará citar o réu para comparecimento em audiência de mediação ou conciliação (e não para contestar), com antecedência de 15 (quinze) dias da data designada para audiência, cujo mandado estará desacompanhado da petição inicial, exatamente para não acirrar os ânimos e facilitar o entendimento (CPC, art. 695).[3]

Advirta-se que o fato de o mandato não se fazer acompanhar da contrafé não fere o direito de defesa do réu porque o mesmo, ou seu advogado constituído, poderá examinar os autos no cartório e assim se inteirar do conteúdo da petição inicial a qualquer tempo.

Na busca de ampliar as possibilidades de composição amigável, o legislador fez prever que a realização da audiência de mediação e conciliação poderá ser de forma continuada, isto é, em tantas sessões quantas sejam necessárias para viabilizar a solução consensual, sem prejuízo de providências jurisdicionais para evitar o perecimento do direito (CPC, art. 696).[4]

Não obtido acordo, o processo seguirá seu trâmite, agora pelo procedimento comum, abrindo-se prazo para que o réu possa apresentar sua contestação e requerer todas as provas que entenda cabíveis, além de poder reconvir (CPC, art. 697).[5]

---

2. CPC, Art. 694. Nas ações de família, todos os esforços serão empreendidos para a solução consensual da controvérsia, devendo o juiz dispor do auxílio de profissionais de outras áreas de conhecimento para a mediação e conciliação.

   Parágrafo único. A requerimento das partes, o juiz pode determinar a suspensão do processo enquanto os litigantes se submetem a mediação extrajudicial ou a atendimento multidisciplinar.

3. CPC, Art. 695. Recebida a petição inicial e, se for o caso, tomadas as providências referentes à tutela provisória, o juiz ordenará a citação do réu para comparecer à audiência de mediação e conciliação, observado o disposto no art. 694.

   § 1º O mandado de citação conterá apenas os dados necessários à audiência e deverá estar desacompanhado de cópia da petição inicial, assegurado ao réu o direito de examinar seu conteúdo a qualquer tempo.

   § 2º A citação ocorrerá com antecedência mínima de 15 (quinze) dias da data designada para a audiência.

   § 3º A citação será feita na pessoa do réu.

   § 4º Na audiência, as partes deverão estar acompanhadas de seus advogados ou de defensores públicos.

4. CPC, Art. 696. A audiência de mediação e conciliação poderá dividir-se em tantas sessões quantas sejam necessárias para viabilizar a solução consensual, sem prejuízo de providências jurisdicionais para evitar o perecimento do direito.

5. CPC, Art. 697. Não realizado o acordo, passarão a incidir, a partir de então, as normas do procedimento comum, observado o art. 335.

O Ministério Público, como fiscal da ordem jurídica, somente será chamado a atuar nas ações de família quando houver interesse de incapaz e deverá ser ouvido previamente à homologação de qualquer acordo. Também atuará obrigatoriamente nos casos em que houver vítima de violência doméstica e familiar (CPC, art. 698).[6]

Quando a ação versar sobre fato relacionado a abuso ou a alienação parental, o juiz, ao tomar o depoimento do incapaz, deverá estar acompanhado por especialista (CPC, art. 699).[7] Isso é de suma importância porque o juiz é perito em direito, porém, não o é em relação às ciências sociais como, por exemplo, a psicologia que poderá fornecer subsídios fundamentais para a perfeita compreensão da controvérsia e para o encaminhamento de soluções que minimizem o problema.

Recentemente foi sancionada a Lei nº 14.713/23, que entrou em vigor no dia 31 de outubro de 2023, alterando o Código Civil e Código de Processo Civil para ampliar a rede de proteção às crianças e adolescentes em casos de possível violência doméstica. A lei estabelece que a guarda compartilhada não será concedida quando houver risco de violência doméstica ou familiar.

O objetivo da lei é dotar a justiça de maiores meios de proteção da criança e do adolescente, garantindo que não sejam expostos a risco de violência doméstica ou familiar. Além disso, a lei promove uma abordagem mais sensível e humanitária às situações de violência doméstica e abre a possibilidade de as partes ou mesmo o Ministério Público apresentar provas ou indícios suficientes de risco de violência doméstica ou familiar (CPC, art. 699-A).[8]

Nesta lição vamos apresentar os fundamentos das ações mais utilizadas na área do direito de família. Como nas demais lições, não nos furtaremos a fornecer o embasamento legal e doutrinário mínimo para a perfeita compreensão de cada uma das ações. Assim, vamos apresentar os fundamentos jurídicos das ações de família que versam sobre: pedido de alimentos, incluindo a execução de alimentos e a defesa do executado; reconhecimento e dissolução da união estável; divórcio consensual e litigioso; e, investigação de paternidade cumulada com alimentos.

> **Importante:** a presença de advogado ou defensor público, conforme o caso, é indispensável em todas as fases do processo, inclusive na audiência de mediação e conciliação (ver CPC, art. 695, § 4º).

---

6. CPC, Art. 698. Nas ações de família, o Ministério Público somente intervirá quando houver interesse de incapaz e deverá ser ouvido previamente à homologação de acordo.
Parágrafo único. O Ministério Público intervirá, quando não for parte, nas ações de família em que figure como parte vítima de violência doméstica e familiar, nos termos da Lei nº 11.340, de 7 de agosto de 2006 (Lei Maria da Penha). (incluído pela Lei 13.894/19)
7. CPC, Art. 699. Quando o processo envolver discussão sobre fato relacionado a abuso ou a alienação parental, o juiz, ao tomar o depoimento do incapaz, deverá estar acompanhado por especialista.
8. CPC, Art. 699-A. Nas ações de guarda, antes de iniciada a audiência de mediação e conciliação de que trata o art. 695 deste Código, o juiz indagará às partes e ao Ministério Público se há risco de violência doméstica ou familiar, fixando o prazo de 5 (cinco) dias para a apresentação de prova ou de indícios pertinentes. (Incluído pela Lei nº 14.713, de 2023)

Atenção: o procedimento regulado neste capítulo do Código de Processo Civil será observado sempre que não houver acordo entre as partes (contencioso) porque se as partes estiverem de acordo o procedimento a ser observado será aquele disciplinado nos arts. 731 a 734 do CPC (ver Lição 13).

2. DOS ALIMENTOS

Cumpre esclarecer inicialmente que os alimentos estão previstos no Código Civil, a partir do art. 1.694.[9] São devidos quando quem os pretende não tem bens suficientes, nem pode prover, pelo seu trabalho, a própria mantença, e aquele de quem se reclamam podem fornecê-los sem que haja desfalque de seu sustento (CC, art. 1.695).[10]

Os alimentos são irrenunciáveis e imprescritíveis, e o crédito deles decorrentes é insuscetível de cessão, compensação ou penhora (CC, art. 1.707).[11]

Podem pedir alimentos os parentes, aqueles que já foram unidos pelo vínculo matrimonial e pela união estável. São devidos de forma recíproca entre pais e filhos, podendo ser exigidos de forma extensiva a todos os ascendentes, recaindo a obrigação nos mais próximos em grau, uns em falta de outros (CC, art. 1.696).[12]

Se o parente que deve alimentos em primeiro lugar não estiver em condições de suportar totalmente o encargo, serão chamados a concorrer os de grau imediato. Se vários forem os parentes na mesma linha, todos concorrerão na proporção de seus recursos, e aquele que for demandado judicialmente poderá chamar os demais para integrar a lide (CC, art. 1.698).[13]

A principal regra que norteia o pedido de prestação alimentar é a de que sua fixação deve ser realizada na proporção das necessidades do alimentando e dos recursos da pessoa obrigada.

---

9. CC, Art. 1.694. Podem os parentes, os cônjuges ou companheiros pedir uns aos outros os alimentos de que necessitem para viver de modo compatível com a sua condição social, inclusive para atender às necessidades de sua educação.
§ 1º Os alimentos devem ser fixados na proporção das necessidades do reclamante e dos recursos da pessoa obrigada.
§ 2º Os alimentos serão apenas os indispensáveis à subsistência, quando a situação de necessidade resultar de culpa de quem os pleiteia.
10. CC, Art. 1.695. São devidos os alimentos quando quem os pretende não tem bens suficientes, nem pode prover, pelo seu trabalho, à própria mantença, e aquele, de quem se reclamam, pode fornecê-los, sem desfalque do necessário ao seu sustento.
11. CC, Art. 1.707. Pode o credor não exercer, porém lhe é vedado renunciar o direito a alimentos, sendo o respectivo crédito insuscetível de cessão, compensação ou penhora.
12. CC, Art. 1.696. O direito à prestação de alimentos é recíproco entre pais e filhos, e extensivo a todos os ascendentes, recaindo a obrigação nos mais próximos em grau, uns em falta de outros.
13. CC, Art. 1.698. Se o parente, que deve alimentos em primeiro lugar, não estiver em condições de suportar totalmente o encargo, serão chamados a concorrer os de grau imediato; sendo várias as pessoas obrigadas a prestar alimentos, todas devem concorrer na proporção dos respectivos recursos, e, intentada ação contra uma delas, poderão as demais ser chamadas a integrar a lide.

O Código Civil, ainda, dispõe em seu art. 1694, § 2°, que os alimentos serão apenas os indispensáveis à subsistência, quando a situação de necessidade resultar de culpa de quem os pleiteia. Mais adiante, o art. 1702 assevera que, na separação judicial litigiosa sendo um dos cônjuges inocente e desprovido de recursos, prestar-lhe-á o outro a pensão alimentícia que o juiz fixar.

Interessante notar, entretanto, que a culpa não mais se discute no âmbito das ações de divórcio, tendo em vista a Emenda Constitucional n° 66/2010. Desse modo, a discussão sobre a responsabilidade sobre o término do casamento poderá ser deslocada para eventual demanda alimentar, objetivando que se revele a culpa pelo término do casamento, para que o alimentante arque apenas com o montante necessário para a subsistência do alimentando, sem a preocupação de manter-lhe o padrão de vida.

Além da ação que objetiva a fixação dos alimentos, pode-se promover a ação revisional de alimentos, para majoração ou redução dos alimentos fixados, bem como de exoneração de alimentos, quando sobrevier mudança na situação financeira do alimentante ou do alimentando.

Com o casamento, a união estável ou o concubinato do credor da verba alimentar, cessa para o devedor o dever de prestar alimentos. Entretanto, um novo casamento do devedor não extingue a obrigação constante da sentença de divórcio.

O foro competente para a ação de alimentos está descrito no art. 53, II, do CPC, que afirma que para a propositura da demanda é competente o foro de domicílio ou residência do alimentando.

3. DO RECONHECIMENTO E DISSOLUÇÃO DA UNIÃO ESTÁVEL

A união estável está prevista no Código Civil nos arts. 1723 e seguintes. Para o seu reconhecimento, pressupõe a convivência pública, continua e duradoura, estabelecida com o objetivo de constituição familiar. Por entendimento jurisprudencial, a união estável pode ser estabelecida não só por homem e mulher, mas também por pessoas do mesmo sexo.

Os companheiros devem lealdade, respeito e assistência, uns aos outros, bem como têm direitos e responsabilidades no que concerne à guarda e ao sustento dos filhos havidos na constância da união estável.

No que concerne às ações pertinentes, várias são as possibilidades. Em primeiro lugar, as ações podem ter caráter consensual ou litigioso. Pode-se buscar o Judiciário para, de comum acordo, homologar-se o término de união incontroversa, com a consequente dissolução e partilha patrimonial, bem como a disposição sobre a guarda dos filhos comuns, e a responsabilidade pelo pagamento dos alimentos; pode-se buscar declarar o reconhecimento do vínculo de união estável para fins previdenciários; e pode-se pretender o reconhecimento do vínculo e dissolução da união, com consequente partilha de bens.

Cumpre assinalar que, a teor do art. 53 do Novo CPC, o foro competente para a propositura da demanda será, em primeiro lugar, o do domicílio do guardião de filho incapaz; se o casal não tiver filhos, o foro competente será o do último domicílio do casal, e, em última hipótese, o foro competente será o do domicílio do réu, se nenhuma das partes residir no antigo domicílio do casal. Com isso, a legislação atual busca eliminar a prerrogativa de foro antes concedida à mulher, fazendo valer a igualdade de gênero (ver CF, art. 5º).

Caso a ação assuma caráter litigioso, será de procedimento especial, conforme disposto no art. 693 do Novo CPC. Com isso, todos os esforços serão empreendidos para a solução consensual da controvérsia, devendo o juiz, inclusive, dispor do auxílio de profissionais de outras áreas de conhecimento, para a mediação e a conciliação.

Tão logo a inicial é recebida e se mostra "em termos", o juiz ordenará a citação do réu para comparecer à audiência conciliatória. Curioso notar que o mandado de citação não conterá a cópia da petição inicial. Dele constarão apenas dados necessários para que o réu saiba do que se trata a audiência, sua data, local e horário. O réu deverá receber o documento com pelo menos 15 (quinze) dias de antecedência do ato processual.

Contudo, para que não haja prejuízo ao contraditório, a lei assegura ao réu a possibilidade de ter acesso ao conteúdo da inicial a qualquer tempo. Entretanto, os advogados deverão ser hábeis para fazer valer o objetivo do legislador, calcado na crença de que o acesso às alegações do autor, fomenta a discórdia e torna o acordo menos provável.

A interveniência do Ministério Público só será necessária se houver interesse de incapaz envolvido. Em outras situações a sua intimação é absolutamente despicienda.

Atenção: Salvo contrato escrito, aplica-se à união estável o regime da comunhão parcial de bens.

4. DO DIVÓRCIO

Depois da Emenda Constitucional nº 66, qualquer dos cônjuges, ou ambos conjuntamente no caso de consensual, poderá pedir o divórcio sem que haja necessidade de respeitar nenhum lapso de tempo, nem motivo específico. Quer dizer, se um dos cônjuges ou mesmo o casal não estiver satisfeito com a vida em conjunto pode pedir o divórcio, pouco importando se são casados há um dia, um mês ou mais de ano.

Se a mulher não estiver grávida, ou o casal não tiver filhos menores ou incapazes, podem fazer o divórcio consensual por escritura pública lavrada em cartório de notas na qual constará a partilha dos bens, eventual pensão alimentícia e outras providências comumente deliberadas (CPC, art. 733)[14] que, independe de homologação judicial e servirá como título hábil para as alterações junto ao registro civil e o registro de imóveis ou mesmo perante outras instituições. Se o divórcio é litigioso ou se mesmo consensual houver menores ou incapazes, as partes são obrigadas a se socorrerem do judiciário.

Vejam que o artigo 733 do CPC diz claramente que esse procedimento extrajudicial só pode ser utilizado pelo casal nos casos em que não haja filhos menores ou incapazes. Apesar dessa disposição legal o CNJ decidiu que é perfeitamente possível o divórcio ou a extinção da união estável extrajudicial mesmo com a existência de filhos menores ou incapazes, sendo que a única exigência é que as questões atinentes à guarda, visitação e alimentos já tenham sido solucionados anteriormente no âmbito judicial.[15]

A competência para a propositura da demanda é a do foro do domicílio do guardião do filho incapaz, do último domicílio do casal, caso não haja filho incapaz, e do domicílio do réu, se nenhuma das partes residir no antigo domicílio do casal (ver CPC, art. 53).

5. INVESTIGAÇÃO DE PATERNIDADE

Em muitas situações é possível que a pessoa não tenha sido reconhecida voluntariamente por seu genitor. Nessas circunstâncias só lhe cabe socorrer-se do judiciário para ver confirmada a sua paternidade.

O direito de investigar e obter o reconhecimento do estado de filiação é personalíssimo, indisponível e imprescritível e a ação pode ser promovida em face do genitor, ou se já falecido, em face dos herdeiros sem nenhuma restrição (ver ECA, art. 27).

Se a ação for de reconhecimento de paternidade cumulada com alimentos, o foro competente será o do domicílio do autor da ação (ver CPC, art. 53, II). Se for apenas de investigação de paternidade, deverá ser proposta no foro do domicílio do réu, regra geral (ver CPC, art. 46).

No que diz respeito ao valor da causa também será importante verificar se a ação será cumulada com alimentos ou não. Se for cumulada com alimentos a regra é que o valor da causa seja de 12 (doze) vezes o valor mensal dos alimentos pleiteados (ver CPC, art. 292, III). De outro lado, se a ação for apenas visando o reconhecimento,

---

14. CPC, Art. 733. O divórcio consensual, a separação consensual e a extinção consensual de união estável, não havendo nascituro ou filhos incapazes e observados os requisitos legais, poderão ser realizados por escritura pública, da qual constarão as disposições de que trata o art. 731.
   § 1º A escritura não depende de homologação judicial e constitui título hábil para qualquer ato de registro, bem como para levantamento de importância depositada em instituições financeiras.
   § 2º O tabelião somente lavrará a escritura se os interessados estiverem assistidos por advogado ou por defensor público, cuja qualificação e assinatura constarão do ato notarial.
15. CNJ, Resolução 571 de 20 de agosto de 2024.

não haverá valor econômico em disputa, mas, mesmo assim, o autor deverá indicar um valor tão somente para efeito de recolhimento de custas (ver CPC, art. 291).

6. INVESTIGAÇÃO DE PATERNIDADE *POST-MORTEM*

É perfeitamente possível promover a ação de investigação de paternidade com a finalidade de comprovar a paternidade de alguém já falecido ou desaparecido.

Nesse caso será feito exame de DNA, como meio de prova, a partir de coleta de material genético do falecido, tais como tecidos, cabelos, ossos ou dentes. Este teste é conhecido como DNA *post-mortem* e pode ser realizado com uma certeza de 99% ou mais, mesmo testando apenas um parente do falecido.

Tratando dessa matéria foi promulgada em 19 de abril de 2021, a Lei Federal 14.138/21 que promoveu alterações na Lei 8.560/92 (que regula a investigação de paternidade dos filhos havidos fora do casamento), para permitir o pedido de exames de DNA de parentes consanguíneos do suposto pai, quando o mesmo esteja falecido ou desaparecido.

Além disso, foi acrescido um parágrafo segundo ao artigo 2º-A da Lei 8.560/92, de seguinte teor: se o suposto pai houver falecido ou não existir notícia de seu paradeiro, o juiz determinará, a expensas do autor da ação, a realização do exame de pareamento do código genético (DNA) em parentes consanguíneos, preferindo-se os de grau mais próximo aos mais distantes, importando a recusa em presunção da paternidade, a ser apreciada em conjunto com o contexto probatório.

Essa alteração legislativa também fez prever que a recusa injustificada do pai ou dos parentes do suposto pai em se submeterem ao exame induz presunção relativa (*juris tantum*) de paternidade, seguindo orientação jurisprudencial do Superior Tribunal de Justiça (STJ) que já de longa data tinha editado a Súmula nº 301 que, embora se referisse a recusa do pai, serviu ao legislador como paradigma para estender essa presunção nos casos de recusas dos parentes.[16]

Advirta-se ainda que a ação de investigação de paternidade é imprescritível, ou seja, não existe prazo máximo para requerer o pedido e que o reconhecimento de paternidade *post mortem* garante direitos de herança e filiação para o filho(a) reconhecido.

---

16. (STJ, Súmula 301, Segunda Seção, em 18.10.2004, DJ 22.11.2004, p. 425).

LIÇÃO 19
DA AÇÃO MONITÓRIA

Sumário: 1. Da ação monitória – 2. Do cabimento deste tipo de ação – 3. Requisitos da petição inicial – 4. Atitudes do réu – 5. Embargos monitórios – 6. Resposta do autor aos embargos – 7. Sentença dos embargos – 8. Litigante de má-fé – 9. Ação monitória e a fazenda pública – 10. Importância da ação monitória. 11. Notas conclusivas.

1. DA AÇÃO MONITÓRIA

A ação monitória é um procedimento especial, de cognição sumária, através do qual o credor que não possui título executivo, mas apenas prova escrita da obrigação, provocará judicialmente a formação de um título executivo, sem as naturais dificuldades do processo de conhecimento, em face de um devedor capaz. A prova escrita pode consistir em prova oral documentada, produzida antecipadamente (CPC, art. 700, § 1º).[1]

---

1. CPC, Art. 700. A ação monitória pode ser proposta por aquele que afirmar, com base em prova escrita sem eficácia de título executivo, ter direito de exigir do devedor capaz:
   I – o pagamento de quantia em dinheiro;
   II – a entrega de coisa fungível ou infungível ou de bem móvel ou imóvel; III – o adimplemento de obrigação de fazer ou de não fazer.
   § 1º A prova escrita pode consistir em prova oral documentada, produzida antecipadamente nos termos do art. 381.
   § 2º Na petição inicial, incumbe ao autor explicitar, conforme o caso:
   I – a importância devida, instruindo-a com memória de cálculo;
   II – o valor atual da coisa reclamada;
   III – o conteúdo patrimonial em discussão ou o proveito econômico perseguido.
   § 3º O valor da causa deverá corresponder à importância prevista no § 2º, incisos I a III.
   § 4º Além das hipóteses do art. 330, a petição inicial será indeferida quando não atendido o disposto no § 2º deste artigo.
   § 5º Havendo dúvida quanto à idoneidade de prova documental apresentada pelo autor, o juiz intimá-lo-á para, querendo, emendar a petição inicial, adaptando-a ao procedimento comum.
   § 6º É admissível ação monitória em face da Fazenda Pública.
   § 7º Na ação monitória, admite-se citação por qualquer dos meios permitidos para o procedimento comum.

Em resumo: é uma ação que se destina à constituição de um título executivo judicial, de forma mais rápida e eficaz, sem necessidade do processo de conhecimento, desde que o autor tenha uma prova escrita da obrigação assumida pelo réu.

2. DO CABIMENTO DESTE TIPO DE AÇÃO

Essa ação é cabível nas obrigações que envolvem soma em dinheiro, entrega de coisa fungível ou infungível ou mesmo para entrega de determinado bem móvel ou imóvel (ver CPC, art. 700, I a III).

É também cabível a ação monitória em face da Fazenda Pública. Isso já era previsto na súmula nº 339 do Superior Tribunal de Justiça, mas é importante que agora conste expressamente da lei (ver CPC, art. 700, § 6º). Admite-se ainda a ação monitória como forma de executar dívidas prescritas oriundas de títulos como cheque, nota promissória, letra de câmbio etc. (ver súmulas do STJ nºs 229, 503, 504 e 531).

3. REQUISITOS DA PETIÇÃO INICIAL

De acordo com o que prescreve o Código de Processo Civil, além de obedecer às regras do art. 319, na petição inicial da ação monitória, incumbe ao autor explicitar, conforme o caso (ver CPC, art. 700, § 2º):

a) A importância devida, instruindo-a com memória de cálculo;

b) O valor atual da coisa reclamada;

c) O conteúdo patrimonial em discussão ou o proveito econômico perseguido.

Atenção: o não atendimento a essa determinação autoriza o juiz a indeferir a petição inicial (ver CPC, art. 700, § 4º)

Nessa ação, o juiz, verificando a regularidade da petição inicial, mandará expedir o mandado de pagamento ou da entrega da coisa ou, ainda, para execução da obrigação de fazer ou não fazer, sendo o réu citado para cumprir a obrigação ou, discordando dela, oferecer embargos no prazo de 15 (quinze) dias (CPC, art. 701).[2]

---

2. CPC, Art. 701. Sendo evidente o direito do autor, o juiz deferirá a expedição de mandado de pagamento, de entrega de coisa ou para execução de obrigação de fazer ou de não fazer, concedendo ao réu prazo de 15 (quinze) dias para o cumprimento e o pagamento de honorários advocatícios de cinco por cento do valor atribuído à causa.

§ 1º O réu será isento do pagamento de custas processuais se cumprir o mandado no prazo.

§ 2º Constituir-se-á de pleno direito o título executivo judicial, independentemente de qualquer formalidade, se não realizado o pagamento e não apresentados os embargos previstos no art. 702, observando-se, no que couber, o Título II do Livro I da Parte Especial.

§ 3º É cabível ação rescisória da decisão prevista no caput quando ocorrer a hipótese do § 2º.

§ 4º Sendo a ré Fazenda Pública, não apresentados os embargos previstos no art. 702, aplicar-se-á o disposto no art. 496, observando-se, a seguir, no que couber, o Título II do Livro I da Parte Especial.

Se houver dúvida quanto à idoneidade de prova documental apresentada pelo autor, visando aproveitar os atos judiciais já praticados, o juiz mandará intimá-lo, na pessoa de seu procurador regularmente constituído nos autos para, querendo, emendar a petição inicial, adaptando-a ao procedimento comum (ver CPC, art. 700, § 5º).

Cabe ainda registrar que o valor da causa deverá corresponder ao proveito econômico buscado pelo autor da demanda, sobre o qual deverá recolher as custas judiciais. Quer dizer, o valor a ser atribuído à causa deverá corresponder ao valor da quantia pleiteada ou do objeto perseguido, conforme seja o caso.

4. ATITUDES DO RÉU

Após regularmente citado, citação esta que pode ser até mesmo por edital (ver CPC, art. 700, § 7º), o réu poderá adotar uma dessas quatro posturas distintas:

a) **Cumpre integralmente a obrigação no prazo estipulado:**

Nesse caso a obrigação foi satisfeita, o processo será extinto e o réu, como prêmio por esta atitude, deverá ser condenado a pagar honorários advocatícios de somente 5% (cinco por cento) do valor atribuído à causa, ficando isento de custas (ver CPC, art. 701, *caput* e § 1º).

b) **Deposita 30% do valor e requer parcelamento do restante:**

No prazo de oferecimento dos embargos, que é de 15 (quinze) dias, o réu poderá reconhecer o valor que está sendo cobrado e, comprovando o depósito de 30% (trinta por cento) deste valor, acrescido de custas e de honorários de advogado, requerer que o juiz lhe faculte pagar o restante em 6 (seis) parcelas mensais e consecutivas, acrescidas de correção monetária e de juros de 1% (um por cento) ao mês (CPC, art. 916).[3]

---

§ 5º Aplica-se à ação monitória, no que couber, o art. 916.

3. CPC, Art. 916. No prazo para embargos, reconhecendo o crédito do exequente e comprovando o depósito de trinta por cento do valor em execução, acrescido de custas e de honorários de advogado, o executado poderá requerer que lhe seja permitido pagar o restante em até 6 (seis) parcelas mensais, acrescidas de correção monetária e de juros de um por cento ao mês.
§ 1º O exequente será intimado para manifestar-se sobre o preenchimento dos pressupostos do caput, e o juiz decidirá o requerimento em 5 (cinco) dias.
§ 2º Enquanto não apreciado o requerimento, o executado terá de depositar as parcelas vincendas, facultado ao exequente seu levantamento.
§ 3º Deferida a proposta, o exequente levantará a quantia depositada, e serão suspensos os atos executivos.
§ 4º Indeferida a proposta, seguir-se-ão os atos executivos, mantido o depósito, que será convertido em penhora.
§ 5º O não pagamento de qualquer das prestações acarretará cumulativamente:
I – o vencimento das prestações subsequentes e o prosseguimento do processo, com o imediato reinício dos atos executivos;
II – a imposição ao executado de multa de dez por cento sobre o valor das prestações não pagas.

c) **Queda-se silente e nada faz, logo revel:**

Nesse caso, o mandado de citação, também chamado de mandado monitório, constituir-se-á, de pleno direito, em título executivo judicial e o autor poderá dar prosseguimento ao processo, observando-se as regras do cumprimento de sentença (ver CPC, arts. 523 a 538, conforme seja pagar quantia, obrigação de fazer ou não fazer ou entrega de coisa).

d) **Resiste à imposição e oferece embargos:**

Ao oferecer embargos, a ação irá tramitar pelo procedimento comum, com realização de toda a frase instrutória, terminando com uma decisão final de mérito.

5. EMBARGOS MONITÓRIOS

Os embargos monitórios podem ser manejados pelo réu sem a necessidade de prévia segurança do juízo, no prazo de 15 (quinze) dias, podendo o réu alegar toda e qualquer matéria em sua defesa. Porém, se alegar que o autor pleiteia quantia em excesso, deverá desde logo indicar qual o valor entende devido, sob pena de ver seus embargos serem rejeitados liminarmente (CPC, art. 702).[4]

Se o réu não apontar qual o valor que entende devido ou não apresentar o demonstrativo, os embargos serão liminarmente rejeitados, se esse for o seu único

---

§ 6º A opção pelo parcelamento de que trata este artigo importa renúncia ao direito de opor embargos

§ 7º O disposto neste artigo não se aplica ao cumprimento da sentença.

4. CPC, Art. 702. Independentemente de prévia segurança do juízo, o réu poderá opor, nos próprios autos, no prazo previsto no art. 701, embargos à ação monitória.

§ 1º Os embargos podem se fundar em matéria passível de alegação como defesa no procedimento comum.

§ 2º Quando o réu alegar que o autor pleiteia quantia superior à devida, cumprir-lhe-á declarar de imediato o valor que entende correto, apresentando demonstrativo discriminado e atualizado da dívida.

§ 3º Não apontado o valor correto ou não apresentado o demonstrativo, os embargos serão liminarmente rejeitados, se esse for o seu único fundamento, e, se houver outro fundamento, os embargos serão processados, mas o juiz deixará de examinar a alegação de excesso.

§ 4º A oposição dos embargos suspende a eficácia da decisão referida no caput do art. 701 até o julgamento em primeiro grau.

§ 5º O autor será intimado para responder aos embargos no prazo de 15 (quinze) dias.

§ 6º Na ação monitória admite-se a reconvenção, sendo vedado o oferecimento de reconvenção à reconvenção.

§ 7º A critério do juiz, os embargos serão autuados em apartado, se parciais, constituindo-se de pleno direito o título executivo judicial em relação à parcela incontroversa.

§ 8º Rejeitados os embargos, constituir-se-á de pleno direito o título executivo judicial, prosseguindo-se o processo em observância ao disposto no Título II do Livro I da Parte Especial, no que for cabível.

§ 9º Cabe apelação contra a sentença que acolhe ou rejeita os embargos.

§ 10. O juiz condenará o autor de ação monitória proposta indevidamente e de má-fé ao pagamento, em favor do réu, de multa de até dez por cento sobre o valor da causa.

§ 11. O juiz condenará o réu que de má-fé opuser embargos à ação monitória ao pagamento de multa de até dez por cento sobre o valor atribuído à causa, em favor do autor.

fundamento, e, se houver outro fundamento, os embargos serão processados, mas o juiz deixará de examinar a alegação de excesso.

Oposto os embargos, a decisão do juiz mandando pagar, fazer ou não fazer ou entregar a coisa fica sem efeito, até o julgamento em primeiro grau. Significa dizer que os embargos têm o condão de suspender a eficácia do mandado monitório, até que ele seja julgado pelo juiz (ver CPC, art. 702, § 4º).

A critério do juiz, os embargos serão autuados em apartado e, se os embargos apresentados atacarem somente parte do que foi pedido pelo autor, isto é, for parcial, constituir-se-á de pleno direito o título executivo judicial em relação à parcela incontroversa.

6. RESPOSTA DO AUTOR AOS EMBARGOS

Apresentados os embargos, o autor será intimado, na pessoa de seu advogado constituído nos autos, para, no prazo de 15 (quinze) dias, responder aos termos do que foi apresentado pelo réu. A resposta do autor irá funcionar como uma contestação.

Por oportuno, é importante consignar que na ação monitória admite-se a reconvenção, sendo vedado o oferecimento de reconvenção à reconvenção (ver CPC, art. 702, § 6º).

7. SENTENÇA DOS EMBARGOS

A sentença que rejeitar os embargos terá o efeito de constituir de pleno direito o título executivo judicial, prosseguindo-se o processo com a fase de cumprimento de sentença (ver CPC, art. 513 e ss.).

Vale lembrar que a sentença pode também acolher a tese de defesa e com isso extinguir a ação monitória com julgamento de mérito. Tanto num caso quanto noutro, aquele que não concordar com o teor da decisão, deverá manejar o recurso de apelação que, s.m.j., deverá ser recebida apenas no efeito devolutivo (ver CPC, art. 702, § 4º que atribui efeito suspensivo aos embargos somente em primeiro grau).

8. LITIGANTE DE MÁ-FÉ

Tanto o autor quanto o réu poderão ser condenados por litigância de má-fé, cuja multa poderá ser executada nos próprios autos, nas seguintes situações:

a) O autor:

O juiz condenará o autor de ação monitória proposta indevidamente e de má-fé ao pagamento, em favor do réu, de multa de até 10% (dez por cento) sobre o valor da causa.

b) Quanto ao réu:

O juiz condenará o réu que de má-fé opuser embargos à ação monitória ao pagamento de multa de até 10% (dez por cento) sobre o valor atribuído à causa, em favor do autor.

9. AÇÃO MONITÓRIA E A FAZENDA PÚBLICA

Acolhendo o que já estava consolidado na jurisprudência, o Novo CPC admite claramente que a ação monitória pode ser manejada contra a Fazenda Pública (ver CPC, arts. 700, § 6º e 701, § 4º).

10. IMPORTÂNCIA DA AÇÃO MONITÓRIA

Atualmente a ação monitória é de bastante uso, especialmente para os casos em que o credor é portador de um título que era executivo, mas perdeu essa força em face da prescrição.

É o caso de cheque que, não apresentado no prazo de 6 (seis) meses, perde sua força executiva ou mesmo de uma nota promissória ou uma letra de câmbio nas mesmas condições. Quer dizer, o título prescrito irá lastrear o procedimento monitório, uma vez que através dele o autor irá demonstrar a certeza e a liquidez de uma obrigação (será a prova escrita).

O tema é tão presente no nosso judiciário que o Superior Tribunal de Justiça (STJ) editou algumas súmulas para tratar do assunto, senão vejamos:

a) **Súmula 247**:

O contrato de abertura de crédito em conta-corrente, acompanhado do demonstrativo de débito, constitui documento hábil para o ajuizamento da ação monitória.

b) **Súmula 282**:

Cabe a citação por edital em ação monitória.[5]

c) **Súmula 292**:

A reconvenção é cabível na ação monitória, após a conversão do procedimento em ordinário.[6]

d) **Súmula 299**:

É admissível a ação monitória fundada em cheque prescrito.

---

5. Ver CPC, art. 700, § 7º.
6. Ver CPC, art. 702, § 6º.

e) **Súmula 339:**

É cabível ação monitória contra a Fazenda Pública.[7]

f) **Súmula 384:**

Cabe ação monitória para haver saldo remanescente oriundo de venda extrajudicial de bem alienado fiduciariamente em garantia.

g) **Súmula 503:**

O prazo para ajuizamento de ação monitória em face do emitente de cheque sem força executiva é quinquenal, a contar do dia seguinte à data de emissão estampada na cártula.

h) **Súmula 504:**

O prazo para ajuizamento de ação monitória em face do emitente de nota promissória sem força executiva é quinquenal, a contar do dia seguinte ao vencimento do título.

i) **Súmula 531:**

Em ação monitória fundada em cheque prescrito ajuizada contra o emitente, é dispensável a menção ao negócio jurídico subjacente à emissão da cártula.

11. NOTAS CONCLUSIVAS

Conforme já registramos anteriormente, a experiência do dia a dia nos demonstra que muitas vezes o devedor resiste à pretensão do credor sem contestar propriamente o mérito do crédito exigido. Numa situação como essa se o credor não dispõe de título executivo, não poderá mover o processo de execução.

Daí a importância da ação monitória porque seria uma enorme perda de tempo exigir que o credor recorresse à ação de conhecimento para só depois do reconhecimento de seu crédito, poder requerer o cumprimento da obrigação determinada na sentença, quando de antemão já se está convicto de que o devedor não vai opor contestação ou não dispõe de defesa capaz de abalar as bases jurídicas da pretensão. Em tal conjuntura, é claro que a observância completa do processo de cognição esvazia-se de significado, importando, para o credor e para a justiça, enorme perda de tempo e dinheiro.

Foi exatamente para evitar esse perigo ou essa inutilidade que o nosso legislador engendrou, por assim dizer, este remédio processual que recebeu a denominação de procedimento monitório. Por ele, consegue o credor, sem título executivo e sem contraditório com o devedor, provocar a abertura da execução forçada, tornando o

---

7. Ver CPC, art. 700, § 6º.

contraditório apenas uma eventualidade, cuja iniciativa, ao contrário do processo de conhecimento, será do réu, e não do autor.

Assim, de acordo com este instituto, o credor, em determinadas circunstâncias, pode pedir ao juiz, ao propor a ação, não a condenação do devedor, mas desde logo a expedição de uma ordem ou mandado para que a dívida seja saldada ou que a coisa seja entregue no prazo estabelecido em lei.[8]

---

8. THEODORO JÚNIOR, Humberto. *Curso de Direito Processual Civil*, p. 329-332.

Lição 20
DAS OUTRAS AÇÕES DE JURISDIÇÃO CONTENCIOSA

Sumário: 1. Da oposição; 1.1 Juízo competente; 1.2 Citação dos réus; 1.3 Contestação; 1.4 Processamento da ação de oposição – 2. Da habilitação; 2.1 Os legitimados para requerer a habilitação; 2.2 Processamento da habilitação; 2.3 Da sentença – 3. Da homologação do penhor legal; 3.1 Procedimento; 3.2 A defesa do réu; 3.3 Homologação judicial – 4. Da regulação de avaria grossa; 4.1 Nomeação do regulador; 4.2 Procedimentos do regulador; 4.3 Recusa do consignatário em prestar caução; 4.4 Conclusões do processo – 5. Da restauração de autos; 5.1 Da competência e legitimidade; 5.2 Da petição inicial; 5.3 Processamento; 5.4 Da sentença.

1. DA OPOSIÇÃO

A oposição pode ser vista como uma espécie de intervenção de terceiro, porém é uma típica ação incidental manejada por terceiro visando excluir coisa ou direito seu que esteja sendo disputado pelas partes litigantes.

Assim, estando pendente uma causa entre duas ou mais pessoas, pode um terceiro intervir nela como opoente para fazer valer direito próprio, total ou parcialmente incompatível com a pretensão deduzida no confronto de ambas as partes do processo principal (CPC, art. 682).[1]

1.1 Juízo competente

Competente será o juiz onde tramita a ação principal, logo, a oposição será distribuída por dependência (CPC, art. 683, parágrafo único).[2]

---
1. CPC, Art. 682. Quem pretender, no todo ou em parte, a coisa ou o direito sobre que controvertem autor e réu poderá, até ser proferida a sentença, oferecer oposição contra ambos.
2. CPC, Art. 683. O opoente deduzirá o pedido em observação aos requisitos exigidos para propositura da ação.
   Parágrafo único. Distribuída a oposição por dependência, serão os opostos citados, na pessoa de seus respectivos advogados, para contestar o pedido no prazo comum de 15 (quinze) dias.

1.2 Citação dos réus

A citação dos opostos, isto é, das partes contendoras na ação principal, será feita por publicação na imprensa oficial na pessoa de seus respectivos advogados.

1.3 Contestação

Como em qualquer ação, o prazo para contestar será de 15 (quinze) dias, mas esse prazo é comum para ambos os réus (neste caso, não se aplica o prazo em dobro).

Se um dos opostos reconhecer a procedência do pedido, o processo prosseguirá entre o opoente e o outro oposto até final sentença (CPC, art. 684).[3]

1.4 Processamento da ação de oposição

Admitido o processamento, a oposição será apensada aos autos e tramitará simultaneamente à ação originária, devendo ambas as ações serem julgadas pela mesma sentença. Se a oposição for proposta após o início da audiência de instrução, o juiz suspenderá o curso do processo ao fim da produção das provas, salvo se concluir que a unidade da instrução atende melhor ao princípio da duração razoável do processo (CPC, art. 685).[4]

Tendo em vista que ambas as ações devem ser julgadas simultaneamente, determina a nossa lei dos ritos que a oposição deva ser conhecida em primeiro lugar (CPC, art. 686).[5]

2. DA HABILITAÇÃO

A habilitação é um procedimento especial cuja finalidade é viabilizar a sucessão processual se autor ou o réu falecerem no curso do processo (CPC, art. 687).[6]

Trata-se de uma verdadeira sucessão processual já que o espólio ou os herdeiros irão a juízo, visando ingressar em autos já existentes, para defender direitos próprios adquiridos em face do falecimento do titular da ação.

---

3. CPC, Art. 684. Se um dos opostos reconhecer a procedência do pedido, contra o outro prosseguirá o opoente.
4. CPC, Art. 685. Admitido o processamento, a oposição será apensada aos autos e tramitará simultaneamente à ação originária, sendo ambas julgadas pela mesma sentença.
   Parágrafo único. Se a oposição for proposta após o início da audiência de instrução, o juiz suspenderá o curso do processo ao fim da produção das provas, salvo se concluir que a unidade da instrução atende melhor ao princípio da duração razoável do processo.
5. CPC, Art. 686. Cabendo ao juiz decidir simultaneamente a ação originária e a oposição, desta conhecerá em primeiro lugar.
6. CPC, Art. 687. A habilitação ocorre quando, por falecimento de qualquer das partes, os interessados houverem de suceder-lhe no processo.

É importante consignar que isto só vale para ações que versem sobre direitos e interesses que sejam transmissíveis. Algumas ações, em face de seu caráter personalíssimo, se extinguem com a morte do titular.

2.1 Os legitimados para requerer a habilitação

Poderão requerer a habilitação tanto a parte, em relação aos sucessores do falecido; quanto os sucessores do falecido, em relação à parte (CPC, art. 688).[7]

Quer dizer, tanto a parte litigante pode requerer que o espólio ou os herdeiros sejam chamados a suceder o falecido, quanto o espólio ou os herdeiros podem tomar a iniciativa de requerer a sua habilitação em substituição ao *de cujus*.

2.2 Processamento da habilitação

A habilitação será processada nos autos da ação principal, na instância em que estiver, suspendendo-se, a partir de então, o processo (CPC, art. 689).[8]

A citação será feita na pessoa do advogado constituído nos autos quando a habilitação for requerida pelo espólio ou sucessores. Se a iniciativa for da parte, a citação dos herdeiros ou sucessores deverá ser pessoal, se eles ainda não tiverem procurador constituído nos autos (CPC, art. 690).[9]

Os requeridos terão o prazo de 5 (cinco) dias para, eventualmente, impugnar o pedido de habilitação.

2.3 Da sentença

Se não houver impugnação o juiz deve decidir o pedido de habilitação imediatamente. Da mesma forma se houver impugnação e não houver necessidade de instrução probatória.

Caso haja impugnação e nela for suscitada questões que impliquem na necessidade de dilação probatória diversa da documental, o juiz determinará que o pedido seja autuado em apartado e disporá sobre a instrução (CPC, art. 691).[10]

---

7. CPC, Art. 688. A habilitação pode ser requerida:
   I – pela parte, em relação aos sucessores do falecido;
   II – pelos sucessores do falecido, em relação à parte.
8. CPC, Art. 689. Proceder-se-á à habilitação nos autos do processo principal, na instância em que estiver, suspendendo-se, a partir de então, o processo.
9. CPC, Art. 690. Recebida a petição, o juiz ordenará a citação dos requeridos para se pronunciarem no prazo de 5 (cinco) dias.
   Parágrafo único. A citação será pessoal, se a parte não tiver procurador constituído nos autos.
10. CPC, Art. 691. O juiz decidirá o pedido de habilitação imediatamente, salvo se este for impugnado e houver necessidade de dilação probatória diversa da documental, caso em que determinará que o pedido seja autuado em apartado e disporá sobre a instrução.

Depois de transitada em julgado a sentença de habilitação, o processo principal retomará o seu curso regular, e cópia da sentença será juntada aos autos respectivos (CPC, art. 692).[11]

3. DA HOMOLOGAÇÃO DO PENHOR LEGAL

O Código de Processo Civil disciplina essa figura inusitada da "homologação do penhor legal" que, no antigo CPC/73 estava incluído entre as cautelares nominadas e agora vem disciplinado nos procedimentos especiais.

Cumpre esclarecer que a lei confere ao credor de alguns contratos bilaterais a faculdade de converter determinadas obrigações em penhor e assim ter maiores garantias de recebimentos de seus créditos. A isso se chama penhor legal, isto é, penhor imposto por vontade da lei independente da existência de contrato escrito. Nesse sentido dispõe o Código Civil (art. 1.467)[12] que são credores pignoratícios, independentemente de convenção:

a) Os hospedeiros, ou fornecedores de pousada ou alimento, sobre as bagagens, móveis, joias ou dinheiro que os seus consumidores ou fregueses tiverem consigo nas respectivas casas ou estabelecimentos, pelas despesas ou consumo que aí tiverem feito.

b) O dono do prédio rústico ou urbano, sobre os bens móveis que o rendeiro ou inquilino tiver guarnecendo o mesmo prédio, pelos aluguéis ou rendas.

3.1 Procedimento

O procedimento pode ser judicial ou extrajudicial, cuja escolha compete ao credor, com as seguintes características (CPC, art. 703):[13]

---

11. CPC, Art. 692. Transitada em julgado a sentença de habilitação, o processo principal retomará o seu curso, e cópia da sentença será juntada aos autos respectivos.
12. CC, Art. 1.467. São credores pignoratícios, independentemente de convenção:
    I – os hospedeiros, ou fornecedores de pousada ou alimento, sobre as bagagens, móveis, joias ou dinheiro que os seus consumidores ou fregueses tiverem consigo nas respectivas casas ou estabelecimentos, pelas despesas ou consumo que aí tiverem feito;
    II – o dono do prédio rústico ou urbano, sobre os bens móveis que o rendeiro ou inquilino tiver guarnecendo o mesmo prédio, pelos aluguéis ou rendas.
13. CPC, Art. 703. Tomado o penhor legal nos casos previstos em lei, requererá o credor, ato contínuo, a homologação.
    § 1º Na petição inicial, instruída com o contrato de locação ou a conta pormenorizada das despesas, a tabela dos preços e a relação dos objetos retidos, o credor pedirá a citação do devedor para pagar ou contestar na audiência preliminar que for designada.
    § 2º A homologação do penhor legal poderá ser promovida pela via extrajudicial mediante requerimento, que conterá os requisitos previstos no § 1º deste artigo, do credor a notário de sua livre escolha.
    § 3º Recebido o requerimento, o notário promoverá a notificação extrajudicial do devedor para, no prazo de 5 (cinco) dias, pagar o débito ou impugnar sua cobrança, alegando por escrito uma das causas previstas no art. 704, hipótese em que o procedimento será encaminhado ao juízo competente para decisão.

a)   Homologação extrajudicial:

O processamento se dará mediante requerimento ao notário da preferência do credor com os documentos necessários à prova de seu direito. Ato contínuo, o notário promoverá a notificação extrajudicial do devedor para, no prazo de 5 (cinco) dias, pagar o débito ou impugnar a sua cobrança. Transcorrido o prazo sem manifestação do devedor, o notário formalizará a homologação do penhor legal por escritura pública.

b)   Penhor judicial:

Neste caso o requerente deverá instruir a petição inicial com o contrato de locação ou a conta pormenorizada das despesas, a tabela dos preços e a relação dos objetos retidos, e pedirá a citação do requerido para pagar ou contestar na audiência preliminar que for designada.

3.2   A defesa do réu

A defesa do réu é bastante limitada, só podendo arguir em seu favor a eventual nulidade do processo; a extinção da obrigação; não estar a dívida compreendida entre as previstas em lei ou não estarem os bens sujeitos a penhor legal; ou ainda, alegar ter sido ofertada caução idônea, rejeitada pelo credor (CPC, art. 704).[14]

Apresentada contestação, deverá ser marcada audiência preliminar para tentativa de conciliação. Não obtida a conciliação o processo segue agora pelo procedimento comum (CPC, art. 705).[15]

3.3   Homologação judicial

Após a homologação judicial do penhor legal, consolidar-se-á a posse do autor sobre o objeto que dele agora poderá dispor a seu bel-prazer (CPC, art. 706, *caput*).[16]

---

§ 4º Transcorrido o prazo sem manifestação do devedor, o notário formalizará a homologação do penhor legal por escritura pública.

14.   CPC, Art. 704. A defesa só pode consistir em:

I – nulidade do processo;

II – extinção da obrigação;

III – não estar a dívida compreendida entre as previstas em lei ou não estarem os bens sujeitos a penhor legal;

IV – alegação de haver sido ofertada caução idônea, rejeitada pelo credor.

15.   CPC, Art. 705. A partir da audiência preliminar, observar-se-á o procedimento comum.

16.   CPC, Art. 706. Homologado judicialmente o penhor legal, consolidar-se-á a posse do autor sobre o objeto.

§ 1º Negada a homologação, o objeto será entregue ao réu, ressalvado ao autor o direito de cobrar a dívida pelo procedimento comum, salvo se acolhida a alegação de extinção da obrigação.

§ 2º Contra a sentença caberá apelação, e, na pendência de recurso, poderá o relator ordenar que a coisa permaneça depositada ou em poder do autor.

Em contrapartida, se for negada a homologação, o objeto será entregue ao réu, ressalvado ao autor o direito de cobrar a dívida pelo procedimento comum, salvo se acolhida a alegação de extinção da obrigação.

Qualquer que seja a decisão, o recurso cabível é a apelação, e, na pendência de recurso, poderá o relator ordenar que a coisa permaneça depositada em poder do autor.

4. DA REGULAÇÃO DE AVARIA GROSSA

É importante esclarecer que a ideia de avarias deve estar associada a danos e pode ser classificada como avarias grossas (ou comuns) que são aquelas sofridas pelo navio ou carga conjuntamente e ocorridas durante a viagem; e, as avarias simples (ou articulares) que são aquelas ocorridas com o navio ou carga separadamente, ocorrida com a embarcação parada, durante o embarque, desembarque ou mesmo quando a carga esteja em terra.

4.1 Nomeação do regulador

A nomeação de um regulador de avarias deve ocorrer mediante consenso entre as partes. Se não existir consenso entre as partes, o juiz de direito da comarca do primeiro porto onde o navio houver chegado, por provocação de qualquer das partes interessadas, nomeará um regulador de notório conhecimento sobre a matéria (CPC, art. 707).[17]

4.2 Procedimentos do regulador

O regulador deverá adotar diversos procedimentos antes da liberação da carga aos consignatários, justificando se os danos são passíveis de rateio na forma de avaria grossa, exigindo das partes garantias idôneas, se necessário (CPC, art. 708).[18]

---

17. CPC, Art. 707. Quando inexistir consenso acerca da nomeação de um regulador de avarias, o juiz de direito da comarca do primeiro porto onde o navio houver chegado, provocado por qualquer parte interessada, nomeará um de notório conhecimento.
18. CPC, Art. 708. O regulador declarará justificadamente se os danos são passíveis de rateio na forma de avaria grossa e exigirá das partes envolvidas a apresentação de garantias idôneas para que possam ser liberadas as cargas aos consignatários.
    § 1º A parte que não concordar com o regulador quanto à declaração de abertura da avaria grossa deverá justificar suas razões ao juiz, que decidirá no prazo de 10 (dez) dias.
    § 2º Se o consignatário não apresentar garantia idônea a critério do regulador, este fixará o valor da contribuição provisória com base nos fatos narrados e nos documentos que instruírem a petição inicial, que deverá ser caucionado sob a forma de depósito judicial ou de garantia bancária.
    § 3º Recusando-se o consignatário a prestar caução, o regulador requererá ao juiz a alienação judicial de sua carga na forma dos arts. 879 a 903.
    § 4º É permitido o levantamento, por alvará, das quantias necessárias ao pagamento das despesas da alienação a serem arcadas pelo consignatário, mantendo-se o saldo remanescente em depósito judicial até o encerramento da regulação.

A parte que não concordar com o regulador quanto à declaração de abertura da avaria grossa deverá justificar suas razões ao juiz, que decidirá no prazo de 10 (dez) dias. Estabelece ainda o nosso CPC que se o consignatário não apresentar garantia idônea a critério do regulador, este fixará o valor da contribuição provisória com base nos fatos narrados e nos documentos que instruírem a petição inicial, que deverá ser caucionado sob a forma de depósito judicial ou de garantia bancária.

4.3 Recusa do consignatário em prestar caução

Quando houver recusa do consignatário a prestar caução, o regulador fixará o valor da contribuição provisória com base nos fatos narrados e nos documentos que instruírem a petição inicial, que deverá ser caucionado sob a forma de depósito judicial ou de garantia bancária, permitido o levantamento, por alvará, das quantias necessárias ao pagamento das despesas da alienação a serem arcadas pelo consignatário, mantendo-se o saldo remanescente em depósito judicial até o encerramento da regulação.

4.4 Conclusões do processo

As partes deverão apresentar nos autos os documentos necessários à regulação da avaria grossa em prazo razoável a ser fixado pelo regulador (CPC, art. 709).[19]

O regulador terá o prazo de 12 (doze) meses, contados da data em que as partes entregarem os documentos, para apresentar o regulamento da avaria grossa. Este prazo poderá ser prorrogado a critério do juiz (CPC, art. 710).[20]

Em respeito ao princípio do contraditório, as partes poderão se manifestar após a apresentação do regulamento, no prazo comum de 15 (quinze) dias, e, não havendo impugnação, o regulamento será homologado por sentença. Se houver impugnação ao regulamento, o juiz decidirá no prazo de 10 (dez) dias, após a oitiva do regulador.

5. DA RESTAURAÇÃO DE AUTOS

É um processo que se destina, como o próprio nome diz, a restaurar autos, seja físico ou virtual, que tenha desaparecido por perda ou mesmo destruição. Isso pode ocorrer por incêndio, inundação, desmoronamento ou qualquer outro motivo.

---

19. CPC, Art. 709. As partes deverão apresentar nos autos os documentos necessários à regulação da avaria grossa em prazo razoável a ser fixado pelo regulador.
20. CPC, Art. 710. O regulador apresentará o regulamento da avaria grossa no prazo de até 12 (doze) meses, contado da data da entrega dos documentos nos autos pelas partes, podendo o prazo ser estendido a critério do juiz.
    § 1º Oferecido o regulamento da avaria grossa, dele terão vista as partes pelo prazo comum de 15 (quinze) dias, e, não havendo impugnação, o regulamento será homologado por sentença.
    § 2º Havendo impugnação ao regulamento, o juiz decidirá no prazo de 10 (dez) dias, após a oitiva do regulador.

Por óbvio que este procedimento já foi de muita utilização no passado, tendo em vista que servia para restaurar autos físicos quando, por qualquer que fosse a razão, o mesmo desaparecia.

Cabe destacar apenas por curiosidade que nos idos do século passado não havia processo eletrônico, de sorte a afirmar que não era possível ao advogado acessar os autos pela internet. Sendo assim era comum a retirada dos autos físicos em cartório (chamava-se carga) quando se fazia necessário acessar ao conteúdo do processo (inclusive para tirar cópia xerox do material inserto nos autos).

Vamos imaginar que numa situação como a acima mencionada o estagiário retirou o processo no cartório do fórum e na volta ao escritório sofreu um assalto ou sofreu um acidente e os autos se perderam. A única solução nestas circunstâncias era o advogado peticionar ao juiz da causa informando o ocorrido e pedindo a abertura do processo de restauração, juntando todas as cópias xerox que pudesse ter do processo em questão.

Evidente que nos dias atuais este instituto perdeu muito de sua importância, tendo em vista que na atualidade os autos são digitais, o que permite seja feito backup ou cópia de segurança dos autos em tramitação nos mais diversos tribunais.

Contudo é importante conhecer da matéria porque o instituto ainda é previsto no Novo CPC e poderá ser cobrando em questões de concursos.

5.1 Da competência e legitimidade

A competência será do juiz onde o processo original tramitava e a ação de restauração deve ser distribuída por dependência. Se houver autos suplementares, nele o processo poderá prosseguir.

Pode tomar a iniciativa o próprio juiz, de ofício, ou qualquer das partes, além do Ministério Público, se for o caso dele intervir no processo (CPC, art. 712).[21] Se o processo estiver no tribunal, a competência será do desembargador relator (CPC, art. 717).[22]

5.2 Da petição inicial

Na petição inicial o promovente declarará o estágio em que se encontrava o processo ao tempo do desaparecimento dos autos, fornecendo cópia das peças que

---

21. CPC, Art. 712. Verificado o desaparecimento dos autos, eletrônicos ou não, pode o juiz, de ofício, qualquer das partes ou o Ministério Público, se for o caso, promover-lhes a restauração.
    Parágrafo único. Havendo autos suplementares, nesses prosseguirá o processo.
22. Art. 717. Se o desaparecimento dos autos tiver ocorrido no tribunal, o processo de restauração será distribuído, sempre que possível, ao relator do processo.
    § 1º A restauração far-se-á no juízo de origem quanto aos atos nele realizados.
    § 2º Remetidos os autos ao tribunal, nele completar-se-á a restauração e proceder-se-á ao julgamento.

estejam em seu poder, além de certidões e protocolos e outros documentos que possam ser úteis na restauração (CPC, art. 713).[23]

5.3 Processamento

A parte contrária será citada para contestar o pedido no prazo de 5 (cinco) dias, cabendo-lhe exibir as cópias, as contrafés e as reproduções dos atos e dos documentos que estiverem em seu poder (CPC, art. 714).[24]

Se a parte concordar com a restauração, lavrar-se-á o auto que, assinado pelas partes e homologado pelo juiz, suprirá o processo desaparecido. Se de outro lado ocorrer a revelia ou se o réu concordar parcialmente, observar-se-á o procedimento comum, tendo em vista que será necessário refazer atos e provas sobre pontos controvertidos.

Se for necessário repetir a audiência, serão reinquiridas as mesmas testemunhas que, em caso de impossibilidade, poderão ser substituídas de ofício ou a requerimento da parte (CPC, art. 715).[25] Da mesma forma, se havia prova pericial, a mesma poderá ser refeita, se possível pelo mesmo perito.

Cumpre ainda observar que o próprio juiz, assim como o cartório, poderá contribuir para a restauração dos autos porque poderá juntar cópias e certidões de atos que tenham sido praticados e haja registro ainda disponível na serventia. Se o juiz, por exemplo, já tivesse proferido sentença da qual ele próprio ou o escrivão possua cópia, esta será juntada aos autos e terá a mesma autoridade da original.

---

23. CPC, Art. 713. Na petição inicial, declarará a parte o estado do processo ao tempo do desaparecimento dos autos, oferecendo:

    I – certidões dos atos constantes do protocolo de audiências do cartório por onde haja corrido o processo;

    II – cópia das peças que tenha em seu poder;

    III – qualquer outro documento que facilite a restauração.

24. CPC, Art. 714. A parte contrária será citada para contestar o pedido no prazo de 5 (cinco) dias, cabendo-lhe exibir as cópias, as contrafés e as reproduções dos atos e dos documentos que estiverem em seu poder.

    § 1º Se a parte concordar com a restauração, lavrar-se-á o auto que, assinado pelas partes e homologado pelo juiz, suprirá o processo desaparecido.

    § 2º Se a parte não contestar ou se a concordância for parcial, observar-se-á o procedimento comum.

25. CPC, Art. 715. Se a perda dos autos tiver ocorrido depois da produção das provas em audiência, o juiz, se necessário, mandará repeti-las.

    § 1º Serão reinquiridas as mesmas testemunhas, que, em caso de impossibilidade, poderão ser substituídas de ofício ou a requerimento.

    § 2º Não havendo certidão ou cópia do laudo, far-se-á nova perícia, sempre que possível pelo mesmo perito.

    § 3º Não havendo certidão de documentos, esses serão reconstituídos mediante cópias ou, na falta dessas, pelos meios ordinários de prova.

    § 4º Os serventuários e os auxiliares da justiça não podem eximir-se de depor como testemunhas a respeito de atos que tenham praticado ou assistido.

    § 5º Se o juiz houver proferido sentença da qual ele próprio ou o escrivão possua cópia, esta será juntada aos autos e terá a mesma autoridade da original.

5.4 Da sentença

A sentença a ser proferida nestes autos suplementares terá efeito de apenas autenticar, por assim dizer, as peças e atos refeitos, prosseguindo o processo até seu termo final (CP, art. 716).[26]

Na sentença o juiz estabelecerá a responsabilização daquele que deu causa ao desaparecimento dos autos que será condenado a responder pelas custas da restauração e pelos honorários de advogado, sem prejuízo de eventual responsabilidade civil ou penal em que incorrer (CPC, art. 718).[27]

---

26. CPC, Art. 716. Julgada a restauração, seguirá o processo os seus termos.
    Parágrafo único. Aparecendo os autos originais, neles se prosseguirá, sendo-lhes apensados os autos da restauração.
27. CPC, Art. 718. Quem houver dado causa ao desaparecimento dos autos responderá pelas custas da restauração e pelos honorários de advogado, sem prejuízo da responsabilidade civil ou penal em que incorrer.

Parte IV
Dos procedimentos especiais de jurisdição voluntária

Parte IV
Dos procedimentos especiais
de jurisdição voluntária

Lição 21
DOS PROCEDIMENTOS ESPECIAIS DE JURISDIÇÃO VOLUNTÁRIA

Sumário: 1. Aspectos gerais; 1.1 Legitimados; 1.2 Das citações; 1.3 Da sentença; 1.4 Aplicação do procedimento de jurisdição voluntária – 2. Da notificação e da interpelação – 3. Da alienação judicial – 4. Do divórcio e da separação consensuais, da extinção consensual de união estável e da alteração do regime de bens do matrimônio; 4.1 Do divórcio; 4.2 Do reconhecimento e dissolução da união estável; 4.3 Alteração do regime de bens – 5. Do testamento e do codicilo; 5.1 Testamento cerrado; 5.2 Testamento público; 5.3 Testamento particular; 5.4 Procedimento judicial de validação do testamento – 6. Da herança jacente; 6.1 A arrecadação dos bens; 6.2 Publicação do edital; 6.3 Habilitação dos herdeiros; 6.4 Alienação dos bens da herança; 6.5 Encerramento do processo – 7. Dos bens dos ausentes; 7.1 Ampla publicidade da ausência; 7.2 Sucessão provisórias; 7.3 Volta do ausente – 8. Das coisas vagas – 9. Da interdição; 9.1 Legitimados para promover a interdição; 9.2 Procedimento da interdição; 9.3 Levantamento da curatela; 9.4 Da figura do curador; 9.5 Disposições comuns à tutela e à curatela – 10. Da organização e da fiscalização das fundações – 11. Da ratificação dos protestos marítimos e dos processos testemunháveis formados a bordo; 11.1 Da petição inicial; 11.2 Da audiência e da sentença.

1. ASPECTOS GERAIS

Entendemos que a jurisdição voluntária está mais para uma atividade administrativa do que para uma atividade jurisdicional. A atividade do juiz vai se limitar a fiscalizar e averiguar a legalidade do procedimento requerido e, estando em ordem, proferir decisão homologatória da vontade dos particulares. Quer dizer, não há litígio a ser resolvido, mas sim uma vontade manifestada por interessados que necessita de uma chancela do Estado para ter força de coisa julgada.

Advirta-se, contudo que apesar desse nosso entendimento há doutrinadores que entendem que o Novo CPC recepcionou a doutrina defendida pela corrente "jurisdicionalista", entendendo que a jurisdição voluntária reveste-se de feição jurisdicional, pois a existência de lide não é fator determinante da sua natureza;

existem partes, no sentido processual do termo; o Estado age como terceiro imparcial; e, finalmente, há coisa julgada.[1]

De qualquer forma, a partir do art. 719, o CPC passa a regular a matéria estabelecendo que se não houver um procedimento específico, deverá ser utilizado o procedimento de jurisdição voluntária.

1.1   Legitimados

Tem legitimidade para dar início ao procedimento de jurisdição voluntária qualquer interessado, bem como o Ministério Público ou a Defensoria Pública, quando lhes couber intervir, devendo formular o pedido devidamente instruído com os documentos necessários e com a indicação da providência judicial esperada (CPC, art. 720).[2]

1.2   Das citações

Serão citados todos os possíveis interessados, bem como será intimado o Ministério Público, quando houver interesse de incapaz (se ele não for o requerente da medida), para que se manifeste, querendo, no prazo de 15 (quinze) dias (CPC, art. 721).[3]

Estabelece ainda o nosso CPC que a Fazenda Pública será sempre ouvida nos casos em que tiver interesse (CPC, art. 722).[4]

1.3   Da sentença

Após o prazo para manifestações dos interessados, o juiz decidirá o pedido no prazo de 10 (dez) dias. Autoriza a nossa lei dos ritos que o juiz possa flexibilizar a aplicação da norma legal, não ficando obrigado a observar o critério de legalidade estrita, podendo adotar em cada caso a solução que considerar mais conveniente ou oportuna para o caso posto *sub judice* (CPC, art. 723).[5]

A decisão proferida pelo juiz neste caso é uma sentença e como tal poderá ser atacada pelo recurso de apelação (CPC, art. 724).[6]

---

1. Nesse sentido ver artigo do Prof. Elpidio Donizetti intitulado "A jurisdição voluntária continua firme, forte e vitaminada no Novo Código". Disponível no site da gen.juridico.com.br.
2. CPC, Art. 720. O procedimento terá início por provocação do interessado, do Ministério Público ou da Defensoria Pública, cabendo-lhes formular o pedido devidamente instruído com os documentos necessários e com a indicação da providência judicial.
3. CPC, Art. 721. Serão citados todos os interessados, bem como intimado o Ministério Público, nos casos do art. 178, para que se manifestem, querendo, no prazo de 15 (quinze) dias.
4. CPC, Art. 722. A Fazenda Pública será sempre ouvida nos casos em que tiver interesse.
5. CPC, Art. 723. O juiz decidirá o pedido no prazo de 10 (dez) dias.
    Parágrafo único. O juiz não é obrigado a observar critério de legalidade estrita, podendo adotar em cada caso a solução que considerar mais conveniente ou oportuna.
6. CPC, Art. 724. Da sentença caberá apelação.

1.4 Aplicação do procedimento de jurisdição voluntária

Independente dos procedimentos específicos que veremos ainda nesta lição, estabelece o Código de Processo Civil que será processado na forma estabelecida nesta Seção o pedido de (CPC, art. 725):[7]

a) Emancipação;

b) Sub-rogação;

c) Alienação, arrendamento ou oneração de bens de crianças ou adolescentes, de órfãos e de interditos;

d) Alienação, locação e administração da coisa comum;

e) Alienação de quinhão em coisa comum;

f) Extinção de usufruto, quando não decorrer da morte do usufrutuário, do termo da sua duração ou da consolidação, e de fideicomisso, quando decorrer de renúncia ou quando ocorrer antes do evento que caracterizar a condição resolutória;

g) Expedição de alvará judicial;

h) Homologação de autocomposição extrajudicial, de qualquer natureza ou valor.

Dos procedimentos acima indicado cabe destacar a previsão de "**alvará judicial**" que será muito útil para os herdeiros poderem promover o levantamento de pequenas quantias ou mesmo FGTS ou saldo de salário, ou até mesmo a venda de bens de pequeno valor, sem a necessidade de promover o processo de inventário.

Além disso, cabe destacar também a possibilidade de "**homologação de autocomposição extrajudicial**" de qualquer natureza ou valor. Nesse caso, qualquer acordo extrajudicial, depois de homologado pelo juiz, passa a ser um título

---

7. CPC, Art. 725.
   Processar-se-á na forma estabelecida nesta Seção o pedido de:
   I – emancipação;
   II – sub-rogação;
   III – alienação, arrendamento ou oneração de bens de crianças ou adolescentes, de órfãos e de interditos;
   IV – alienação, locação e administração da coisa comum;
   V – alienação de quinhão em coisa comum;
   VI – extinção de usufruto, quando não decorrer da morte do usufrutuário, do termo da sua duração ou da consolidação, e de fideicomisso, quando decorrer de renúncia ou quando ocorrer antes do evento que caracterizar a condição resolutória;
   VII – expedição de alvará judicial;
   VIII – homologação de autocomposição extrajudicial, de qualquer natureza ou valor.
   Parágrafo único. As normas desta Seção aplicam-se, no que couber, aos procedimentos regulados nas seções seguintes.

executivo judicial, nos termos do art. 515, III, do CPC, e poderá ser exigido do devedor através do procedimento de cumprimento de sentença, dispensada a fase de conhecimento.

2. DA NOTIFICAÇÃO E DA INTERPELAÇÃO

A notificação e interpelação judicial é algo de pouca utilidade na vida prática porque é muito mais fácil, barato e ágil fazer isso através de "notificação extrajudicial" realizada através de cartório de registros de títulos cujo documento adquire plena eficácia jurídica.

De qualquer forma o procedimento está previsto no CPC podendo ser utilizado por quem tiver interesse em se manifestar formalmente dando ciência a outrem sobre assunto jurídico que considere relevante (CPC, art. 726).[8]

Este instituto também poderá ser utilizado pelo interessado em interpelar alguém, notificando-o para que faça ou deixe de fazer o que o requerente entenda ser de seu direito (CPC, art. 727).[9] Esta notificação para que alguém faça ou deixe de fazer alguma coisa é a típica "**notificação premonitória**" indispensável para alguns procedimentos judiciais como, por exemplo, o despejo por denúncia vazia (ver Lei nº 8.245/91, art. 59, § 1º, VIII).

Antes de deferir a notificação o juiz ouvirá o requerido especialmente se houver suspeita de que o requerente pretende alcançar fim ilícito com a medida ou se tiver sido requerido a averbação da notificação em registro público (CPC, art. 728).[10]

Findo o procedimento, os autos serão entregues ao requerente (CPC, art. 729).[11] Veja-se que o encerramento do procedimento ocorre com a entrega dos autos ao interessado o que prova a inexistência de conflito a ser resolvido neste tipo de ação. A ordem do juiz mandando entregar os autos não é sentença, mas simples ato administrativo sem nenhuma carga decisória.

---

8. CPC, Art. 726. Quem tiver interesse em manifestar formalmente sua vontade a outrem sobre assunto juridicamente relevante poderá notificar pessoas participantes da mesma relação jurídica para dar-lhes ciência de seu propósito.

    § 1º Se a pretensão for a de dar conhecimento geral ao público, mediante edital, o juiz só a deferirá se a tiver por fundada e necessária ao resguardo de direito.

    § 2º Aplica-se o disposto nesta Seção, no que couber, ao protesto judicial.

9. CPC, Art. 727. Também poderá o interessado interpelar o requerido, no caso do art. 726, para que faça ou deixe de fazer o que o requerente entenda ser de seu direito.

10. CPC, Art. 728. O requerido será previamente ouvido antes do deferimento da notificação ou do respectivo edital:

    I – se houver suspeita de que o requerente, por meio da notificação ou do edital, pretende alcançar fim ilícito;

    II – se tiver sido requerida a averbação da notificação em registro público.

11. CPC, Art. 729. Deferida e realizada a notificação ou interpelação, os autos serão entregues ao requerente.

3. DA ALIENAÇÃO JUDICIAL

A alienação judicial é o procedimento que poderá ser utilizado para a venda de coisa indivisa quando não houver acordo entre os coproprietários.

Verifica-se assim que o único requisito para a instauração do procedimento é a falta de acordo entre os interessados no que diz respeito a forma pela qual a alienação deva ser feita.

Embora não conste da lei, esse procedimento também pode ser utilizado como uma espécie de "medida cautelar" para a proteção de bens que tenham sido constritos por ordem judicial e estejam ameaçados de deterioração em mãos do depositário (CPC, art. 730).[12]

Normalmente, a alienação é feita em hasta pública, através de leilão, depois de devidamente avaliado o bem.

Esse procedimento pode ser determinado pelo juiz, de ofício, ou a requerimento de qualquer dos interessados e mesmo pelo depositário.

Acolhido o requerimento de alienação judicial o bem poderá ser alienado por iniciativa particular ou por leilão judicial que, normalmente, será eletrônico (ver CPC, arts. 881 e 882).

> **Atenção**: Apesar do legislador mandar aplicar as regras do processo executivo para a realização da alienação do bem é importante destacar que não se pode confundir os dois procedimentos porque na alienação que estamos tratando, normalmente há uma convergência de interesses, enquanto na alienação do processo executivo o interesse é do credor.

4. DO DIVÓRCIO E DA SEPARAÇÃO CONSENSUAIS, DA EXTINÇÃO CONSENSUAL DE UNIÃO ESTÁVEL E DA ALTERAÇÃO DO REGIME DE BENS DO MATRIMÔNIO

O fato do legislador disciplinar a extinção da união estável ao lado do divórcio merece aplausos, pois gradativamente a legislação brasileira vai regulamentando o "casamento de fato" como uma forma de constituição de família que, realmente, precisa da proteção do Estado.

De outro lado, muitas críticas foram dirigidas ao legislador do CPC 2015 por ainda se referir à "separação judicial", tendo em vista que a doutrina e a jurisprudência, já à época, eram praticamente unânimes em considerar não mais existir essa figura no nosso ordenamento jurídico, depois da Emenda Constitucional nº 66. O

---

12. CPC, Art. 730. Nos casos expressos em lei, não havendo acordo entre os interessados sobre o modo como se deve realizar a alienação do bem, o juiz, de ofício ou a requerimento dos interessados ou do depositário, mandará aliená-lo em leilão, observando-se o disposto na Seção I deste Capítulo e, no que couber, o disposto nos arts. 879 a 903.

principal argumento a favor dessa tese era que a separação, de fato ou judicial, era um estágio para a obtenção do divórcio. Se agora se pode pedir o divórcio sem nenhuma exigência de separação prévia (legal ou fática), tal instituto restaria uma inutilidade.

Encerando a polêmica o Supremo Tribunal Federal (STF) fixou a tese de que "após a promulgação da EC nº 66/2010, a separação judicial não é mais requisito para o divórcio nem subsiste como figura autônoma no ordenamento jurídico. Sem prejuízo, preserva-se o estado civil das pessoas que já estão separadas, por decisão judicial ou escritura pública, por se tratar de ato jurídico perfeito (art. 5º, XXXVI, da CF)".[13]

Significa dizer que as normas do Código Civil e do Código de Processo Civil que tratam da separação judicial perderam a validade com a entrada em vigor da Emenda Constitucional (EC) 66/2010. Segundo a decisão, depois que essa exigência foi retirada da Constituição Federal, a efetivação do divórcio deixou de ter qualquer requisito, a não ser a vontade dos cônjuges.

> **Atenção**: importante deixar consignado que os artigos da Lei do Divórcio, do Código Civil e do Código de Processo Civil que tratam da separação judicial vão continuar como se estivesse em pleno vigor porque referidos artigos só podem ser removidos através de projeto de lei aprovado pelo Poder Legislativo, porém, na prática, todos foram derrogados.

4.1 Do divórcio

Depois da Emenda Constitucional nº 66, qualquer dos cônjuges, ou ambos conjuntamente no caso de consensual, poderá pedir o divórcio sem que haja necessidade de respeitar nenhum lapso de tempo, nem motivo específico. Quer dizer, se um dos cônjuges ou mesmo o casal não estiver satisfeito com a vida em conjunto pode pedir o divórcio, pouco importando se são casados há um dia, um mês ou mais de ano.

O pedido de divórcio deverá ser requerido através de petição assinada pelo advogado e por ambos os cônjuges. Além disso, a petição deverá ainda conter as disposições relativas à descrição e à partilha dos bens comuns do casal; as disposições relativas à pensão alimentícia entre os cônjuges; o acordo relativo à guarda dos filhos incapazes e ao regime de visitas; e o valor da contribuição para criar e educar os filhos (CPC, art. 731).[14]

---

13. Essa decisão foi proferida em julgamento do "Tema 1.053", no sistema de caso repetitivo, cuja decisão vincula todos os magistrados brasileiros. (STF, Leading Case: RE 1167478-RJ, Relator: Ministro Luiz Fux, Data de Julgamento: 08/11/2023, Tribunal Pleno, Data de Publicação: 08/03/2024).
14. CPC, Art. 731. A homologação do divórcio ou da separação consensuais, observados os requisitos legais, poderá ser requerida em petição assinada por ambos os cônjuges, da qual constarão:
   I – as disposições relativas à descrição e à partilha dos bens comuns;
   II – as disposições relativas à pensão alimentícia entre os cônjuges;
   III – o acordo relativo à guarda dos filhos incapazes e ao regime de visitas; e
   IV – o valor da contribuição para criar e educar os filhos.

Apresentada a petição nestas condições e tendo o Ministério Público dado seu aval, o juiz homologará sem problema o acordo. Eventual discordância com a partilha de bens, não obsta a concessão do divórcio tendo em vista que ela poderá ser feita depois, seguindo as regras do inventário e partilha, especialmente os arts. 647 a 658 do CPC.

Se a mulher não estiver grávida, ou o casal não tiver filhos menores ou incapazes, podem fazer o divórcio consensual por escritura pública lavrada em cartório de notas na qual constará a partilha dos bens, eventual pensão alimentícia e outras providências comumente deliberadas que, independe de homologação judicial, servirá como título hábil para as alterações junto ao registro civil e o registro de imóveis ou mesmo perante outras instituições (CPC, art. 733).[15] Para que as partes utilizem desse procedimento é indispensável a assistência por advogado ou defensor público, cuja qualificação e assinatura constarão do ato notarial.

A legislação que rege a matéria diz que esse procedimento não poderá ser utilizado pelo casal caso haja filhos menores ou incapazes, porém o Conselho Nacional de Justiça (CNJ) decidiu que é perfeitamente possível o divórcio extrajudicial mesmo com a existência de filhos menores, sendo que a única exigência é que as questões atinentes à guarda, visitação e alimentos já tenham sido solucionados anteriormente no âmbito judicial.[16]

A competência para a propositura da demanda é a do foro do domicílio do guardião do filho incapaz, do último domicílio do casal, caso não haja filho incapaz ou do domicílio do réu, se nenhuma das partes residir no antigo domicílio do casal, a teor do que disciplina o art. 53 do CPC.

> **Atenção:** se não há acordo entre as partes o divórcio será litigioso, só se podendo processar pela via judicial. Neste caso as partes não chegam a um acordo sobre a forma de separação, ou a destinação dos bens, ou a guarda e regulação de visitas dos filhos, ou quanto aos alimentos etc.

4.2 Do reconhecimento e dissolução da união estável

A união estável está prevista no Código Civil nos arts. 1723 e seguintes. Para o seu reconhecimento, pressupõe a convivência pública, contínua e duradoura, esta-

---

Parágrafo único. Se os cônjuges não acordarem sobre a partilha dos bens, far-se-á esta depois de homologado o divórcio, na forma estabelecida nos arts. 647 a 658.

15. CPC, Art. 733. O divórcio consensual, a separação consensual e a extinção consensual de união estável, não havendo nascituro ou filhos incapazes e observados os requisitos legais, poderão ser realizados por escritura pública, da qual constarão as disposições de que trata o art. 731.
§ 1º A escritura não depende de homologação judicial e constitui título hábil para qualquer ato de registro, bem como para levantamento de importância depositada em instituições financeiras.
§ 2º O tabelião somente lavrará a escritura se os interessados estiverem assistidos por advogado ou por defensor público, cuja qualificação e assinatura constarão do ato notarial.
16. CNJ, Resolução 571 de 20 de agosto de 2024.

belecida com o objetivo de constituição familiar. Por entendimento jurisprudencial, a união estável pode ser estabelecida não só por homem e mulher, mas também por pessoas do mesmo sexo.

Os companheiros devem lealdade, respeito e assistência, uns aos outros, bem como têm direitos e responsabilidades no que concerne à guarda e ao sustento dos filhos havidos na constância da união estável.

Advirta-se ainda que, salvo contrato escrito que disponha de forma diferente, aplica-se à união estável o regime da comunhão parcial de bens.

No que concerne às ações pertinentes, várias são as possibilidades. Em primeiro lugar, as ações podem ter caráter consensual ou litigioso. Pode-se buscar o Judiciário para, de comum acordo, homologar-se o término de união incontroversa, com a consequente dissolução e partilha patrimonial, bem como a disposição sobre a guarda dos filhos comuns, e a responsabilidade pelo pagamento dos alimentos; pode-se buscar declarar o reconhecimento do vínculo de união estável para fins previdenciários; e pode-se pretender o reconhecimento do vínculo e dissolução da união, com consequente partilha de bens.

Da mesma forma que no divórcio consensual, a dissolução da união estável de forma consensual também poderá ser realizada por escritura pública lavrada em cartório de notas na qual constará a partilha dos bens, eventual pensão alimentícia e outras providências comumente deliberadas que, independe de homologação judicial e servirá como título hábil para as alterações junto ao registro civil e o registro de imóveis ou mesmo perante outras instituições (ver Provimento CNJ nº 141/2023). Mesmo nesse procedimento extrajudicial, a assistência por advogado ou defensor público é obrigatória, cuja qualificação e assinatura constarão do ato notarial.

Aliás, o Código de Processo Civil manda aplicar ao processo de homologação da extinção de união estável as mesmas regras que são aplicadas ao divórcio ou à separação consensual (CPC, art. 732).[17]

4.3 Alteração do regime de bens

A alteração do regime de bens do casamento poderá ser requerida, motivadamente, em petição assinada por ambos os cônjuges, na qual serão expostas as razões que justificam a pretensa alteração, ressalvados os direitos de terceiros (CPC, art. 734).[18]

---

17. CPC, Art. 732. As disposições relativas ao processo de homologação judicial de divórcio ou de separação consensuais aplicam-se, no que couber, ao processo de homologação da extinção consensual de união estável.
18. CPC, Art. 734. A alteração do regime de bens do casamento, observados os requisitos legais, poderá ser requerida, motivadamente, em petição assinada por ambos os cônjuges, na qual serão expostas as razões que justificam a alteração, ressalvados os direitos de terceiros.
   § 1º Ao receber a petição inicial, o juiz determinará a intimação do Ministério Público e a publicação de edital que divulgue a pretendida alteração de bens, somente podendo decidir depois de decorrido o prazo de 30 (trinta) dias da publicação do edital.

A norma vem regular a previsão já contida no direito material tendo em vista que o Código Civil de 2002 criou essa possibilidade de as partes poderem alterar o regime de bens na constância do casamento (art. 1.639, § 2°).[19]

Para evitar fraudes, o legislador fez prever não só a participação do Ministério Público, que atuará como fiscal da ordem jurídica, como também fez a exigência de ampla divulgação do pretendido pelos cônjuges com a publicação de edital que divulgue a existência do pedido de alteração do regime de bens, somente podendo decidir o juiz depois de decorrido o prazo de 30 (trinta) dias da publicação do edital.

Após o trânsito em julgado da sentença, serão expedidos mandados de averbação para os cartórios de registro civil e de imóveis e, caso qualquer dos cônjuges seja empresário, ao Registro Público de Empresas Mercantis e Atividades Afins.

5. DO TESTAMENTO E DO CODICILO

O testamento, enquanto ato de última vontade do *de cujus*, deve ser fielmente cumprido. Por isso, a lei coloca sob a fiscalização do estado juiz a verificação de sua regularidade bem como o seu cumprimento, seja ele o testamento público, particular ou cerrado.

Por oportuno cabe esclarecer que codicilo é uma espécie de "testamento", porém muito simplificado e sem maiores formalidades pelo qual a pessoa pode legar bens móveis de pequeno valor para pessoas, pequenas somas em dinheiro para pessoas ou instituições, bem como determinar procedimentos para o seu próprio funeral (CC, art. 1.881).[20]

5.1 Testamento cerrado

Cumpre esclarecer inicialmente que testamento cerrado é aquele que é escrito pelo próprio testador (ou por outra pessoa a seu pedido), no qual constará sua

---

§ 2° Os cônjuges, na petição inicial ou em petição avulsa, podem propor ao juiz meio alternativo de divulgação da alteração do regime de bens, a fim de resguardar direitos de terceiros.

§ 3° Após o trânsito em julgado da sentença, serão expedidos mandados de averbação aos cartórios de registro civil e de imóveis e, caso qualquer dos cônjuges seja empresário, ao Registro Público de Empresas Mercantis e Atividades Afins.

19. CC, Art. 1.639. É lícito aos nubentes, antes de celebrado o casamento, estipular, quanto aos seus bens, o que lhes aprouver.

§ 1° O regime de bens entre os cônjuges começa a vigorar desde a data do casamento.

§ 2° É admissível alteração do regime de bens, mediante autorização judicial em pedido motivado de ambos os cônjuges, apurada a procedência das razões invocadas e ressalvados os direitos de terceiros.

20. CC, Art. 1.881. Toda pessoa capaz de testar poderá, mediante escrito particular seu, datado e assinado, fazer disposições especiais sobre o seu enterro, sobre esmolas de pouca monta a certas e determinadas pessoas, ou, indeterminadamente, aos pobres de certo lugar, assim como legar móveis, roupas ou joias, de pouco valor, de seu uso pessoal.

assinatura, que deverá ser levado a tabelião para registro, na presença de 2 (duas) testemunhas, sendo depois lacrado e feito o registro de sua existência e, em seguida, devolvido ao signatário (CC, art. 1.868).[21]

Recebendo um testamento cerrado, o juiz, se não achar vício externo que o torne suspeito de nulidade ou falsidade, o abrirá e mandará que o escrivão o leia em presença do apresentante (CPC, art. 735).[22]

Do termo de abertura constarão o nome do apresentante e como ele obteve o testamento, a data e o lugar do falecimento do testador, com as respectivas provas, e qualquer circunstância digna de nota. Depois de ouvido o Ministério Público, não havendo dúvidas a serem esclarecidas, o juiz mandará registrar, arquivar e cumprir o testamento.

Feito o registro, será intimado o testamenteiro para assinar o termo da testamentária.

Atenção: Se não houver testamenteiro nomeado ou se ele estiver ausente ou não aceitar o encargo, o juiz nomeará testamenteiro dativo, observando-se a preferência legal. O testamenteiro deverá cumprir as disposições testamentárias e prestar contas em juízo do que recebeu e despendeu, observando-se o disposto em lei.

5.2 Testamento público

Testamento público nos termos do Código Civil é aquele lavrado por tabelião, ou por seu substituto legal, em seu livro de notas, de acordo com as declarações do

---

21. CC, Art. 1.868. O testamento escrito pelo testador, ou por outra pessoa, a seu rogo, e por aquele assinado, será válido se aprovado pelo tabelião ou seu substituto legal, observadas as seguintes formalidades:
    I – que o testador o entregue ao tabelião em presença de duas testemunhas;
    II – que o testador declare que aquele é o seu testamento e quer que seja aprovado;
    III – que o tabelião lavre, desde logo, o auto de aprovação, na presença de duas testemunhas, e o leia, em seguida, ao testador e testemunhas;
    IV – que o auto de aprovação seja assinado pelo tabelião, pelas testemunhas e pelo testador.
    Parágrafo único. O testamento cerrado pode ser escrito mecanicamente, desde que seu subscritor numere e autentique, com a sua assinatura, todas as páginas.
22. CPC, Art. 735. Recebendo testamento cerrado, o juiz, se não achar vício externo que o torne suspeito de nulidade ou falsidade, o abrirá e mandará que o escrivão o leia em presença do apresentante.
    § 1º Do termo de abertura constarão o nome do apresentante e como ele obteve o testamento, a data e o lugar do falecimento do testador, com as respectivas provas, e qualquer circunstância digna de nota.
    § 2º Depois de ouvido o Ministério Público, não havendo dúvidas a serem esclarecidas, o juiz mandará registrar, arquivar e cumprir o testamento.
    § 3º Feito o registro, será intimado o testamenteiro para assinar o termo da testamentária.
    § 4º Se não houver testamenteiro nomeado ou se ele estiver ausente ou não aceitar o encargo, o juiz nomeará testamenteiro dativo, observando-se a preferência legal.
    § 5º O testamenteiro deverá cumprir as disposições testamentárias e prestar contas em juízo do que recebeu e despendeu, observando-se o disposto em lei.

testador, que deverá ser lido em voz alta pelo tabelião ao testador, na presença de duas testemunhas (CC, art. 1.864).[23]

O Código de Processo Civil fixa regra pela qual qualquer interessado, exibindo o traslado ou a certidão de testamento público, poderá requerer ao juiz que ordene o seu cumprimento (CPC, art. 736).[24]

5.3 Testamento particular

Esclareça-se por primeiro que testamento particular, também chamado de hológrafo, é aquele que pode ser escrito de próprio punho ou processo mecânico e depois de elaborado é lido na presença de 3 (três) testemunhas, que deverão subscrevê-lo (art. 1.876).[25] Depois da morte do testador, se as testemunhas forem impugnadas ou mesmo o conteúdo do testamento, haverá necessidade delas confirmarem a veracidade do mesmo (CC, art. 1.878).[26]

Estabelece o Código de Processo Civil que a publicação do testamento particular poderá ser requerida, depois da morte do testador, pelo herdeiro, pelo legatário ou pelo testamenteiro, bem como pelo terceiro detentor do testamento, se impossibilitado de entregá-lo a algum dos outros legitimados para requerê-la (CPC, art. 737).[27]

---

23. CC, Art. 1.864. São requisitos essenciais do testamento público:
    I – ser escrito por tabelião ou por seu substituto legal em seu livro de notas, de acordo com as declarações do testador, podendo este servir-se de minuta, notas ou apontamentos;
    II – lavrado o instrumento, ser lido em voz alta pelo tabelião ao testador e a duas testemunhas, a um só tempo; ou pelo testador, se o quiser, na presença destas e do oficial;
    III – ser o instrumento, em seguida à leitura, assinado pelo testador, pelas testemunhas e pelo tabelião.
    Parágrafo único. O testamento público pode ser escrito manualmente ou mecanicamente, bem como ser feito pela inserção da declaração de vontade em partes impressas de livro de notas, desde que rubricadas todas as páginas pelo testador, se mais de uma.
24. CPC, Art. 736. Qualquer interessado, exibindo o traslado ou a certidão de testamento público, poderá requerer ao juiz que ordene o seu cumprimento, observando-se, no que couber, o disposto nos parágrafos do art. 735.
25. CC, Art. 1.876. O testamento particular pode ser escrito de próprio punho ou mediante processo mecânico.
    § 1º Se escrito de próprio punho, são requisitos essenciais à sua validade seja lido e assinado por quem o escreveu, na presença de pelo menos três testemunhas, que o devem subscrever.
    § 2º Se elaborado por processo mecânico, não pode conter rasuras ou espaços em branco, devendo ser assinado pelo testador, depois de o ter lido na presença de pelo menos três testemunhas, que o subscreverão.
26. CC, Art. 1.878. Se as testemunhas forem contestes sobre o fato da disposição, ou, ao menos, sobre a sua leitura perante elas, e se reconhecerem as próprias assinaturas, assim como a do testador, o testamento será confirmado.
    Parágrafo único. Se faltarem testemunhas, por morte ou ausência, e se pelo menos uma delas o reconhecer, o testamento poderá ser confirmado, se, a critério do juiz, houver prova suficiente de sua veracidade.
27. CPC, Art. 737. A publicação do testamento particular poderá ser requerida, depois da morte do testador, pelo herdeiro, pelo legatário ou pelo testamenteiro, bem como pelo terceiro detentor do testamento, se impossibilitado de entregá-lo a algum dos outros legitimados para requerê-la.
    § 1º Serão intimados os herdeiros que não tiverem requerido a publicação do testamento.
    § 2º Verificando a presença dos requisitos da lei, ouvido o Ministério Público, o juiz confirmará o testamento.
    § 3º Aplica-se o disposto neste artigo ao codicilo e aos testamentos marítimo, aeronáutico, militar e nuncupativo.
    § 4º Observar-se-á, no cumprimento do testamento, o disposto nos parágrafos do art. 735.

O juiz mandará intimar todos os herdeiros que não tiverem requerido a publicação do testamento e, verificando a presença dos requisitos da lei, ouvido o Ministério Público, o juiz confirmará o testamento.

Atenção: aplica-se estas mesmas regras para os codicilos e os testamentos marítimo, aeronáutico, militar e nuncupativo.

5.4 Procedimento judicial de validação do testamento

Se o de cujus deixou testamento, será necessária primeiramente uma ação judicial de "Cumprimento de Testamento", na qual será verificada se foram cumpridas todas as exigências.

Somente após o encerramento desta ação, com a validação do testamento, é que poderá ser feita a abertura do inventário judicial ou extrajudicial.

6. DA HERANÇA JACENTE

Importante consignar que jacente é a herança quando não há herdeiros conhecidos, ou mesmo havendo herdeiros conhecidos, estes renunciaram à herança (CC, art. 1.819).[28]

Nos casos em que a lei considere jacente a herança, o juiz em cuja comarca tiver domicílio o falecido, procederá imediatamente à arrecadação dos respectivos bens (CPC, art. 738)[29] que ficarão sob a custódia de um curador regularmente nomeado pelo próprio juiz, cuja incumbência será a guarda e conservação dos bens, além de representar a herança judicial ou extrajudicialmente, prestando contas de sua gestão ao final do processo (CPC, art. 739).[30]

A herança jacente tem caráter eminentemente transitório, tendo em vista a arrecadação e guarda dos bens para posterior transferência aos herdeiros que se

---

28. CPC, Art. 1.819. Falecendo alguém sem deixar testamento nem herdeiro legítimo notoriamente conhecido, os bens da herança, depois de arrecadados, ficarão sob guarda e administração de um curador, até a sua entrega ao sucessor devidamente habilitado ou à declaração de sua vacância.
29. CPC, Art. 738. Nos casos em que a lei considere jacente a herança, o juiz em cuja comarca tiver domicílio o falecido procederá imediatamente à arrecadação dos respectivos bens.
30. CPC, Art. 739. A herança jacente ficará sob a guarda, a conservação e a administração de um curador até a respectiva entrega ao sucessor legalmente habilitado ou até a declaração de vacância.
    § 1º Incumbe ao curador:
    I – representar a herança em juízo ou fora dele, com intervenção do Ministério Público;
    II – ter em boa guarda e conservação os bens arrecadados e promover a arrecadação de outros porventura existentes;
    III – executar as medidas conservatórias dos direitos da herança;
    IV – apresentar mensalmente ao juiz balancete da receita e da despesa;
    V – prestar contas ao final de sua gestão.
    § 2º Aplica-se ao curador o disposto nos arts. 159 a 161.

habilitarem, ou, não surgindo herdeiros, terminará a jacência com a declaração de herança vacante sendo entregue todos os bens ao Poder Público.

6.1 A arrecadação dos bens

O juiz ordenará que o oficial de justiça, acompanhado do escrivão ou do chefe de secretaria e do curador, arrole os bens e descreva-os em auto circunstanciado (CPC, art. 740).[31]

Durante a arrecadação, o juiz ou a autoridade policial inquirirá os moradores da casa e da vizinhança sobre a qualificação do falecido, o paradeiro de seus sucessores e a existência de outros bens, lavrando-se de tudo auto de inquirição e informação. Essa medida tem como objetivo esgotar todas as possibilidades de encontrar algum herdeiro. Tanto é assim, que o juiz examinará reservadamente os papéis, as cartas missivas e os livros domésticos que possam ter sido encontrados na residência do falecido.

Na eventualidade de existência de bens em outras comarcas, o juiz mandará expedir carta precatória a fim de serem arrecadados.

> **Atenção:** não se fará a arrecadação, ou essa será suspensa, quando, iniciada, apresentarem-se para reclamar os bens o cônjuge ou companheiro, o herdeiro ou o testamenteiro notoriamente reconhecido e não houver oposição motivada do curador, de qualquer interessado, do Ministério Público ou do representante da Fazenda Pública.

6.2 Publicação do edital

Depois de realizada a arrecadação, o juiz mandará expedir edital, que será publicado na rede mundial de computadores, no sítio do tribunal a que estiver vinculado o

---

31. CPC, Art. 740. O juiz ordenará que o oficial de justiça, acompanhado do escrivão ou do chefe de secretaria e do curador, arrole os bens e descreva-os em auto circunstanciado.
   § 1º Não podendo comparecer ao local, o juiz requisitará à autoridade policial que proceda à arrecadação e ao arrolamento dos bens, com 2 (duas) testemunhas, que assistirão às diligências.
   § 2º Não estando ainda nomeado o curador, o juiz designará depositário e lhe entregará os bens, mediante simples termo nos autos, depois de compromissado.
   § 3º Durante a arrecadação, o juiz ou a autoridade policial inquirirá os moradores da casa e da vizinhança sobre a qualificação do falecido, o paradeiro de seus sucessores e a existência de outros bens, lavrando-se de tudo auto de inquirição e informação.
   § 4º O juiz examinará reservadamente os papéis, as cartas missivas e os livros domésticos e, verificando que não apresentam interesse, mandará empacotá-los e lacrá-los para serem assim entregues aos sucessores do falecido ou queimados quando os bens forem declarados vacantes.
   § 5º Se constar ao juiz a existência de bens em outra comarca, mandará expedir carta precatória a fim de serem arrecadados.
   § 6º Não se fará a arrecadação, ou essa será suspensa, quando, iniciada, apresentarem-se para reclamar os bens o cônjuge ou companheiro, o herdeiro ou o testamenteiro notoriamente reconhecido e não houver oposição motivada do curador, de qualquer interessado, do Ministério Público ou do representante da Fazenda Pública.

juízo e na plataforma de editais do Conselho Nacional de Justiça, onde permanecerá por 3 (três) meses, ou, não havendo sítio, deverá ser publicado no órgão oficial e na imprensa da comarca, por 3 (três) vezes com intervalos de 1 (um) mês, para que os eventuais sucessores do falecido venham a habilitar-se no processo, no prazo de 6 (seis) meses contado da primeira publicação (CPC, art. 741).[32]

O objetivo de tal medida e esgotar as buscas pelos herdeiros e interessados na herança, de sorte que, verificada a existência de sucessor ou de testamenteiro em lugar certo, far-se-á a sua citação, sem prejuízo do edital.

6.3   Habilitação dos herdeiros

Qualquer herdeiro que venha a se habilitar deverá trazer as provas que o qualifica como tal. Ouvidos todos os interessados e especialmente Ministério Público, se for julgada procedente a habilitação do herdeiro, reconhecida a qualidade do testamenteiro ou provada a identidade do cônjuge ou companheiro, a arrecadação de bens será convertida em inventário.

Os credores do falecido poderão se habilitar no processo da herança jacente como nos inventários ou propor a ação de cobrança.

Atenção: quando o falecido for estrangeiro, será também comunicado o fato à autoridade consular do país do *de cujus*.

6.4   Alienação dos bens da herança

O juiz poderá autorizar a alienação de bens, sejam eles móveis, imóveis ou semoventes, assim como os direitos do falecido, sempre que houver alguma espécie de risco de deterioração ou perecimento ou quando a conservação for difícil ou dispendiosa (CPC, art. 742).[33]

---

32. CPC, Art. 741. Ultimada a arrecadação, o juiz mandará expedir edital, que será publicado na rede mundial de computadores, no sítio do tribunal a que estiver vinculado o juízo e na plataforma de editais do Conselho Nacional de Justiça, onde permanecerá por 3 (três) meses, ou, não havendo sítio, no órgão oficial e na imprensa da comarca, por 3 (três) vezes com intervalos de 1 (um) mês, para que os sucessores do falecido venham a habilitar-se no prazo de 6 (seis) meses contado da primeira publicação.
    § 1º Verificada a existência de sucessor ou de testamenteiro em lugar certo, far-se-á a sua citação, sem prejuízo do edital.
    § 2º Quando o falecido for estrangeiro, será também comunicado o fato à autoridade consular.
    § 3º Julgada a habilitação do herdeiro, reconhecida a qualidade do testamenteiro ou provada a identidade do cônjuge ou companheiro, a arrecadação converter-se-á em inventário.
    § 4º Os credores da herança poderão habilitar-se como nos inventários ou propor a ação de cobrança.
33. CPC, Art. 742. O juiz poderá autorizar a alienação:
    I – de bens móveis, se forem de conservação difícil ou dispendiosa;
    II – de semoventes, quando não empregados na exploração de alguma indústria;
    III – de títulos e papéis de crédito, havendo fundado receio de depreciação;
    IV – de ações de sociedade quando, reclamada a integralização, não dispuser a herança de dinheiro para o pagamento;

Contudo, não será realizada a alienação se a Fazenda Pública ou o herdeiro habilitando adiantar a importância para as despesas.

Atenção: os bens com valor de afeição, como retratos, objetos de uso pessoal, livros e obras de arte, só serão alienados depois de declarada a vacância da herança.

6.5 Encerramento do processo

Depois de transcorrido 1 (um) ano da data da primeira publicação do edital e não havendo herdeiro habilitado nem habilitação pendente, será a herança declarada vacante, quer dizer, será declarado oficialmente a inexistência de herdeiros (CPC, art. 743).[34]

Depois de transitada em julgado a sentença que declarou a vacância, se aparecer o cônjuge, o companheiro, os herdeiros e os credores, só poderão reclamar o seu direito por ação direta.

Mesmo depois da declaração de vacância e da transferência dos bens para o Poder Público, se aparecer os herdeiros diretos estes poderão apresentar petição de herança para se habilitar na sucessão, desde que faço isso dentro do prazo de 5 (cinco) anos da abertura da sucessão.

Atenção: após a declaração da herança como vacante os herdeiros colaterais, tais como irmãos, sobrinhos, tios e primos ficam excluídos do direito à sucessão (ver CC, art. 1.822, parágrafo único).

7. DOS BENS DOS AUSENTES

Ausente é a pessoa que desaparece de seu domicílio, sem que se tenha notícia de onde foi parar, sem deixar representante ou procurador com poderes para administrar os seus bens (CC, art. 22 e 23).[35]

V – de bens imóveis:
a) se ameaçarem ruína, não convindo a reparação;
b) se estiverem hipotecados e vencer-se a dívida, não havendo dinheiro para o pagamento.
§ 1º Não se procederá, entretanto, à venda se a Fazenda Pública ou habilitando adiantar a importância para as despesas.
§ 2º Os bens com valor de afeição, como retratos, objetos de uso pessoal, livros e obras de arte, só serão alienados depois de declarada a vacância da herança.

34. CPC, Art. 743. Passado 1 (um) ano da primeira publicação do edital e não havendo herdeiro habilitado nem habilitação pendente, será a herança declarada vacante.
§ 1º Pendendo habilitação, a vacância será declarada pela mesma sentença que a julgar improcedente, aguardando-se, no caso de serem diversas as habilitações, o julgamento da última.
§ 2º Transitada em julgado a sentença que declarou a vacância, o cônjuge, o companheiro, os herdeiros e os credores só poderão reclamar o seu direito por ação direta.
35. CC, Art. 22. Desaparecendo uma pessoa do seu domicílio sem dela haver notícia, se não houver deixado representante ou procurador a quem caiba administrar-lhe os bens, o juiz, a requerimento de qualquer interessado ou do Ministério Público, declarará a ausência, e nomear-lhe-á curador.

Nesse caso qualquer interessado poderá manejar a ação apropriada para a declaração de ausência. Declarada a ausência, o juiz mandará arrecadar os bens do ausente e, ao mesmo tempo, nomeará curador que ficará responsável pela guarda, conservação e administração dos bens do ausente (CPC, art. 744).[36]

7.1 Ampla publicidade da ausência

Depois de feita a arrecadação dos bens, o juiz mandará publicar editais na rede mundial de computadores, no sítio do tribunal a que estiver vinculado e na plataforma de editais do Conselho Nacional de Justiça, onde permanecerá por 1 (um) ano, ou, não havendo sítio, no órgão oficial e na imprensa da comarca, durante 1 (um) ano, reproduzida de 2 (dois) em 2 (dois) meses, anunciando a arrecadação e chamando o ausente a entrar na posse de seus bens (CPC, art. 745).[37]

7.2 Sucessão provisórias

Terminando o prazo estabelecido no edital, poderão os interessados requerer a abertura da sucessão provisória. Aqueles que requererem a abertura da sucessão provisória, também requererá ao juiz a citação pessoal dos herdeiros presentes e do curador e, por edital, dos herdeiros ausentes.

Depois de atendidos os requisitos legais, nada obsta possa ser convertida a sucessão provisória em definitiva.

7.3 Volta do ausente

No caso de volta do ausente, ou mesmo aparecendo algum de seus descendentes ou ascendentes para requerer ao juiz a entrega de bens, serão citados para contestar o pedido os sucessores provisórios ou definitivos já habilitados, bem como o Ministério Público e o representante da Fazenda Pública, seguindo-se o procedimento comum.

CC, Art. 23. Também se declarará a ausência, e se nomeará curador, quando o ausente deixar mandatário que não queira ou não possa exercer ou continuar o mandato, ou se os seus poderes forem insuficientes.

36. CPC, Art. 744. Declarada a ausência nos casos previstos em lei, o juiz mandará arrecadar os bens do ausente e nomear-lhes-á curador na forma estabelecida na Seção VI, observando-se o disposto em lei.

37. CPC, Art. 745. Feita a arrecadação, o juiz mandará publicar editais na rede mundial de computadores, no sítio do tribunal a que estiver vinculado e na plataforma de editais do Conselho Nacional de Justiça, onde permanecerá por 1 (um) ano, ou, não havendo sítio, no órgão oficial e na imprensa da comarca, durante 1 (um) ano, reproduzida de 2 (dois) em 2 (dois) meses, anunciando a arrecadação e chamando o ausente a entrar na posse de seus bens.

§ 1º Findo o prazo previsto no edital, poderão os interessados requerer a abertura da sucessão provisória, observando-se o disposto em lei.

§ 2º O interessado, ao requerer a abertura da sucessão provisória, pedirá a citação pessoal dos herdeiros presentes e do curador e, por editais, a dos ausentes para requererem habilitação, na forma dos arts. 689 a 692.

§ 3º Presentes os requisitos legais, poderá ser requerida a conversão da sucessão provisória em definitiva.

§ 4º Regressando o ausente ou algum de seus descendentes ou ascendentes para requerer ao juiz a entrega de bens, serão citados para contestar o pedido os sucessores provisórios ou definitivos, o Ministério Público e o representante da Fazenda Pública, seguindo-se o procedimento comum.

8. DAS COISAS VAGAS

Trata-se de procedimento que visa regulamentar a forma pela qual se deva processar o achado de coisas e a procura por seu legítimo dono ou possuidor. Advirta-se que a pessoa que encontra coisa alheia deve entregá-la ao dono ou legítimo possuidor. Caso não saiba quem é o proprietário ou possuidor, deverá entregar a coisa achada à autoridade competente (CC, art. 1.233).[38]

Diz o Código de Processo Civil que recebendo do descobridor coisa alheia perdida, o juiz mandará lavrar o respectivo auto, do qual constará a descrição do bem e as declarações do descobridor (CPC, art. 746, *caput*).[39] Caso a coisa encontrada seja entregue a autoridade policial, esta a remeterá em seguida ao juízo competente.

A coisa ficará depositada em juízo e o juiz mandará publicar edital na rede mundial de computadores, no sítio do tribunal a que estiver vinculado e na plataforma de editais do Conselho Nacional de Justiça ou, não havendo sítio, no órgão oficial e na imprensa da comarca, para que o dono ou o legítimo possuidor a reclame, salvo em se tratar de coisa de pequeno valor e não for possível a publicação no sítio do tribunal, caso em que o edital será apenas afixado no átrio do edifício do fórum.

Decorridos 60 (sessenta) dias da divulgação da notícia pela imprensa, ou do edital, não aparecendo ninguém que comprove a posse ou propriedade da coisa, será esta vendida em hasta pública e, depois de deduzidas todas as despesas e a recompensa do descobridor, o saldo pertencerá ao Município em cuja circunscrição o objeto tenha sido encontrado. Em sendo coisa de pequeno valor, o Município poderá deixar a coisa com quem a achou (CC, art. 1.237).[40]

---

38. CC, Art. 1.233. Quem quer que ache coisa alheia perdida há de restituí-la ao dono ou legítimo possuidor. Parágrafo único. Não o conhecendo, o descobridor fará por encontrá-lo, e, se não o encontrar, entregará a coisa achada à autoridade competente.
39. CPC, Art. 746. Recebendo do descobridor coisa alheia perdida, o juiz mandará lavrar o respectivo auto, do qual constará a descrição do bem e as declarações do descobridor.
    § 1º Recebida a coisa por autoridade policial, esta a remeterá em seguida ao juízo competente.
    § 2º Depositada a coisa, o juiz mandará publicar edital na rede mundial de computadores, no sítio do tribunal a que estiver vinculado e na plataforma de editais do Conselho Nacional de Justiça ou, não havendo sítio, no órgão oficial e na imprensa da comarca, para que o dono ou o legítimo possuidor a reclame, salvo se se tratar de coisa de pequeno valor e não for possível a publicação no sítio do tribunal, caso em que o edital será apenas afixado no átrio do edifício do fórum.
    § 3º Observar-se-á, quanto ao mais, o disposto em lei.
40. CC, Art. 1.237. Decorridos sessenta dias da divulgação da notícia pela imprensa, ou do edital, não se apresentando quem comprove a propriedade sobre a coisa, será esta vendida em hasta pública e, deduzidas do preço as despesas, mais a recompensa do descobridor, pertencerá o remanescente ao Município em cuja circunscrição se deparou o objeto perdido.
    Parágrafo único. Sendo de diminuto valor, poderá o Município abandonar a coisa em favor de quem a achou.

9. DA INTERDIÇÃO[41]

A interdição tem lugar quando o indivíduo apresenta diminuição de sua capacidade civil. A ação de interdição está prevista a partir do art. 747 do CPC de 2015. Importante ressaltar que, em 06 de julho de 2015, foi promulgado o Estatuto da Pessoa com Deficiência (Lei nº 13.146/15). Esse diploma legal alterou principalmente o art. 3º do Código Civil, revogando os seus incisos de I a III. Além disso, também alterou o art. 4º do Código Civil, retirando do rol dos relativamente incapazes os que, por deficiência mental tenham o discernimento reduzido, e os excepcionais, sem desenvolvimento mental completo. Desse modo, a deficiência, a princípio, não afeta a plena capacidade civil da pessoa.

Referido Estatuto apresenta um novo conceito de pessoa com deficiência, apontando em seu artigo 2º, *in verbis*: "Considera-se pessoa com deficiência aquela que tem impedimento de longo prazo de natureza física, mental, intelectual ou sensorial, o qual, em interação com uma ou mais barreiras, pode obstruir sua participação plena e efetiva na sociedade em igualdade de condições com as demais pessoas".

Para a análise da deficiência, faz-se necessária uma avaliação da pessoa, feita por equipe multiprofissional e interdisciplinar, para que se verifiquem as suas limitações e restrições.

Infira-se, ainda, que o Estatuto da Pessoa com Deficiência também alterou as disposições do Código Civil destinadas à regulamentação da curatela dos interditos.

Estão sujeitos à curatela aqueles que, por causa transitória ou permanente, não puderem exprimir a sua vontade, os ébrios habituais, os viciados em tóxicos e os pródigos, além das pessoas com deficiência mental ou intelectual.

9.1 Legitimados para promover a interdição

A legitimidade para a propositura da ação de interdição, inclui o cônjuge ou o companheiro, os parentes ou tutores, o representante da entidade em que se encontra abrigado o interditando (CPC, art. 747).[42] Também tem legitimidade o Ministério Público, que, *a priori*, só promoverá a interdição em caso de doença mental grave ou na inexistência, inércia ou incapacidade dos parentes legitimados (CPC, art. 748).[43]

---

41. Extraído do livro *Manual de prática jurídica civil* – Para graduação e exame da OAB, 5ª. ed. Indaiatuba; Foco, 2022, p. 312/321 – MELO, Nehemias Domingos de.
42. CPC, Art. 747. A interdição pode ser promovida:
    I – pelo cônjuge ou companheiro;
    II – pelos parentes ou tutores;
    III – pelo representante da entidade em que se encontra abrigado o interditando;
    IV – pelo Ministério Público.
    Parágrafo único. A legitimidade deverá ser comprovada por documentação que acompanhe a petição inicial.
43. CPC, Art. 748. O Ministério Público só promoverá interdição em caso de doença mental grave:
    I – se as pessoas designadas nos incisos I, II e III do art. 747 não existirem ou não promoverem a interdição;

O Estatuto da Pessoa com Deficiência também inova o rol de legitimados, promovendo a alteração do art. 1.768 do Código Civil para nele incluir a possibilidade de que a própria pessoa com deficiência possa promover demanda para definir os termos da curatela.

No momento da propositura da ação o requerente deverá provar documentalmente sua legitimidade, sob pena de indeferimento da petição inicial.

9.2 Procedimento da interdição

No momento da propositura da demanda de interdição, que deve ser proposta no foro do domicílio do interditando, o requerente deverá especificar os fatos que demonstram a incapacidade do interditando para administrar seus bens, ou para praticar os atos da vida civil, além de indicar o momento em que a incapacidade se revelou (CPC, art. 749).[44] O requerente também deverá juntar com a petição inicial o laudo médico que faça prova das limitações do interditando ou informar a impossibilidade de fazê-lo (CPC, art. 750).[45]

O interditando será citado para que compareça perante o juiz para ser por ele entrevistado sobre sua vida, seus negócios, seus bens, vontades, preferências, laços familiares e afetivos (CPC, art. 751).[46]

O interditando, em prazo de 15 (quinze) dias contados da entrevista, poderá impugnar o pedido de interdição. Se o interditando não constituir advogado, ser-lhe-á nomeado um curador especial. Além disso, nesta situação, o seu cônjuge, companheiro ou parente sucessível poderá intervir como assistente (CPC, art. 752).[47]

II – se, existindo, forem incapazes as pessoas mencionadas nos incisos I e II do art. 747.

44. CPC, Art. 749. Incumbe ao autor, na petição inicial, especificar os fatos que demonstram a incapacidade do interditando para administrar seus bens e, se for o caso, para praticar atos da vida civil, bem como o momento em que a incapacidade se revelou.

  Parágrafo único. Justificada a urgência, o juiz pode nomear curador provisório ao interditando para a prática de determinados atos.

45. CPC, Art. 750. O requerente deverá juntar laudo médico para fazer prova de suas alegações ou informar a impossibilidade de fazê-lo.

46. CPC, Art. 751. O interditando será citado para, em dia designado, comparecer perante o juiz, que o entrevistará minuciosamente acerca de sua vida, negócios, bens, vontades, preferências e laços familiares e afetivos e sobre o que mais lhe parecer necessário para convencimento quanto à sua capacidade para praticar atos da vida civil, devendo ser reduzidas a termo as perguntas e respostas.

  § 1º Não podendo o interditando deslocar-se, o juiz o ouvirá no local onde estiver.

  § 2º A entrevista poderá ser acompanhada por especialista.

  § 3º Durante a entrevista, é assegurado o emprego de recursos tecnológicos capazes de permitir ou de auxiliar o interditando a expressar suas vontades e preferências e a responder às perguntas formuladas.

  § 4º A critério do juiz, poderá ser requisitada a oitiva de parentes e de pessoas próximas.

47. CPC, Art. 752. Dentro do prazo de 15 (quinze) dias contado da entrevista, o interditando poderá impugnar o pedido.

  § 1º O Ministério Público intervirá como fiscal da ordem jurídica.

  § 2º O interditando poderá constituir advogado, e, caso não o faça, deverá ser nomeado curador especial.

Decorrido o prazo para a defesa do interditando e depois de realizada a prova pericial para avaliação da capacidade do interditando (CPC, art. 753)[48] e produzidas as demais provas e ouvidos todos os interessados, o juiz proferirá sentença (CPC, art. 754).[49]

A sentença que decreta a interdição apresenta a nomeação do curador, os limites da curatela, segundo o estado do interdito, além de indicar as características pessoais do interdito, observando suas potencialidades, habilidades, vontades e preferências (CPC, art. 755).[50]

9.3 Levantamento da curatela

A interdição não tem caráter permanente, podendo ser revista a qualquer tempo, especialmente quando cessar a causa que a determinou. Nesse caso, o pedido de levantamento da curatela poderá ser feito pelo próprio interdito, pelo seu curador ou mesmo pelo Ministério Público e será processado em autos apenso aos autos da ação de interdição (CPC, art. 756).[51]

---

§ 3º Caso o interditando não constitua advogado, o seu cônjuge, companheiro ou qualquer parente sucessível poderá intervir como assistente.

48. CPC, Art. 753. Decorrido o prazo previsto no art. 752, o juiz determinará a produção de prova pericial para avaliação da capacidade do interditando para praticar atos da vida civil.

§ 1º A perícia pode ser realizada por equipe composta por expertos com formação multidisciplinar.

§ 2º O laudo pericial indicará especificadamente, se for o caso, os atos para os quais haverá necessidade de curatela.

49. CPC, Art. 754. Apresentado o laudo, produzidas as demais provas e ouvidos os interessados, o juiz proferirá sentença.

50. CPC, Art. 755. Na sentença que decretar a interdição, o juiz:

I – nomeará curador, que poderá ser o requerente da interdição, e fixará os limites da curatela, segundo o estado e o desenvolvimento mental do interdito;

II – considerará as características pessoais do interdito, observando suas potencialidades, habilidades, vontades e preferências.

§ 1º A curatela deve ser atribuída a quem melhor possa atender aos interesses do curatelado.

§ 2º Havendo, ao tempo da interdição, pessoa incapaz sob a guarda e a responsabilidade do interdito, o juiz atribuirá a curatela a quem melhor puder atender aos interesses do interdito e do incapaz.

§ 3º A sentença de interdição será inscrita no registro de pessoas naturais e imediatamente publicada na rede mundial de computadores, no sítio do tribunal a que estiver vinculado o juízo e na plataforma de editais do Conselho Nacional de Justiça, onde permanecerá por 6 (seis) meses, na imprensa local, 1 (uma) vez, e no órgão oficial, por 3 (três) vezes, com intervalo de 10 (dez) dias, constando do edital os nomes do interdito e do curador, a causa da interdição, os limites da curatela e, não sendo total a interdição, os atos que o interdito poderá praticar autonomamente.

51. CPC, Art. 756. Levantar-se-á a curatela quando cessar a causa que a determinou.

§ 1º O pedido de levantamento da curatela poderá ser feito pelo interdito, pelo curador ou pelo Ministério Público e será apensado aos autos da interdição.

§ 2º O juiz nomeará perito ou equipe multidisciplinar para proceder ao exame do interdito e designará audiência de instrução e julgamento após a apresentação do laudo.

§ 3º Acolhido o pedido, o juiz decretará o levantamento da interdição e determinará a publicação da sentença, após o trânsito em julgado, na forma do art. 755, § 3º, ou, não sendo possível, na imprensa local e no órgão oficial, por 3 (três) vezes, com intervalo de 10 (dez) dias, seguindo-se a averbação no registro de pessoas naturais.

Para avaliação do estado do interdito o juiz nomeará perito ou equipe multidisciplinar para proceder ao exame pericial e designará audiência de instrução e julgamento após a apresentação do laudo.

Se o juiz acolher o pedido, decretará o levantamento da interdição (total ou parcial) e determinará a publicação da sentença, após o trânsito em julgado, na rede mundial de computadores ou, não sendo possível, na imprensa local e no órgão oficial, por 3 (três) vezes, com intervalo de 10 (dez) dias, seguindo-se a averbação no registro de pessoas naturais.

9.4 Da figura do curador

A autoridade do curador que, *in casu*, estende-se à própria pessoa e aos bens do incapaz que se encontrar sob a guarda e a responsabilidade do curatelado ao tempo da interdição, salvo se o juiz considerar outra solução como mais conveniente aos interesses do incapaz (CPC, art. 757).[52]

Ademais, o curador deverá buscar tratamento para o curatelado e, além disso, aplicar toda a sua diligência na busca de soluções que melhor atenda aos interesses do interdito no que diz respeito à conquista da autonomia (CPC, art. 758).[53]

9.5 Disposições comuns à tutela e à curatela

Encerrando o capítulo o Código de Processo Civil traz uma seção dedicada a regulamentar a nomeação e função do tutor ou curador, na qual é abordada a questão do compromisso do tutor ou curador (CPC, art. 759);[54] trata também do direito do curador ou tutor nomeado se eximir da responsabilidade (CPC, art. 760).[55] Também trata da remoção do tutor ou curador tanto a requerimento de

---

§ 4º A interdição poderá ser levantada parcialmente quando demonstrada a capacidade do interdito para praticar alguns atos da vida civil.

52. CPC, Art. 757. A autoridade do curador estende-se à pessoa e aos bens do incapaz que se encontrar sob a guarda e a responsabilidade do curatelado ao tempo da interdição, salvo se o juiz considerar outra solução como mais conveniente aos interesses do incapaz.

53. CPC, Art. 758. O curador deverá buscar tratamento e apoio apropriados à conquista da autonomia pelo interdito.

54. CPC, Art. 759. O tutor ou o curador será intimado a prestar compromisso no prazo de 5 (cinco) dias contado da:

   I – nomeação feita em conformidade com a lei;

   II – intimação do despacho que mandar cumprir o testamento ou o instrumento público que o houver instituído.

   § 1º O tutor ou o curador prestará o compromisso por termo em livro rubricado pelo juiz.

   § 2º Prestado o compromisso, o tutor ou o curador assume a administração dos bens do tutelado ou do interditado.

55. CPC, Art. 760. O tutor ou o curador poderá eximir-se do encargo apresentando escusa ao juiz no prazo de 5 (cinco) dias contado:

   I – antes de aceitar o encargo, da intimação para prestar compromisso;

   II – depois de entrar em exercício, do dia em que sobrevier o motivo da escusa.

qualquer interessado quanto do Ministério Público (CPC, art. 761);[56] e, também da eventual suspensão (CPC, art. 762)[57]5 ou mesmo a extinção da tutela ou curatela (CPC, art. 763).[58]

10. DA ORGANIZAÇÃO E DA FISCALIZAÇÃO DAS FUNDAÇÕES

A forma de constituição desse tipo de instituição está regulamentada no Código Civil que estabelece regras não só para a criação de fundações quanto para sua administração e funcionamento que ficará a todo tempo sob o controle judicial e fiscalização do Ministério Público (ver CC, arts. 62 a 69).

Nessa linha de proceder o CPC estabelece que o juiz decidirá sobre a aprovação do estatuto das fundações e de suas alterações sempre que o requeira o interessado, quando ela for negada previamente pelo Ministério Público ou por este forem exigidas modificações com as quais o interessado não concorde; ou ainda, quando o interessado discordar do estatuto elaborado pelo Ministério Público (CPC, art. 764).[59]

Antes de suprir a aprovação, o juiz poderá mandar fazer no estatuto modificações a fim de adaptá-lo ao objetivo do instituidor. Advirta-se ainda que o estatuto das fundações deve observar o que consta disposto no Código Civil.

---

§ 1º Não sendo requerida a escusa no prazo estabelecido neste artigo, considerar-se-á renunciado o direito de alegá-la.

§ 2º O juiz decidirá de plano o pedido de escusa, e, não o admitindo, exercerá o nomeado a tutela ou a curatela enquanto não for dispensado por sentença transitada em julgado.

56. CPC, Art. 761. Incumbe ao Ministério Público ou a quem tenha legítimo interesse requerer, nos casos previstos em lei, a remoção do tutor ou do curador.

Parágrafo único. O tutor ou o curador será citado para contestar a arguição no prazo de 5 (cinco) dias, findo o qual observar-se-á o procedimento comum.

57. CPC, Art. 762. Em caso de extrema gravidade, o juiz poderá suspender o tutor ou o curador do exercício de suas funções, nomeando substituto interino.

58. CPC, Art. 763. Cessando as funções do tutor ou do curador pelo decurso do prazo em que era obrigado a servir, ser-lhe-á lícito requerer a exoneração do encargo.

§ 1º Caso o tutor ou o curador não requeira a exoneração do encargo dentro dos 10 (dez) dias seguintes à expiração do termo, entender-se-á reconduzido, salvo se o juiz o dispensar.

§ 2º Cessada a tutela ou a curatela, é indispensável a prestação de contas pelo tutor ou pelo curador, na forma da lei civil.

59. CPC, Art. 764. O juiz decidirá sobre a aprovação do estatuto das fundações e de suas alterações sempre que o requeira o interessado, quando:

I – ela for negada previamente pelo Ministério Público ou por este forem exigidas modificações com as quais o interessado não concorde;

II – o interessado discordar do estatuto elaborado pelo Ministério Público.

§ 1º O estatuto das fundações deve observar o disposto na Lei no 10.406, de 10 de janeiro de 2002 (Código Civil).

§ 2º Antes de suprir a aprovação, o juiz poderá mandar fazer no estatuto modificações a fim de adaptá-lo ao objetivo do instituidor.

Qualquer interessado ou o Ministério Público poderá requerer em juízo a extinção da fundação nos casos em que se tornar ilícito o seu objeto; for impossível a sua manutenção; ou vencer o prazo de sua existência (CPC, art. 765).[60]

11. DA RATIFICAÇÃO DOS PROTESTOS MARÍTIMOS E DOS PROCESSOS TESTEMUNHÁVEIS FORMADOS A BORDO

Esse é um procedimento que busca contextualizar os fatos testemunháveis ocorridos a bordo de navios, visando dar publicidade aos fatos que estejam registrados no diário de navegação.

Diz o Código de Processo Civil que todos os protestos e os processos testemunháveis formados a bordo e lançados no livro Diário da Navegação deverão ser apresentados pelo comandante ao juiz de direito do primeiro porto onde a embarcação atracar, nas primeiras 24 (vinte e quatro) horas de chegada da embarcação, para sua ratificação judicial (CPC, art. 766).[61]

11.1 Da petição inicial

A petição inicial desse procedimento deverá conter a transcrição dos termos lançados no livro Diário da Navegação e deverá ser instruída com cópias das páginas que contenham os termos que serão ratificados, dos documentos de identificação do comandante e das testemunhas arroladas, do rol de tripulantes, do documento de registro da embarcação e, quando for o caso, do manifesto das cargas sinistradas e a qualificação de seus consignatários, traduzidos, quando for o caso, de forma livre para o português, isto é, sem a necessidade de tradutor juramentado (CPC, art. 767).[62]

A petição inicial será distribuída com urgência e encaminhada ao juiz, que ouvirá no mesmo dia e sob compromisso, o comandante e as testemunhas em número mínimo de 2 (duas) e máximo de 4 (quatro), que deverão comparecer ao ato espontaneamente, isto é, independente de intimação (CPC, art. 768).[63]

---

60. CPC, Art. 765. Qualquer interessado ou o Ministério Público promoverá em juízo a extinção da fundação quando:
   I – se tornar ilícito o seu objeto;
   II – for impossível a sua manutenção;
   III – vencer o prazo de sua existência.
61. CPC, Art. 766. Todos os protestos e os processos testemunháveis formados a bordo e lançados no livro Diário da Navegação deverão ser apresentados pelo comandante ao juiz de direito do primeiro porto, nas primeiras 24 (vinte e quatro) horas de chegada da embarcação, para sua ratificação judicial.
62. CPC, Art. 767. A petição inicial conterá a transcrição dos termos lançados no livro Diário da Navegação e deverá ser instruída com cópias das páginas que contenham os termos que serão ratificados, dos documentos de identificação do comandante e das testemunhas arroladas, do rol de tripulantes, do documento de registro da embarcação e, quando for o caso, do manifesto das cargas sinistradas e a qualificação de seus consignatários, traduzidos, quando for o caso, de forma livre para o português.
63. CPC, Art. 768. A petição inicial deverá ser distribuída com urgência e encaminhada ao juiz, que ouvirá, sob compromisso a ser prestado no mesmo dia, o comandante e as testemunhas em número mínimo de 2

11.2 Da Audiência e da sentença

Aberta a audiência, o juiz mandará apregoar os consignatários das cargas indicados na petição inicial e outros eventuais interessados, nomeando para os ausentes curador para o ato (CPC, art. 769).[64]

Inquiridos o comandante e as testemunhas, o juiz, convencido da veracidade dos termos lançados no Diário da Navegação, em audiência, ratificará por sentença o protesto ou o processo testemunhável lavrado a bordo, dispensado o relatório (CPC, art. 770, *caput*).[65]

Independentemente do trânsito em julgado, o juiz determinará a entrega dos autos ao autor ou ao seu advogado, mediante a apresentação de traslado (ver CPC, art. 770, parágrafo único).

(duas) e máximo de 4 (quatro), que deverão comparecer ao ato independentemente de intimação.

§ 1º Tratando-se de estrangeiros que não dominem a língua portuguesa, o autor deverá fazer-se acompanhar por tradutor, que prestará compromisso em audiência.

§ 2º Caso o autor não se faça acompanhar por tradutor, o juiz deverá nomear outro que preste compromisso em audiência.

64. CPC, Art. 769. Aberta a audiência, o juiz mandará apregoar os consignatários das cargas indicados na petição inicial e outros eventuais interessados, nomeando para os ausentes curador para o ato.

65. CPC, Art. 770. Inquiridos o comandante e as testemunhas, o juiz, convencido da veracidade dos termos lançados no Diário da Navegação, em audiência, ratificará por sentença o protesto ou o processo testemunhável lavrado a bordo, dispensado o relatório.

Parágrafo único. Independentemente do trânsito em julgado, o juiz determinará a entrega dos autos ao autor ou ao seu advogado, mediante a apresentação de traslado.

BIBLIOGRAFIA RECOMENDADA

AGUIAR JÚNIOR, Ruy Rosado de. *Embargos de terceiro*. Revista dos Tribunais, São Paulo, v. 77, n. 636, p. 17-24, out. 1988.

ANNIBAL, Evandro. *Processo de execução*. In: MELO, Nehemias Domingos de. Como advogar no cível com o Novo CPC, 4ª. ed. Araçariguama: Rumo Legal, 2018.

BUENO, Cassio Scarpinela. *Manual de direito processual civil*, 2ª. ed. São Paulo: Saraiva, 2016.

_____. *Novo Código de Processo Civil anotado*. São Paulo: Saraiva, 2015.

CÂMARA, Alexandre Freitas. *O novo processo civil brasileiro*. São Paulo: Atlas, 2015.

CINTRA, Antonio Carlos Araujo; GRINOVER. Ada Pellegrini; DINAMARCO, Cândido Rangel. *Teoria geral do processo*. 26.ª ed. São Paulo: Malheiros, 2010.

DIDIER JUNIOR, Fredie. *Curso de direito processual civil*, 17ª. ed. Salvador: JusPodivm, 2015.

DINAMARCO, Candido Rangel. *Execução Civil*. São Paulo: Malheiros, 2007.

DONIZETTI, Elpídio. *Novo Código de Processo Civil comentado*. São Paulo: Atlas, 2015.

_____. *Curso de direito processual civil*. 20ª. ed. São Paulo: Gen/Atlas, 2017.

GONÇALVES, Marcus Vinicius Rios. *Novo Curso de Direito Processual Civil*, 18ª. ed. São Paulo: Saraiva, 2021, v. 1.

GRECO FILHO, Vicente. *Direito Processual Civil Brasileiro*, 19ª. ed. São Paulo: Saraiva, 2006, v. 1.

LEITE, Gisele. Do cumprimento de sentença. In: MELO, Nehemias Domingos de. *Código de Processo Civil – Anotado e Comentado*. 4ª. ed. Indaiatuba: Foco, 2025.

LEITE, Gisele; HEUSELER, Denise. Do processo de execução por títulos executivos extrajudiciais. In: MELO, Nehemias Domingos de. *Código de Processo Civil – Anotado e Comentado*. 4ª. ed. Indaiatuba: Foco, 2025.

MELO, Nehemias Domingos de. *Código de Processo Civil – Anotado e Comentado*. 4ª. ed. Indaiatuba: Foco, 2025.

_____. *Lições de Direito Civil – Família e Sucessões*, 6ª. ed. Indaiatuba: Foco, 2025. v. 5.

_____. *Manual de prática jurídica civil – Para graduação e exame da OAB*. 5ª. ed. Indaiatuba; Foco, 2022.

MARINONI, Luiz Guilherme e outros. *Novo Código de Processo Civil comentado*. São Paulo: Revista dos Tribunais, 2015.

MONTENEGRO FILHO, Misael. *Curso de Direito Processual Civil*, 11ª. ed. São Paulo: Atlas, 2015, v. 1.

PEREIRA, Caio Mario da Silva. *Instituições de Direito Civil*, 12ª. ed. Rio de Janeiro: Forense, 1991, v. 4.

RODRIGUES, Marcelo Abelha. *Manual de Execução Civil*. Rio de Janeiro, Forense, 2016.

SANTOS, Ernane Fidélis. *Manual de direito processual civil*. 13ª. ed. São Paulo: Saraiva, 2009, v. 1.

SANTOS, Moacyr Amaral. *Primeiras linhas de direito processual civil*. 27ª ed. São Paulo: Saraiva, 2010, v. 1

TALAMINI, Eduardo. Objetivação do controle incidental de constitucionalidade e força vinculante (ou devagar com o andor que o santo é de barro). IN: NERY JR. Nelson e ARRUDA ALVIM WAMBIER, Teresa (Coord.). *Aspectos polêmicos e atuais dos recursos cíveis*. São Paulo: Revista dos Tribunais, v. 12, n. 2, p. 136-143.

THEODORO JUNIOR, Humberto. *Curso de Direito Processual Civil* – Procedimentos Especiais. 51ª. ed. Rio de Janeiro: Forense, 2010, v. 2.

WAMBIER, Luiz Rodrigues; TALAMINI, Eduardo. *Curso avançado de processo civil*. 11ª. ed. São Paulo: Revista dos Tribunais, 2010, v. 1.

Anotações